大数据环境下图书馆发展的机遇与挑战

论文集

西北五省（区）图书馆第十四次科学讨论会

宁夏回族自治区图书馆
宁夏图书馆学会 — 编

黄河出版传媒集团
阳光出版社

图书在版编目（CIP）数据

　　"大数据环境下图书馆发展的机遇与挑战"论文集 /
宁夏回族自治区图书馆, 宁夏图书馆学会编. -- 银川：
阳光出版社, 2018.8
　　ISBN 978-7-5525-4455-8

　　Ⅰ. ①大… Ⅱ. ①宁… ②宁… Ⅲ. ①图书馆工作 -
文集 Ⅳ. ①G25-53

　　中国版本图书馆CIP数据核字(2018)第195207号

"大数据环境下图书馆发展的机遇与挑战"论文集

宁夏回族自治区图书馆　宁夏图书馆学会 编

责任编辑　徐文佳
封面设计　晨　皓
责任印制　岳建宁

黄河出版传媒集团
阳光出版社 出版发行

地　　址　宁夏银川市北京东路139号出版大厦（750001）
网　　址　http://www.ygchbs.com
网上书店　http://shop129132959.taobao.com
电子信箱　yangguangchubanshe@163.com
邮购电话　0951-5014139
经　　销　全国新华书店
印刷装订　宁夏银报智能印刷科技有限公司
印刷委托书号　（宁）0010361

开　　本　787mm×1092mm　1/16
印　　张　21
字　　数　420千字
版　　次　2018年8月第1版
印　　次　2018年8月第1次印刷
书　　号　ISBN 978-7-5525-4455-8
定　　价　88.00元

目录

图书馆理论与实践

图书馆理论与实践

TUSHUGUAN LILUN YU SHIJIAN

公共图书馆与学校开展教育合作的意义与途径

李梦竹

（宁夏回族自治区图书馆）

摘　要：公共图书馆与学校因其知识交流的共同性、教育职能的互补性以及服务对象的统一性而显现出密切的内在联系。因此，公共图书馆和学校应该更好地发挥各自的教育职责，开展形式多样的社会教育和服务活动，以教师教学活动为契机实现知识交流的合作联结；以家庭亲子活动为桥梁突显二者在教育职能方面的合作互补；以学校教育实践活动为枢纽积极实现二者的合作关系，为受教育者提供服务。要在借鉴西方国家优质教育活动的同时，突出本土特色，进一步发挥公共文化服务的社会教育功能，达成紧密合作、相辅相成的教育合力。

关键词：公共图书馆；学校教育；合作意义；合作途径

中图分类号：G252；G258.2　　　**文献标志码**：A

1　引言

作为公共文化服务重要的组成部分，公共图书馆被称作是学校天然的合作伙伴。发达国家馆校合作的发展较为领先，在 1876 年的《美国公共图书馆》报告中，William Fletcher 就在"公共图书馆和青少年"这一章节中提出了"公共图书馆是教育的辅助工具"的理念。1897 年美国图书馆协会主席 John Cotton 又迫切要求全国教育协会成立一个专门委员会来负责学校和图书馆两个组织的结合，后来这个委员会起草了一份报告，其中建议"学校和公共图书馆开展合作"。随着 1950 年开始陆续颁布的《国防教育法》和《初等与中等教育法》，公共图书馆开始与学校展开密切的合作。英国公共图书馆于 1915 年便陆续开始同学校进行合作，这些活动包括辅助教学活动的开展、为班级提供多复本的集体借阅、为学生编写读书清单等。[1]日本的社会教育法将图书馆直接界定为社会教育机构,并规定公共图书馆与学校教育之间必须合作开展各项教育活动。目前,发达国家的公共图书馆与学校合作处于实践的成熟阶段,主要表现为合作活动的丰富性以及合作交互的和谐性。

在我国,各类法律条文对图书馆的社会职能进行了明确的界定,并鼓励和支持公共图书馆与学校教育进行合作与交流。《中华人民共和国教育法》第五十一条规定:"图书馆、博物馆、科技馆、文化馆、美术馆、体育馆(场)等社会公共文化体育设施以及历史文化古迹和革命纪念馆(地),应当对教师、学生实行优待,为受教育者接受教育提供便利。"[2]《中华人民共和国公共文化服务保障法》第十条规定:"国家鼓励和支持公共文化服务与学校教育相结合,充分发挥公共文化服务的社会教育功能,提高青少年思想道德和科学文化素质。"[3]《中华人民共和国公共图书馆法》第三十四条规定:"政府设立的公共图书馆应当设置少年儿童阅览区域,根据少年儿童的特点配备相应的专业人员,开展面向少年儿童的阅读指导和社会教育活动,并为学校开展有关课外活动提供支持。有条件的地区可以单独设立少年儿童图书馆。"《中华人民共和国公用图书馆法》第四十八条规定:"国家支持公共图书馆加强与学校图书馆、科研机构图书馆以及其他类型图书馆的交流与合作,开展联合服务。"[4]虽然我国在公共图书馆社会教育职能以及馆校合作方面制定了一部分具有导向性的政策法规,但是纵观当下的实际合作情况,总体还处于发展阶段。为了让馆校合作网络的构建更加趋于完善,我们需从理论层面进行馆校合作意义的剖析,通过挖掘实践层面的借鉴案例,以期让从属于两个系统的文化机构能够克服交流障碍,开展更加密切的交互性合作活动。

2 公共图书馆与学校开展教育合作的意义

合作,是指个体与个体、集体与集体或个体与集体之间为了达到某种特定的目标而形成的一种相互效力、共同承担的合力关系。[5]公共图书馆与学校开展合作交流的目的,是为了达成一种知识交流、情感互动的教育目标而形成的特定相互关系,通过各项活动的合作开展,以期提高读者的思想道德和科学文化素质。通过对图书馆学与教育学的研究,我们发现公共图书馆与学校教育之间存在密切的合作联系,集中体现为知识交流的共同性、教育职能的互补性以及服务对象的统一性。

2.1 知识交流的共同性

图书馆是社会知识、信息保存与传递、扩散的重要机构之一。[6]人类社会与文明的历史发展,是建立在对既有文化遗产的积累、继承、创新等内容的基础上不断走向多元化的历程。在此过程中,图书馆正是这样一种使得人类文明在时间和空间中得到传承的不可或缺的中介性机构。图书馆通过收集、整理和保存文献信息,实现了思想、知识、信息的交流,从而提高了社会成员的文化教育水平、社会的科技实力和创新能力,促进了社会经济的发展与社会进步。

学校教育作为一种培养人的活动,由教育者、受教育者和教育影响(也称教育中介、教育措施)等基本要素构成,这些要素之间的相互作用构成了教育活动的内部结构。其中,知识交流是教育影响(教育中介)这一环节的重要组成部分。学校教育的知识交流体现在教学环节中, 教育者与受教育者之间借助于教学及课程进行知识信息的传递与交往。文献和知识是学校教育不可或缺的交流媒介,在激发思想活动和创造力的过程中,需要通过习得文献中的知识进行个人提升。

知识交流有两个基本过程,一种是直接交流过程,即由知识创造者或持有者向知识接受者的直接传递。学校教学活动的知识交流属于直接知识交流,古代到近代多以面授教学为主。随着科学技术的发展,当下的知识交流越来越多地凭借互联网等多样化的通讯技术展现,如 MOOC、网络视频课程、在线活动课程等。而图书馆中的知识交流属于第二个基本过程,即间接传递知识的过程。它是蕴藏历史发展产物的知识储藏间,是为了弥补直接知识交流过程中,因时间、空间以及人员设置等条件限制而引起的知识遗漏以及知识成果难以完整记录贮存、积累的缺陷。这种间接的知识交流主要依靠文献来进行,文献是知识能够长期保存和积累的工具。

因此,公共图书馆的文献传递与学校教育活动是分属于知识交流的两种过程。知识活动包括三个环节:知识创造、知识交流和知识利用。知识创造者的知识成果首先被记录在文献上,通过图书馆和学校教育进行知识交流,然后被受教育者进行知识利用和新一轮的知识创造。图书馆与学校教育共同突显出的中介功能反映了二者在知识交流本质上的共同性,为合作奠定了基础。

2.2　教育职能的互补性

教育的本质是教育者按照一定社会的要求对受教育者施以有目的、有计划、有组织的影响,以便使受教育者发生预期变化的社会实践活动。公共图书馆的教育职能恰好弥补了学校教育职能的短板,具有知识体系丰富、受众对象广泛、外部约束性较弱等特点。学校教育显现出的计划性、规律性、组织性与公共图书馆的自由性、灵活性、自主性形成了教育职能互补的关系。具体而言,这种互补形式主要体现在对受教育者的教育方式上。

(1)公共图书馆与学校教育在受教育者的教育时间上形成互补关系。学校教育的教育时间具有一定的规律性,而公共图书馆的教育时间具有零散性,主要集中在休息时间、节假日以及寒暑假。在行使教育职能的过程中,学校教育的教育方式具有即时性和直接性的特点。知识传递间隔时间可以缩短到最小限度,从而避免知识传递过程中知识价值的衰减。学校教育知识传递过程多数是双方面对面进行,其交流的内容具有生动性、具体性,受教育者易理解。可选择,即使存在某些不明之处,也可通过反馈修正予以澄清。而公共图书馆在教育时间上具有零散性,知识交流双方不具有即时的、面对面的交往形式。知识交流过程中在时间上也有着一定的停顿和间隔,只是受教育者单方面的与文献互动,间隔的时间愈久,文献知识的情报价值相应地就会削弱,因此,需要受教育者自主地进行零散时间的重组和规划,以防知识的价值习得遭到流失。可以说,规律性的学校教育与零散性的自主学习二者合作互补,组成了受教育者完整的教育时间体系。

(2)公共图书馆与学校教育在受教育者的教育方式上形成互补关系。学校教育具有一定的知识体系与知识规划,是教育者通过系统的教学形式以及丰富的课程设置而形成的集体教育方式,具有统一、高效等特点,但其弊端也易突显。受教学人数的限制,学校教育不能根据受教育者的个人能力进行具体化的个性培养。公共图书馆则不涉及单一的系统化知识体系建立,其教育方式主要体现在受教育者的自学过程,更多地来源于受教育者自身的教育规划与学习目标的实现,恰好弥补了学校教育不能带给受教育者个性延展的缺漏。由于公共图书馆馆藏文献信息的连续性,使得受教育者在图书馆的自学方式也具有长期的稳定性,并且是无限发展的。但是对于一些低龄、自学能力差的受教育者而言,在公共图书馆学习的过程中,其学习效率受到自身素质的限制,约束能力较弱、对学习的规划能力欠佳的受教育者利用图书馆的方式就显得单一。因此,需要学校教育与公共图书馆开展合作,以学校教育为场域,对受教育者群体开展图书馆高效利用方式的教育内容,建立起具有针对性的自学能力训练,再以公共图书馆为场域,提供较好的约束环境以及约束方法。这二者的结合才能实现教育的高效互补。

(3)公共图书馆与学校教育在受教育者的教育环境上形成互补关系。学校教育的环境性体现在一种动态的人际交流以及显性的文化熏陶,具有主体间的交互性和人与环境互动的双向性,可以让受教育者产生情感上的融洽,提高人与环境的融合效果。公共图书馆作为一种中介性的社会机构,具有静态的环境影响以及广泛的社会性,提供给受教育者进行内隐思考的教育空间,让其拥有一种潜移默化的学习氛围。两者动静互补,内外互动,为受教育者提供了完整的教育环境。

2.3 服务对象的统一性

教育的服务对象指向人,是一种主体间性的交互活动。人是在自我超越中不断生成和发展的,自我超越是人之为人的基本特征。为此,赋予人自我超越的意识和能力,应当成为教育的主要使命。[7]因此,教育强调在遵循自然规律和社会规律的条件下,超越个人主体性的局限,引导教育主体的主体人格向主体间性人格的提升,努力实现人与自然、人与社会、自我与他者的共在和谐与进化发展。

公共图书馆的服务对象也指向人,《公共图书馆宣言》中指出,公共图书馆是传播教育、文化和信息的一支有生力量,是促使人们寻找和平和精神幸福的基本资源。知识交流的主体是读者,读者是图书馆知识、情报传递链中的终端环节,一切交流功能的充分发挥和交流效果所能达到的最佳程度,既取决于交流的内容、交流的技术,更取决于读者对交流内容的要求,对知识或情报的吸收能力、素质以及运用这些知识或情报改善已有的知识结构、提高认识世界和强化解决实际问题的能力。文献作为一种信息资源,其价值并不一定是显性的,只有在了解了读者的需求,并针对这种需求和读者可以接受的水平,进行开发和有目的的定向传递,才能充分发挥文献的信息价值。读者在受教育过程中,更趋向于一种隐匿的个体内在的自我超越,即主体(人)与客体(文献)之间的知识互动。

由此可见,公共图书馆与学校教育的服务对象具有一定的统一性,二者都指向人。因此,无论是学校教育还是公共图书馆,各种形态的学习都应协调、合作、统合发展。

3 公共图书馆与学校开展教育合作的途径与方式

通过对学校和公共图书馆内在联系的分析,可以看到,公共图书馆与学校开展教育合作,共同发展还是很有必要的,究竟如何操作才能实现二者的完美结合呢?结合上述三点合作意义的阐述,可以通过教师教学活动、家庭亲子活动、教育实践活动三个层面搭建合作的途径。

3.1 知识交流的合作联结:以教师教学活动为契机的馆校合作

从知识交流的共同性角度而言,教师担任着在学校进行直接知识交流的传授者角色,同样也担任着通过合理利用公共图书馆资源对学生开展学习引导的促进者角色。因此,教师作为知识交流共同性的联结点,可以通过创新教学活动达成馆校之间的合作。

　　首先,针对教师群体而言,为了更好地配合教学需要,教师会主动到公共图书馆进行知识储备,以此为契机,可以在教师层面开展馆校教研活动的合作。为了配合学校教学进度和教师备课需要,公共图书馆也会为教师提供一些教学参考资料,并且能够为教师集体备课提供良好的阅览场所。与学校教研相比,公共图书馆的文献资料更加丰富,更有利于教师之间的发散思维。此外,除了教师与教师之间的教研合作之外,教师与图书馆馆员的教研活动也必不可少。教师群体的专业知识较为系统,而图书馆人,尤其是少儿图书馆人可以很好地与教师进行沟通交流,从馆藏及阅览情况等方面为教师提供良好的教学素材。可以说,两者互相合作,可以为教研活动提供更加充实的内容。

　　其次,针对教学过程而言,除去学校教育的直接知识交流,教师应该更加充分的了解并利用公共图书馆资源对学生进行间接知识交流。如各地经常组织的班级参观图书馆活动,就是一种常规的教学活动。教师可以通过总—分主题式的小组模式,围绕一个总的命题,划分给学生不同的分主题,统一时间带领学生到图书馆进行文献的查阅与准备,回归课堂后再进行小组讨论。这就需要教师与图书馆馆员进行密切合作,教师需要对教学内容进行精心准备,并提前与图书馆馆员做好活动对接;为配合教师教学活动,图书馆馆员也可以在参观方式、图书馆阅读情况、资源利用方式等方面做好讲解与答疑。

3.2　教育职能的合作联结:以家庭亲子活动为契机的馆校合作

　　从教育职能的互补性角度而言,家庭亲子活动可以很好的成为公共图书馆与学校之间的合作桥梁。通过主动参与配合学校与公共图书馆的教育活动,可以让受教育者在教育时间、教育方式、教育环境等方面获得更加全面的教育合力。

　　随着家风教育的兴起,越来越多的家长陪伴着孩子一起走进校园,走进图书馆。当下,学校注重家庭和学校关系的建立,开展了丰富多彩的家长开放日活动;公共图书馆也推陈出新,除了经典的家庭阅读推广活动以外,又延伸出了许多亲子活动、父母讲座等内容,同样受到家长的青睐。因此,基于良好的活动基础,馆校之间可以利用亲子活动这一契机开展合作,跳出以往只是单方面开展活动的模式,合作开展一些高品质的亲子活动,以满足众多家庭阅读学习的需求。

　　目前,国外广泛推行的家庭学习计划就是希望家长同孩子一起利用图书馆资源,共同提高各自的读写能力。很多家长对图书馆的关注和使用源于孩子,实践证明以孩子为切入点来带动家长对图书馆资源的利用是一种很好的推广手段。由于公共图书馆服务对象具有离散性,学校则应该做好亲子阅读活动集中阅读推广的前期宣传与平台搭建,还可以通过讲座、家长会等方式作为前期活动,利用节假日、寒暑假等时间段与公共图书馆做好活动对接,配合公共图书馆开展丰富多彩的活动,并在统一时间收取家庭学习计划,让学生进行分享与互动。目前全国各地已经开始进行了此类合作活动的试点。

3.3 服务对象的合作联结:以教育实践活动为契机的馆校合作

从服务对象的统一性角度而言,公共图书馆与学校二者统一的服务对象都是受教育者,故其合作的实现方式体现在教育实践活动方面。通过充分发挥公共图书馆的社会教育功能,多元创新学校教育的活动方式,让公共图书馆能够根据自身特点与优势,运用现代信息技术开展形式多样、生动活泼的社会教育和服务活动,积极与学校教育保持合作关系,开展文化知识建设与交流合作,并且对学校开展的各类相关教育教学活动提供应有的支持和帮助。当前值得探究的"作业辅导活动"就是馆校合作的良好例证。

2018年全国两会上,学校放学早、孩子接送难等教育问题成为媒体关注的焦点。对此,教育部部长陈宝生说,"三点半现象"是中国经济社会发展、中国教育发展特定阶段的产物,更多地出现在大中城市。关心这个问题的年轻父母们,正处在职业发展和宝贝抚育的关键阶段。由于分工、作息时间的不匹配,他们没有办法接孩子,带来了"成长中的烦恼"。教育部办公厅于2017年2月下发了《关于做好中小学生课后服务工作的指导意见》,要求广大中小学校结合实际积极作为,充分利用学校在管理、人员、场地、资源等方面的优势,主动承担起学生课后服务责任。一些发达城市目前已经进入试点,学校开展了丰富多彩的"四点半活动"课程,涵盖了文学、艺术、科学、英语、体育、社会、编织、厨艺等八大门类。从另一个角度而言,"四点半学校"的教职工人员安排需要进行具体的规划,若单纯只从学校的专职教师层面进行安排,将大大加大教师的工作量,占据教师教学科研的时间,若从校外聘请兼职教师,又会投入大量的经费,增加管理的难度。因此,在教育实践活动的过程中,可以借鉴国外公共图书馆课后作业辅导的模式,构建馆校合作的教育实践活动,达到优化的目的。

在美国,为了满足年龄在5~13岁的孩子,需要在放学后自己照顾自己,直到父母或看护人回家。[8]这类人群的需求,公共图书馆会开辟专门的作业角或者作业辅导专区,在其中为孩子们准备一些诸如字典、词典、百科全书、名人传记等类型的工具书以及一些关于本地区历史和文化的图书。此外,还会配备电脑设备,馆员会提前将馆内的数据库或有用的网络资源链接集中在一起,利用"互联网+"的软件资源供学生完成疑惑解答。这种作业辅导成为公共图书馆针对学龄儿童的一种基本服务方式。

　　同时,作业辅导也是公共图书馆成本比较高的一项服务。因为馆员很多时候并不具备指导孩子的专业知识,为了完成好这项服务,图书馆需要借助外援的力量。这就需要图书馆与学校联合开展合作,公共图书馆提供学生学习的场所,学校提供师资力量。国外的图书馆通常会请一些获得教师资格认证的人员来对孩子们进行辅导,如美国的芝加哥公共图书馆就有"图书馆中的教师"项目,聘请一些认证教师为放学后来图书馆学习的小学生提供帮助,为孩子在图书馆营造一个良好的学习环境。通常教师会指导孩子如何去查找完成作业所需的资源,还会帮助孩子学会如何在做作业的过程中集中注意力,如何合理掌握学习策略和方法。这些教师还会对家长提供帮助,指导他们如何帮助孩子完成作业,如何回答孩子作业中的问题等。这个活动为孩子和他们的家庭建立起了一个良好的学习支持,所有开支由芝加哥公共图书馆的基金会支付,一定程度上减轻了图书馆的负担。[1]为了节约开支,有些图书馆还会请一些大学生作为志愿者来为孩子们服务。通常这种由专业人士提供的图书馆作业辅导服务时间会安排得比较集中,图书馆也会提前在自己的网站上对不同分馆具体的作业辅导内容、时间、地点以及每次的人数进行公布。如欧洲最大的儿童图书馆——伯明翰公共图书馆的儿童中心就在自己的网站上给出了作业辅导俱乐部的具体信息,孩子们可以在集中的时间内享受图书馆的作业辅导服务。目前,我国广州少年儿童图书馆也开展了面向小学生读者的家庭作业辅导,形式主要是面对面的互动式辅导活动、假期充电俱乐部,其师资来源是中山大学博雅班志愿者。[9]

4　结语

　　目前,就现实情况而言,公共图书馆与学校开展教育合作已经成为许多教育文化系统的常规活动,一些地区在借鉴西方国家优质教育活动的同时,突出本土特色,合作活动收效甚好。但是如何在提高受教育者自身知识能力的同时,进一步发挥公共文化服务的社会教育功能,完善紧密合作、相辅相成的教育体系,将合作方式系统化、规范化、持续化,向着更加深入的趋势发展,依旧存在着许多现实层面难以克服的问题。如合作部门之间政策保障的落实情况亟待探究;人力、教师资源合理分配的调控问题需要解决;两个系统开展合作的可操作性及管理问题需要考量;利用"互联网+"平台为学生开展合作活动的利弊权衡需要审度等等。由于时间和能力所限,本文的研究还有很多不足和缺陷,希望在今后的研究工作中能够进一步补充、修正和深入。

【参考文献】

［1］ 潘兵,等.公共图书馆的未成年人服务研究［M］.北京:国家图书馆出版社,2011.

［2］ 中华人民共和国教育法［EB/OL］.［2018-3-25］.http://old.moe.gov.cn//publicfiles/business/htmlfiles/moe/moe_619/200407/1316.html.

［3］ 柳斌杰.中华人民共和国公共文化服务保障法［M］.北京:中国法制出版社,2017:45.

［4］ 中华人民共和国公共图书馆法［EB/OL］.［2017-11-11］.http://www.npc.gov.cn/npc/xinwen/2017-11/04/content_2031427.htm.

［5］ 李君,隗峰.美国博物馆与中小学合作的发展历程及其启示［J］.外国中小学教育,2012(5):19-23.

［6］ 吴慰慈,董炎.图书馆学概论［M］.北京:国家图书馆出版社,2008:1.

［7］ 鲁洁.道德教育的期待:人之自我超越［J］.高等教育研究,2008(9):1-6.

［8］ 童万菊.中美公共图书馆未成年人服务比较研究［D］.合肥:安徽大学管理学院,2014:24-25.

［9］ 周蕾.少儿图书馆开展家庭作业辅导的初步探索:以广州少年儿童图书馆为例［J］.公共图书馆,2014(1):67-70.

浅议公共图书馆如何发挥社会主义核心价值观传播作用

王彩霞

（甘肃酒泉市肃州区图书馆）

摘　要：文章从加强图书馆文化建设，用新时代中国特色社会主义思想引领图书馆馆员职业道德建设；强化服务意识，提升公共服务能力；重视地方文献研究与利用，提高地方文化自信；引导读者用正确的行为规范自己的言行，形成崇德向善的良好社会风气等方面，阐述了在新时代图书馆如何以十九大精神为指导，把社会主义核心价值观转化为人们的情感认同和行为习惯，用新时代中国特色社会主义思想发挥文化引领图书馆馆员职业道德建设作用，营造风清气正的良好社会风气。

关键词：公共图书馆；社会主义核心价值观；文化引领

中图分类号：G258.2　　　**文献标志码**：A

随着我国经济实力逐步增强，改革开放不断深入，与世界各国在不同领域的合作与交流也明显加深，面对打开的国门，在利益的驱使下，"拜金主义""享乐主义"等思想不断蚕食着人们的价值观，影响着社会主义道德体系的建立和完善。也因此，那些原来被人所鄙视的落后道德观念有了一定的市场，如扶起跌倒老人反被诬陷、因个人原因阻拦高铁正常运行、网络诈骗、通过网络发表不正当言论等不良现象时有发生，并引起社会广泛关注，严重扰乱了社会秩序，败坏了社会风气。也说明我们建设精神家园的速度，远远没有跟上经济发展的速度。人们混淆了美与丑、善与恶、是与非的界限。[1]

党的十九大报告指出，"经过长期努力，中国特色社会主义进入了新时代，这是我国发展新的历史方位"。以习近平同志为核心的党中央从新时代坚持和发展中国特色社会主义、实现中华民族伟大复兴的中国梦出发,提出要培育和践行社会主义核心价值观,就是要以培养担当民族复兴大任的时代新人为着眼点,强化教育引导、实践养成、制度保障,发挥社会主义核心价值观对国民教育、精神文明创建、精神文化产品创作生产传播的引领作用,把社会主义核心价值观融入社会发展各方面,转化为人们的情感认同和行为习惯。[2]这一重要论断赋予了社会主义核心价值观新的内涵。

公共图书馆作为区域的文献资源中心,先进文化的传播者、和谐社会创建的重要阵地,所提供的知识服务直接影响着人们的思想意识形态和价值观念。它通过对知识、信息的物质载体进行收集、选择、积聚、加工、整理、存储、控制、转化,进行传递和提供使用,公共图书馆承担着保存人类文化遗产、开展社会教育、均等传递信息服务、开发智力资源、文化休闲娱乐、倡导社会阅读、文化传播服务等社会职能。[3]

2018 年 1 月 1 日实施的《中华人民共和国公共图书馆法》第一条、第三条明确规定,公共图书馆发挥着传承人类文明、保障公民基本文化权益、提高公民科学文化素质和社会文明程度的重要作用,必须坚持社会主义先进文化前进方向,坚持以人民为中心,坚持以社会主义核心价值观为引领,弘扬中华优秀传统文化,继承革命文化,发展社会主义先进文化。公共图书馆作为新时代先进文化的聚集地和传播者,应如何发挥传播引领作用?

1　用新时代中国特色社会主义思想引领图书馆文化建设

1.1　营造正能量聚集的文化氛围

要坚持以习近平新时代中国特色社会主义思想为指导,深入学习贯彻党的十九大精神,广泛开展社会主义核心价值观的宣传教育活动,坚持党的基本路线不动摇,不断加强图书馆文化建设。一是始终把政治建设摆在首位,树立"四个意识",坚定"四个自信",领导干部带头遵守政治纪律和组织纪律,馆员带头履职尽责,不断锤炼遵守和执行政治纪律的自觉性,让正能量不断聚集;二是采取请进来讲、送出去学、鼓励动手写等多种方式,督促馆员努力学习新知识、掌握新技术, 适应现代图书馆职业需要;三是将制度约束与人文关怀相融合,激励广大干部职工,完善自身职业生涯,实现自我人生价值,实现图书馆的共同愿景。事关职工切身利益的事情,尽量做到公平、公开、公正、透明,聚集正能量,减少负能量传播,营造图书馆独特的文化氛围,用独特的文化魅力感染和带动广大群众不断提升文化素养。

1.2　用优秀作品充实群众的精神文化生活

以培育和践行社会主义核心价值观为目标,发挥先进文化引领作用。一是坚持向读者提供弘扬正气、引导树立正确人生观和价值观的优秀图书文献,发挥图书馆在精神建设层面的正确导向作用;二是加快图书馆信息化建设速度,与数字化信息接轨,开拓创新,积极探索"互联网+图书馆"新模式,寻找突破口和结合点,更好地满足读者多层次、多样化的文化需求,使图书馆尽快适应当今社会的快节奏生活;三是主动走出去,拓宽推介渠道,吸引更多的人走进图书馆,用先进文化去影响和填充广大群众的精神文化生活,提升全民文化素养,让图书馆真正成为群众想去、爱去的地方,不断夯实新时代中国特色社会主义的思想道德、先进文化基础。

1.3　开展全民阅读,创建美好精神家园的通道

公共图书馆是社会主义公共文化服务体系的重要组成部分,要坚持把培育图书馆员职业精神融入到事业发展管理中,以强化文化认同、凝聚民心、振奋精神,提高素质、淳化风气、建构核心价值为己任,广泛开展全民阅读活动。从文化引领、道德习惯养成着手,不断创新文化活动形式,主动承担起先进文化传播者的责任。在免费向社会公众提供阅读推广服务同时,要结合时代要求,将推动、引导、服务全民阅读作为法定义务,通过开展阅读指导、读书交流、演讲诵读、猜灯谜、图书漂流互换共享等活动,广泛吸纳社会资源和社会力量参与,让馆员及其广大读者在活动中领会和吸取先进文化精髓,在活动中达到陶冶情操、培育优良品质、提高自身修养的目的,为广大群众创建美好精神家园的通道。

2　强化服务意识,提升公共服务能力

2.1　以人为本,处处体现人文精神

"读者至上,服务第一"就是将"以人为本"的管理理念融入到日常管理工作中,整体提高公共图书馆事业发展水平和服务能力,满足人民群众日益增长的需求。在图书馆馆舍设计、读者阅读引导、服务环境营造、日常图书借阅等方面,不仅要考虑为普通读者提供更方便、更舒适的阅读环境,还要充分考虑为老弱病残孕等特殊群体提供人性化设施,满足不同层次读者需求,并将人性化服务和人文关怀贯穿于为读者服务的整个过程。

2.2　牢记服务宗旨,塑造良好形象

从踏入图书馆那一刻起就要树立"人人是文化窗口,个个是文化名片"的服务意识,将"读者至上,服务第一"的服务宗旨牢记于心,把读者满意不满意作为衡量服务质量高

低的唯一标准,当成图书馆职业道德规范的最高标准来落实。将传播知识的形象与优质服务形象、环境整洁舒适形象有机融合起来,培养一种工匠精神:为读者服务时表现出来的一视同仁、诚恳和气、谈吐文明、举止谦恭;处理读者与馆员关系时表现出来的明礼诚信、宽容谦让、童叟无欺、理性豁达;岗位上表现出来的爱岗敬业、默默无闻、无私奉献、团结协作。这种精神反映了一个馆员的文化素质、道德修养,这是在为读者服务过程中表现出来的一种职业操守,要以此不断增强图书馆在文化建设方面的影响力,扩大宣传力,从而提高图书馆的社会地位。

3 重视地方文献研究与利用,提高地方文化自信

地方文献主要反映本地区过去与现在的政治、经济、文化、教育、重要人物事物、风土人情、民风民俗等,为本地区诸多行业提供大量的线索和数据,为地方经济建设提供更加详细可靠的信息资料和历史线索。图书馆作为地方文献的储藏保管中心,除了加强对地方文献的管理和保护外,还要加大对地方文献的挖掘研究与利用。一是积极挖掘、整理具有地方特色的历史文化,拿出具有地方影响力的文化研究成果,以较高的文化软实力,提升图书馆在本地区的文化影响力,凸显地方文化在经济、社会发展中的地位和价值。二是加大宣传力度,通过举办地方文献展览,通过多种手段宣传,让更多的本地群众了解本地区的政治、经济、文化的发展历史,提高地方文化在群众中的认知度。三是加强地方文献的研究与利用,将历史文化与产业相结合,让地方历史文化在"一带一路"建设方面发挥重要作用。吸引国内外经济实体,为繁荣地方经济建设、带动地方经济发展做出贡献。同时,提升地方文化特色在全国的知名度和影响力,提高地方文化自信,让图书馆逐步成为本区域文化建设的主要参与者和影响者。

4 正确引导,营造崇德向善的良好社会风气

4.1 引导读者用正确的行为规范自己的言行

以党的十九大为指引,坚持以培养"热爱祖国、诚实守信、责任担当、德才兼备"的人才为己任,从指导读者养成良好的阅读习惯开始,引导读者遵守公共图书馆相关规定,自觉养成爱护文献、设施设备,合法利用文献信息,按期归还借阅文献,读者交流低声细语,书籍阅后归位等阅读好习惯,让读者在阅读中慢慢养成自觉维护图书馆正常秩序的习惯,让规矩变成读者、社会普遍遵循的一种行为规范,逐渐让好习惯带动良好社会风气的

形成。

4.2　形成崇德向善良好社会风气

利用图书馆得天独厚的文化优势,深入挖掘中华优秀传统文化,通过道德讲堂、好人榜、身边的人讲身边的事等多种形式,让崇德向善成为社会主流,让助人为乐、见义勇为、公平正义得到弘扬,用榜样的力量影响人、带动人,在全社会形成一股崇德向善的良好风气、一股催人上进的道德力量,让中华文化展现出永久魅力和时代风采。

【参考文献】

[1]　许华春.以核心价值观引领高职思想道德教育.[DB/OL][2012-03-27].https://wenku.baidu.com/view/836bbe0ef78a6529647d5393.html.

[2]　习近平.决胜全面建成小康社会夺取新时代中国特色社会主义伟大胜利——在中国共产党第十九次全国代表大会上的报告[EB/OL].[2017-10-27]http://cpc.people.com.cn/19th/n1/2017/1027/c414395-29613458.html.

[3]　李芬林,等.公共图书馆读者工作[M].兰州:甘肃文化出版社,2013:10.

浅谈新时代图书馆职业道德建设

程 晨

（甘肃省图书馆）

摘 要：图书馆职业道德随着图书馆职业的出现而产生，随着图书馆工作的延续而传承，随着新时代发展而拓展。文章结合时代发展和工作实际，研究图书馆职业道德的特征、内容、作用等，探索推进图书馆整体建设的方式方法。

关键词：图书馆职业道德；构成要素；建设方法

中图分类号：G251.6　　　**文献标志码**：A

图书馆职业道德是图书馆馆员在工作中应该遵循的基本规范和行为准则，明确了图书馆馆员之间、图书馆馆员与读者之间的相互关系和运行机制。从道义上强调要求了图书馆馆员以什么样的目标、感情、态度、状态、形象等从事图书馆工作，全面反映和展现了图书馆馆员的价值观念、职业素质、个人品行、精神境界、工作作风等，对图书馆整体建设发展具有重要的支撑促进作用。

1　图书馆职业道德的基本特性

1.1　工作实践性

图书馆职业道德是在图书馆工作实践中，长期反复实践积累形成的相对稳定的职业心理、道德传统、道德观念、道德规范和道德品质。它与图书馆工作实践活动紧密相连，源于实践、高于实践、指导实践。它反映的是图书馆馆员的特殊利益和要求，是图书馆工作特有的道德传统和道德准则，在图书馆工作范围内发挥作用。

1.2　历史传承性

图书馆职业道德是随着图书馆的建立,随着图书馆馆员这一行业的出现而慢慢出现并形成的。图书馆服务对象、服务手段、职业利益、职业责任和职业义务等趋于稳定和规范后,图书馆职业道德也相应确立起来,并随着图书馆工作的开展而延续。作为图书馆工作经验和传统被继承下来, 又形成了图书馆不同发展阶段普遍认同的职业道德规范,受到每一代图书馆工作者尊崇并严格执行。[1]

1.3　纪律约束性

图书馆职业道德是一种职业规范,受社会普遍认可和广大图书馆工作人员认同。它是介于法律和社会公德之间的一种特殊的准则。它不具有法律效应和强迫执行性,但它具有行为约束性和道德强制性。对于进入图书馆行业、从事相关工作的人员,必须学习掌握图书馆职业道德内容,遵守相关规定。图书馆职业道德通常以规章制度、工作守则、服务公约、劳动规程、行为须知等形式表现出来,对图书馆员具有纪律的规范性。

1.4　相互关联性

图书馆职业道德不是独立存在的, 而是图书馆职业素质中一个重要组成部分。[2]其中,职业理想引领职业道德,职业态度促进职业道德,职业能力支撑职业道德,职业形象展现职业道德,职业道德与其他职业要求相互作用、构成体系,同步发展、相互依存。加强职业道德建设必须统筹考虑、整体筹划,共同发力、体系推进。

1.5　时代发展性

图书馆职业道德不是一成不变的,它会随着国家方针政策、社会形态演变、人们价值观念的发展等而与时俱进、丰富拓展。党的十八大以来,社会主义核心价值观正式提出,从国家、社会、公民三个层面对价值标准进行了规范,图书馆职业道德也看齐国家价值目标,适应社会价值取向,匹配公民价值准则,与之相适应地进行了改进和完善,形成了新时代图书馆职业道德内容和要求。

2　新时代图书馆馆员职业道德的构成要素

2.1　爱国

爱国是中华民族的核心民族精神,是社会主义核心价值观,是公民的第一位价值要求。图书馆职业道德必须把爱国摆在首位,坚决拥护执行党和国家方针政策、规划计划,特别是关于文化建设、精神文明建设、图书馆建设等相关领域的决策部署,从国家建设和社会发展的大局出发,加强图书馆建设,发挥图书馆作用,立足岗位积极工作,为社会主义现代化建设贡献力量。

2.2 爱馆

克服图书馆员工作内容相对枯燥、工作时间相对特殊、工作对象相对复杂、工作待遇相对较低、工作成效不易突显,久而久之容易造成成就感缺乏、原动力缺损、责任心缺失等问题。合格的图书馆馆员要热爱图书馆、扎根图书图、奉献图书馆,保持积极的心态、仁爱的心灵、豁达的心胸、成功的心律,用一种恭敬和严肃的态度履行职责,用一种感恩和享受的心情对待工作,工作时既专注又喜欢,既用力更用心。

2.3 爱岗

不管身处何种岗位都热爱本职工作,扎实钻研业务,不断充实图书馆学、档案学、情报学、文献学、信息管理学、汉语言文学、历史学等基础理论,并加强实践运用;掌握人工智能、人机交流、数据库、网络传输、远程联网等信息技术,了解哲学、经济、历史、地理、文化等各领域常识;具备较强的语言表达能力、信息处理能力、沟通交往能力和研究创新能力,对自己的工作环境、工作流程、工作要求等非常熟悉,熟练完成日常业务,妥善处理各种突发情况和问题。

2.4 爱书

图书馆是图书的殿堂、文化的集聚地。图书馆馆员是文化的使者,每天与图书为友、与知识相伴、与信息同行,要培养懂书、爱书的精神,经常看书读书,深入研究图书,积极保护图书,大力推广读书,深切体会如饥似渴的读者的阅读心理,感受学者研究学问的艰辛历程,怀着对知识和图书的崇敬、向往、热爱从事图书馆工作。

2.5 爱人

即热爱读者、服务读者。服务是图书馆的永恒主题。图书馆员必须坚持面向读者、读者至上,常用"文化和知识传播者"的高尚工作定位来端正服务态度,常与读者换位思考来做实服务工作,常问读者是否满意来检验服务效果。[3]对读者的需求要有"等不起"的紧迫感、"慢不得"的危机感、"坐不住"的责任感,最大限度提高服务水平。特别是图书馆馆员要服务各种各样的读者,要研究与不同年龄、职业、性格的读者交流的方法技巧,以良好的心理适应力、承受力、应变力开展针对性服务,树立起个人和图书馆的良好形象,吸引更多的人走进图书馆。

2.6 爱己

就是要爱惜自己、把握自己、严格自律。图书馆员作为文化传播者,兼具教育职能,所以要加强自我约束,发挥榜样作用。从宏观讲,必须严格遵守国家法律法规、社会行为准则和中华传统美德,做个好公民;从微观讲,要严格遵守图书馆馆员的行业规范、工作原则和职业道德,做个"好馆员"。

3 新时代图书馆职业道德的主要作用

3.1 引领作用

职业道德是图书馆馆员根据社会要求、行业规范和工作实际,确立的职业奋斗目标,也是个人渴望达到的职业境界,体现了图书馆馆员的工作追求和目标。职业道德反映了图书馆馆员如何对待工作,同时也是馆员生活态度、价值观念的表现,它对图书馆馆员职业理想确立、个人目标设定、日常工作开展等都具有牵引、带动和指导作用。

3.2 调节作用

前面谈到,图书馆职业道德涵盖了图书馆馆员内部之间、图书馆馆员与读者之间的相互关系。图书馆职业道德一方面可以调节图书馆馆员内部关系,规范约束图书馆内部人员行为,促进图书馆内部有序运转;另一方面又可以调节图书馆馆员与读者之间的关系,规定了图书馆员如何服务读者、如何对读者负责等内容,促进图书馆馆员更好地开展服务工作。

3.3 规范作用

图书馆馆员通过践行职业道德,严格遵守行业规则、工作流程、办事要求等,久而久之,可以养成良好的职业行为习惯,形成符合职业特点的工作行为和言谈举止。通过对照职业道德要求,也可以促使图书馆馆员总结分析个人工作情况,反思查找自身差距不足,制定针对性的改进措施,不断净化自己、改造自己、完善自己、提高自己。

3.4 激励作用

图书馆职业道德通过目标、榜样、评价、监督等外在诱因以及图书馆员通过职业道德而激发的个人责任感、使命感、成就感、紧迫感等内在动力,两者相互作用,形成一股激发、鼓励图书馆馆员积极向上、踏实工作的精神力量,诱发工作的欲望和动力,推动图书馆馆员努力拼搏、勤奋工作。

4 加强新时代图书馆职业道德建设的方法途径

4.1 教育引导

加强形势教育，引导图书馆馆员充分认清新时代加快精神文明建设的迫切现实需要，把握党的十九大对文化强国的战略部署，认识到图书馆在推动践行社会主义核心价值观、加快精神文明建设、促进新时代文化发展等方面产生的新的使命任务和机遇挑战，强化职业光荣感和自豪感，坚定"立足岗位、建功立业"的信心决心。[4]运用正面引导、典型激励、氛围熏陶等方式，使图书馆馆员树立正确的世界观、人生观、价值观，将热爱祖国、服务社会、保护知识、爱岗敬业、钻研业务、诚实守信、礼貌待人、研究创新等职业要求，内化于心、外化于行，自觉践行。

4.2 实践历练

图书馆馆员职业道德不是与生俱来，也不是一成不变，更不是一劳永逸的。要结合日常工作，不断实践探索和健全完善图书馆职业道德的主要内容和标准要求，构建图书馆馆员的职业道德体系。要立足本职岗位，积极践行职业道德，研究形成加强职业道德建设的方法途径，把道德要求转化为具体的工作要求和工作成效，确保职业道德要求落实落地，提高职业道德建设水平。

4.3 制度规范

遵循"竞争、开放、流动、高效"的原则，健全制度机制体系，引入激励机制，大力宣扬表彰先进典型，让馆员体会到自身工作价值。推行轮岗机制，帮助馆员超越专业限制，丰富工作经验，实践职业道德建设。常态考评制度，采取馆员自评、读者测评、领导点评、同事互评、综合考评的方式，考察能力素质和履职尽责情况。[5]严格问责机制，结合日常工作和考评情况，考察图书馆馆员践行职业道德要求情况，对落实不到位、履职不认真、工作不达标的严肃追责问责，从而产生良好的激励警示作用。

4.4 群众监督

着眼提高图书馆职业道德建设的针对性和实效性，增强图书馆的生存力和吸引力，把"面向读者、读者第一"的要求落到实处，坚持开放式理念，让读者参与到图书馆的管理监督和职业道德建设中。[6]通过读者与馆员最直接的接触，让读者对馆员的服务态度、业务水平、工作作风等职业道德情况进行评价和提议。密切联系读者，积极拓宽读者监督渠道，设立监督举报信箱、电话、网站、微博、微信等，定期与读者交流，倾听读者的意见和建议,让图书馆工作在读者的监督下进行,不断改进完善,提高职业道德水平。

【参考文献】

[1] 汪茏,陈敬.文化强国,图书馆的责任与使命[J].科技资讯,2013(21):250.

[2] 李彩霞.图书馆工作的职业道德[J].冀东学刊,1997(4):18-19.

[3] 赵长海.什么是图书馆精神[J].情报资料工作,2006(6):31-34,39.

[4] 李敏.论网络环境对图书馆员的新要求[J].图书馆理论与实践,2005(4):27-28.

[5] 王翠琪.关于图书馆员职业道德准则的两个问题[J].图书馆建设,2015(8):85-89.

[6] 李玉君,杜晓红.对图书馆员职业道德品质的思考[J].管理观察,2016(35):147-149.

深化图书馆多元文化服务，引领新时代文化繁荣

沙拉买提·依明艾山　杨小燕

（西北民族大学图书馆）

摘　要：五千多年灿烂辉煌的文化底蕴，创建了中华民族文化的博大精深。如何在新时代开启新征程，利用大学图书馆文化资源与信息技术的优势，将大学图书馆的多元文化服务提高到一个新平台，以习近平总书记的新时代中国特色社会主义思想，引领新时代的文化繁荣是大学图书馆馆员要探索和研究的一个重要课题。

关键词：多元文化；多元文化服务；引领文化繁荣

中图分类号：G252　　**文献标志码**：A

1　多元文化的内涵与多元文化服务

1.1　多元文化的内涵

根据国际图联的报告，多元文化是指不同文化的和谐共同存在与相互之间的作用，这里指的文化包括宗教、种族或其他文化族群、行为习惯、价值观、思维模式、文化假设、社会交际各个方面的特点差异。[1]多元文化是近十几年来，在国际上流行起来的新概念，而且已经成为绝大多数国家的一种民族文化政策。国际上许多国家和地区以及团体还专门制定了与多元文化密切相关的法律法规，[2]和有效的政策、措施，并以此作为多元文化建设发展的核心价值观。

1.2　文化的多元性

文化的多元性和人类社会历史发展之中具有亲密的联系。文化的多样性即民族性、种族性、历史性、地域性等的差异及不同的自然地理环境的差异等，这些因素取决于文化

的多样性,差异性的自然存在。[3]不同类型的文化构成的共同体是处于世界人类社会,文化多元是一种社会现象,它伴随着漫长的人类社会发展而存在,并得到了发展。突显了自己富有的多样性,在多样性中存在及发展。从中华文明的"轴心时代"春秋时期的百家争鸣,就确定了中华文化的多元肇始,中华民族本身就是多个民族带着各自鲜明的文化特色的大融合。

1.3 中华民族的多元文化

在漫长的历史长河里,中国各少数民族创造了许多灿烂、优美动人的传说、神话、史诗、音乐、歌舞、绘画以及具有世界价值意义的科学典籍,建造了富丽堂皇、雄伟壮观、绚丽多彩、富有不同地域民族特色的建筑群。这些绚丽雄伟、优秀的文化艺术遗产是中华文化的重要组成部分,是 56 个民族共有的精神财富,是世界人类文明的重要成果,藏族人民创建的布达拉宫、大昭寺和罗布林卡建筑群入选世界遗产名录;蒙古族人民的长调、维吾尔族人民的大型音乐套曲十二木卡姆等被联合国列入世界非物质文化遗产名录中。5000 多年华夏民族的多元化发展谱写了绚丽多彩、博大精深的中华文化。

1.4 图书馆多元文化服务

图书馆承载着为全民提供教育、各种地域信息、文化、休闲方面的精神资源与服务,为社会大众自由使用图书馆提供平等机会的重任。如何公正、公平健康地为多民族、多语种、多文化背景的读者提供服务,是衡量图书馆服务是否充分与完备的一个指标。1986年,国际图联就成立了多元文化服务的图书馆委员会,以后,不断系统地制定了一系列关于多元文化服务的规范性、指导性文献[2]。西方发达国家图书馆组织机构高度重视国家的多元文化政策,并开展了图书馆多元文化服务理论研究与实践工作。如加拿大、美国、澳大利亚等国家。

2 我国图书馆多元文化服务的缺失与不足

2.1 图书馆多元文化服务的理论研究不足

(1)我国多民族结构的格局、民族政策的导向,是我国多元文化得以繁荣的基础。我国图书馆的服务宗旨是"一切为了读者,为一切读者",这也是我国的立馆之本。从图书馆建立的历史发展考证,图书馆的多元文化服务是并存发展的,仅仅以我国民族高校之一的西北民族大学图书馆为例,图书馆馆藏文献具有鲜明的多民族特色和地域特色,被甘肃省确定为省民族学、宗教学、少数民族文学和西北地方史志研究级收藏单位。收藏藏文古籍大约有 4000 多种,它具有浓厚的地域文化特色,其中比较具有代表性的古籍有《藏传佛教格鲁派三师徒全集》《五世达赖喇嘛全集》《拉卜楞寺活佛历世嘉木样的全集》等。[4] 最具有版本史料价值意义的是当推藏文手抄本《大藏经》(甘珠尔),共 105 函,系用金粉、朱砂、墨汁三色,经明万历至清道光前后 200 余年手抄而成,弥足珍贵。此外,还有日本影印出版的北京版藏文《大藏经》和三种汉文版本《大藏经》,多种民族文字的合璧文献手抄本《清文鉴总纲》《四体合璧文鉴》(汉文、满文、藏文、蒙古文)著述。[4]

(2)西北民族大学图书馆在学校党政的正确领导和高度重视下,近十几年以来在推进图书馆多元文化服务理念,提升常态化、规范化管理的基础上,加大了多民族特色文献采购馆藏力度。从学校实际出发,根据调研咨询报告和意见,以及学校专家教授建议,多次派专业工作人员深入新疆、宁夏、青海、内蒙古、西藏、四川、云南、贵州的民族地区,集中采集民族文献、宗教文献和地方文献,先后采集到大批富有民族特色和地方特色、价值极高的大型文献。其中代表性的文献有《四库全书存目丛书》《四库禁毁书丛刊》《四库未收书辑刊》《续修四库全书》《中国方志丛书》《内蒙古史志》《新疆史志》。

(3)从我国历史发展来看图书馆领域的多元文化服务是早已存在的,但对于它多元文化服务的研究力度有所不足。截至目前,在中国知网搜索有关多元文化研究的论文有25158 篇文章。涉及图书馆多元文化的论文至今仅仅只有 63 篇,可谓凤毛麟角。最早关于图书馆多元文化服务的研究论文是 2000 年纂写的。从专门探讨研究开始《澳大利亚规则》一直到国际组织 IFLA《多元文化社会:图书馆服务指导方针》刚满 18 年。从中我们可以看到图书馆多元文化服务理论与实践研究的严重脱节性。可以说,在图书馆界多元文化服务理论的研究是相当薄弱的,缺乏对图书馆多元文化服务系统全面的研究,特别是对多元文化服务方针、制度、措施的深层次研究尤显薄弱。

2.2 服务形式单一,服务质量有待提高

图书馆多元文化服务虽早已存在,但服务形式单一:①多限于馆藏民族文献的收集、采购、保存、借阅、读者参考咨询、读者信息技术培养;②文献缺少深层次开发,缺少高品质的信息服务,如学科信息门户建设,少数民族语言资源的电子开发,馆藏少数民族语言类资源的双语目录检索及民族语言资源的分馆建设;③缺少对少数民族语言类网络资源的收集,整理和利用;④缺少对少数民族语言类音像、影视类作品的收集、整理和利用;⑤缺少民族高校图书馆馆际资源共建共享;⑥缺少与民族师生更多的文化互动。克服简单的服务形式,并非图书馆人之力所能及。缺乏校领导的重视与支持、经费保障等,丰富服

务内容,扩大服务范围,提升服务手段,提高服务品质也只能是纸上谈兵。

2.3 图书馆缺少品牌意识与知识服务意识

图书馆的品牌意识。如果图书馆不具有特色服务就没有竞争力。从国内国外来讲,并非所有图书馆都能够建立自己的特色馆藏,但是立足实际环境建立自己的品牌化、多元文化服务是有可能的。因此,从实际发挥根本职能,在图书馆服务的竞争中,树立品牌意识尤为重要。

知识服务意识。所谓的知识服务意识意味着从各种信息资源领域中,针对读者的个性化服务需求及其专业化的要求,将知识提炼出来的服务,它是以资源建设为基础的高阶段的信息服务。如知识导航服务,包括专题索引、定题跟踪、项目指南、科技查新等。缺少知识性服务意识、缺少知识服务措施等原因引起图书馆的服务很难上到一个新的水平。

2.4 缺少丰富多彩的多元文化服务

随着我国新时代高等教育的深化改革,大学图书馆已经不再是单一的学习知识、查阅资源的课外场所,而是适应新时代推进创建、良好人才成长环境的一个重要组成部分,是人才培养的海洋和造就创新人才的必要保障。①如何利用馆舍优势,营造时尚的读书氛围;②利用馆藏优势,提高大学生的文化品位;③加强民族文献检索课的教学,提高少数民族大学生的信息检索能力;④开展学科导航,提供个性化服务,培养大学生的创新素质;⑤举办有价值意义的学术讲座,拓展大学生的文化视野;⑥寓审美与休闲,提升大学生的生命价值与生活品质;⑦拓展创新成果,为大学生提供展示自我的舞台。如上种种,都是大学图书馆有能力也应该重视的课题。

3 提升图书馆引领文化意识,引领新时代大学文化繁荣

(1)大学不仅是最高教育机构,是传承知识的场所,也是典型的文化研发中心,是先进文化特别是创新文化的主要策源地。大学学科众多,几乎覆盖社会的所有领域。每个学科建设又都会无一例外地聚集本领域的各种资源,通过筛选、整合、传承和创新不断向外辐射、服务并引领着各领域文化前行。[5]

(2)大学是传播和普及文化系统,是强化整体国家民族的教育文化不断走向文明、不断强大的摇篮。因此,一所高校丰厚的历史的积淀,是一所高校精神文明的展现,也是广大群体价值追求,坚定理想信念的平台。图书馆实体以及图书馆本身的文化内涵是构成

大学文化体系的重要方面。大学图书馆既承载着文化传承的责任,也担负着大学文化育人的功能。充分发挥和提升大学图书馆的文化引领功能,是赋予大学图书馆人更崇高的社会责任和对大学图书馆人提出了更高的要求。虽然大学图书馆引领文化发展的事实早已存在,但是在其处于自发状态,还没有作为一种重要理念甚至作为旗帜来举的时候,大学图书馆的自觉性、主动性和责任感是不一样的。明确大学图书馆对社会的引领文化功能,就要求大学图书馆不仅要有引领文化的自觉和崇高责任心,而且要求大学图书馆必须首先提升自身的引领能力和水平。

(3)图书馆作为各种文化的聚集地和展示窗口,它的根本社会职能超越了本身的功能价值,也形成了一种文化精神的独特象征。如何在新时代开启新征程,利用高校图书馆文化资源与信息技术的优势,把民族高校图书馆的多元文化服务提高到一个新的水平,引领新时代的文化繁荣是我们要探索和研究的一个重要课题。

(4)在任何一个社会体制下,大学是最高教育机构,也是文化传播、普及和发展的中心。它包含众多学科领域,聚集精神建构、学术研究交流、科学发现、技术发明与人才培养为一体,是文化传播的重要基地,也成为新文化的孵化器。它有科学、民主、创新的精神理念,有开放、平等、自由的学术氛围,有数百年的文化积淀。大学应不断促进探索和争鸣,激励新思、新学术的产生,为人类社会的文化发展做出了重要贡献。

4 深化图书馆多元文化服务,引领新时代民族文化繁荣

图书馆已经不只是一个学习知识、查阅资源的课外场所,更是创新人才成长环境的一个重要组成部分,是培养和造就创新人才的必要保障。在新时期深化图书馆多元文化服务,全面贯彻落实党的十九大精神,以习近平新时代中国特色社会主义思想引领新时代民族文化繁荣势在必行。

4.1 利用馆舍优势,营造良好的读书氛围

高校图书馆以优越的地理优势,占据着校园的中心地带。目前,大学生对精神享受的需求逐渐增高。他们不只是需要丰富多彩的信息资源,还需要优雅的学习场所、舒适的阅读环境、丰富的馆藏资源、便捷的咨询服务以及高质量的服务技术。因此,图书馆必须要用高尚的阅读情调和高品质的阅读享受来吸引大学生,并努力营造良好的读书氛围。

4.2　利用馆藏优势,提高大学生的文化品位

以引导学生充分利用图书馆信息资源优势为前提,以提高自身文化素质为目的。除了编写新书、推荐书目、推荐信息光盘、编制信息等活动外,还应充分发挥校刊、期刊、广播、简报的作用,让图书馆文坛更具特色,从而使图书馆文献资源起到塑造学子灵魂、陶冶学子情操的作用。充分利用馆藏优势,提高大学生的文化品位,鼓励学生自学,追求自身进步。

4.3　加强文献检索课的教学,提高学生的信息检索能力

检索课的教学目的,无非就是培养学生的信息资源意识和检索技能。通过向学生系统解释文献之价值、检索语言、原理及方法,根据自身需求选择信息资源,使学生掌握获取知识与信息的方法,教会学生从"学会"到"会学"。

4.4　开展学科导航,提供个性化服务,涵养大学生的创新素质

学科导航是以学科为单元对互联网上的相关学术资源进行搜集、评介、分类、组织和序化整理并进行简要的内容提示,通过建立分类目录式资源组织体系、动态链接、学科资源数据库与检索平台,并公布于网上,为用户提供网络学科信息资源导航系统。此系统将某一学科的网络学术资源由分散改为集中,由无序改为有序,方便了各学科师生查询本学科网络信息资源,有助于学生快速了解本学科前沿研究动向、快速获取专业资料信息、发展趋势和目标动态,将有助于学生创新能力的提高。

4.5　举办学术讲座,培养大学生的创新素质

图书馆应当定期或不定期开展科技周和科技月的科研互动活动。邀请校内外专家学者师生举办内容广泛的学术报告会、学术研讨会,给学生以自由、便捷、快速进入各种学术领域吸收知识的机会,使学生视野更为广阔,激发大学生的创新意识。

4.6　寓审美于休闲,提升大学生的生命价值

新一代大学生由于日益增强的就业压力,而面临着高度紧张的社会生存竞争。随之而来的生理和心理疾病逐渐增加,高校图书馆如何以资源优势为大学生营造一个高品位休闲的空间,提供一些高品质的休闲活动,使精神的修整与身体的颐养活动得到充分进行,使人的自由创造与世界的对象化欣赏浑然无间,从而赋予生命真、善、美的价值。高校图书馆可以以丰富的活动,美化和休闲,如开展国内外优秀影视作品展、古典音乐展、现代音乐展、节假日讲座、名著辅导、保健健身讲座、健身美容等,积极塑造大学生的健康心理和健全人格。

4.7 拓展创新成果,为大学生提供展示自我的舞台

青年大学生既充满活力热情,又具有丰富的想象力和创新的表达欲望。图书馆可以此为机,开展多样的活动。如歌舞晚会、民族时装艺术表演、摄影艺术展、美术绘画展、广告设计展、文艺作品展、科研作品展、民族知识竞赛等,帮助大学生及时发现自身,肯定自己,挖掘自己的能力,让更多大学生在高校生活中品尝生命成长的喜悦,体验创作成功的快乐。

4.8 电子教学参考服务

图书馆传统教学参考服务的发展与延伸表现为电子教学,即将传统的教学参考资料进行全面的数字化处理之后,建立教学参考信息库,通过网络平台提供多样的服务。学习者可以不拘时间、地点阅读、下载与专业课程有关的参考资料, 这极大地方便了教师进行电子教学。

4.9 多媒体课件开发支持

多媒体课件教学模式是创新教学手段和教学方法的一种表现,这就要求教师熟悉并能灵活运用计算机与教学设计软件。然而在现实中,大多数高校教师在教学与新技术整合问题上一直处于沉溺状态。在教学课件的开发中迫切需要更多的支持。在欧美等国家,高校图书馆已于 20 世纪末就为教师提供课件开发支持服务。作为高校信息资源中心和运用信息技术先锋的图书馆, 积极参与教学方法创新的推动与新技术的应用是必然的。[6]少数民族语言的多媒体课件开发,就是图书馆多元文化服务教学的一个有效方法。

4.10 学科信息门户

学科信息门户是更高于学科导航的另一种导航方式, 即将特定学科领域的信息、资源、工具与服务集成至一个大型网络平台,为用户的服务入口提供方便、统一的信息检索。学科信息门户更符合学科用户的需求,它是按照用户需求对网络中的相关信息资源,包括电子期刊、数字化图书、报道、论文、书目、教育软件、电子新闻和重要科研机构的主页等进行更具有针对性、更深入的展示,有助于各民族师生的需求,也有助于少数民族师生在这一领域的信息"超市"中对优质资源的获取,并获得"一站式"检索式的服务,这极大地促进了对专业信息的获取。

4.11 学科馆员制,创新图书馆多元化服务

学科馆员为高校图书馆中专门负责各院、各系教学与科研人员合作与联系,担当图书馆与教学单位之间的信息导航和联络员。学科馆员的枢纽作用表现在知道且参与与对

口专业的文献资源的建设;设置学科导航,协助对口专业院系师生进行等同文献的检索,提供跟踪服务与决策参考服务。少数民族学科的建立是为图书馆多元化服务的创新,为图书馆突破自我,为在高等教育事业上成为支柱起着积极且关键的作用。[6]

4.12 馆藏资源网络化,网络资源馆藏化

利用民族院校图书馆少数民族高级人才聚集的优势,积极搜集、整理、开发少数民族语言类的网络资源,并对大学图书馆已有的馆藏民族资源深度开发。如馆藏资源的双语目录索引,《馆藏藏汉期刊双语目录索引》《馆藏维汉期刊双语目录索引》《馆藏蒙汉期刊双语目录索引》《馆藏哈汉期刊双语目录索引》,从而使多元文化服务提高到一个新的水平。

4.13 开展考研信息导航,为大学生提供多样化服务

大学生的考研热居高不下,考研的信息需求已然成为高校图书馆为学生提供多样化、多方面、全方位服务的新的课题。利用网络间网络,获取研究考生信息、购买相关数据资料、建立研究考生信息栏目、举办多种研究考生讲座,使图书馆人性化服务的完美体现。

高校图书馆不仅是整个学校的文献信息资源中心,也是高校学子自学的最有优势的场所。大学图书馆有着地理优势、信息资源优势及人力资源优势,完全可以在高校新技术的支持下,充分发挥其情报职能和教育职能,深化多元文化服务,努力提升多元文化服务水平,进一步促进教学机构的教学与科研的发展,稳定发展方向,为新时代创新人才的培养提供坚实的保障。

【参考文献】

[1] 赵润娣.国内外图书馆多元文化服务研究综述[J].情报理论与实践,2010,54(3):89-92,27.

[2] 肖爱斌,许萍.普通外籍人士对图书馆利用与需求状况调研分析[J].图书情报知识,2012(5):68-81.

[3] 刘雅琼.论图书馆多元文化服务[J].图书情报工作,2009,53(15):92-95,121.

[4] 马春燕.民族高校图书馆特色馆藏数字化建设的新思路[J].现代情报,2007(8):160-162.

[5] 浩歌.着力提升大学的引领文化功能[J].中国高等教育,2006(18):1.

[6] 杨小燕,李万梅.高校图书馆以创新服务营造人才培养的良好环境[J].社科纵横,2008(7):164-165.

浅谈绿色图书馆的实现策略

刘 丹

（宁夏回族自治区图书馆）

摘 要：在全社会日益重视节能减排的大背景下，图书馆作为重要的公共文化服务机构，在节约资源、环境保护等方面有着不可替代的责任，绿色图书馆由此应运而生。文章从绿色图书馆的含义出发，介绍了新加坡和深圳市图书馆的实践经验，从法律标准、图书馆建筑、绿色业务流程、环境素养教育等方面提出了建设绿色图书馆的策略。

关键词：绿色图书馆；环境素养教育；节能减排

中图分类号：G251　　　**文献标志码**：A

2015年10月26日，《中共中央关于制定国民经济和社会发展第十三个五年规划的建议》（以下简称《建议》）于十八届五中全会通过，《建议》首次提出创新、协调、绿色、开放、共享五大发展理念，并明确提出要在"十三五"期间基本建成公共文化服务体系，使文化产业成为国民经济支柱性产业。[1]图书馆作为基本公共文化服务的重要主体，创新、协调、绿色、开放和共享发展理应成为新时期图书馆发展以及文化建设的战略目标和重要内容，实现更高质量、更有效率、更加公平、更可持续的发展。[2]因此，图书馆要全面认识并把握绿色发展的内涵，将绿色发展理念融入到图书馆运行和服务的全过程，为缓解或改善全球环境污染问题、建设美丽中国做出应有贡献。

1　绿色图书馆的内涵

南开大学图书馆的孙玉宁于1998年在《南方建筑》上发表题为《未来图书馆建筑设

想》的文章,第一次提出"绿色图书馆"一词,但文中关于"绿色图书馆"的描述主要是对其进行了关于能量来源及发展中的问题的描述,并未进行详细的定义。[3]第一次对"绿色图书馆"概念进行阐述的,是武春福于 2001 年在《图书与情报》上发表的《试论 21 世纪图书馆发展生态》,他认为绿色图书馆的各项工作要以可持续发展理念为指导、以图书馆长远发展为目标,以使图书馆保持持续发展潜力。[4]

经过近 20 年的发展,学界对"绿色图书馆"的研究不断深入,目前将其定义为以低碳理念为指导,以节能减排为宗旨,追求无污染、低能耗的可持续发展的新型图书馆,主要特征包括:低排放、低污染和低能耗。绿色图书馆旨在通过精心选址、使用天然及生物可降解材料、节约资源、合理处理废物等措施,以最大化保证室内环境质量,减少对自然环境产生的负面影响。[5]

2 绿色图书馆的实践现状

截至 2016 年 2 月,在我国"绿色建筑标识申报系统"中已通过绿色建筑评价认证的公共建筑共有 2049 家,其中图书馆建筑 25 家。但同时期,全世界申请美国 LEED 绿色建筑认证的图书馆有 640 家,其中通过认证的有 356 家。[6]

虽然我国各类图书馆中通过绿色认证的数量很少,但越来越多的图书馆已经认识到加入绿色图书馆的重要性,且正在通过新建、改造等途径改变不够低碳环保的能源供给、馆藏资源及图书馆服务的传统方式,如四川大学江安校区图书馆的空调系统节能改造项目。由于中央空调系统一般都会在天气最热、负荷最大时仍留有 10%~20% 的设计余量,但实际情况是在成都一年中的大部分时间内,中央空调均不会满负荷运行,故而不能自动调节的系统会造成很大的能源浪费。因此,四川大学图书馆对图书馆及水上报告厅的空调水系统进行了节能优化服务,经过改造,预计节电率可达到 69%,投资回报率很高。[7]

3 绿色图书馆经典案例

3.1 新加坡国家图书馆

新加坡国家图书馆[8]总高 16 层,总面积超过 6300m^2,最大的亮点是其符合生态气候的系列环保节能设计,采用了遮阳、通风、采光等系列绿色建筑技术,为发展低碳经济做出了很大的贡献,因而被誉为"超级节能楼"。新加坡国家图书馆的外部基本采用玻璃天篷材料,并且根据图书馆所在地的经纬度选择了最佳的朝向和位置,以达到尽可能减少热负荷的效果。另外,建筑师们还在图书馆内部设计了一套温控分区系统,这套系统能为每个区域定制个性化的气温控制方案,这样做可以保证不会因为个别分区对温度的特殊需求而导致整栋建筑付出更多的温度成本。

3.2 深圳宝安

2011 年,深圳市宝安中心区图书馆[9]获得我国国家建筑绿色设计标示二星级,其具体的建筑方法及节能技术对国内其他图书馆有很好的借鉴意义。

(1)整体形成了可持续的建筑微气候,减少热岛效应。内部的中庭利用"烟囱效应"提升拔风效果;外立墙面为双层玻璃幕,可开启部分超过 30%;充分的景观绿化和水体,利用空气流动带走多余热量等。

(2)利用可再生能源及可循环材料,减少能耗。49%的地面采用透水铺装,收集场地及屋顶的雨水,经过市政中水场统一处理达标后重新利用于绿化、景观、空调冷却等用水;利用太阳能热水器为图书馆提供生活热水;按照绿色建筑评价标准要求,在施工过程中循环使用可再利用材料和可再循环材料等。

(3)优先使用节能新技术。办公区域使用节能灯具,公共区域采用光控、红外智能化及分区等自动控制系统;设置先进的能源检测系统,对冷热源设备、通风设备、动力设备、生活热水系统、照明设备等运行情况进行监测,故障报警及启停。

4 绿色图书馆建设措施

4.1 标准与法律

在标准方面,我国颁布的《绿色建筑评价标准》(GB/T50378-2006),有效指导了我国绿色建筑的实践,为推动我国绿色建筑的发展做出了重要贡献。之后,又相继通过了《绿色办公建筑评价标准》(GB/T50908-2013)、《绿色商店建筑评价标准》(GB/T51100-2015)等针对特定建筑类型的绿色建筑评价标准。但是,目前有关教育建筑评价标准仍是空白,对绿色图书馆更是缺少足够的重视。在法律方面,2017 年、2018 年相继出台并施行的《中华人民共和国公共文化服务保障法》和《中华人民共和国公共图书馆法》也均未提到图书馆绿色发展的相关问题。

4.2 建筑与运行

筹建一所图书馆的首要问题就是选址,选址是否合理的一个重要标志是预见建成后长期使用的效果。而绿色图书馆建筑所彰显的是人天合一的哲学思想,旨在促进人与自然和谐共生。所以,图书馆选址除了要考虑交通方便、环境安静、便于扩建外,必须重视如通风、采光、湿度等需要耗能的其他因素。

我国现有的图书馆建筑大多通过开架阅览的形式,将藏书和阅览的空间融合起来。但藏书区对光照度和温度要求不高,而阅读区则相对要求较为严格,这样设计势必会使空调与灯具的负荷加大,造成能源的浪费,无法满足绿色图书馆的要求。所以,在改造现有图书馆或者建造新馆时,必须考虑如何降低能耗、节能环保。

(1)照明。图书馆对室内亮度的要求较高,人工照明是必不可少的消耗,但我们应该加大对自然光的利用效率。如选择合适的经纬度位置及朝向,最大范围、最长时间地保障自然光照射;将阅览与自习区域放在采光较好的位置等。在使用人工照明时,要根据不同空间的使用要求对亮度进行分区控制,如公共区域与阅览区域即可分别设置;使用声控、光控等设备最大限度地保证无人使用时及时断电;更多地选用节能设备进行照明,在同样的使用时长内只消耗最少的电能;使用可再生的清洁能源,如在外立面铺设太阳能板,既可为馆内提供热水,也可进行电能转化供照明使用等。

(2)通风。阅览区和办公区是用户及工作人员长时间停留的区域,图书馆内假如通风不畅,除会降低人体舒适度外,还容易产生一些有害气体危害馆内人员身体健康。良好的通风还能够降低空调的使用频率,节约电能并减少因使用空调对自然环境的破坏。

(3)用水。图书馆对水资源的需求之处主要为饮用和清洁,故而对水资源的节能应主要从清洁方面着手。建设水资源循环使用系统,如美国麦迪逊公共图书馆即将 HVAC(加热、冷却、风扇和泵)系统应用于图书馆建筑,有效提高了水资源及废水的管理效率。[10]

4.3 资源与设备

解决纸质资源和数字资源的配置问题是绿色图书馆发展模式的一个关键环节,这要求馆藏政策的评价应向用户偏好和使用量等指标倾斜,而不是单纯地计算数量。[11]一般认为,纸质资源较之电子资源,因载体、印刷、运输等原因会产生更多的能耗,但事实上数字资源也会产生碳足迹。这主要是因为数字资源的获取和利用需要借助于 IT 基础设施,这些设备的运行及管理数字资源时都需要大量耗能。图书馆常见的数字设备,如数字阅读设备、互联网平台、数据中心等,数字信息的检索、获取、传播以及打印等过程,都需要耗能。但是数字阅读的能耗问题却没有引起足够的重视。[12]

云计算在降低 ICT 能耗方面发挥着重要作用,规范、共享、再利用以及绿色行为是关系数字信息系统管理与服务水平的关键性因素。墨尔本大学的一项研究表明,云计算技术在处理、存储和传播信息方面具有相对优势,能够从高利用率和高虚拟化方面降低每个终端用户的能耗,基于云计算并采用合适的信息管理技术的绿色信息系统服务模式,可以在一定程度上减少碳足迹,降低环境成本。这为图书馆资源与信息系统的降耗减排提供了一个前瞻性的发展方向,也提出一个科学研究的重要命题:数字资源与纸质资源的能耗比较。[12]

在实践方面,图书馆绿色行动和实践包括但不限于以下内容:垃圾分类回收,重复使用或捐赠过刊等文献资源,使用再生、无氯以及 FSC 认证的纸张;使用环保清洁产品替代有毒化学清洁剂,鼓励重新填充硒鼓,使用液晶显示器;有效整合服务器,高效管理、维护和保养设备,谨慎处置电子垃圾等。[12]

4.4 培训与教育

除了图书馆自身的努力外,绿色图书馆服务还需要馆员和用户的支持。图书馆要培养馆员和用户的环境意识和节能意识,提醒他们贯彻环保理念、时刻爱护环境、重视生态保护。

(1)馆员教育。节能环保是图书馆义不容辞的社会责任和图书馆人坚定的理念与追求,图书馆员是可持续发展的宣传者、教育者和实践者,可以潜移默化地影响和塑造读者习惯。①馆员自身要积极利用馆藏资源学习和了解如何在工作和生活中减少环境污染,进一步提升低碳意识,学习低碳技术。[13]②图书馆应积极举办关于环保的讲座与展览、号召馆员开展绿色科学研究,通过丰富多彩的方式培养懂环保知识、重生态保护的馆员。

(2)读者教育。环境素养影响着身边的每一位公众,图书馆作为社会教育活动机构,应开展用户环境教育,增强用户环境意识。①环境素养教育,如阅读推广、专题讲座、展览、物品交换等活动。在做好以上常见的推广工作的同时,尤其要注意对少年儿童的环境素养教育,可以通过游戏(如用废旧材料做手工)、播放环保题材电影等方式,寓教于乐地进行环保意识的培养与环保行动的教授。②宣传节能环保政策。虽然政府已经颁布了一些与环保有关的政策与法律,但是在实际工作中,这些抽象笼统的政策与法律不一定都能被公众理解和接受。而且,有些人认为环保与个人没有直接关系,是政府的事情。所以,图书馆要承担起政府与公众之间的桥梁作用,使政府的节能环保政策得以贯彻执行。另外,图书馆还可与当地政府机构、环保组织、教育部门、公益组织等合作开展环保教育活动。

【参考文献】

［1］ 本报讯. 中共中央关于制定国民经济和社会发展第十三个五年规划的建议［N］. 人民日报,2015–11–04(01).

［2］ 徐益波,等. 图书馆绿色发展的理论要义与实践路径[J]. 图书馆论坛,2017(3):15–19.

［3］ 孙玉宁. 未来图书馆建筑设想[J]. 南方建筑,1998(4):50–51.

［4］ 武春福. 试论21世纪图书馆发展生态[J]. 图书与情报,2001(3):13–15.

［5］ Wikipedia. Leadership in Energy and Environmental Design［EB/OL］.[2015–12–10].https://en.wikipedia.org/wiki/ Green_library.

［6］ 王钰萱,等. 基于新版《绿色建筑评价标准》的高校绿色图书馆建设研究[J]. 建筑与文化,2017(1):115–117.

［7］ 本刊讯. 川大图书馆成绿色典范[J]. 智能建筑,2016(6):12.

［8］ 谢建华,屈炫. 热带生态属性与人文属性的结合——评新加坡国家图书馆[J]. 建筑技艺,2009(4):102–105.

［9］ 本刊讯. 国家绿色建筑设计评价标识二星级——深圳宝安中心区图书馆[J]. 建筑,2013(7):2.

［10］ Rajput A S. The green libraries: An overview ［J］. International Journal of Innovative Knowledge Concepts,2016,2(12):1–5.

［11］ Marcum J W. Design for sustainability[J]. The Bottom Line: Managing Library Finances,2009,22(1):9–12.

［12］ 王晴,徐建华. 国外绿色图书馆理论研究与实践进展[J]. 图书情报工作,2017,61(19):122–134.

［13］ 范瑞英,等. 图书馆环境责任:内涵、履行与意义[J]. 图书与情报,2015(6):63–67.

基于社会网络分析的图书馆营销论文合著分析

马丽娜

（宁夏回族自治区图书馆）

摘　要：营销是企业的一项重要职能也是一项经营哲学，随着营销思想逐渐渗透于图书馆实践中，相关研究及文献如雨后春笋般出现。文章基于社会网络分析方法，对图书馆营销文献合著现象进行分析，离析出图书馆营销研究中的主要学术合作群体及其研究的热点问题，多角度揭示图书馆营销研究的发展趋势和方向，同时指出我国图书馆营销领域作者合著的特点、现状以及存在的问题，并以可视化的方式予以呈现。

关键词：社会网络分析；图书馆营销；合著研究

中图分类号：G250.7；G251　　　**文献标志码**：B

1　引言

图书馆作为非营利机构，拥有丰富的馆藏文献资源，是用户与信息、知识及智慧之间传递、沟通和转换的桥梁。随着网络技术的发展，信息时代的来临，将营销观念引入图书馆是时代的需要，是满足用户个性化需求的需要，也是改变其单一、被动的服务方式，谋求新的发展点的需要。[1]

1977 年，加拿大学者 Lawrence 最先将营销理论引入图书馆，推动了营销学与图书馆学的交叉融合发展，并逐渐受到西方学者和机构的重视。[2]1983 年，美国图书馆协会将图书馆营销定义为"图书馆和信息服务的提供者针对服务的实际用户和潜在用户而进行的一系列有目的的活动，其范围涉及提供的产品、服务成本、服务方式和服务推广的技巧"[3]。我国图书馆营销的相关研究晚于西方国家。20 世纪末，涌现出一批学者，如关家麟、陈云卿等人尝试探索国内的相关研究。随后,越来越多的学者逐渐意识到将营销理念运用于图书馆实践的必要性及有用性,侧重营销方式及技巧的创新和本土化实践,如体验营销、定制营销、移动信息服务营销等。[4][5]图书馆引入营销的目的就是要充分研究用户的现实需求和潜在需求,将图书馆中的显性知识和隐性知识以优质高效的服务满足其需求。因此,图书馆围绕读者至上的理念所开展的工作,实质上也是营销活动。[6]

本文基于社会网络分析方法,揭示国内图书馆营销研究的主要学术合作群体及其研究热点问题,多角度揭示图书馆营销研究的发展趋势和方向。

2 研究步骤和方法

2.1 问题陈述

我国图书馆营销相关主题研究晚于西方国家,国外对于图书馆营销的研究不论在理论还是实践方面,都要比国内发端早且发展较为成熟。本文利用社会网络分析方法,围绕以下几个问题展开研究。

(1)图书馆营销主题的论文合著网络研究,明确在这一研究领域中的核心学者及各学者之间的社会网络关系。

(2)对目前合著作者群体的研究,了解其合著的现状、特点。

(3)研究结果的可视化呈现。

2.2 数据来源

数据来源,即网络节点的确定,也就是作者的确定。在进行作者确定时,为保证研究结论的准确性、全面性,以中国知网的中国期刊全文数据库(CNKI)为检索平台,以主题词"图书馆营销"为检索词,共得到1286篇文献,将数据进行筛选分析,同时剔除独著作者,共有51篇文献,其中81位作者与他人有合作关系。本文以这81位作者作为网络节点,研究其论文合著关系。

2.3 研究工具

本文对获取的数据主要用到的分析工具有 Excel、书目共现分析系统以及社会网络分析软件 UCINET。其中书目共现分析系统主要建立了这51篇文献(见表1)中81位作者的共现矩阵。最后,利用 UCINET 构建图书馆营销相关研究的论文合著可视化的社会网络进行分析。

表 1 51 篇文献及作者列表共现矩阵(部分图示)

*	司 莉	刘昆雄	汪 忠	康小梅	尚文玲	田 蕊	涂湘波	陆浩东	卢振波	肖 雪
司 莉	6	0	0	0	0	0	0	0	0	0
刘昆雄	0	6	0	0	0	0	0	3	0	0
汪 忠	0	0	4	0	0	0	0	0	0	0
康小梅	0	0	0	3	3	0	0	0	0	0
尚文玲	0	0	0	3	3	0	0	0	0	0
田 蕊	0	0	0	0	0	3	0	0	0	0
涂湘波	0	0	0	0	0	0	3	0	0	0
陆浩东	0	3	0	0	0	0	0	3	0	0
卢振波	0	0	0	0	0	0	0	0	3	0
肖 雪	0	0	0	0	0	0	0	0	0	3
谢小军	0	0	0	0	0	0	0	0	0	0
辛继宾	0	0	0	0	0	0	0	0	0	0
徐一新	0	0	0	0	0	0	0	0	0	0
应 峻	0	0	0	0	0	0	0	0	0	0
沈清波	0	0	0	0	0	0	0	0	0	0
陈朝晖	0	0	0	0	0	3	0	0	0	0
赵 莉	0	0	0	0	0	0	0	0	0	3
陈东滨	0	0	0	0	0	0	0	0	0	0
段 青	0	0	0	3	3	0	0	0	0	0
刘 兰	0	0	0	0	0	0	0	0	0	0
寥运平	0	2	0	0	0	0	0	0	0	0

3 统计分析

3.1 作者分布情况

在 81 位作者中,其中发表论文较多的作者信息如表 2 所示(并非全部都以第一作者身份发表的论文)。

表2 作者列表(简表)

作者	所在单位	论文数
刘昆雄	湘潭大学	6
司 莉	武汉大学	6
汪 忠	湖南大学	4
赵 莉	武汉大学	3
刘 兰	北京师范大学	3
涂湘波	湖南大学	3
陈朝晖	中国科学院国家图书馆	3
卢振波	浙江工业大学	2

其中,从这51篇文献中研究内容来看,其研究的内容如表3所示。

表3 研究内容分布

研究对象	论文篇数
图书馆营销综述(国内/国外)	2
图书馆营销内容(信息/服务)	12
机构图书馆营销(高校/公共/医院)	16
图书馆营销现状	4
营销理论在图书馆中的应用	9
图书馆营销社交平台推广(微博/微信/E-mail)	7
图书馆营销效果评估	1

由表2、表3可见,目前图书馆营销主要集中在对各种机构的图书馆营销研究方面,如高校图书馆、公共图书馆、医学图书馆等,具体表现在图书馆信息资源的营销、服务营销以及营销理论在图书馆中的应用,其中基于各种社交平台的图书馆营销逐渐成为研究的热点,如图书馆微信营销等。

3.2 网络个体属性研究

在网络个体属性研究中,主要选取了中心性属性作为论文合著的分析参数。中心性的度量基于结点接近中心度或中间中心度等指标从,社会网络的意义上说,中心性被社会网络分析的研究者们作为衡量网络中行动者潜在重要性、影响力和表现能力的一种测量方法。[7]

（1）作者度属性分析。

一般说来，在合作网络中结点的度属性表示的是在合作过程中，这个结点所代表的作者与其他作者的合作频数，数值越大说明这个作者与其他作者的合作就越频繁，反之越少。[8]利用 UCINET 软件进行节点中心度分析（见图 1），81 位作者中仅有 22 位（27.16%）

		1 OutDegree	2 InDegree	3 NrmOutDeg	4 NrmInDeg
1	司　莉	9.000	9.000	3.750	3.750
2	刘昆雄	7.000	7.000	2.917	2.917
3	汪　忠	5.000	5.000	2.083	2.083
4	康小梅	16.000	16.000	6.667	6.667
5	尚文玲	16.000	16.000	6.667	6.667
6	田　蕊	10.000	10.000	4.167	4.167
7	涂湘波	4.000	4.000	1.667	1.667
8	陆浩东	3.000	3.000	1.250	1.250
9	卢振波	5.000	5.000	2.083	2.083
10	肖　雪	3.000	3.000	1.250	1.250
11	谢小军	3.000	3.000	1.250	1.250
12	辛继宾	9.000	9.000	3.750	3.750
13	徐一新	9.000	9.000	3.750	3.750
14	应　峻	9.000	9.000	3.750	3.750
15	沈清波	3.000	3.000	1.250	1.250
16	陈朝晖	10.000	10.000	4.167	4.167
17	赵　莉	3.000	3.000	1.250	1.250
18	陈东滨	9.000	9.000	3.750	3.750
19	段　青	16.000	16.000	6.667	6.667
20	刘　兰	3.000	3.000	1.250	1.250

图 1　点度中心度

作者的点度中心度大于等于 5,仅有 7 位(8.64%)作者的中心度大于等于 10,这反映了在图书馆营销研究方面,具有核心力的作者人数并不是很多。

同时,在整个网络的标准化点度中心势(网络为无向图,因此出度和入度相等)为5.083%(见图 2)。在星形网络中,网络的度数中心势为 100%。也就是说,中心势越接近 1,说明网络具有集中趋势。从上述点的点度中心度来看,整个网络中心势比较小,网络图较为分散。

DESCRIPTIVE STATISTLCS

		1 OutDegree	2 InDegree	3 NrmOutDeg	4 NrmInDeg
1	Mean	3.951	3.951	1.646	1.646
2	Std Dev	3.688	3.688	1.537	1.537
3	Sum	320.000	320.000	133.333	133.333
4	Variance	13.602	13.602	2.362	2.362
5	SSQ	2366.000	2366.000	410.764	410.764
6	MCSSQ	1101.802	1101.802	191.285	191.285
7	Euc Norm	48.642	48.642	20.267	20.267
8	Minimum	1.000	1.000	0.417	0.417
9	Maximum	16.000	16.000	6.667	6.667

Network Centralization(Outdegree)=5.083%

Network Centralization(Indegree)=5.083%

图 2　标准化点度中心势

(2)作者的中间性属性分析。

在社会网络关系中,若一个行动者处于许多其他两点之间的路径上,那么就可以认为该行动者居于重要地位,因为他具有控制其他两个行动者之间的交往的能力。[9]通过UCINET 软件对本文的合著网络进行中间性分析(见图 3)。

可以看出,中间度居于第一位的作者为司莉,其绝对中间中心度是 30,同时 64 位作者的绝对中间中心度为 0。这说明,只有极少数的作者具有一定的社会资本来控制资源,与其他作者进行合著,大部分的作者在这一领域没有能力控制他人的交往合作。同时,网络中心势指数为 0.91%(见图 4)。说明整个网络的中心度非常低,在这一领域的论文合作较少。

		1 Betweenness	2 nBetweenness
1	司　莉	30.000	0.949
24	李　武	30.000	0.949
9	卢振波	26.000	0.823
2	刘昆雄	5.000	0.158
7	涂湘波	5.000	0.158
6	田　蕊	4.667	0.148
23	龚惠玲	4.667	0.148
16	陈朝晖	4.667	0.148
4	康小梅	3.667	0.116
5	尚文玲	3.667	0.116
19	段　青	3.667	0.116
3	汪　忠	2.000	0.063
20	刘　兰	2.000	0.063
29	柯　平	2.000	0.063
25	李莎莎	2.000	0.063
22	陈焕之	1.000	0.032
30	张华敏	1.000	0.032

图 3　中间中心度

3.3　网络整体属性分析

上述分析是对图书馆营销论文合著网络著作中作者的属性研究。为了更好地揭示其合著关系还需要从整个合著网络出发,研究其整体属性。本文从小世界效应、网络聚集度和小团体三个方面进行分析。

(1)小世界效应。小世界效应在合著网络中是否存在对科研合作具有非常重要的意义。若合著网络具有小世界效应,那么这个网络就是一个信息通畅的网络,且合著者之间能够进行方便、快捷地沟通。通过 UCINET 软件对数据进行分析处理可以发现,图书馆网络营销论文合著网络中,节点之间的平均距离为 1.58,也就是说,在该合著网络中,每两

		1 Betweenness	2 nBetweenness
1	Mean	1.617	0.051
2	Std Dev	5.486	0.174
3	Sum	131.000	4.146
4	Variance	30.096	0.030
5	SSQ	2649.667	2.653
6	MCSSQ	2437.802	2.441
7	Euc Norm	51.475	1.629
8	Minimum	0.000	0.000
9	Maximum	30.000	0.949

图 4　网络中心势指数

个作者只要通过 1.585 个人就可以互相建立联系。说明在这一主题研究中,作者合著网络呈现出很强的联系。

(2)网络聚集度分析。作者合著网络聚集度反映了作者之间合作的紧密程度,其聚集度的值位于 0 到 1 之间,值越大说明合作团体关联越紧密,否则越松散。在 UCINET 软件中,根据分析结果可以看出,图书馆网络营销论文合著整体网络的集聚度为 0.052,说明在这一领域作者合著网络的集聚度并不是非常高。

(3)小团体研究。在 UCINET 软件中,有许多用来分析、研究小团体的方法,如派系、n-派系、n-宗派、k-丛、k-核等。本文选用的是 k-丛的方法,即一个规模为 n 的 k-丛就是指 n 个结点中,每个结点都至少与该凝聚子群中其 n-k 个点有直接联系。利用 UCINET 分析结果显示,规模为 3 的 2 丛团体有 95 个,规模为 4 的 2 丛团体有 24 个。可见,在图书馆营销主题研究方面,合著的小团体数目相对较多,但是规模不大(见图 5)。

4　研究结果的可视化呈现

论文作者合著研究所形成的网络具有复杂性网络的特性,这种特性可以通过具有交互性、多维性和可视性的可视化技术生动、形象地呈现出来。[10]本文运用 UCINET 软件中的 Net Draw 方法,通过该方法将 81 位作者间的合著情况以网络图的方式呈现出来(见图 6)。

WARNING：Valued graph. All values > 0 treated as 1
24 k-plexes found.

1	司　莉	庄晓喆	王思敏	吴方枝	钱绮琪			
2	康小梅	尚文玲	段　青	李莎莎	张华敏	苏大明	蒋丁芯	孟凡红
3	康小梅	尚文玲	段　青	李莎莎	张华敏	高宏杰		
4	康小梅	尚文玲	段　青	李莎莎	张华敏	侯西娟		
5	康小梅	尚文玲	段　青	李莎莎	张华敏	蒋　丁		
6	康小梅	尚文玲	段　青	李莎莎	苏大明	高宏杰		
7	康小梅	尚文玲	段　青	李莎莎	苏大明	侯西娟		
8	康小梅	尚文玲	段　青	李莎莎	高宏杰	侯西娟		
9	康小梅	尚文玲	段　青	李莎莎	高宏杰	蒋丁芯		
10	康小梅	尚文玲	段　青	李莎莎	高宏杰	孟凡红		
11	康小梅	尚文玲	段　青	李莎莎	侯西娟	蒋丁芯		
12	康小梅	尚文玲	段　青	李莎莎	侯西娟	孟凡红		
13	康小梅	尚文玲	段　青	张华敏	苏大明	蒋　丁		
14	康小梅	尚文玲	段　青	张华敏	蒋　丁	蒋丁芯		
15	康小梅	尚文玲	段　青	张华敏	蒋　丁	孟凡红		
16	康小梅	尚文玲	段　青	高宏杰	蒋　丁			
17	康小梅	尚文玲	段　青	侯西娟	蒋　丁			
18	田　蕊	陈朝晖	龚惠玲	李　武	杨　琳			
19	田　蕊	陈朝晖	龚惠玲	李　武	张　靖			
20	田　蕊	陈朝晖	龚惠玲	李　武	刘　雯			
21	田　蕊	陈朝晖	龚惠玲	杨　琳	张　靖			
22	田　蕊	陈朝晖	龚惠玲	杨　琳	刘　雯			
23	田　蕊	陈朝晖	龚惠玲	张　靖	刘　雯			
24	辛继宾	徐一新	应　峻	陈东滨				

图 5　小团体分布图

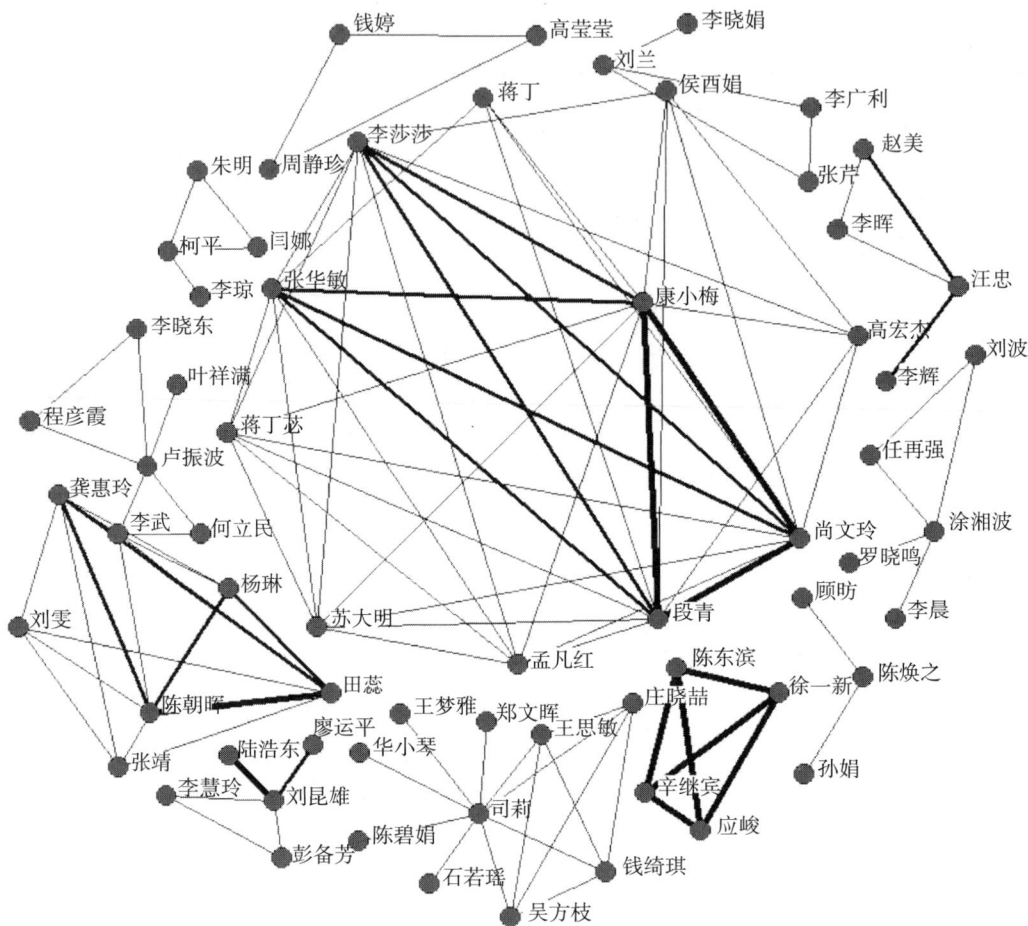

图 6　作者合著网络图

其中,有 16 位作者之间是两两互相合作,未与他人进行合作。同时,武汉大学信息管理学院的肖雪和赵莉合著发表了 3 篇文章;湖南理工职业技术学院图书馆的沈清波和谢小军合著发表了 3篇文章。

5　结论

基于社会网络分析方法,通过点度中心度和中间中心度指标确立在图书馆营销主题领域有着重要影响的作者。此外,社会网络关系图中,点度中心度位于前 20 位的作者中,有9 人同时也位居中间中心度的前列,他们分别是司莉、卢振波、田蕊、陈朝晖、康小梅、尚文玲、段青、汪忠、刘兰,这间接说明了这两个指标具有高度的相关性。在这些学者的共同努力下,促进了图书馆营销这一主题领域的研究。

从整体网络角度来看,这一主题领域的合著网络密度和聚集度均相对较低。在进行小团体分析时,通过对这95个小团体的基本信息进行分析,不难发现。

(1)95个小团体中64个来自同一个机构内的合作,这一比例占到67.37%。其中,31个团体来自武汉大学信息管理学院,16个团体来自中国中医科学院中医药信息研究所。这间接指出我国图书馆营销主题领域的合作范围不广,大都在同一机构内。

(2)95个小团体中,34个小团体是由导师加学生组成的团体,分别是来自武汉大学31个小团体中由导师司莉带领其学生王梦雅等人组成的团体,来自南开大学商学院信息资源管理学院3个小团体中由导师柯平带领学生李琼等人组成的团体。这也间接说明了武汉大学等机构对图书情报学科的发展具有很强的推动力,机构内也呈现出很强的合作态势。

(3)95个小团体中,39个小团体是由图书馆馆员组成,或者是图书馆馆员加学生的组成,这一比例占到41.05%。其中,湖南大学图书馆、中国科学院国家科学图书馆、复旦大学图书馆、北京师范大学图书馆等在这一主题领域中发挥了重要的作用。

同时,图书馆营销主题领域中,跨地区之间的合作非常少,而图书馆员与高校师生合作研究的趋势逐渐明显。

通过对图书馆营销这一主题领域的作者合著情况的分析,使我们对合著的特点、现状和问题都有了一定的了解,但本文在分析过程中也存在着一些有待改进的地方,如对数据的剔除和选择、数据的分析、软件的应用等。

【参考文献】

[1] 马丽娜.泛在知识环境下高校图书馆基于微平台的服务营销研究[D].济南:山东大学,2016:5.

[2] Lawrence C.Libraries:A marketable resource[J]. Canadian Library Journal, 1977(5):409-411.

[3] Young H. The ALA Glossary of Library and Information Science[M]. Mardid:Ediciones Díaz de Santos, 1983.

[4] 周冬飞.定制营销:图书馆服务推广的新思路[J].现代情报,2007(3):115-118.

[5] 王静,等.新媒体环境下高校图书馆移动信息服务微营销研究[J].图书馆建设,2013(10):45-49.

[6] 王群,敬卿.高校图书馆营销策略研究[J].图书馆,2011(9):99-100.

[7] 袁润,王慧.基于社会网络分析的图书馆学论文合著现象研究[J].图书情报研究,2010(3):37-40.

[8] 王志亮.社会网络分析方法在科研协作网中的应用研究[D].大连:大连理工大学,2005.

[9] 朱庆华,李亮.社会网络分析法及其在情报学中的应用[J].情报理论与实践,2008(2):179-184.

[10] 张秀梅,吴魏.科研合作网络的可视化及其在文献检索中的应用[J].情报学报,2006(1):9-13.

少数民族地区图书馆多元文化服务探析

吐尔逊阿依·依沙克

（新疆维吾尔自治区图书馆）

摘　要：少数民族地区的图书馆，作为一个地区文化遗产保存、保护、弘扬、传承的重要场所，在促进少数民族文化发展、继承方面发挥着重要作用。因此，少数民族地区的图书馆要加快多元文化服务进程，不断强化自身的多元文化服务建设，构建多元化的馆藏资源体系，开展多语言的文化服务，使得图书馆的文化服务不断向着基层地区延伸，不断向着基层人民群众渗透，促进我国图书馆事业不断向前发展。文章主要结合实际情况，首先分析了少数民族地区多元文化以及少数民族图书馆文化服务的地位，然后论述了少数民族地区图书馆多元文化服务对策，希望通过本次研究对同行有所帮助。

关键词：少数民族地区；图书馆；多元文化服务；对策

中图分类号：G258.2　　　**文献标志码**：A

图书馆多元化服务理念是现代化图书馆服务理念的进一步渗透和延伸。多元化的文化服务理念倡导的是自由主义思想，提倡的是重视每一个人的兴趣和价值理念，倡导民主宽容理解，用该种理念可以更好地促进我国少数民族文化的繁荣、和谐、共存。[1]图书馆多元化服务理念强调的是不管你是哪国人、哪个民族、什么性别，都能为你提供平等无歧视的文化服务，更加强调的是文化的交流和融合，将图书馆办成一个文化交流融合的场所。在我国社会主义现代化建设进程中，图书馆扮演着重要的文化传递角色，是我国重要的文化机构，具有公益性质。少数民族地区的图书馆理应顺应时代发展进程，结合自身实际情况和资源优势，开展多元化的文化服务，满足各族人民群众的文化需求。

1　少数民族地区的多元文化

我国是一个多民族国家,56个民族在历史长河的发展中形成了各自不同的文化,这些文化共同构成了中华民族文化体系。进入新世纪以来,在经济全球化和多元文化的冲击下,少数民族地区的文化结构和特点发生了全新的变化,我们需要正视这种变化,采取措施切实做好少数民族地区文化保护和传承。[2]

在中华文化发展历程中,少数民族文化和汉族文化在相互交融、相互交流中共同发展和进步。进入新世纪以来,由于经济社会发展的作用,汉族文化对民族地区的文化产生了更加深远的影响。[3]越来越多的汉族人民群众进入到少数民族聚居区,开展教育、医疗等各个行业的工作,他们在无形中对少数民族地区的文化产生了不小的影响。现阶段我国很多民族地区的幼儿园、小学都大力实施双语教学。采用这种教学模式,一方面承认了少数民族地区和汉族文化之间的差异性,另一方面借助少数民族语言和文字,来实现其他的学习和汉语的推广普及。进入新世纪以来,随着经济全球化不断向前发展,国际之间的文化交流日渐频繁,外来文化对我国少数民族文化的影响也越来越大。我国少数民族通常聚居在山区或者边境,很多少数民族聚居区和其他国家相邻。我国新疆地区与塔吉克斯坦、吉尔吉斯斯坦、哈萨克斯坦、俄罗斯、蒙古以及克什米尔地区的国家交界,同时中国毗邻阿富汗、巴基斯坦、印度等国。这些国家的某些民族和我国新疆少数民族的文化交往十分频繁。随着中国日渐开放,少数民族地区和接壤国家之间的文化交流更加频繁,这就使得民族地区内部多元化特征更加明显。

2　少数民族地区图书馆文化服务的地位

2.1　保护少数民族地区的文化遗产

新疆是一个多民族聚居的自治区,各民族共同生存,就决定了本地区的文化多元性。图书馆具有保存文化遗产的作用,搜集整理少数民族地区的文化遗产和非物质文化遗产,也是少数民族地区图书馆的职责所在。[4]我国少数民族地区文化遗产主要包含两个方面的内容:一方面是指各个少数民族的风土人情、饮食、体育和传统节日,另一方面指的是少数民族地区的文化,包含了这个地区的地理风貌、风土人情产物、旅游资源等方面。多元化的少数民族文化遗产,需要图书馆从多个方面加强收集整理,并做好这些文化遗产的保存工作。强化少数民族地区文化遗产保存,对于我们更好地开发和利用少数民族地区文化,更好地促进少数民族地区经济建设,都具有积极的作用。

2.2 文化信息整理和利用

图书馆的核心工作就是为群众提供知识和信息,发挥图书馆文化教育功能,切实提升图书馆资源利用效率,做好读者服务工作。在新的历史时期,少数民族地区群众对文化需求越来越大。图书馆要借助自身优势,将知识和信息进行有序化组合,转化成具有可认知的文献资源供社会大众利用。少数民族地区多元文化的形式、载体、传播途径都存在很大的差异。[5]很多少数民族的传统文化精髓都没有文字记载,要采用口耳相传的方式进行传播,这就为少数民族地区图书馆开展文化组织整理和传播带来了巨大的困难。面对这些问题,需要图书馆工作者不断创新,强化技术革新,创造出能够更好保存少数民族地区文化的方法和手段,以便更好地为各族人民群众提供文献服务。

2.3 在少数民族地区开展文化教育服务

图书馆是文献资源的集散地,是人民群众接受教育的重要场所,更是先进文献资源传播的窗口,图书馆的主要职能就是社会教育职能。在民族地区,针对少数民族群众的多元文化特征,我们要结合实际情况,对这些多元文化特征进行有效整合。少数民族地区的群众不但要学习和继承好本民族的优秀文化,还要学习好汉民族的优秀文化。而汉族群众在学习好本民族优秀文化的同时,还要强化对少数民族地区文化的学习,这样才能够增强民主平等和谐的意识,继承和弘扬各民族的优秀文化遗产,强化 56 个民族之间的和谐交流,促进各民族经济建设、繁荣发展、和谐相处。[6]图书馆作为一个地区的重要文化教育机构,理应承担起文化传播的使命,为地区经济建设、文化传播服务,为促进民族更好团结在一起做出自己的贡献。

3 少数民族地区图书馆多元文化服务对策

3.1 转变服务理念,强化图书馆馆员多元化服务意识教育

少数民族地区图书馆积极开展多元文化服务是更好适应社会对图书馆提出的信息自由、信息公平、信息平等的具体表现。服务的基本原则是尊重各个民族之间的文化差异、生活差异、民俗风俗差异,能够包容各个民族的各种优秀文化,强调少数民族文化服务过程中的平等性和无差异性。尊重不同民族之间的差异性是从自然属性和社会属性两个角度出发,对不同民族群众所表现出来的各种不同情况,如民族、语言、宗教信仰、兴趣爱好等都要充分地尊重,要强化对这种自然社会属性的保护。[7]实现民族文化包容是指对

于不同社会成员表现出来的行为差异性,都要尊重和接纳。平等服务是图书馆多元文化服务的核心内容,也是前两点的出发点和归宿点,主要是指对于任何社会个体,不管其社会属性和自然属性差异性如何,都要一视同仁、平等对待,无条件为这些群体提供文化服务。现阶段,我国图书馆服务过程中,还存在着很多违背"尊重民族之间的差异性,实现民族文化的包容,强化民族文化平等服务"的情况,如对读者进行分类,对读者的阅读权限设置了不同的障碍,阻碍弱势群体前来图书馆阅读图书、借阅图书,相关人员服务理念滞后,存在较大偏差等。针对这些情况,在今后的工作中,必须要加强图书馆馆员服务理念教育和服务意识培养,保证图书馆员及时转变服务理念,从而改进图书馆的整体服务质量和水平。

3.2　创新少数民族地区图书馆采编新模式

图书馆要想实现更好的发展,就需要进一步丰富自身馆藏资源。强化少数民族地区图书馆馆藏资源建设,才能够为当地群众提供更加优质高效的文化服务。多元文化服务必须建立在完善的馆藏资源体系上,如果缺少充足的馆藏资源作为多元文化服务的基础,图书馆就失去了文献资源服务的基础,更不能为各少数民族提供针对性和多样性的文化服务。[8]这里所说的馆藏资源建设就是指图书馆,在全面分析读者阅读需求和文化需求的前提下,有目的有针对性地对本图书馆的馆藏资源进行丰富和补充,并对图书馆的馆藏资源质量进行评价,对图书馆馆藏资源建设能力进行科学分析,进一步掌握图书馆馆藏资源利用现状,确定能够利用本图书馆的馆藏资源和外部资源,满足少数民族地区群众的多元化需求。对于少数民族地区来说,在进行社区分析过程中,一定要将少数民族群众纳入其中,结合不同民族群众,制定不同的馆藏资源建设政策。要结合实际情况,选择采购和少数民族相关的图书资源、期刊、文献报刊等。在多年的实践中我们发现,真正懂得少数民族语言文字的人员较少,所以在进行少数民族文献资源建设过程中,存在较大的难度,这是今后我们需要急需解决的难题。一方面要强化专项资金投入,加强对少数民族文化和各种资料的采购;另一方面要加强馆员素质教育,培养和引进懂得少数民族语言的高素质馆员。

3.3　强化合作,保护少数民族地区特有文化

一个民族的特色文化,在现实中可以多种形式呈现出来,如饮食、服饰礼仪、建筑风格、文物、殡葬制度、宗教信仰等。除此之外,还包含了很多民族图书资料,艺术、舞蹈、绘画雕刻等也是民族特色文化的主要体现形式。对于少数民族地区特色文化的保存和传承,图书馆发挥着不可替代的重要作用。图书馆馆藏资源建设进程中可以收藏大量反映

少数民族文化的图书材料,但也具有一定的局限性,因为有些民族特色文化,如服饰、音乐、殡葬制度、绘画、雕刻等一般图书馆不能很好地进行搜集和整理。[9]相比之下,少数民族地区博物馆,能够更好地弥补图书馆这方面存在的不足。因为博物馆能够收集、整理、陈列和研究代表自然和人类文化遗产的实物,并且能够针对这些实物开展有价值的文化研究教育,能够直接向群众展示反映本民族特色的实物,切实增强群众的文化感受能力。[10]针对这种情况,图书馆要强化和本地区民族博物馆以及国家图书馆的合作交流,通过合作,更好地开发和保护少数民族文化,巩固各民族的团结和安定。

4　结语

　　组织开展多元文化服务,是今后图书馆发展的一个重要方向。而少数民族地区图书馆肩负着传承和发扬少数民族地区文化的重要使命。在少数民族地区开展多元文化服务,具有现实意义,对弘扬民族文化,增进民族间的文化交流,促进民族地区和谐发展,具有不可替代的作用。实现少数民族地区图书馆多元文化服务,将会推动图书馆事业更加健康持续发展。

【参考文献】

[1]　缈建珍. 加强西部少数民族地区高校图书馆多元文化服务的研究[J]. 新疆农垦科技,2011(1):72–73.

[2]　朱美华,王月娥. 文化自觉视角下的少数民族地区图书馆多元文化服务[J]. 图书与情报,2011(4):20–23.

[3]　屈冠军,等. 少数民族地区图书馆多元文化服务探析[J]. 图书馆建设,2010(2):68–71.

[4]　赵润娣. 国内图书馆多元文化服务的问题与对策研究[J]. 情报理论与实践,2010(4):68–71.

[5]　赵润娣. 国内外图书馆多元文化服务研究综述[J]. 图书情报工作,2010(3):89–92,27.

[6]　赵国忠. 图书馆多元文化信息资源建设策略研究[J]. 图书馆建设,2010(6):13–16.

[7]　王岚霞,等. 西部民族地区图书馆多元文化服务及其实现[J]. 情报资料工作,2010(2):77–80.

[8]　缪建珍. 加强西部民族地区高校图书馆多元文化服务的研究[J]. 内蒙古科技与经济,2010(23):146–147.

[9]　夏莹,等. 多元文化儿童图书项目——韩国国立儿童青少年图书馆的阅读推广案例分析[J]. 新世纪图书馆,2017(9):67–71.

[10]　李高峰,王岚霞. 少数民族地区图书馆多元文化馆员发展研究[J]. 四川图书馆学报,2015(4):43–45.

建立公共音乐图书馆的意义

张洁琼[1]　张任跃[2]

（1. 西安音乐学院；2. 宁夏回族自治区图书馆）

摘　要：文章论述了音乐的起源及其对人类生活的影响，分析了公共图书馆设立音乐图书馆的意义，探讨了未来音乐图书馆的发展方向和发展模型。

关键词：音乐图书馆；音乐图书馆模型；研究

中图分类号：G252　　文献标志码：A

1 公共图书馆设立音乐图书馆的意义

自古以来，琴棋书画就是人们追求精神生活的最高境界。我们常常在大剧院门口可以看见西装革履的人进进出出，也常常在街头巷尾看见拾荒者在自己的车辕上挂着一个正在播放音乐的收音机。条件好的在大剧院欣赏交响乐，条件差的也可以在田间地头自娱自乐，他们都在各自的领域追求并享受着各自的快乐。也就是说，追求音乐快乐不受时间地点的限制，没有贫富贵贱的差别，它是全人类共同追求的精神享受。现代公共图书馆的概念已经不再单纯是为读者提供纸质图书，而应该是纸质图书、电子图书、网络图书、网络公开课、公益讲座，且具有读书休闲概念的宽泛公益机构。设立音乐图书馆可以让更多的人享受到音乐带给他们的快乐。

对于常年居住在二三线城市的人来讲，能亲临现场参加一场高雅音乐会的机会并不多。如何补救这样的缺憾，音乐图书馆就突显了其不可替代的优势。它可以利用现代互联网通信技术，让高雅音乐会现场在这里再现，使异地的观众同样可以感受到音乐会现场高雅艺术的魅力和观众的热情，享受音乐带给人们心灵的洗礼或恬静。

1.1 设立音乐图书馆是和谐社会发展的需要

这些年,我国经济发展,社会稳定,老百姓物质生活得到了显著的改善,文化素养也有了大幅度的提高,对音乐艺术的需求也日益高涨。人们渴望得到学习音乐的机会,需要提升音乐素养的场所。《中华人民共和国公共图书馆法》第三十四条规定:"公共图书馆应当按照平等、开放、共享的要求向社会公众提供服务"。音乐是人类共享的文化艺术产品,公共图书馆为读者提供音乐视听服务,是和谐社会发展的需要,也是推进社会主义精神文明建设的需要。

全媒体时代,单一的文本信息载体已经不能满足读者的需求,人们更愿意接受集文字、图像、声音于一体的信息服务。音乐图书馆顺应读者的要求,视听空间配备一流的音响设备高保真立体声耳机,可以向读者提供专业正版的 CD 和优质的网络视听资源,能够满足大多数音乐级发烧友的聆听要求。

据有关资料显示,在欧美日本等发达国家,"公共音乐图书馆"已相当普及,平均每一两万人就拥有一家公共音乐图书馆。[1]在我国,国家图书馆是最早开设音乐厅的公共馆(现已改为国家图书馆艺术中心),除了拥有 1120 个座位的剧场以外,在国图的网站上还开设了音乐栏目,其中有宝成多媒体外语学习平台、天方有声数字图书馆、搜音客有声图书馆、库克音乐图书馆以及音视频数字资源库,作品可听可看,并全部配有同步的文字,涵盖范围极其广泛。天津图书馆自 2012 年就已经开设了音乐图书馆,区域总面积约1200余平方米,是为公众打造的环境清雅舒适又深具人文气息的场所。另据笔者调查,目前国内 23 个省市自治区的 70 多个公共图书馆都不同程度地设立了音乐图书馆或视听空间,为读者普及音乐艺术、传播礼乐文化起到了积极作用。

1.2 设立音乐图书馆是拓展社会教育职能、普及音乐知识的需要

音乐对大多数人来讲,都是高深莫测的高雅艺术,很多人在对音乐的学习时都会望而却步,尤其是古典音乐更是曲高和寡。对大多数人来讲,自从走出中学校门,授课型的音乐学习就从此中断,但人们热爱音乐的心却一刻都没有停止过。20 世纪 90 年代,随着卡拉 OK 机设备的问世, 每到夜幕降临, 大街上到处都有聚集在卡拉 OK 机旁学唱歌的人。前几年,湖南卫视的"快乐女声",浙江电视台的"中国好声音"出尽了风头,收视率近似火爆,报名参加演唱比赛的人争先恐后趋之若鹜,充分说明人们对音乐的喜爱程度。

音乐图书馆拓展了公共图书馆的社会教育职能,目的就是普及音乐艺术,传播礼乐文化,增加人民群众的音乐艺术修养,提高公众对高雅艺术的欣赏水平。在音乐图书馆,

既可以参加讲座学习音乐知识,也可以陶冶情操,还可以欣赏中外音乐影视资料。这里,读者可以一律平等地享受图书馆提供的各种服务。这种没有等级、地位差异的空间正在逐渐成为市民休闲的理想场所,也正在帮助更多怀揣音乐梦想的普通市民实现走进专业音乐殿堂学习的夙愿,是名副其实的没有围墙的"市民音乐学院"。[2]笔者从天津市图书馆网站上了解到,天津音乐图书馆从各个方面聘请音乐老师,不断为读者免费举办了音乐讲座。音乐图书馆成为读者走进音乐殿堂的捷径。

1.3 设立音乐图书馆是传播高雅艺术的需要

高雅音乐,是相对于流行歌曲、靡靡之音等通俗音乐而言的,它所表现的意义是有深刻思想内涵的、积极向上的、具有高雅的情趣、具有正能量的、具有持久生命力、能跨越时代的,且有很高的艺术价值、艺术形式的音乐作品。传播高雅音乐可以进一步弘扬优秀传统文化和民族文化。

推广传播高雅音乐,不同行业都有自己不同的方法。山东人民广播电台休闲音乐频道,从 2005 年 12 月就开播纯乐曲,是国内唯一一档以国内外音乐会实况为内容的栏目。[3]中国移动旗下的咪咕音乐与国家大剧院合作、国家交响乐团与爱奇艺合作,实现了互联网线上线下的结合。这些都对传播推广高雅音乐起到了非常广泛的积极作用。作为公共文化事业单位的图书馆,更应积极响应国家传播高雅音乐的号召,主动为读者提供聆听高雅音乐的场所和设备。宁夏图书馆音乐视听空间,装修典雅、布局合理,是宁夏唯一一所免费的高雅音乐视听殿堂。也许你是不经意间走进音乐厅,也许你并没有刻意要听高雅的古典音乐,但当你坐在舒适的沙发座椅上静静地听完几首世界名曲后,相信你会被这里的音乐所吸引,你会慢慢地迷恋上这里并逐渐成为常客,最终成为高雅音乐的爱好者及传播者。

学习并推广高雅音乐,并不需要高超的技巧和方法。天津音乐学院王箐箐教授说:"音乐,并没有标准的答案,她首先需要我们去聆听,去用心去感受,而不是用我们的大脑分析它,理解它。"音乐图书馆就是在引导听众不断地去听音乐,在聆听的过程中不断激发直觉和情感,并逐渐培养听众听音乐的习惯。等大家把听音乐作为生活和工作的一种习惯时,作为我们生活中必不可少的事情时,音乐就真正地融入到我们的生活了。

1.4 设立音乐图书馆是方便专业研究的需要

科学的研究离不开相关的文献做铺垫,音乐的研究也不例外。中国传统音乐博大精深,研究与传承中国传统音乐是我们当代人的责任。

我国传统音乐、民间歌谣浩如烟海,但由于缺少有效的乐谱记录方法,只能靠师承的口耳相传,因而大部分都失传了,幸而有工尺谱使极少部分的古典音乐流传了下来,但却因曲高和寡不能普及。可喜的是近代有许多大师对本派音乐的传承做了不懈的努力和研究,比如浦东派琵琶艺术的第五代传人沈浩初先生,为了本流派技艺不致失传,用工尺谱编辑了《养正轩琵琶谱》,又嘱咐其弟子林石城先生将工尺谱改为五线谱。[4]笔者专门就研究我国少数民族音乐歌舞的文章在中国知网上用关键词"土家族音乐"搜索,结果多达500多篇论文,这充分说明目前研究中国传统音乐的研究者的热情还是很高涨的,另一方面也说明我们对民间音乐研究还有很大的空间。中国的音乐流派究竟有多少? 没有得到传承的有多少?这里没有答案。但如果通过深入分析研究,将古代或者是本地民歌深入挖掘、整理,最后编辑成册,那将是功在当下,利在千秋的丰功伟绩。音乐图书馆的设立,就极大地方便了音乐专业人士对古今中外音乐的研究。

以宁夏图书馆音乐视听空间为例,室内四周书架整齐地摆放了1000多种中外音乐著作,柜台上放着各种各样的原版CD碟片180多张。虽然音乐只有通过表演听众才能感受得到,而在这里,你不但可以看,还可以听。也就是说你的研究绝不仅仅只停留在纸面上,你可以在纸质文献研究的基础上,通过聆听感受作品的魅力;也可以通过相关的纸质文献了解到作者当时的创作心境及作品的创作背景。因此,这里还是研究音乐者的理想场所。

1.5 设立音乐图书馆是提升读者音乐赏析水平的需要

(1)培养读者的音乐情感。

音乐是一种善于表现和激发感情的艺术,音乐欣赏的过程就是感情体验的过程。它既是欣赏者对音乐的感情内涵进行体验的过程,同时也是欣赏者自己的感情和音乐中表现的感情相互交融、发生共鸣的过程。生活中,大家听音乐早已司空见惯,而真正能享受到音乐带来的乐趣者却是屈指可数,其中最重要的原因之一就是听得太少。美国有个音乐大师说:"音乐有意义吗? '有'! 音乐能确切地用语言表达出来吗? '抱歉,我不能!'"这充分说明音乐是难以用语言和文字表达的非常抽象的艺术。培养音乐情感,需要我们大量的听、不断地听,要让我们从聆听丰富多彩的音乐中体验音乐的美,享受音乐的乐趣,只有养成爱听音乐的习惯,才能发生从量变到质变的改变,真正从喜欢音乐到热爱音乐。音乐图书馆的设立,为广大音乐爱好者培养音乐情感提供了便利。

(2)培养并激发读者的音乐爱好。

提高音乐的欣赏水平,首先应该从培养读者喜欢音乐开始。只有读者喜欢上音乐以后,并通过自己对各种音乐的不断聆听、不断揣摩,到慢慢地不但能感受到音乐好听,还能慢慢地理解音乐想要表达的思想和内涵,最后才能达到欣赏和鉴赏音乐美的水平。其次,要不定期举办音乐大讲堂。天津音乐图书馆自成立以来就不断举办音乐大讲堂。截至2017 年年底,他们邀请中外音乐教育家、艺术家,成功举办讲座 240 多场,并通过与观众面对面地交流,分享音乐知识与音乐感受,从而培养并激发读者的音乐爱好。宁夏图书馆音乐厅自 2017 年开放以来,邀请北方民族大学的老师连续做了题为"音乐与生活""在音乐与诗歌中遇见最美的自己"等音乐讲座,前来听讲座的人络绎不绝,报告厅几乎是座无虚席。通过讲座,使广大音乐爱好者明白音乐是可以让人快乐的,音乐也是可以让人陶醉的,生活需要音乐,而音乐又无处不在。

2 未来音乐图书馆研究

未来音乐图书馆究竟应该是什么样?①它应该是聆听的天堂。听音乐是一种高级的精神享受,能免费听到原版纯真的音乐就更应该是大家梦寐以求的。对于音乐爱好者而言,能在舒适的环境中享受音乐带来的快乐,这里就应该是天堂。②它应该是学习音乐和乐器的天堂。常说天下没有白吃的午餐。我要说,音乐图书馆就是给爱好音乐的人、想学习乐器的人提供的免费午餐。音乐的学习是要边学边练,器乐的学习离不开音乐器材,所以,适当地为读者提供一些音乐器材,让音乐图书馆成为读者体验和感受乐器魅力的天堂也是很有必要的。③它还应该成为读者学习声乐的天堂。所有的人都知道声乐学习是要边学边练的,是典型的理论结合实践的一门艺术。虽然现在商业 KTV 娱乐场所比比皆是,但其消费远远超出了普通人学习唱歌所能承受的范围。迷你的 K 歌房设备虽然市场上也很多,但单台的价格也是动辄上万,更何况受住房环境条件限制,不可能自己买一台放在家里。公共图书馆是公益事业机构,有义务也有条件为读者提供免费的练歌房及专业的练歌设备,创造一切有利条件,让爱好音乐的读者自由的欢唱,尽情地享受音乐带来的欢乐。

3 结论

语言是通过文字记载而流传的,是可以念的;音乐是通过乐谱记载而传承的,通过演奏而表达,是可以听也可以唱的,二者虽方法不同,但传承方法却是异曲同工。图书馆是一切知识的传承者,传承音乐文化当然也是义不容辞的。

有人说,读书是一种灵魂的净化和心智的感悟,是一种精神的享受。那听音乐又何尝不是从感官到心灵的享受呢?我想,听音乐和读书在精神层面是不分伯仲的,是相得益彰的两种不同风格的精神享受。在未来,音乐图书馆或许会成为公共图书馆的标准配置之一。

【参考文献】

[1] 陈杨.公共图书馆特色服务新体验[J].图书馆工作与研究,2016(1):83–84.

[2] 官倩.公共图书馆打造"第三空间"的途径探索[J].图书馆工作与研究,2015(8):88–89.

[3] 梁义.《周末音乐会》传播高雅音乐,承载经典艺术[J].中国广播,2006(12):82–83.

[4] 刘小菁.论林石城及其弟子对浦东派琵琶艺术的传承[D].北京:中央音乐学院,2015.

少数民族地区图书馆开展真人图书活动的现状及分析

闫东芳

（宁夏回族自治区图书馆）

摘　要：文章通过阐述少数民族地区图书馆开展真人图书活动的现状，指出其在开展过程中存在的诸多问题，并在此基础上给出相应的意见建议。如营造包容的文化传播氛围、科学统筹真人图书馆藏资源构成、对招募真人图书加强甄选、重视读者反馈、积极开发延伸阅读的相关服务、加强宣传推广等。

关键词：少数民族地区；图书馆；真人图书

中图分类号：G252　　　**文献标志码**：A

随着网络信息技术的飞速发展，人类阅读文献信息资源获取信息的手段和传递信息的方式发生了翻天覆地的变化。社会大众利用网络计算机技术和应用软件记录信息、传递信息的方式越来越普遍。大众越来越依赖网络社交，越来越疏于现实生活中真实的人际交往，越来越没有耐心和兴趣静下心来深入地阅读一本纸质图书，而是更多地选择利用乘坐交通工具等间隙时间在用微信或其他网络应用进行碎片式阅读。在此背景下，真人图书应运而生，在提升读者阅读欲望，消除文化差异、身份歧视，促进文化包容等方面颇见成效。图书馆是传统的保存和传递文献信息资源的载体，少数民族地区图书馆更是少数民族地区文化发展、文化自信的中流砥柱。为此，在发展建设传统纸质图书、电子图书的同时，逐渐开发新型文献资源即真人图书资源供读者阅读交流非常有必要。

1 相关概念

1.1 少数民族地区图书馆概述

中国图书馆学领域专家吴慰慈将图书馆定义为：社会记忆(通常表现为书面记录信息)的外存和选择传递机制。换句话说,图书馆是社会知识、信息、文化的记忆装置、扩散装置。[1]南开大学柯平教授将图书馆发展结合理论研究,给出图书馆的新定义为：图书馆是通过对文献和信息的收集、组织、保存、传递等系列活动,促进知识的获取、传播与利用,实现文化、教育、科学、智力、交流等多种职能的社会有机体。[2]

我国是一个多民族国家,除汉族外,55个少数民族约占全国人口的7%,在长期的历史发展进程中,各民族均形成各自独有的文化,并成为民族地区经济、文化全面发展进步的内在推动力。少数民族地区因为历史和自然的诸多限制因素,经济、文化、教育、信息、基础建设等多方面均相对落后。而少数民族地区图书馆作为区域经济发展的智库、信息库和文化传播的机构场所,在推动少数民族地区文化发展、保护少数民族非物质文化遗产、弘扬民族文化精神、塑造民族特色文化艺术、培养民族文化人才、振兴民族文化产业经济等方面均担有重任。

1.2 真人图书的概念

真人图书是一种新型的图书资源类型,它所提供的阅读交流分享方式是由读者"借阅"一个个有故事有生命的人后,通过真人图书与读者双方面对面的阅读沟通交流,帮助读者对真人图书加深沟通了解,减少固有的摩擦、偏见、隔阂,打破人与人之间因为缺乏了解而导致的先入为主的认知壁垒。

2 少数民族地区开展真人图书活动现状

通过借助搜索引擎工具百度,将我国的西藏自治区、新疆维吾尔自治区、内蒙古自治区、宁夏回族自治区、广西壮族自治区分别以"地区+真人图书"作为关键词进行检索发现,五大少数民族自治区中除宁夏回族自治区尚处空白外,西藏、新疆、广西、内蒙古均对真人图书活动有所涉足(见表1)。尤为一致的是,这四大少数民族自治地区的真人图书活动大多都是由荒岛图书馆策划举办。故本文将主要以荒岛图书馆的真人图书活动作为主要案例进行例证分析。

表 1 少数民族地区图书馆各馆开展真人图书活动分布表

少数民族地区	开展真人图书活动的图书馆
广西壮族自治区	南宁荒岛图书馆
	桂林荒岛图书馆
	梧州荒岛图书馆
	阳朔荒岛图书馆
	贵港荒岛图书馆
内蒙古自治区	包头市图书馆
	内蒙古师范大学图书馆
	内蒙古医科大学图书馆
西藏自治区	拉萨荒岛图书馆
新疆维吾尔自治区	吐鲁番荒岛图书馆
宁夏回族自治区	无

　　五个少数民族地区中,在西藏自治区拉萨市、新疆维吾尔自治区吐鲁番市、广西壮族自治区梧州、阳朔、贵港、桂林、南宁均开展有真人图书活动,其中,广西壮族自治区南宁市荒岛图书馆开展的真人图书活动精彩纷呈(见表 2)。内蒙古医科大学图书馆和内蒙古师范大学图书馆分别建立有"真人图书馆"和"真人图书社",宁夏回族自治区在开展真人图书活动领域尚处于空白。

　　荒岛图书馆是一种民间公益性质的图书馆。其筹办方以将其建设成为以 Web 2.0 思想来经营和管理的社区公益图书馆作为愿景目标。荒岛图书馆的角色设想恰如齐名,就是希望在繁忙浮躁的城市中独辟蹊径,建设犹如海上世界中仅有的荒岛一般返璞归真的净土,简简单单享受阅读交流的乐趣,提供特有共享平台,实现"有价值闲置图书"。[3]据荒岛方面工作人员统计,目前共有 423 所荒岛图书馆遍布全世界,且多分布于国内外一二线城市,声势浩大,规模可观。

　　一般,请来分享的真人图书多数是自己的身份或从事的工作不被大众所理解,甚至会受到非议或歧视的人,或是自身有独特经历或与众不同的有故事的人,他们乐于与他人分享自己的经历和故事,能够代表某一个群体的身份或状态。读者在活动过程中每一轮外借将有 40 分钟双向阅读时间,一轮活动中读者能阅读到 1~2 位不同的真人图书。读者有两轮时间(每轮 40 分钟)可以与真人图书进行交流,可以在借阅真人图书的 40 分钟内向自己所感兴趣的真人图书提问交流各方面问题。与传统纸质图书一样,参与真人图书活动的读者同样需要经历"选书—借书—读书—还书"的流程。

表 2　广西壮族自治区南宁市开展真人图书活动情况表

活动时间	活动地点	真人图书目录
2014 年 11 月 29 日	南宁瓦舍国际青年旅舍	Lilian 女士:创业青年、赴泰汉语教师
2014 年 11 月 29 日	南宁瓦舍国际青年旅舍	李龙:音乐人、摇滚歌手、吉他手、外教
2014 年 11 月 29 日	南宁瓦舍国际青年旅舍	糖糖:青年项目推动者
2014 年 11 月 29 日	南宁瓦舍国际青年旅舍	老雕:教师、创业农民
2014 年 11 月 29 日	南宁瓦舍国际青年旅舍	王琨:环保使者、工程师
2014 年 12 月 21 日	南宁瓦舍国际青年旅舍	韦宁:IT 从业者、旅行摄影家
2014 年 12 月 21 日	南宁瓦舍国际青年旅舍	黑白:背包客、旅行者
2014 年 12 月 21 日	南宁瓦舍国际青年旅舍	郭毅明:穷游爱好者
2014 年 12 月 21 日	南宁瓦舍国际青年旅舍	谢天天:沙发客

3　少数民族地区开展真人图书活动存在的问题

3.1　真人图书主题较为单一

少数民族地区图书馆在开展真人图书活动过程中,难以避免地也存在国内真人图书的通病,即主题单一,对真人图书内容的采选较为盲目且无序混乱。少数民族地区真人图书也多以某一领域成功励志人士作为选择的主题范围,如内蒙古医科大学开展的真人图书主题多带有一定的学术功利性诉求。以内蒙古医科大学 2015 年 7 月开展的首届真人图书活动为例,他们将该校教务处处长李存保教授作为真人图书供读者共读。李存保教授以自己的大学生活、留学经历、教学科研工作等作为主要交流内容。[4]再以内蒙古师范大学所开展的真人图书为例,所邀请的真人图书既有学科和岗位特色的老师,也有学习优秀、考研或求职成功、自强不息、经历坎坷却不断奋进的学生,除此之外,有所建树的校友亦在其中。[5]这些真人图书活动的主题都显得过于功利化,偏离了最初开创这一活动的初衷——"反对暴力,鼓励对话,消除偏见,建立友谊"。

同时,真人图书的观点带有一定的个人主观色彩,知识的真实性、客观性难以保证,图书内容难以保证质量,缺乏系统科学规范化地甄选、加工和管理。加之真人图书的来源渠道相对较为封闭有限,缺乏丰富的、质量高的、可读性强的真人图书馆藏资源做依托。少数民族地区民族问题相对特殊,真人图书的鉴别甄选就显得尤为必要。真人图书的质量很大程度上依赖于真人图书自身的语言表达能力、与人沟通能力、对现场突发问题的应变能力。少数民族地区地方语言口音较重,有的真人图书也是如此,成为影响真人图书可读性、影响读者阅读体验的一大掣肘。

3.2　真人图书的深度和广度难以保证

少数民族地区图书馆开展真人图书容易形式化地将之变成一场一人在台上自顾自地讲述,很多人在台下倾听的生硬的"讲座"活动。这种情况下,真人图书泛泛而谈,无法同读者建立良好的积极的互动、沟通,难以做到有的放矢,针对读者关注点的不同给出更有针对性、更为个性化、更有深度的内容。例如,作为背包客的真人图书,有的读者想要得到穷游景点推荐,有的读者想了解旅途中发生的故事,有的读者则想学习背包客的经验、野外生活技能等。

3.3　真人图书招募困难

每个人都有成为真人图书的潜质,自身身上都有或多或少值得阅读学习的知识经验和经历,然而,大部分人因为自身表达能力不足,出于保护隐私的目的,并不想把自身的想法和经历分享等主观因素,并没有较强意愿成为真人图书,这就在一定程度上导致真人图书难以招募。

同时,真人图书受自身内容是否具有可读性、表达能力如何等自身因素制约,图书馆方面筛选把关,及招募渠道较为有限也是造成真人图书招募困难的重要因素。通过观察荒岛图书馆、武汉大学图书馆招募真人图书的案例可以发现,大多是通过网络征集,经过一定的筛查、内容加工等,才能变为真人图书。

3.4　真人图书宣传推广力度不够

通过对几大少数民族地区真人图书活动信息进行搜索,发现相关讯息少之又少。没有充分利用网络的作用,微博、微信等更是鲜有涉及。世界已经迈入网络信息技术飞速发展的时期,人工智能都已崭露头角。少数民族地区图书馆应该加快追赶时代的步伐,充分利用各种宣传渠道极大发挥宣传推广作用,才能保证真人图书活动的良性运作。

目前,少数民族地区图书馆在真人图书活动宣传招募方面、在前期宣传方面、在后期效果宣传方面均较为薄弱,造成少数民族地区广大读者对于真人图书活动知之甚少,也限制了少数民族地区图书馆开展真人图书活动的效果。

4 促进少数民族地区图书馆开展真人图书活动的建议

真人图书在西方发达国家起步较早,技术优势和发展形势普遍优于我国。我国的真人图书仍处于建设发展中,少数民族地区的真人图书活动更是尚有不小的差距。要想将少数民族地区图书馆开展的真人图书活动进一步运作成熟发挥出应有的作用,为民族地区的文化交融文化繁荣增光添彩,需要根据制约自身发展的症结所在,借鉴国内外开展真人图书的先进经验,将之结合实际,应从以下几个方面做起。

4.1 营造包容的文化传播氛围

真人图书最初创立的宗旨是"反对暴力,鼓励对话,消除偏见,建立友谊",国内所开展的真人图书活动却越来越偏离这一宗旨。我国很多真人图书活动沦为技能培训、成功学讲座、考试辅导讲座等,少数民族地区真人图书活动亦存在如此弊病。少数民族地区图书馆作为引导社会主义精神文明健康发展的重要组成部分,应重新正视真人图书活动的价值和意义,身体力行地践行这一宗旨,这与图书馆一直强调的"以人为本"的服务理念有着相似的内涵。少数民族地区图书馆在开展真人图书活动时,应以"反对暴力,鼓励对话,消除偏见,建立友谊"作为出发点,给予饱受歧视非议的弱势群体和非主流群体以同社会各阶层各民族人民平等对话交流消除偏见、破除隔阂的机会,在进行真人图书招募采选、编目加工、流通借阅等一系列过程中才能做到有所倚重,有针对性地进行操作和管理。引导全社会给予弱势群体以更多的关心尊重和包容温暖,营造具有一定包容度的社会舆论氛围。

4.2 科学统筹真人图书馆藏资源构成

少数民族地区图书馆在开展真人图书活动方面应向中东部较发达地区公共图书馆、高校图书馆学习开展真人图书的经验。例如武汉大学图书馆 2017 年 5 月 21 日所开展的真人图书活动覆盖多个领域、多个主题:真人图书刘会凤,2015 年获得世界特级记忆大师称号,2016 年《最强大脑》选手;真人图书孙傲,口腔医学专业,创立 Smile 服务队,推广"漫微笑"唇腭裂漫画科普项目,荣获第三届中国青年志愿项目服务大赛金奖;真人图书黄颖琳,曾任武汉大学青年传媒集团副总编,微天堂成长计划创始人,曾为非洲志愿者,热爱公益和旅行;真人图书英格兰的阳光,英国人,精通中、英、西班牙语三种语言,任武汉大学留学生学生会副主席;真人图书慢慢,耽兮画意工作室创始人,"蠢萌"独立插画师,辞去工作专心绘画,创作有"珞珈山下的猫"系列。武汉大学图书馆开展的真人图书活动覆盖的真人图书主题较为丰富、全面，既能满足读者学习科学文化技能知识的现实需要，又能兼顾读者对休闲娱乐文化的需求，还能有助于促进中外文化的交流互通，实现了真人图书的意义。

4.3 加强甄选招募真人图书

民族地区图书馆在开展真人图书活动的全过程中，要始终"坚持民族平等团结、民族区域自治、发展少数民族地区经济文化事业、培养少数民族干部、发展少数民族科教文卫等事业、使用和发展少数民族语言文字、尊重少数民族风俗习惯、尊重和保护少数民族宗教信仰自由"的民族政策。少数民族地区图书馆在募集真人图书时，应做好待选真人图书的政治背景是否爱国爱党，是否坚持奉行民族团结政策，是否无违法乱纪，是否无不良嗜好等的相关了解。只有遵纪守法、品行端正、三观健康的真人图书才能带给读者健康积极的阅读体验和受益，才有入选成为真人图书的资格。

在真人图书上架之前，少数民族地区图书馆可对真人图书提前进行语言表达技巧等培训，使其更具有可读性。同时，还要重视真人图书加工，尽量追求知识的客观性、真实性。若被感兴趣的读者登记借阅，在读者阅读真人图书的过程中，为保障阅读过程的顺利进行，少数民族地区图书馆可安排志愿者负责全程记录和热场活跃气氛把控阅读交流节奏，保障真人图书借阅过程平稳顺利进行。

少数民族地区图书馆在进行真人图书招募时，可针对少数民族读者因语言障碍难以参与到真人图书阅读活动这一情况，有针对性地招募一定数量的可熟练运用少数民族语言进行交流的真人图书，吸引潜在的广大少数民族读者参与到真人图书阅读活动中。

4.4 重视读者反馈

少数民族地区图书馆在开展真人图书活动时，为实现活动收效和读者获益的最大化，可以由负责开展真人图书活动的相关部门机构牵头定期不定期在读者群体中开展真人图书活动满意度调查。只有根据读者需求和相关反馈适时调整真人图书活动，及时做出适当改进，才能始终在读者群体中受到经久不衰的喜爱和追捧，推动真人图书活动始终保持良性发展，适应时代的发展步伐，进一步带动地区文化事业不断蓬勃发展。

4.5 积极开发延伸阅读相关服务

少数民族地区图书馆应该突破传统阅读的服务壁垒，积极开发、开展延伸阅读的相关服务。除此，还可在开展真人图书活动时有效利用时兴的 VR 技术。通过这种文字音频视频的一次加工、二次再加工，可以尽量弥补因为时间、地点限制而无法成行参加真人图书活动的读者的遗憾。真人图书活动就应该大胆地开展实施起来,以形式多样、内容丰富、具有针对性的人性化、个性化服务完善自身建设,拓展丰富自身内涵,为建设社会主义精神文明、民族地区文化繁荣而做出自身努力。

4.6　加强宣传推广

少数民族地区图书馆要有将自身打造成文化品牌的意愿和决心。应重视利用传统媒体和新媒体对自身进行包装宣传,努力实现一加一大于二的效用。可以依托广播电视、报纸杂志、微博、微信公众平台、豆瓣、BBS、QQ、Blog 等社交媒体平台进行广泛传播,强化宣传力度,努力扩大少数民族地区图书馆开展真人图书的影响力和传播范围,使大众充分认识和了解少数民族地区图书馆的职能、服务和发展轨迹。这样既可以吸引众多的读者参与到少数民族地区图书馆真人图书的建设发展中,也可以激发少数民族地区图书馆的发展潜力,使其更大程度上发挥自身价值[3]。

5　结语

少数民族地区图书馆因是依靠国家全额拨款发展建设的文化服务机构,故竞争意识相对淡薄,应跳出自身发展桎梏,积极寻求社会资源宣传推广,实现多方合作,实现共建共赢。就开展真人图书活动而言,可以积极寻求同企业、社区、新闻媒体、社会福利机构、学校、出版社、公共交通、公益基金、广告公司,甚至是像荒岛图书馆这样的民间图书馆等有可能参与到少数民族地区图书馆发展建设的社会团体机构进行合作,实现真人图书及相关资源之间的共享互建,真正将真人图书活动发展变成全社会积极参与建设的文化事业。

【参考文献】

[1]　吴慰慈,董焱.图书馆学概论[M].北京:北京图书馆出版社,2002:55.

[2]　柯平.重新定义图书馆[J].图书馆,2012(5):1–5,20.

[3]　邹薇.Living Library 让荒岛图书馆不再"荒"——基于我国荒岛图书馆开展 Living Library 的调查[J].图书馆建设,2013(2):47–50,55.

[4]　李婷.内蒙古医科大学"真人图书馆"开馆 读读"真人书"[EB/OL].[2015–07–17]. http://www.chnlib.com/News/yejie/2015–07–18/30814.html.

[5]　霍晓庆.从他人经历中获得教益和力量 内师大成立真人图书社 [N/OL].[2014–04–24]. http://inews.nmgnews.com.cn/system/2014/04/24/011449323.shtml.

浅谈微信公众平台在图书馆服务中的应用

达彩霞

（甘肃兰州市西固区图书馆）

摘　要： 文章对目前图书馆微信公众平台及微信小程序的构建进行了分析，认为微信公众平台和微信小程序能够极大地推动图书馆的发展。未来应该进一步拓展图书馆微信研究空间，深化理论探索，提升图书馆服务水平。

关键词： 图书馆微信；微信公众平台；微信小程序

中图分类号： G250.7；G252　　　**文献标志码：** A

近年来，随着智能手机系统的迅速发展而发展起来的 APP，不断改善着智能终端的移动化应用功能，在经过互联网平台创业热潮后，如今的市场已进入到互联网的"下半场"。从现有用户身上挖掘价值，成为互联网"下半场"的全新发展思路。拥有 8 亿多用户的微信无疑是众多社交 APP 的领跑者，它的每一次功能升级和服务创新，都直接牵动着亿万用户的使用体验和生活方式。在互联网迅猛发展的今天，图书馆与微信的有机结合，将极大地提升图书馆的综合服务效能。

1　微信公众平台及微信小程序

微信是腾讯公司于 2011 年 1 月 21 日推出的一个为智能终端提供即时通讯服务的免费应用程序，它支持跨通信运营商、跨操作系统平台，通过网络快速发送免费语音短信、视频、图片和文字。2012 年 8 月 23 日，其正式推出微信公众平台，这是在微信的基础上新增的功能模块。微信公众平台分为订阅号和服务号两种账号类型，个人和企业都可以申请微信公众平台，实现和特定群体的文字、图片、语音的全方位沟通、互动。中国互联网信息中心发布的《第 34 次中国互联网络发展状况统计报告》显示,截至 2014 年 6 月,我国即时通信网民规模达 5.64 亿,比 2013 年底增长了 3208 万,半年增长率为 6.0%。微信用户爆发式增长并全面、快速地融入政治、经济、社会、文化生活的各个方面,并引起了图书馆界的注意。以微信为主题的研究不断增多,多数图书馆以信息公告、通知为主,少数图书馆加入了读者信息查询、OPAC 检索、电子资源检索等功能,但都广泛缺乏互动交流模块,缺少互动机制,供给侧与需求侧信息不对称。

为增强图书馆微信公众平台的移动用户体验,发挥其即时性、互动性等优势,必须对平台的构建进行深入分析。2016 年 1 月 11 日,微信官方正式宣布开发应用号(小程序),并发布了开发工具。小程序虽然看起来是程序,但实际上是一种比我们现有的任何 APP 都更加灵活的一种新的应用组织形态。可以说,微信小程序所代表的下一代移动互联网服务理念就是:无须安装、触手可及、用完即走、无须卸载,即缩短用户操作路径、减少安装 APP 的麻烦、释放手机内存、节省时间、提升体验,进而实现"连接一切"的目标。也就是说,实体的世界通过二维码进入微信,用户通过小程序了解实体世界的信息,并与其发生互动,让群众更便捷地拥有更高的文化参与度、满意度,更好的文化获得感、幸福感,真正让文化惠民落地生根。

2 图书馆与微信小程序

微信自推出以来,就受到图书馆这一传统社会服务机构的重视,通过开设公众号实现了信息推送、在线阅览、预约续借、情感交互等服务。微信小程序的出现无疑也会对图书馆的自媒体服务模式、渠道及内容产生较大影响。从图书馆学的视角理解微信小程序,在此基础上探讨图书馆小程序服务模式,细化可以提供的服务内容,将具有一定的前瞻、现实和实践意义。图书馆是文献、信息和知识的组织者,核心服务理念是"以用户为中心"。图书馆服务体系和图书馆服务圈的构建,图书馆的跨界合作,图书馆资源的一站式检索及联盟构建,第三空间及创客空间、众创空间的构建等实践,均体现了图书馆缩短服务路径、提升用户服务体验的愿望。可以说,图书馆的服务理念与微信小程序的核心理念有着完美的契合点,为此,图书馆不但能够利用微信小程序构建新的服务生态,而且能利用微信小程序让图书馆服务生态更加移动化、集成化、智慧化。

3 构建图书馆微信公众平台的必要性

3.1 庞大的用户群体

据统计,每日活跃于微信上的用户超过 1 亿。《中华人民共和国公共图书馆法》指出,国家鼓励和支持发挥科技在公共图书馆建设、管理和服务中的作用,推动运用现代信息技术和传播技术,提高公共图书馆的服务效能。如此庞大的用户群体和黏性非常有利于图书馆的移动信息服务推广。

3.2 低廉的技术成本

随着大数据时代的到来,信息量的快速增加,图书馆的形态将以多种形式并存,其功能也由"文化传承中心"转向"学习交流中心"和"知识加工中心"。微信公众号为图书馆搭建了廉价的移动服务应用平台。这比建自助图书馆节约了资金、人力、时间等成本,便于图书馆快速开展移动信息服务,尤其对于缺乏资金和技术人员的中小型图书馆更是如此。2017 年第六次全国县级以上公共图书馆评估定级中,要求县级图书馆开展新媒体服务,如正式注册微信或微博平台并能定期推送服务信息,这有效提升了图书馆自身服务水平和服务质量。

3.3 强大的服务功能

微信公众平台提供了实时消息管理、用户管理、消息群发管理、素材管理、品牌设置等常规功能,可以图文并茂地向读者推送重要通知或趣味内容。同时,平台可以针对不同类型的用户进行个性化信息推送,用户也可以根据指定关键字,利用平台的自动回复功能提取常规信息。该平台还具有强大的数据统计功能,建立者可以查看任意时间段内的用户增长数和取消关注数等统计资料,可以查看任意时间段内图文消息群发效果的统计,包括送达人数、阅读人数和转发人数等,方便对读者和消息进行分析和管理。

3.4 读者需求的呼唤

微信公众平台自 2012 年推出至今备受人们关注。该平台极大拓展了图书馆移动信息服务的途径,使利用图书馆变得更加快捷。在微媒体环境下,读者的信息需求行为呈现"碎片化"发展趋势,他们无须集中完整的时间到图书馆刻意去学习,而是希望利用闲暇时间,如在路上、车上随时获取零散信息,平台的出现正好迎合了大家这一需求。只需有网络,微信公众平台就可以随时随地发送文字、语音、图片、视频等,并支持"一对一、一对多"的即时聊天。读者既是信息接受者,又是信息创造者,在信息分享和交互的过程中,体验快乐与成就感。随着人们需求的不断变化,微信功能也在不断扩展,提高了图书馆的资源利用率。

4 基于读者体验的图书馆微信公众平台设计

4.1 功能体验设计

微信公众平台通过智能移动终端传递信息,具有强大的即时性、互动性等优势,可实现和特定群体的文字、图片、语音等的全方位沟通、互动,使用户体验得到极大提升与优化。各图书馆应结合自身实际情况,根据读者需求,科学设计平台的功能。如实力强的图书馆,其移动图书馆建设已经相对完善了,在对微信平台进行功能设计时,还应该开展移动实时咨询新模式、个性化信息推介、阅读推广、知识社区建立等特色服务,以增强用户的功能体验;移动图书馆建设相对落后的图书馆,应该以此为契机,积极开展移动图书馆服务,同时也要根据需求开展特色服务。

4.2 内容体验设计

平台的内容体验设计,应充分了解平台的功能特点,调查读者需求,提供资源检索和信息服务。信息内容应该是用户最关心和最需要的,包括个人信息查询、数字资源检索、通知公告、阅读指导等,并提供信息导航、信息推荐和信息定制服务,可以让读者享受利用智能移动终端获取图书馆资源与服务的愉悦,给读者带来前所未有的内容体验。兰州市图书馆微信公众平台开通的服务导航、名师讲堂、科普视频、知识竞赛、博看期刊、多媒体学习库、图书馆看展览等栏目,深受读者喜爱,这也是推进图书馆内涵建设、提升读者阅读素质的重要举措。

5 结语

一个健康的图书馆微信服务生态既需要小程序拓宽服务渠道,更需要利用微信公众号等原有服务方式保证正常的基础服务。在数字化、移动化等多种社会发展趋势的推动下,图书馆需设计自己的线上服务,完善和优化图书馆的移动服务生态,让移动图书馆服务、APP 服务、WAP 服务、微信及小程序服务有效整合,提升服务质量,满足不同群体、不同体验需求的读者,在全社会形成良好的舆论氛围和社会风尚,让读者在阅读中开阔视野、陶冶情操,不断丰富精神世界、增强精神力量。

【参考文献】

［1］ 孔云,等.图书馆微信服务平台的设计与实现[J].图书馆论坛,2014(2):90-95.

［2］ 张丹丹,等.基于微信平台的图书馆服务研究——以省级公共图书馆和985高校图书馆为例[J].山东图书馆学刊,2016(1):59-63.

［3］ 王天泥.当图书馆遇上微信小程序[J].图书与情报,2016(6):83-86.

［4］ 陈语时.微信图书馆建设之思考[J].情报理论与实践,2014(7):86-89.

［5］ 王舒波.微信服务——图书馆移动实时咨询服务新模式[J].图书馆界,2014(5):86-87.

［6］ 李锋,等.移动互联网时代图书馆微信公众平台使用现状和策略研究[J].高校图书馆工作,2014(6):58-60.

从阅读推广的视角解析《中华人民共和国公共图书馆法》

张毅宏

（甘肃省图书馆）

摘　要：文章对《中华人民共和国公共图书馆法》中关于阅读推广的部分作了细致的研究，并从阅读推广经费、阅读推广形式、未成年人及弱势群体阅读推广、读者权利、阅读推广工作者、阅读推广评估机制六个方面解析了《中华人民共和国公共图书馆法》。

关键词：《中华人民共和国公共图书馆法》；阅读推广

中图分类号：D922.16；G252.1　　**文献标志码**：A

阅读推广成为图书馆的主流服务是过去二十多年来图书馆事业的最大变化之一，[1]这些年成为广大图书馆工作者研究和工作的重点。笔者通过中国知网数据库的数据搜索得出，近年来各图书馆在研究"阅读推广"方面发表的文章呈递增趋势。据统计2013年有333篇，2014年486篇，2015年691篇，2016年736篇，2017年836篇。而与之对应的2012—2016年成年国民的图书阅读率也在稳中上升，从54.9%提高至58.8%。[2]2012年8月16日，《国家基本公共服务体系"十二五"规划》中将"公共阅读服务"纳入；2012年11月18日，十八大报告将"开展全民阅读活动"首次列入工作报告；2014年3月5日，《中华人民共和国第十二届全国人民代表大会政府工作报告》首次将"倡导全民阅读"写入政府工作报告。全民阅读工作全面提速，全社会阅读氛围日益浓厚。2018年1月1日起，实施《中华人民共和国公共图书馆法》（以下简称《公共图书馆法》），共六章五十五条，[3]其中阅读推广作为一项基本的服务项目，与传统的阅览、借书服务并列被写进了《公共图书馆法》。这一点，体现了国家对阅读推广工作价值的肯定，也是对长年坚持开展阅读推广工作的图书馆人的肯定。

1 《中华人民共和国公共图书馆法》出台背景下的阅读推广

1.1 加大政府职能,增加经费投入,保障全民阅读

第四条:"县级以上人民政府应当将公共图书馆事业纳入本级国民经济和社会发展规划,将公共图书馆建设纳入城乡规划和土地利用总体规划,加大对政府设立的公共图书馆的投入,将所需经费列入本级政府预算,并及时、足额拨付"。

公共图书馆经费缺乏国家层面法律的保障。在《宪法》规定中,国家(各级地方政府)应该向图书馆投资,是图书馆经费的主要投入者。对政府应该的作为只做出了弹性规定。2017年出台的《中华人民共和国公共文化服务保障法》提到,每一个中国公民将平等地获得有国家财政支撑的、有国家法律保障的公共文化权利,这是几千年来从来没有出现过的事情。2018年1月1日开始实施的《公共图书馆法》,规定图书馆成为公民获取知识、获取信息的重要场所,规定从中央政府、省级政府到县级政府都要在保障《公共图书馆法》实施中有责任、有担当,同时必须要受到法律监督。法律要求各级政府不断加大经费投入,及时、足额推动公共图书馆事业快速发展,说明国家下大决心要促进全国图书馆事业的发展,有力地向社会宣示了国家对基本公共文化服务实行公益性免费服务的鲜明态度,并以法的力量去夯实人民群众对公共文化服务的获得感和幸福感。[4]

1.2 鼓励自建图书馆,提高公众参与度

第四条:"国家鼓励公民、法人和其他组织自筹资金设立公共图书馆。县级以上人民政府应当积极调动社会力量参与公共图书馆建设,并按照国家有关规定给予政策扶持"。

目前,我国公共图书馆的数量与我国的人口数量相比还是不能满足读者的用书需求。《公共图书馆法》要求政府投建公共图书馆的同时,国家也鼓励公民、法人和其他组织自筹资金设立公共图书馆,使得公共图书馆有更完善的存在方式。[5]在一些公共图书馆服务所涉及不到的地方,尤其在基层,农家书屋、私人藏书馆等形式的图书馆更方便读者阅读。北京大学信息管理系教授王子舟认为,与政府主办的公共图书馆相比较,社会力量自办的民间图书馆具有"自发性""草根性""多样性"等特点,并且从空间、资源、服务等方面呈现的形态看,一些民间基层图书馆有时比政府基层图书馆更丰富、精彩。在我国,南北经济的差异导致文化事业发展的不均衡,光靠图书馆事业由公共财政一肩挑,显然是"地方不能承受之重"。因此,只有整合社会资源,鼓励社会力量,才能真正实现全民阅读的大同画面。

2 《中华人民共和国公共图书馆法》出台背景下的阅读推广形式

第三十六条："公共图书馆应当通过开展阅读指导、读书交流、演讲诵读、图书互换共享等活动,推广全民阅读"。

正如中国图书馆学会副理事长、上海市政府参事吴建中指出,《公共图书馆法》将改革开放以来我国各级各类图书馆在实践中产生的创新成果和成功经验以法的形式固化了下来。

2.1 发挥公共图书馆的社会功能作用

第三条："公共图书馆是社会主义公共文化服务体系的重要组成部分,应当将推动、引导、服务全民阅读作为重要任务"。

(1)发挥中国图书馆学会的行业组织作用。

根据文化部社会文化图书馆司通知,从 2003 年起,将每年 12 月份举办的"全民读书月"活动交由中国图书馆学会组织实施。自开展以来,每年一个主题,围绕图书情报热点,开展各种阅读主题活动,目前已连续举办十五年。近五年来全民阅读的主题分别是"知识给人力量 阅读引领未来""阅读,请到图书馆""阅读的力量""阅读,从图书馆出发""悦读,在路上"。2004 年以来,中国图书馆学会每年举办"文津图书奖"向社会推荐优质阅读资源,被誉为"公众阅读的风向标"。经过多年发展,现已拥有"世界读书日""全国少年儿童阅读年""中国文化风""绿色阅读"等品牌阅读活动,较好地发挥了图书馆的文化引领示范作用。

(2)发挥图书馆的社会功能作用。

第三十三条："公共图书馆应当按照平等、开放、共享的要求向社会公众提供服务"。

该法坚持以人民为中心的发展理念,明确公共图书馆提供服务应坚持平等、开放、共享的要求,从推广形式上,吸收各地推广经验,形成常态的阅读推广。传统阅读活动有以下几个特色:一是抓住读书日、节假日等节点,利用馆藏资源,开展公益讲座、图书阅览活动等一系列丰富多彩的阅读活动,给读者提供精神大餐;二是举办品牌读书节活动,增加影响力、号召力,吸引社会各界力量共同参与、畅享阅读;三是举办跟读者相关的活动,如读者有奖征文活动,吸引读者参与其中。通过读者座谈会,发放读者调查表等形式了解读者阅读需求,引导人们参与阅读。

2.2 拓展图书馆的新功能

第四十条："国家构建标准统一、互联互通的公共图书馆数字服务网络,支持数字阅读产品开发和数字资源保存技术研究,推动公共图书馆利用数字化、网络化技术向社会公众提供便捷服务"。

政府设立的公共图书馆应当加强数字资源建设、配备相应的设施设备,建立线上线下相结合的文献信息共享平台,为社会公众提供优质服务。

早在 1931 年,阮冈纳赞就已提出《图书馆学五定律》,该定律为图书馆的管理指明了道路,揭示了图书馆的传统功能,"人人有其书""书为人人"。1975 年,国际图联在法国里昂召开的图书馆职能科学讨论会上,一致认为图书馆的职能主要包括保存人类文化遗产,开展社会教育,传递科学情报,开发智力资源,提供文化娱乐。现在"互联网+"环境下,数字化正在改变我们的学习、生活、工作方式。在阅读方式上,人们已不仅仅拘泥于实体图书馆的阅读,随着电子技术的发展应用,人们更倾向于手机阅读、平板阅读等新型电子阅读方式,电子阅读节省了时间、地点的约束性,使阅读更自由、更便捷。在图书馆的规模上,除了大型公共图书馆外,小型图书馆,如私人藏书馆、社区图书馆、24 小时自助图书馆等,也正走进人们的视野,受到人们的青睐。2017 年,杭州驶出全国首趟阅读地铁。阅读专列的六节车厢分别涂刷六种颜色,对应儿童、爱情、武侠、科幻、推理、历史六个主题。车厢内壁印着一段段书摘,均选自全省市民喜爱阅读的经典书目,扫描每段话下方的二维码,即可生成你专属的书言海报模板进行朋友圈分享,每个人都能成为"彩虹悦读在浙里"的代言人。[6]

在图书馆新技术应用上,利用数字化技术实现智能图书上架,如采用 RFID 技术;拓展创客空间,AR/VR 体验式读书,利用人工智能、大数据向读者荐书、送书。[7]现在国内好几所图书馆引入了智能机器人馆员。如上海图书馆的"图小灵",敦煌市图书馆的"小图",深圳盐田区图书馆的"欢欢"等,这些智能机器人馆员可为读者快速查找图书相关信息,与读者进行对话,深受读者喜爱。[8]在服务上,创建新的服务模式,开发 APP,电子书资源和搜索工具等,充分满足读者的阅读需求。公共图书馆通过开通微信公众号、微博等服务,实现图书馆资源和服务上线,积极与其他社会化服务平台进行服务对接。2017 年,合肥市图书馆借助互联网与物联网技术打造线上线下借阅新平台,推出了"快递到家服务",市民只需要绑定一张合肥市图书馆发放的联盟读者证,就可以通过移动终端访问合肥市图书馆微信平台→在线服务→快递到家,或者通过电脑访问图书网上借阅 O2O 平台,进行选书、加入借书架、借阅、填好寄送地址,再支付 5 元运费后,就可以耐心等待图书送到家了。[9]在功能上,图书馆可以打造第三空间,包括咖啡馆、书店、酒吧等,不断叠加休闲、娱乐、培训等新型服务功能。[10]通过空间的改变带来图书馆更多服务方式的转变。

3 《中华人民共和国公共图书馆法》出台背景下的读者权利

第四十二条:"公共图书馆应当改善服务条件、提高服务水平,定期公告服务开展情况,听取读者意见,建立投诉渠道,完善反馈机制,接受社会监督"。

随着图书馆的发展,读者的权利也得到进一步发展。2008 年在《图书馆服务宣言》中,就提到图书馆是以公益服务为基本原则,以读者为一切的出发点,图书馆向读者提供平等服务,以实现和保障公民基本阅读权利为职责,维护公民享受图书馆服务的权利。2011年,文化部、财政部联合发布了《关于推进全国美术馆、公共图书馆、文化馆(站)免费开放工作的意见》,其中指出,到 2011 年底,全国所有公共图书馆、文化馆(站)实现无障碍、零门槛进入,公共空间设施场地全部免费开放,所提供的基本服务项目全部免费;降低收取非基本服务费,公示免费开放内容,创造良好服务环境。这是政府对公民文化权利的尊重。2018 年《公共图书馆法》规定,要向社会公示服务内容和开放时间等,方便群众及时了解公共图书馆的主要服务项目;注重倾听群众声音,定期公告服务开展情况,听取读者意见,使图书馆的产品和服务更加"适销对路",同时建立投诉渠道,完善反馈机制,接受社会监督;吸收群众参与公共图书馆的决策、管理和监督。2015 年 5 月,《中国文化报》报道了内蒙古图书馆的"彩云服务计划"。它是内蒙古图书馆与新华书店合作,新华书店把库房设在图书馆,读者直接挑选,图书馆买单,把读者从传统服务模式末位前置到最前位,让读者直接参与到图书馆的文献资源建设中。

4 《中华人民共和国公共图书馆法》出台背景下的未成年人阅读推广

第三十四条:"政府设立的公共图书馆应当设置少年儿童阅览区域,根据少年儿童的特点配备相应的专业人员,开展面向少年儿童的阅读指导和社会教育活动,并为学校开展有关课外活动提供支持。有条件的地区可以单独设立少年儿童图书馆"。

未成年人推广阅读是一个国家阅读推广工作的重中之重,2011 年国务院颁布的《中国儿童发展纲要(2011—2020 年)》要求为儿童阅读图书创造条件,广泛开展图书阅读活动,增加阅读时间和阅读量;培养儿童阅读习惯,鼓励和引导儿童主动读书。[11]国家新闻出版广电总局发布的《"十三五"时期全民阅读发展规划》强调"少儿阅读是全民阅读的基础,必须保障和促进少年儿童阅读作为全民阅读工作的重点"。2017 年 7 月 13 日,在第七届江苏书展上,江浙沪京全民阅读办共同发布《中国分级阅读苏州宣言》(以下简称《宣言》)。《宣言》提出,全民阅读,儿童优先。2018年的《公共图书馆法》的颁布,是我国第一次以法律的形式保障未成年及弱势群体的阅读权利。早在2002年,日本就将4月23日定为日本的"儿童读书日",日本还有针对未成年人的阅读推广法律《关于推进儿童读书活动的法律》,韩国有《读书文化振兴法》。[12]我国的儿童阅读量和人均图书拥有量差距较大,少年儿童图书馆还需进一步发展和完善,尤其在馆舍设施、馆藏资源、针对儿童的馆员培训上还需进一步提高,面向农村留守儿童的基础阅读方面还需要社会关注、国家扶持。

5 《中华人民共和国公共图书馆法》出台背景下的阅读推广社会力量合作

第十三条:"国家建立覆盖城乡、便捷实用的公共图书馆服务网络。公共图书馆服务网络建设坚持政府主导,鼓励社会参与"。

图书馆要紧密联合社会力量,开发更多的阅读服务项目。读书,是一项全民活动,如果只是政府单方面的努力是远远不够的,所以必须动员社会各方力量,采取更多的方式鼓励更多的人参与到公共图书馆的建设中来,让国家和社会力量拧成一股绳,让读书能够普及到所有人,才能够带动一个国家的发展。馆、社、商合作首先要共建图书馆文献资源,如联合制作文献、联合建数据库、资源协调采购等。中国图书市场的发展要依靠几个主体:出版社要出好书,书店要把好书卖出去,图书馆选的好书越多、传播的好书越多,全民阅读越有希望,我们的国家就越有希望。同时,要打造合作平台,建立长期合作关系,如共建联盟、共同参与社会服务等。广州图书馆于2017年7月11日牵头成立"广州阅读联盟",24家阅读组织入选,并对其中12家机构提供一定的经费支持。[13]《公共图书馆法》的正式实施,为做好文献资源建设进而提升图书馆服务水平效能有了法律保障。

6 《中华人民共和国公共图书馆法》出台背景下的阅读推广工作者

第十九条:"政府设立的公共图书馆馆长应当具备相应的文化水平、专业知识和组织管理能力"。

公共图书馆应当根据其功能、馆藏规模、馆舍面积、服务范围及服务人口等因素配备相应的工作人员。公共图书馆工作人员应当具备相应的专业知识与技能,其中专业技术人员可以按照国家有关规定评定专业技术职称。

《公共图书馆法》对馆长、馆员进行了规定,对馆员的专业水平和综合素质有了一定的要求。纵观图书馆事业发展,对馆员的要求无不体现着社会的发展。早在 30 年代刘国钧前辈的《图书馆馆员应有之素养》就对图书馆馆员提出了要求:①明瞭图书馆本馆之内容也;②调查图书馆所在地之社会状况也;③自知短长也,馆员须忠实于自己之学识,知之为知之,不知为不知;④对阅者应持和蔼态度也,此点极为重要,于引导阅者,实有直接之关系;⑤馆员须有丰富常识也;⑥馆员尤须有耐苦之心也;⑦研究图书馆学之基本智识也。这些图书馆馆员应具备的素养在我国图书馆事业的实践发展中得到了很好的验证。随着人类社会的发展,科技的进步,不但要鼓励馆员积极向读者推荐图书,甚至主动干预读者阅读行为,馆员还应具备"参考咨询"的功能,带动读者的阅读由快餐式浅阅读向深阅读转变,还要大力培养阅读推广人,使之规范化制度化。[14]还可以通过邀请社会知名人士为图书馆代言,不断扩大图书馆影响力,带动更多的人走向阅读。

7 《中华人民共和国公共图书馆法》出台背景下的阅读推广评估机制

第四十七条:"国务院文化主管部门和省、自治区、直辖市人民政府文化主管部门应当制定公共图书馆服务规范,对公共图书馆的服务质量和水平进行考核。考核应当吸收社会公众参与。考核结果应当向社会公布,并作为对公共图书馆给予补贴或者奖励等的依据"。

有效的评估体系既是激励方式和改进手段,更是提高资源有效利用的捷径。可以通过阅读推广效果评估,对阅读推广活动的指标进行量化分析,对是否完成阅读推广计划、提升推广的质量,对阅读活动全程进行有效的总结评估,从而保证阅读推广的规范性和持续性。也要从读者的角度出发,通过问卷调查、座谈会、个性化推送服务、读者行为分析等大数据统计对读者满意度进行测评,改善和推进阅读推广的实施工作。公共图书馆也将和评估、评选阅读先进单位、阅读示范基地结合起来,使全民阅读活动深入持久地开展下去。2018 年 1 月,中国青年报社社会调查中心联合问卷网,对 2000 名受访者进行的一项调查显示,76.3%的受访者在一个月内去过图书馆;69.4%的受访者称;此次《公共图书馆法》实施后会多去图书馆;69.7%的受访者期待落实图书馆公共空间设施场地免费开放新规;58.6%的受访者希望公共图书馆能提供水、咖啡等饮品。可见,随着公共图书馆法的实施,越来越多的人走进图书馆、关注图书馆,并思考和期待图书馆的进一步发展。

【参考文献】

[1] 范并思.阅读推广与图书馆学:基础理论问题分析[J].中国图书馆学报,2014(9):4-13.

[2] 中国新闻出版研究院.国民阅读率情况[EB/OL].[2017-11-04].http://www.npc.gov.cn/npc/xinwen/2017-11/04/content_2031427.htm.

[3] 中华人民共和国公共图书馆法[EB/OL].[2017-11-04].http://www.360doc.com/content/17/1105/13/9851038_701058399.shtml.

[4] 周玮.我国出台公共图书馆法促进全民阅读[EB/OL].[2017-11-04].http://news.cctv.com/2017/11/05/ARTIQKglH67llSsfll2LHY0b171105.shtml.

[5] 邓海建.民间图书馆 何陋之有[N].光明日报,2018-01-22(2).

[6] 李月红.杭州驶出全国首趟阅读地铁[EB/OL].[2017-08-09].http://hznews.hangzhou.com.cn/wenti/content/2017-08/09/content_6622811.htm.

[7] 朱志伟.新兴技术在图书馆的应用趋势研究——《新媒体联盟地平线报告:2015图书馆版》的解读与启示[J].图书情报工作,2017(2):138-143.

[8] 刘瑛.软萌小机器人变身"图书管理员"[EB/OL].[2017-11-04].http://www.chnlib.com/News/2017-05/244002.html.

[9] 合肥市图书馆.合肥市图书馆"快递到家"服务正式上线啦[EB/OL].[2017-11-04].http://www.hflib.gov.cn/news/News_show.php?ID=1876.

[10] 许冰.公共图书馆探索"第三空间"智慧服务[N].中国经济时报,2017-10-24(A05).

[11] 本报讯.中国儿童发展纲要(2011—2020年)[EB/OL].[2017-11-04].http://www.ccc.org.cn/html/Home/report/1076-1.htm.

[12] 曹磊.日本阅读推广体制研究[J].国家图书馆学刊,2013(2):85-90.

[13] 陈惠婷.广州图书馆牵头成立广州阅读联盟[EB/OL].[2017-11-04].http://news.cri.cn/2017-07-11/980550d7-e01c-6e8a-50d0-d2809d7fffa7.html.

[14] 杨晓菲.全民阅读背景下阅读推广人的培育方式及问题思考[J].内蒙古科技与经济,2017(3):156-157,159.

公共图书馆与家庭阅读推广

刘学华

（宁夏回族自治区图书馆）

摘　要:随着改革开放的进一步深化,我国越来越重视人民群众对文化的需求以及对精神文明的追求。家庭阅读作为一种新的文化形式,不但越来越受到人们的喜爱,而且也成为公共图书馆极力推广的一项重要内容。本文从家庭阅读对孩子的影响和重要性入手,引出家庭阅读推广中存在的问题,进而提出家庭阅读推广的策略。

关键词:公共图书馆;家庭阅读;阅读推广

中图分类号:G252.1;G258.2　　　**文献标志码**:A

2013 年在接受金砖国家媒体联合采访时,习近平总书记说:"我爱好挺多,最大的爱好是读书,读书已成为我的一种生活方式。读书可以让人保持思想活力,让人得到智慧启发,让人滋养浩然之气。"家庭是一个社会的基本细胞,家庭阅读是推动全民阅读的关键,也是建设书香中国的根基,大力推广家庭阅读既可以营造全民尊重阅读、崇尚阅读的良好社会氛围,又可以提高一个家庭乃至全社会的生活品位。家庭阅读是公共图书馆创新服务的努力方向,对于构建中国特色社会主义文明有着积极的促进作用。

1　家庭阅读对孩子的影响

我们常说:一个不爱学习、不爱读书的孩子,一定有一个长年累月不读书的家庭。

据美国《2014 儿童与家庭阅读报告》显示,"父母是经常性阅读者的子女有 42%在 12~17 岁时发展成为了经常性阅读者, 而在父母是非经常性阅读者子女中这个比例仅为

15%"。[1]

著名阅读研究专家吉姆·崔利斯也曾做过一项实际调查,他采访了 30 位工人阶层出身的男子——这 30 位男子的出身相似,但是长大之后,有 15 位成为了大学教授,另外 15 位仍是工人。在对这 30 人做了深度访谈之后,吉姆·崔利斯发现他们的发展之所以产生如此大的差异,和阅读有着很大的关系。这 15 名教授中,有 12 人在小时候父母给他们读书或者讲故事, 有 14 人小时候家中有很多图书或者其他印刷品,12 人的母亲和 13 人的父亲经常读书,15 人全部受到大人在阅读上的鼓励;而在另外 15 名工人中,只有 4 个人的父母给他们读书或者讲故事,只有 4 个人家中有藏书,只有 4 个人的父亲和 6 个人的母亲经常读书,只有 3 个人经常在阅读上受到鼓励。[2]

从以上可以看出,父母的阅读习惯确实可以潜移默化地影响和改变孩子的行为习惯,家庭阅读应该从培养家庭成员的阅读习惯着手,父母爱读书,孩子耳濡目染,从小就会受到书香的熏陶,养成读书的习惯。

2 公共图书馆推广家庭阅读的重要性

2.1 家庭阅读是全民阅读的基础

阅读是对知识、对文化的尊重,是人们精神生活不可缺少的营养品,是提高全民素质最基本的途径。习近平总书记在十九大报告中提出:"要坚定文化自信、推动社会主义文化繁荣兴盛",而公共图书馆作为社会文化服务机构,在培育全民族文化自信中具有重要的社会作用与引导职责。图书馆推广家庭阅读,使家庭成员沉浸在书的海洋中,不仅可以从书中获取广泛的知识、汲取丰富的营养、增进知识的积累、培养个人的气质、陶冶高尚的情操,还能缓解焦虑、调节情绪,使家庭成员得到放松休闲。把良好的阅读习惯作为家庭生活的必需品,让增加阅读投入可以改变家庭气质成为共识,那么无数个家庭就会发展为书香家庭、社会就会成书香社会,这样不但夯实了全民阅读的基础,而且彰显了祖国五千年优秀文化的大国自信。

2.2 家庭阅读是培养合格公民的最好启蒙教育

西方有位教育名人说过,阅读是一种终身教育的好方法。建设书香家庭,需要家庭成员共同学习、共同努力。现今社会,人们的物质生活得到了极大的丰富和提高,但却在一定程度上忽视了自身精神文明建设,再加上家长的生活节奏越来越快,知识透支,对孩子出现的问题,不知道如何及时与孩子进行有效的交流沟通,导致孩子在成长过程中,不知对错,不明辨是非,家庭教育问题越来越明显。阅读可以舒缓人们的心灵,图书馆推广家庭阅读,可以使家庭成员在学习中思考,在思考中感悟,明事辨理、转换思维,接受优秀文化的熏陶,健全心理、完善人格,从而培养良好的道德情操,用积极向上、健康的言行互相影响,共同提高,促进家庭的和谐,带动整个国家的长远发展。

3 公共图书馆家庭阅读推广中存在的问题

2016 年,新增图书馆与家庭阅读专业委员会,显示图书馆行业已将阅读推广的领域正式扩展到家庭这个最重要的社会细胞。近年来,虽然很多公共图书馆也在积极大力倡导家庭阅读,但是,由于全社会对家庭阅读的重要性认识不足、观念落后,使得图书馆在家庭阅读推广工作中还存在着诸多问题,主要体现在以下几方面。

3.1 正面引导不够

2017 年政府工作报告对全民阅读的表述由前三年的"倡导"上升为"大力推动",反映出政府对全民阅读推广给予更高期待和要求。[3]家庭阅读作为全民阅读的一种重要形式,由于缺乏有关部门的合力推动和正面引导,并没有受到太多家庭的重视,进展缓慢。

(1)家庭阅读功利性强。在以分数来评价孩子综合素质的教育大环境下,谈到阅读,大多数家庭期望的还是通过阅读能够迅速提高孩子的学习成绩,所以在选择上,只让孩子阅读一些"学习辅导类""作文类"等实用性的图书;在购买上,也是只选择教材参考以及教材辅导类的书籍。很多家长不允许孩子阅读与课堂学习无关的书籍,家长的这种功利意识使孩子在阅读中处于被动,阅读兴趣受到压制,阅读过程过于沉重,导致孩子无法体会到阅读所带来的快乐。

(2)家庭阅读理念落后,质量低。现在,整个社会的急功近利思想已经慢慢渗透到很多家庭,导致大部分家长在有限的课余时间里,让孩子忙碌于各种各样的补习班和兴趣班中,让自己忙碌于一趟又一趟的接接送送中,更别提和孩子一起静下心来读书了。沉重的学习压力和紧张的学习环境,导致很多孩子会不由自主地选择一些轻松、有趣味、简单易会的课外读物来缓解压力、释放心情。但是,这些读物往往却是质量低下、内容庸俗,不但不能给孩子带来正能量的知识积累,而且还有可能将孩子引入歧途。

(3)家庭阅读方法欠缺,资源匮乏。很多家长对家庭阅读的重要性和指导方法缺少了解,经验不足,对孩子阅读能力在不同年龄段的发展特点认识不够,阅读书目针对性不强,不能对儿童阅读进行很好的引导和规划,使孩子对阅读缺乏兴趣。另外,目前市场上儿童图书种类和数量繁多,出版周期快,内容重复,精品书少,真正适合孩子的优秀读物和儿童刊物更少,成为困扰家长给孩子推荐、购买好书阅读的难题。

3.2 缺乏合理的规划和指导

建立一种好的模式、推广一种好的方法,都离不开科学合理的规划和有效的指导。就目前而言,家庭阅读难以广泛持续深入发展,很重要的一个原因就是,很多图书馆没有对家庭阅读进行很好的规划,并缺乏对家庭阅读的科学指导。

(1)理念落后。多年来,图书馆在阅读推广中,都把儿童阅读列为首要推广目标,严重忽略了家长在家庭阅读环境中的重要性,也没有发挥出家长在家庭阅读中的积极作用,导致很多家庭对家庭阅读不了解、不重视、参与不积极。这种服务对象的单一化、片面化,严重影响了家庭阅读的进一步深入推广。

(2)方式落后。虽然图书馆馆藏资源丰富、技术先进,但由于缺乏针对家庭阅读推广的相关计划,加之图书馆馆员自身阅读观念淡薄、能力不强,并将自己定位为家庭阅读推广的"局外人""旁观者",导致宣传不到位,家庭阅读推广工作更多还是停留在喊口号和搞活动上,纸上谈兵多,深入基层、社区、家庭少,使得广大居民和读者难以真正了解、认可和广泛参与到家庭阅读中来。

(3)服务落后。现今的社会,信息高度发达、资源高度开放,人们对知识的掌握早已不是传统的只从书本中获取的方式,电子阅读已经逐渐成为阅读的时尚和主流。偏远地区的图书馆由于观念更新慢、创新意识弱,不但对主流方向反应迟滞,而且对读者的兴趣爱好缺乏调查研究,导致在家庭阅读推广方面服务跟不上,不能很好地满足多元化、个性化的阅读需求,推广质量和效果难以得到有效保障。

4 公共图书馆家庭阅读推广的策略

广泛宣传科学阅读理念,深入开展家庭阅读,把阅读看成是家庭文化和日常生活的重要组成部分,使更多的家庭参与到全民阅读中,图书馆可以从以下几个方面入手。

4.1 引领传统文化经典阅读

2017年,从《中国诗词大会》《见字如面》到《朗读者》,多档文化类节目接连"火"遍电视屏幕和社交网络。唐诗宋词、文学名著的美,重新唤起国人的诗心和对文学的温柔记忆,勾起了国人对中国传统文化的热爱和追随,引发国人强烈的情感共鸣。这些节目很好地将中国经典理念、传统精神、文化瑰宝与普通大众进行了一次高效的对接,让一般人看来遥不可及,甚至高深莫测的诗词名篇简而化之,通俗易懂,直入人心,被大家称之为综艺节目中的一股清流。公众对这类文化综艺节目的点赞,凸显了当下社会对高质量精神文化产品的旺盛需求。而公共图书馆作为社会文化机构,以传承文明、弘扬中国优秀文化为己任,在持续推广经典阅读上具有得天独厚的优势,应适时引领家庭成员围绕共读诗书、共诵经典、共筑中国梦和家庭成员分享阅读故事、畅谈阅读感受、倡议阅读行动。

(1)激发阅读兴趣。"兴趣是最好的老师",阅读习惯的前提是培养阅读兴趣。2017年9月,《中华传统文化百部经典》首批图书正式出版发行,该系列图书萃取精华、激活经典、融入当下,以优秀传统文化滋养着当代读者。图书馆可以采取"请进来、走出去"的方式,积极开展国学进社区、进家庭,通过组织知名专家、教授、学者等举办国学讲座和国学体验等活动,引导家长陪伴孩子一同朗读、背诵与探讨诸如《老子》《论语》等国学经典,让孩子从小爱上经典,并在交流与分享中促进经典文献的阅读,从而激发阅读兴趣,增强对中国传统文化和经典作品的喜爱,增进对中华文化精髓和博大思想的深入理解,传承古代已建立起来的良好家庭阅读习惯,让学经典、爱阅读成为家庭阅读的主流。

(2)推介优秀书目。好的书籍可以让孩子受益终生。图书馆应在家庭阅读推广工作中全面推动优秀传统文化的传承和创新性发展,以社会主义核心价值观为引领,在分析读者阅读兴趣、习惯和需求的基础上,倡导"多读书、读好书"的社会风尚,围绕传递向上向善的价值观,为读者推荐适合家庭阅读的优秀书目,激发各年龄阶层读者阅读经典的兴趣。比如年轻人喜欢电子文献阅读,图书馆可以采用本馆微信公众号定期向这些读者群推荐经典书单,并通过微博互动、网络阅读达人评选等方式提高阅读效果。而年龄偏大的家庭成员则倾向于纸质文献的阅读,图书馆可通过导读、诵读、征文、展览、演讲等方式引领读者对经典书籍产生兴趣,从而亲近经典书籍、走进经典书籍,从经典书籍中汲取营养。

4.2 建立规划、加强指导,营造温馨阅读氛围

图书馆要推广家庭阅读,让更多的人了解并参与其中,应当建立长期的推广规划,并加强对家庭阅读的指导,为家庭阅读创造温馨的阅读条件,强化家庭阅读推广效果。

(1)图书馆应设立相关的部室,建立与家庭之间的联络机制,充分发挥图书馆的专业知识优势、文献信息优势和社会平台优势等,为家庭阅读提供便利、快捷的知识导航服务。向家庭成员推荐切实需要的、适合他们的图书,并制定适合大多数家庭开展家庭阅读

的服务计划和规程,让越来越多的人了解家庭阅读、熟悉操作模式、积极投身参与,让越来越多的家庭高效热情地参与到家庭阅读中,并且树立"发展终身学习能力,培养家庭阅读兴趣,提高家庭阅读能力"的科学家庭阅读观念。[4]

(2)图书馆员作为家庭阅读的指导者,要树立良好的服务意识,明确推广家庭阅读的目的和特点,为读者营造良好的家庭阅读氛围,为家庭阅读服务搭建交流平台。充分发挥图书馆的设施优势和服务时间优势,利用 QQ 群、微信群等现代网络形式帮助、引导更多的家庭参与阅读、亲近阅读,使阅读成为家庭生活中必不可少的行为习惯。

5　扩大公共图书馆家庭阅读推广的影响力

图书馆虽然有丰富的馆藏资源,但毕竟有限,与读者无限性的需要形成矛盾。所以开展家庭阅读推广不能只是图书馆唱"独角戏",更应该借助社会各方面的力量,扩大宣传、丰富内容、完善形式,形成以图书馆为基础、以社会资源为补充的良好机制,实现满足千家万户阅读需求的目标。

(1)与社会媒体合作,依托现有阵地和馆藏资源,加大宣传力度,进一步丰富家庭阅读的活动内容,呼吁人们自愿捐献家庭闲置图书,丰富图书资源,促进家庭成员养成阅读的良好习惯。

(2)认真组织"家庭读书月"活动,吸引广大家庭成员携带自己喜欢的图书积极参与,通过展示家庭藏书、交流阅读经验等形式,引导各家庭之间充分互动、交换图书,有效发挥家庭藏书的溢出效应,更大范围实现资源共享。

(3)与政府部门合作,充分发挥政府自身的领导作用,扩大家庭阅读推广工作的影响力,实现社会与家庭阅读之间的密切联系。

6　结语

"让书香充溢着每一个日子,让阅读陪伴着每一个家庭"是书香中国、全民阅读、家庭阅读的基本要求和目标,也是我们广大推广者的责任和担当。公共图书馆必须高度重视和大力推广家庭阅读,积极营造家庭阅读的良好氛围,打造家庭阅读的良好习惯,让阅读在全社会蔚然成风,为实现中华民族伟大复兴的中国梦筑牢坚实的文化基础。

【参考文献】

［1］ 王爽,宫丽颖.数字时代下影响儿童阅读的因素分析:深度解析美国《2014 儿童与家庭阅读报告》
　　　［J］.出版参考,2015(11):24-26.

［2］ 李春.每个爱读书的孩子背后都有一个"书虫"家长［N］.江淮晨报,2016-09-19(3).

［3］ 张岩.推广家庭阅读,传承家庭文化［J］.图书与情报,2017(2):1-5.

［4］ 唐红.公共图书馆家庭阅读推广的问题及对策［J］.图书馆学刊,2015(9):108-110.

公共图书馆与家庭阅读推广

谭　继

（宁夏回族自治区图书馆）

摘　要：随着全民阅读的深入开展，我国国民的阅读率呈整体上升趋势，然而公共图书馆作为全民阅读的重要阵地，在家庭阅读推广方面还存在不足之处。本文通过对家庭阅读观念陈旧、阅读资源匮乏等问题进行分析，提出公共图书馆开展家庭阅读推广的意见和建议，以期待家庭阅读推广更具有实践操作性。

关键词：公共图书馆；家庭阅读；阅读推广

中图分类号：G252.1；G258.2　　　**文献标志码**：A

1　家庭阅读的现状

据第十四次全国国民阅读调查报告显示，2016年我国成年国民综合阅读率为79.9%，较2015年上升0.3%；成年国民人均图书阅读量为7.86本（其中纸质图书阅读量为4.65本，电子书阅读量为3.21本），较2015年增加了0.02本；未成年人阅读率85.0%，较2015年上升了3.9%，未成年人的人均图书阅读量为8.34本，较2015年增加了1.15本。从数据上可知，不论是成年人还是未成年人，国民的阅读率呈整体上升趋势，全民阅读重视程度越来越高。

在全民阅读的背景下，家庭阅读作为全民阅读的重要组成部分，其关注度也越来越高，2009年4月，中宣部、新闻出版总署联合印发《关于进一步推动做好全民阅读活动的通知》，号召广大妇女影响并带动子女培育其阅读兴趣、建立阅读习惯，组织开展"家庭读书节活动"，倡导确定家庭读书时间，启动"与孩子们一起阅读"的家庭阅读活动。目前，很多公共图书馆都在推广家庭阅读，以提高图书馆服务质量。如1998年广东省中山市图书馆开展"十佳藏书家庭"评选活动;2000 年深圳市开展了"读书月"活动;2013 年,北京市政府、学校、企业及社会各界联合举办家庭阅读活动。但是,由于我国公共图书馆受经费、服务对象、保障体系、地域等条件限制,在家庭互动方面还是比较欠缺,使得家庭阅读推广存在着阅读观念陈旧、阅读资源匮乏等问题,这些问题需要公共图书馆尽快解决,并积极推广家庭阅读服务。

2 目前家庭阅读存在的问题及原因分析

2.1 家庭阅读存在的问题

虽然现在公共图书馆积极倡导家庭阅读,但是现实生活中家庭阅读也存在着各种各样的问题,主要体现在以下几个方面:

(1)家庭阅读观念整体陈旧。谈到家庭阅读,应该是家长和孩子整体的阅读氛围,而不单单只指儿童阅读。因为家长阅读量大,知识面广,在他们的指导下孩子阅读才能更有选择性和方法性。而现实生活中,不论是家长还是孩子的阅读大都是以完成学习任务式的实际情况为主。对于家长,由于现代社会竞争日益激烈,工作和生活压力较大,直接影响了他们的阅读时间。对于未成年人,父母大多谈的是教育功能, 谈的是"一本好书能改变人的一生"[1],即如何通过阅读能提高孩子的学习成绩,如何复习能通过各种考试这类问题。进入图书馆,书桌上放着的以各种作业本、考试辅导用书、各种资格证考试资料居多,而陶冶情操、启迪心智的书很少,其中以寒暑假期尤为明显。对于学生和参加各种资格考试的人而言,图书馆只是完成各种作业和考试相关任务的场所,并不是探求知识、接受教育的圣地。

(2)公共图书馆在促进家庭阅读推广方面能力不足。公共图书馆受经费限制,在图书采购和举办各种家庭读者活动等方面能力有限。如果仅仅依靠公共图书馆的经费,很难购买足够数量的书籍,也不能及时举办各种前沿的、有针对性的读者活动或邀请知名专家学者为读者做各种讲座培训,以满足家庭阅读的需求。公共图书馆在实际的服务读者过程中,其重心依然是在对图书的借还上,并没有真正实现对家庭阅读模式的发展与推广,缺乏对家庭阅读的实际情况的充分了解,所以也就难以提高家庭阅读服务质量。

(3)家庭阅读资源匮乏。当今图书种类、数量繁多,价格较高。根据第十四次全国国民阅读调查报告显示,对于一本 200 页左右的文学类简装图书的价格,我国国民能够接受的平均价格为 14.42 元,比 2015 年的 14.39 元提升了 0.03 元。而现在社科类的图书一般在 25 元左右,自然科学类图书近 30 元一册,杂志类平均价格约 27 元一册,书价的增长速度远远快于我国国民平均收入的增长速度。[2]可以说,书价过高制约着人们购买的需求,也减少了家庭的阅读量。另外,在图书市场上,不少出版社过度追求经济指标,单纯注重图书品种的数量,忽视了图书内容和创新性,致使内容水准高、创新性强的精品书少,优秀家庭读物严重缺乏。

2.2 家庭阅读存在问题的原因分析

(1)家庭阅读功利性色彩浓厚。现代家庭教育重视升学、就业和各种资格证书,围绕家庭阅读的也是以功利性色彩的书籍为主。现行的中学教育,偏重的是各种各样的教辅资料和考试过关的教学方法,学生所阅读的也多是能提高考试成绩的教学资料,对于启迪心智、陶冶情操、励志成长等方面的书籍阅读量很少。参加各种资格考试的求职人员和各种职业资格问题也凸显的比较严重。随着社会的发展,行业行规制度的健全,各种职业所需资格证书门槛渐高,成年人参加各种资格考试也是比比皆是。由此,在很多家庭中尽管是大人孩子一起学,但学习氛围依然是以教材、工具书、辅导书、专业资格用书等"有用"的书籍为主,忽视了对家庭阅读兴趣的培养。

(2)公共图书馆发展不平衡,家庭阅读利用率低。图书馆作为最基础的社会公共文化服务机构,是满足大众文化需求的重要场所,使人们的生活学习当中的问题得到解决,精神上的满足得到保障。然而由于地区发展的差异性,我国公共图书馆事业发展并不平衡,在促进家庭阅读方面能力不足。发达地区图书馆的发展较快,地方财政拨款较为充足,各方面都一直有保障,因此,开展家庭阅读所需的条件较为充足,效果也比较理想。而欠发达地区图书馆,由于各种原因,发展缓慢,积累也不够,在图书馆人、财、物展等方面存在着较大差距。在西部、偏远山区的一些图书馆多年没有购书经费,长年没有购进一本书,有的甚至面临生存危机。在这些地区推进家庭阅读存在诸多困难,对于开展家庭阅读所需要的各种模式、经费、人员素质、技术设备、服务拓展等方面都无法保障,很难满足家庭阅读需求。

(3)书价混乱、种类繁多,缺少阅读精品。其一,对于图书价格,我国一直采用固定价格制度,即图书价格印刷在封面上,图书销售过程中不得随意打折。然而现实生活中图书销售随意打折的现象实为常态,使得价格制定形同虚设,这也是书价过高的原因之一。加上长期以来,市场上盗版图书泛滥,其价格却远低于正版图书,对于追求价格低廉的读者来说,是最理想的选择,但对图书价格的稳定性却造成了严重影响。其二,精品图书数量较少。随着经济的发展，以营利性目的为准成为常态，在阅读内容上，以往重视意识形态的教化内容类图书大大减少，而娱乐性质的周刊、画报、明星传记、回忆录、家庭生活、日用保健、美容健身方面的图书大量流行。于是，各种低俗化、平庸化的图书大量产生，并以营利性的优势占据市场。相比之下，带有传承性的、优秀的精品图书由于受价值观、经济条件、社会环境等种种因素的影响，所占比重较少，严重影响了家庭阅读质量。

3 图书馆开展家庭阅读推广的优势与重要性

3.1 图书馆的职责

图书馆是社会公共文化服务机构，是国民继续教育和国民阅读的重要基地，其社会发展、传播文化的作用日益凸显。其职能主要有保存人类文化遗产、开发信息资源、参与社会教育等。其中，倡导全民阅读是图书馆开展社会教育的一个重要方面。图书馆是无门槛的场所，读者进入图书馆，就能利用图书馆资源，即来即用，自然放松，没有陌生感与敬畏感，不需要做任何准备，这是图书馆服务的优势所在，即能面向所有人完全开放，为所有人服务。随着小康社会的发展，我国已解决了生活上的温饱问题，大众精神上的需求增多，图书馆在这方面自然的满足之处便是承载了读者很多的需求，可以说，能够解决大众文化的"温饱"问题。因此，图书馆是社会发展和大众生活当中的必需品，是推进全民阅读的中间力量。

3.2 图书馆开展家庭阅读推广的优势

（1）海量的信息资源。公共图书馆拥有丰富的馆藏资源，是文献信息资源的集散地、是传播文献信息资源的枢纽，能满足不同群体的阅读需求。对于家庭阅读推广而言，公共图书馆不仅能满足成年人的阅读需求，提供各种文献资料，还有适合未成年的各种教材、网络资源，能举办各种以不同群体的受众为主题的讲座、展览、阅读推广等读者活动。这些资源、活动不仅能够满足成年人与未成年人的阅读需求，更能创造出家庭的学习氛围，让全家受益。

（2）完善的阅读环境。图书馆里独特的建筑设计风格、开放通透的阅读空间、富于文化底蕴的阅读环境有助于激发读者的阅读兴趣，提高读者的阅读品味。对于家庭阅读而言，不论是家长还是未成年人，公共图书馆都能为读者提供相对完备的学习条件，即资源、场地和设备，读者可以充分利用图书馆资源去索取知识，满足不同的精神需求。

（3）专业的阅读指导。针对不同群体的阅读需求进行专业指导是公共图书馆的职责之一。当有不同群体进行咨询时,工作人员可根据个人需求给予合理的解答和阅读建议。为了促进家庭阅读,很多公共图书馆都配备了专业的导读人员,随时解答家长及孩子们的疑惑,让家庭阅读以正确高效的方式打开,以此提高家庭阅读利用率。

3.3 图书馆开展家庭阅读推广的重要性

(1)有利于促进家庭和谐与社会稳定。目前,随着经济的发展,社会的进步,人们的物质生活水平发生了很大变化,追求物质价值得到了人们的普遍认同,不少人认为拥有财富的多少是一个人一生奋斗的成就标志,在这种价值观下很多家庭在学习的道路上变得急功近利,大人的工作、就业,孩子的教育等问题也就日渐凸显。阅读是人们一生中取之不尽、用之不竭的财富,通过阅读可以启迪人们的心智,开阔人们的眼界,帮助人们积累知识,提升为人处世的能力。图书馆推广家庭阅读,可以使家庭成员形成良好的品格和健全的人格,促进家庭和谐,进而对整个社会的长治久安起到巨大的推动作用。

(2)有利于提升社会大众的综合素质。一个国家能否提升综合国力,关键在于公民是否具备良好的综合素质。而公民的良好素养来自于家庭从小到大的良好教育。家庭是社会的组成部分,家庭和谐是社会和谐的基础,促使家庭成员爱上阅读,有利于提升大众的文化素养,创设出一个个充满诚信、友善、平等的精神家园。图书馆推广家庭阅读,有利于培养公民良好的道德情操,对推动社会发展、进步有良好的促进作用。

4 公共图书馆开展家庭阅读推广的建议

(1)树立正确的家庭阅读理念。作为家庭阅读的主体(成人、儿童),特别是成人阅读者,要改变"功利主义"的阅读观,树立终身学习的观念,培养家庭阅读兴趣,多读书、乐读书、读好书,提高家庭阅读能力。其一,制定家庭阅读大纲。家庭阅读指导应是针对性和适用性的阅读,而不是盲目性、随意性的阅读。制定家庭阅读大纲,要使家长及孩子们了解家庭阅读的内容、意义、作用等,并为家庭成员推荐合适的阅读材料,这样通过参与家庭阅读活动,既能满足家庭成员的阅读需求,又能提升家庭阅读能力。其二,计划好家庭阅读时间,培养家庭阅读习惯。不论家长还是孩子,倘若没有计划好阅读的时间,就很难达到既定的阅读量,因此,家庭阅读应规划好阅读时间,不管在学校,还是在家里,都应把读书作为一种生活方式、一种生活需要,从而培养出良好的家庭阅读习惯。

(2)加大公共图书馆的财政投入力度,提高家庭阅读利用率。图书馆的发展是综合性的,对整个社会大众的文化生活是有利的,因此,推动图书馆事业的发展也应该是多部门多角度的,而不是一个部门或一家之言。其一,要积极争取相关部门对公共图书馆的财政支持,就事业发展经费尤其是图书购置费、资源建设费、基础设施费用等问题向相关部门进行专题汇报,积极寻求相关部门的支持,并将相关经费列入政府年度财政预算,以加大公共图书馆的财政支持。其二,要鼓励社会力量参与公共图书馆建设,推动图书馆事业发展。公共图书馆应积极与学校、医院、出版社、培训机构等单位合作,共同推动图书馆建设发展。一方面图书馆人脉广泛,可对合作单位进行广泛宣传,树立其良好的形象和提升其影响力;另一方面,图书馆可积极争取合作单位的经费支持,在一定程度上解决财力不足的问题,实现双赢,进而促进家庭阅读推广。

(3)完善图书价格监管体制,建立图书阅读书目。其一,相关部门应该积极制定与社会主义市场经济相适应的图书价格管理体制,明确图书价格制定的原则和宗旨,尤其是对图书定价方法和细节进行相关的规定,引导图书出版单位和图书经销商自觉遵守图书价格法规,杜绝随意打折、盗版等影响图书价格的行为,使图书价格决策化、制度化。其二,精编阅读书目,积极发展书评。公共图书馆应尽可能详细深入了解不同家庭的文化程度、工作性质、阅读兴趣和阅读需求,广泛听取家长及孩子的意见,从而精编各种家庭阅读为主题的导读书目,让家长和孩子在有限时间内了解书目概要,遴选出需要的书籍。同时,图书馆应充分利用网站、媒体、微博、宣传栏等方式开展书评活动,让读者随时掌握各类图书的品质,从而既能调动家庭阅读的主动性,又能提高家庭阅读的利用率。

【参考文献】

[1] 唐红. 公共图书馆家庭阅读推广的问题及对策[J]. 图书馆学刊,2015(9):108–110.

[2] 冯瑜. 在全民阅读背景下图书馆化解阅读危机的策略研究[D]. 大连:辽宁师范大学,2010:27.

浅析公共图书馆如何推广家庭阅读
——以甘肃省敦煌市图书馆为例

亢春梅

（甘肃敦煌市图书馆）

摘　要：公共图书馆作为全民阅读推广的主阵地和主力军，通过全民阅读推广来提高公民人文素养，促进书香城市和学习型社会建设义不容辞。倡导全民阅读，关键在于倡导家庭阅读。因此探讨公共图书馆如何结合当地实际，做好家庭阅读推广工作具有很强的现实意义。

关键词：公共图书馆；家庭阅读；阵地阅读；阅读拓展

中图分类法：G252.1；G258.2　　　**文献标志码**：A

家庭阅读是全民阅读的基础。"在物质生活日益丰厚的今天，如果家庭对阅读失去了兴趣，那么精神的贫困可能成为家庭走向高尚文明的绊脚石，也影响着社会进步的进程。"[1]反之，如果一个家庭把阅读作为生活必须、把建设书香家庭作为家风家教的一部分，那无数个书香家庭就汇聚成了书香社会。书香家庭的根基越牢固，我们的国家、我们的民族就越有自信。怎样建设书香家庭呢？公共图书馆又能为建设书香家庭做些什么？本文将以敦煌市图书馆为例，就公共图书馆如何推广家庭阅读推广作一浅析。

1　我国家庭阅读现状

全民阅读调查对比数据表明，家长"喜欢且经常看书"会直接影响孩子对阅读的喜爱程度。数据显示：95.1%的儿童因家长喜欢且经常看书而喜欢读书；在家长不喜欢看书的家庭中，则有23.7%的儿童同样不喜欢读书。由此可见，家庭阅读影响深远。

孩子的阅读水平与家庭状况、家长学历及态度等有密切关系。目前我国的家庭教育多是侧重于孩子的学习教育和身体成长,家长普遍存在对阅读认识不足、理解有偏差、缺乏家庭阅读的环境和引导等问题。很多家长忙于生计自己都不看书;一些家庭经济条件虽好但不重视阅读;有些父母自己学历虽高却没能意识到阅读的重要性;另有一部分家长虽然意识到阅读的重要性,却不知怎样引导孩子阅读。"即使是在陪伴孩子阅读的实践中,83%的家长表示'不知道如何培养孩子阅读兴趣';35.14%的家长表示'不知道给孩子买什么书';34.06%的家长表示'不知道如何分配孩子阅读时间';28.88%的家长表示'不知道如何辅导孩子阅读'。"[2]

在这种情况下,图书馆作为倡导、组织、实施全民阅读的主阵地,有责任在宣传家庭阅读的重要性、指导家庭阅读推广上大胆尝试,探索创新。作为公共图书馆,应立足本地、结合实情,向上争取政府的重视支持,加大对阅读推广工作的宣传和投入;应面向社会广泛开展合作,与学校、社区、家庭等携手互动,通过各种阅读推广,教育家长明白阅读的重要性,培养孩子正确的价值观、阅读观;立足阵地要大力开展阅读推广活动,激发孩子的阅读兴趣,充分发挥图书馆阅读服务、教育、引导的职能。

2 敦煌市图书馆在家庭阅读推广方面的做法

充分发挥图书馆主阵地和主力军作用,对内充分利用馆内各种资源,开展各种类型的家庭阅读推广活动;对外,广泛联系各幼儿园、中小学、社区等单位,创新拓展阅读推广方式,合作推进阅读活动向纵深开展。

2.1 立足阵地开展活动

(1)亲子阅读:为孩子爱上阅读打好基础。

开展亲子阅读是公共图书馆比较普遍和成功的做法,敦煌市图书馆也不例外。敦煌市图书馆坚持每周末开展亲子绘本阅读,为家长引领孩子阅读提供了良好的平台。敦煌市图书馆与本市各幼儿园联合开展此项活动,每周末不同的幼儿园会推荐不同的优秀教师到图书馆做志愿者,义务为家长和孩子进行绘本讲座,利用 3D 数字体验区的先进设施设备,定期开展立体书阅读体验和 MR 情景体验等活动,并就引导孩子阅读的方法技巧等与家长进行面对面交流。这种方式弥补了图书馆人员的短缺,提高了图书馆各项资源的利用率和亲子阅读活动的水准,让更多的孩子、更多的家庭感受到了绘本阅读的魅力,将孩子轻松地带向阅读的快乐之旅。

（2）民间读书会：让阅读成为生活习惯。

著名文化学者、作家胡野秋说："一个人的阅读只是一种个人习惯，而一群人共同阅读，才使阅读成为一种生活方式。"[3]图书馆是阅读推广活动最为重要的阵地，也是公民阅读推广活动的中坚力量。利用自身资源和优势，成立读书组织，将爱好阅读的人集中起来，去带动和辐射更多的人将阅读变成一种生活方式，是图书馆的义务和责任。

2017年开始，敦煌市图书馆在这方面做了进一步尝试，目前来看效果很好。敦煌市图书馆成立的书友会和朗读会，把敦煌爱好阅读、写作和朗诵的人聚集在了一起。朗读会侧重于阅读到朗诵的再创作，进而引导读者自己创作文学作品自己诵读；书友会则侧重于深度阅读和深度创作，很多敦煌乃至河西地区有名的作家都是书友会会员。书友会开展的"当代著名作家与读者见面会""相约图书馆聆听书友谈"等阅读活动，朗读会开展的"浓情五月，感恩父母"主题朗诵、端午诗会、寒暑假亲子朗读等共读共赏活动，吸引了越来越多的读者参与，且参与人群多为党政、企事业单位的年轻人，很让人欣慰。

书友会和朗读会利用现代传播方式，在微信群开展线上线下相结合的阅读活动。谈笑风生间交流作品，思想碰撞中激扬文字。这种看似无意实则有意的方式在潜移默化中将阅读渗透到日常生活中，真正让阅读成为了一种时尚的生活方式。

（3）敦图大讲堂：文化讲座反响热烈。

公共图书馆讲座也是常用的阅读推广方式。敦煌市图书馆围绕"书香敦煌"建设，面向大众推出学术文化、人文素养等高端文化讲座，反响热烈。2017年敦煌图书馆邀请了百家讲坛主讲人赵玉平、金正昆、王双怀、于赓哲等教授来馆开展各种主题讲座。另外针对家长和学生开展了"书有光，读最美""如何让孩子爱上阅读""幼升小专题讲座"等讲座，这些讲座指向性强、参与面广，一票难求反响热烈，深受读者欢迎。

2.2 面向社会广泛合作，拓展延伸家庭阅读

除了依托馆内资源条件开展各类阅读推广活动，面向全社会开展全方位合作，携手开展家庭阅读推广是图书馆拓展服务功能和服务领域的有效延伸，对建设书香家庭、建设学习型社会有很强的联动效应。

（1）阅读推广人引领示范。

2017年，敦煌市图书馆面向社会聘请了五名阅读推广人和图书馆一起开展阅读推广活动。图书馆对阅读推广人的定位是：爱好阅读，有较深的文化内涵，有一定的社会影响力，能引导和号召各自领域开展各类阅读推广活动。敦煌市图书馆聘请的阅读推广人

有政府官员、中小学校长、企业家、社区书记,他们是各行各业的杰出代表,能针对不同的阅读群体和阅读活动进行指导。例如,他们在微信平台和微信群中为读者推荐优秀作品,带领大家共读共赏;在馆内外开展的各种读书活动现场,就阅读方法和技巧、学生阅读等进行指导,带领大家一起品鉴优秀作品,一起分享心得。事实证明,身边的典型更能影响和带动身边的人,身边的阅读推广人产生的效果就如他们本人一样,看得见,摸得着,学得来。

(2)馆校联合深化引领。

学校也是家庭阅读推广的主体,影响面大示范性强,且直接面对家长和学生。图书馆与学校携手合作,叮通过各类阅读活动引起家长对孩子阅读的重视,调动孩子的阅读兴趣。敦煌市图书馆与本市各中小学配合,举办了不同规模、不同层次的经典诵读大赛,如亲子原创作品朗读大赛、学生诗词大赛等。这些活动的开展参与度高,指导性强,传播效果好,吸引了众多家庭和学生的参与,对不重视阅读的家庭也起到了一定的警醒教育作用。敦煌市图书馆还与一些社会办学机构联合开办"图书跳蚤市场",让孩子们把自己看过的书通过跳蚤市场的形式进行价值互换,让图书得以流动,让知识得以传播。

(3)馆社携手创新服务。

除了学校,社区也是开展家庭阅读推广的有效场所。现在的社区服务功能越发齐全,服务范围越来越广,不少社区建立了图书室或图书馆,对全民阅读起到了查漏补缺的作用。敦煌市有两个社区与图书馆合作,建成了分馆,在总馆的指导下,结合社区工作特点,创新了阅读推广方式。例如他们以"为民服务进社区"活动为载体,在社区分馆开展周末共读活动,请学生来馆和社区孤寡老人开展一月共读一本书活动,既丰富了老人的精神生活,还在阅读中增强了孩子们的爱心和孝心;开展的志愿者关爱留守儿童行动,也倡导志愿者引导孩子们养成良好的阅读习惯,希望他们通过读书学习建立自信,改变命运;开展的地方文化资料及传统文化图书展、百家艺术进社区活动,形成了弘扬和传承中华传统文化的热潮。这些做法弥补了图书馆的服务缺失,为营造书香社会、和谐社会起到了事半功倍的效果。

(4)书香家庭影响带动。

家庭藏书是社会阅读网络的最底层,也是早期阅读意识孕育的最好环境,既可以弥补图书馆服务网络尚不健全的不足,又可以营造阅读的环境和氛围,更好地践行亲子阅读。敦煌市图书馆组织开展"亲子读书共成长,经典文化进家庭"活动,引导家庭全体成员爱书、藏书、看书,自觉接受传统美德教育;以农家书屋为主体,组织书屋周围群体参加读书活动,共同构建温馨、美满、幸福的生活环境。本图书馆结合市民藏书量和学习效果,连续多年挖掘本市"书香家庭"和"耕读人家"对他们进行表彰奖励,号召更多的家庭重视家庭藏书,营造家庭阅读氛围,养成爱读书、读好书的良好家风,为"书香敦煌"建设起到示范带动作用。

3 家庭阅读推广应该注意的问题

3.1 阅读指导要全面细致

无论是立足图书馆做好阵地服务,还是面向社会开展阅读推广,阅读内容选择上要全面。除中华文化经典、外国优秀文化作品、报纸杂志美文之外,还应纳入当地传统文化经典,做到立足当地、中外结合、古今贯通。在阅读推广指导上要细致,针对家长诸多的"不知道"有的放矢,给出具体翔实、针对性强的指导方法。

3.2 全社会形成合力,齐抓共管

公共图书馆有责任向当地政府提出建议,从政府层面引起重视,自上而下对家庭阅读、全民阅读进行倡导和引领,从而形成上下联动、齐抓共管的推广局面。

3.3 明确具体步骤,建立长效机制

让阅读成为生活方式不是一时之功,建设书香城市和学习型社会不能一蹴而就,各地区实际情况千差万别,具体实施过程也问题层出。各图书馆要结合实际,建立长效机制,确定具体步骤,按计划有序推进,确保阅读推广工作形成长效机制,持续稳定地开展。

4 结束语

"一个家庭,书香充盈,必定温馨美好;一个城市,书香充盈,必然和谐安宁;一个国家,书香充盈,必将繁荣昌盛!"[4]各级公共图书馆要结合实际,在阅读推广工作中与时俱进,探索创新,通过家庭阅读推广,共建书香城市,真正让阅读成为一种生活方式,让我们的公民因为书香的熏陶更加睿智,让我们的城市因为书香的浸染更加文明,让我们的祖国因为书香的传播更加强大!

【参考文献】

[1] 郑文.家庭阅读的重要性[N].光华时报,2016-11-18(7).

［2］ 张翼翀. 家长对孩子阅读认识高但行动差［N］. 中国出版传媒商报,2017-12-19(6).

［3］ 尹春芳. 民间阅读:一座城市的阅读地基［EB/OL］.［2017-11-13］. http://www.sznews.com/zhuanti/content/2010-11/12/content_5078907.htm.

［4］ 吴娜. 书香家庭:社会最美的细胞［N］. 光明日报,2012-11-20(9).

立足公共文化　弘扬人文关怀
——浅谈公共图书馆阅读推广

苗　慧

（新疆维吾尔自治区图书馆）

摘　要： 作为公益性社会文化机构，公共图书馆是学校教育功能的延伸和补充。而阅读推广是其在"信息过载"时代，最大化实现自身价值的切入点。文章对于阅读推广的含义及内容，以及开展阅读推广的措施与模式，进行了深入的阐述和探讨。

关键词： 公共文化；教育；阅读推广

中图分类号： G252.1　　　**文献标志码：** A

公共图书馆的主要功能在于开展社会教育，开发智力资源，使其成为没有围墙的大学。馆藏资源深度整合、聚焦，将其最有价值的部分进一步系统化、专题化，再有针对性地推送给大众，凸显了公共图书馆在"信息过载"时代的使命。而这个使命，简而言之，就是阅读推广。

"图书馆阅读推广的基本要素有两个：一是聚焦，二是创意。聚焦是图书馆阅读推广的基本原理。图书馆阅读推广，如果把整个馆藏全部推荐给读者，就没有重点，等于没推荐。世界上没有这样的阅读推广，所以必须聚焦到部分有吸引力的馆藏。那么何谓有吸引力的馆藏？这就牵涉到图书馆阅读推广的第二个要素——创意。有的馆藏，本身并没有吸引力，但可以通过创意、策划，将其变得有吸引力，如集中推出常年无人借的书，或者最难懂的书，通过激将的语言，挑起读者的阅读欲。"[1]提起"部分有吸引力的馆藏"，那自然不能不从"人文经典"开始。

1 弘扬经典精神，重返心灵自由的"桃园秋水"

"在阅读已经快要变成生存需求阅读的当下，图书馆是否要做这方面的检讨？图书馆虽然是传播知识的场所，但如果将这种所谓的'知识'绝对化、唯一化，也许就破坏了阅读原有的'生态平衡'。阅读，特别是文学作品的阅读，只有在强调兴趣、强调情感陶冶的前提下，才能实现文化传递、审美教育的功能。图书馆正是通过这样的方式，才将人塑造成一个完整的人，其实这也是公共图书馆区别于其他教育机构得以存在和发展的最大理由。"[2]

对于功利至上造成的阅读目的扭曲与异化、文学作品阅读日益边缘化的困境，文化守护者们痛心疾首。有专家从经典式微的因素来分析："文学经典之所以成为文学经典，就群体而言有赖于一元中心的文化机制，就个体来说需要某种中心信仰。但这个根基在后现代文化语境中受到了质疑"。[3] 也就是说：在功利至上，崇尚即时享乐、消解意义的空洞狂欢的大背景下，"自由""个性""随心所欲""独特性"成了商业广告词，成了大众文化的宠儿。它的对立面——崇尚精神秩序、经历人类普遍的情感、理智地拷问，对人生境遇、人性弱点的思考，在可能的选择中挣扎等独特的阅读体验自然就显得极为不合时宜。

这场"自由"与"精神秩序"的对战，让我们免不了回想起五四新文学运动中，闻一多先生对格律——这个古体诗"规矩"的辩护："越有魅力的作家，越是要戴着脚镣跳舞才跳得痛快……对于不会作诗的，格律是表现的障碍物；对于一个作家，格律便成了表现的利器。"这段话虽论的是作诗，但细想一下，用在秩序与自由的论争中也极为贴切。很多时候，我们想要的自由，只是对秩序的逆反而已，有可能和真的自由是背道而驰的，这也是人生的悖论。夜深人静，扪心自问：无所用心、畅所欲言、见面闲聊琐碎、淹没于铺天盖地的明星八卦、调侃一切严肃文学……我们得到"自由"了吗？

重返"自由"，首先要重返"意义场"。而阅读对思维和情感上的准备是我们自我教育、重返"意义场"的最廉价、也最有效地途径。对此，以倡导非功利阅读、情感陶冶、审美教育为己任的公共图书馆责无旁贷。我们可以借助博客、网站等现代工具组织不同层次的阅读人群，以交流的形式拓展经典阅读的魅力，再通过组织整理争鸣的思想，来积累阅读成果以反哺导读与鉴赏。在分享与积累中促进、强化人文关怀，形成良性循环，将这个有着厚重文化气息的书香家园不断扩大，让匆忙焦虑的现代人重返心灵自由的"桃源秋水"。

2 关注学校教育中的阅读留白,探索与学校教育优势互补的阅读推广模式

随着技术发展日新月异、社会分工越来越细,竞争、效益、效率成为这个时代的"关键词",为了使培养出来的学生与社会需求接轨、为了使毕业生在日益激烈的市场竞争中保持优势,教育不得不把工具性属性发挥到极致,而对"人作为人本身的教育""培养阅读的乐趣"这些教育的本质要求,只能是一拖再拖。目前,除高校图书馆外,许多幼儿园、小学、中学的图书馆形同虚设,或是不对学生开放、或是不购买除教科书以外的阅读资源。理由是,学生课业压力大,根本没时间看课外书,实际上,真正的原因却是因为课外阅读不能有"立竿见影"的可评估效果,索性被学校完全忽略。

"著名教育学家苏霍姆林斯基曾说,学校颇具危险性的通病是缺乏读书气氛,没有读书的需求,整个教育制度就会垮掉。"[4]教育家朱永新也深刻地指出:"缺失文化的教育已将儿童带入了一个他们倍感陌生、抽象、片面和异己的地带。精神的失落带来的是精神世界的浮躁、迷误、幽暗甚至荒芜,教出来的孩子可能是一些有知识没灵魂、有技艺没根底、有智力没情怀的'怪物'"。[5]

对于学校教育中的阅读留白,香港公共图书馆通过推出"阅读大使计划"来介入,"为学校提供建议运作形式、资源(参与学校可从提供的计划书单中自选一套十册图书,前提是参与学校须于学年结束时将读书会的活动设计方案上传至网上读书会),为阅读大使提供培训(邀请专业导师进行培训讲座和工作坊,讲授分享阅读和组织读书会活动的方法)"[6]。图书馆的身份已经从包揽一切的"号召人",转变成了"参考咨询者""资助者"。从邀请专业导师对阅读大使进行专业培训,邀请学校分享读书会的经验,到将经验制成视频放在网上供大家学习等全程参与、推动,成功地将阅读的种子播撒到学校教育中,弥补了"课外阅读的空白"。这是一个公共图书馆和学校教育优势互补、团结协作的成功模式。

在狭义的阅读之外,"一项在公共图书馆界长期开展的活动——'暑期阅读',正在演变为'暑期学习'……包括专用的创客空间、思想者实验室以及其他形式的图书馆空间重构。不仅对青少年,而且成人们也发现图书馆是一个终身学习的好地方……"此外,越来越多的图书馆也给用户提供一个中立的空间,在这里可以会见邻居、讨论和解决重要问题。

3 立足公共文化,利用新技术,做好文化传承

除了内容上倡导人文经典阅读,形式上探索与学校教育优势互补方式以外,对公共

文化遗产的整合与保护,也是这几年"阅读推广"活动的切入点。如绍兴市图书馆的绍兴古桥、戏曲、兰花、名士、方志数据库;湖州市图书馆的湖笔、竹文化数据库;杭州市图书馆的名人故居、摩崖石刻数据库;温州市图书馆的温州鼓词、浙南谱牒、永嘉学派、孙诒让研究数据库等,就是将地方精品文化资源整合为数据库,作为系统化、专题"阅读文本"的形式呈现给大众。

首都图书馆以"公众教育"为功能定位,更是走出了一条以"信息素养教育""信息化建设"为立馆优势,与高校深度合作、优势互补的新路。在信息素养教育上,为中老年读者提供信息资源利用与检索的课程实践指导服务;在信息化建设上,对馆藏资源进行系统的整理和加工,针对青少年读者自主研发"首图动漫在线",并自建了一系列历史文化多媒体资源数据库。其中,《北京记忆》数据库在开发过程中,还承担了首都师范大学历史系、北京联合大学北京学研究所的教学实践基地的任务,并以此数据库为基础,与北京开放大学合作开发了具有通识教育课程性质的课程——北京历史文化。[7]可以说,这些浸润着满满的历史与文化的数据库是将首都图书馆馆藏资源的亮点提取出来,经过整合重新提供用于教学、科研、市民阅读。这项举措利用信息技术,在文献保护与利用上找到了完美的平衡,是推动"阅读推广"的典型案例。

台湾公共图书馆则立足于公共文化教育,另辟蹊径。"台湾本土语言包含了闽南语、客家语、原住民族语等,是教育的重要一环……(然而由于长期以来只重视英语和国语,有些民众已经只会听不会说或根本完全不会),(当今)本土语言价值逐渐受到大众认同之时,许多社区与家庭却已失去传承语言的条件……(在这样的背景下,台湾图书馆发起了)以图书馆为传递语言及文化的媒介,培训有语言能力及文化资本的志工(的活动),……使其为社区或图书馆进行本土语言教学。"[8]这一举措,既有沟通交流的意义,又达到了保存文化的目的,给我们带来很大的启发:以"社会教育"立足的公共图书馆,可以并且也应该在文化教育事业上发挥更大的作用。

与国内公共图书馆的"立足馆藏"、台湾图书馆的另辟蹊径相比,国外图书馆已向"进行联合与共享"发展:"MOOC(免费的大众在线开放课程)倡导信息共享和教育公平,这与公共图书馆宗旨一致……2014年2月,大英图书馆率先提供MOOC服务……(而),美国洛杉矶公共图书馆已将MOOC服务纳入最基础服务计划,将努力打造成家庭作业、读写能力、在线辅导和MOOC学习的支撑中心"。[9]

总之,公共图书馆作为"没有围墙的大学","自我教育"的忠诚坚守者,关注"人本身

的需求"、倡导弘扬人文经典、非功利阅读、情感陶冶是其责无旁贷的使命。这项使命在
"工具理性"至上的当代社会,被浓缩成以"阅读推广"为口号的一系列活动,而活动实践
表明:以学校教育的留白为切入点,督促、助力阅读,再由阅读出发,扩展到兴趣培养活
动,为青少年创造力的发展,为成年人探索新想法、培养个人兴趣和拓展职业生涯提供各
种机会,也为会见邻居、讨论和解决问题提供中立的空间,是其弥补学校教育"人文关怀
缺失"、发挥自身价值的重要方式。另外,对最新信息技术保持高度敏感,重新整合文献资
源,加强联合与共享,也是其在"网络时代"推动社会文化教育事业发展的重要契机。

【参考文献】

[1] 王波.图书馆阅读推广的定义、类型、方法——在"图书馆阅读推广理论与实践"专题研讨会上的演
讲[J].上海高校图书情报工作研究,2017(1):6-19.

[2] 杨祖逵.阅读——图书馆生生不息的有机体——兼评让·马里·古勒莫的《图书馆之恋》[J].图书情
报工作,2009,53(17):138-140.

[3] 刘晗.文学经典的建构及其在当下的命运[J].吉首大学学报(社会科学版),2003,24(4):85-89.

[4] 寿永明.课外阅读:促进学生发展的有效途径——论苏霍姆林斯基关于课外阅读指导的思想[J].
教育研究,2007(5):79-82.

[5] 朱永新.新教育[M].北京:文化艺术出版社,2010:67.

[6] 康媛媛,等.公共图书馆城市阅读推广模式研究——以香港公共图书馆为鉴[J].图书馆学研究,2013
(10):65-67.

[7] 王岩玮.图书馆学习空间的构建与实践探索——以首都图书馆为例[J].开放学习研究,2016(5):25-27.

[8] 邱维.台湾地区公共图书馆阅读推广与馆藏充实实施计划研究[J].图书馆建设,2015(5):45-49.

[9] 赵琨.MOOC时代公共图书馆服务探索研究[J].新世纪图书馆,2016(9):11-16.

高职院校学生阅读现状及策略

——以宁夏职业技术学院为例

孙艳玲

（宁夏职业技术学院;宁夏广播电视大学）

摘　要:文章通过调查统计宁夏职业技术学院学生的阅读现状,从学生借阅图书的数量及阅读范围等方面,分析了高职院校学生在图书阅读中存在的主要问题,并对此提出了应对策略:成立图书借阅推广小组;建立借阅图书数量积分卡;拓宽宣传渠道,做好宣传导读工作。

关键词:高职院校;阅读推广;推广策略

中图分类号:G252.1;G258.6　　　**文献标志码**:A

高职院校作为国家培养一线高素质高技能职业人才的基地,不仅要培养学生的专业技能,还要提高他们的综合素质,为国家由制造大国跃升为制造强国培养输送大量的高技能人才。要提高学生的综合素质,必须引导学生大量借阅图书,充分利用图书馆海量的文献信息资源,拓展学生的知识领域,使他们及时了解掌握国际国内高科技发展动态,了解掌握现代职业技能的新标准、新要求和未来发展动向,了解掌握现代各行各业对技能型人才的需求标准。但是,就目前职业院校学生利用图书馆借阅图书情况看,并不理想。本文以宁夏职业技术学院为例,调查了高职学生对图书的借阅现状,分析了原因,并提出了对策建议。

1　宁夏职业技术学院学生阅读现状分析

宁夏区内现有 9 所高职院校,其中宁夏职业技术学院(以下简称宁职院)是自治区第一所国家示范性高等职业技术学院,该校在校学生 6300 名左右。笔者利用图书馆自动化系统检索了 2015—2017 年间,宁夏职业技术学院图书馆图书流通量、图书借阅次数排名以及电子图书阅读等情况,希望能够从中发现高职院校目前学生借阅图书现状。

1.1 2015—2017 年借阅情况分析

图书馆借阅量就是对图书情报机构的读者借阅文献状况的统计。[1]它反映了一定时期内读者借阅馆藏文献的状况,从而衡量图书馆的服务能力与服务效果。

表 1   2015—2017 年图书借阅量

（单位:本）

年度	2015 年	2016 年	2017 年
外借册数	21470	21848	29080

表 2   2015—2017 年数字资源使用情况

（单位:次）

类　　别	2015 年	2016 年	2017 年
电子图书点击量	10797	12722	40815

表 1 显示,2015—2017 年间, 宁职院图书馆外借图书分别为 21470 本、21848 本、29080 本。按照在校生 6300 人来计算,平均每人每年分别借阅 3 本、3 本、5 本。2014 年联合国教科文组织进行的一项调查显示, 全世界每年阅读书籍数量排名第一的是犹太人,平均每人一年读书 64 本,欧美国家年人均阅读量约为 16 本,北欧国家达到 24 本。[2]中国新闻出版研究院组织实施的第十三次全国国民阅读调查显示,2015 年我国国民人均纸质图书阅读量为 4.58 本,未成年人的人均图书阅读量为 7.19 本,[3]宁夏高职在校生,正值读书学习的年龄,一年平均借阅 3~5 本书,与国外相比尚有较大差距。

从表 2 统计数据看,2015—2017 年宁职院数字资源使用量逐年增加,且增速显著,说明学生对数字资源需求量大。

出现上述情况原因,笔者认为:①高职院校招收的学生生源与普通本科学校的学生不同,学生入学门槛低,普遍存在不愿阅读、不善阅读的现象,缺乏良好的阅读习惯。②高职院校的学生都是刚刚经过紧张忙碌的中考或高考后进入到高职院校,心理上希望释放压力,因此他们的业余生活都安排的比较丰富,无暇读书。③随着互联网和无线通信技术的高速发展,阅读的媒介发生了变化。这个年龄阶段的青年,喜欢新鲜事物,喜欢突破传统,他们更喜欢用笔记本电脑、手机、平板电脑等移动阅读平台进行阅读。网络阅读、移动阅读已经进入到学生的日常生活中,这也导致了图书馆纸质图书借阅量的下降。

1.2 纸质图书阅读与电子图书阅读比较分析

从阅读体验及作用方面分析,纸质图书方便翻阅,适合反复咀嚼,读者能够更好地做笔记,对理解文章大意也更有好处。读完后给人更充实,更有成就感,容易培养读者的书生气质。而拿着电子设备,常常会让人静不下心来,这样产生的后果是碎片化阅读。对于需要反复阅读的经典作品,笔者以为还是纸质图书更适合。但是电子书由于方便快捷,可以随时随地阅读,获取的内容多,这是纸质图书不能替代的,这也是纸质阅读的一个补充。从经典阅读以及提高读者的素质来讲,笔者认为应首选纸质阅读。

1.3 分类图书借阅量情况分析

分类图书借阅量可以反映出学生的阅读倾向及价值观。从近三年分类借阅统计的情况可知(见表3),借阅量大的前三类是I类(文学)、B类(哲学、宗教)和K类(历史、地理),并且I类图书的借阅量遥遥领先。笔者还检索了该校图书馆图书借阅名次前300本图书,多为一些网络小说和言情小说。这表明高职院校学生的阅读目的具有明显的娱乐性和消遣性,阅读层次较低,阅读类型单一。

表3 近三年图书分类借阅情况 (参照中图分类法)

分类号	A	B	C	D	E	F	G	H	I	J	K
流通量(本)	236	9812	2639	707	860	5603	2360	3615	101063	5823	9423
分类号	N	O	P	Q	R	S	T	U	V	X	Z
流通量(本)	70	267	130	569	2334	959	4032	56	44	38	197

上述情况,笔者分析:①高职院校的学生年龄基本在17~23岁之间,期间生理基本已成熟,心理发展却处于敏感时期。所以这个阶段的阅读呈现出男生喜欢武打小说,女生喜欢言情小说。但同时,十七八岁的高职生理解和接受新知识的能力强,具备培养其阅读能力的良好基础,其阅读兴趣的开发提升具有较大空间。②什么东西能够影响青年学生的阅读倾向呢?笔者分析,一方面是媒介的影响。报纸杂志、广播电视、互联网以及学校的宣传动态等传媒手段都会影响学生的阅读倾向。例如,2012年莫言荣获诺贝尔文学奖,这一事件在各种媒体上高度宣传,图书馆莫言的书也上了借阅排行榜。另一方面就是学生周围人的影响,主要是学生之间相互影响。跟风与趋同心理促使学生关注共同热点话题,形

成相同或相近的阅读兴趣与爱好。

2　高职院校阅读推广策略

针对目前高职院校图书馆在借阅数量及阅读范围存在的突出问题,图书馆应该努力创造条件引导学生养成借阅图书的习惯和观念,充分有效地利用图书馆。这就要求图书馆必须在图书借阅推广上探索出适合本院校读者的策略。

2.1　成立图书借阅推广小组

目前,宁夏地区高职院校的阅读推广工作都安排在每年的"4.23"世界读书日前后,过后便无人问津,阅读推广活动仅仅属于响应上级的号召,走过场,没有形成长效机制。高职院校图书馆作为培养高素质技能型人才的第二课堂,为了引导学生利用图书馆,提高图书馆文献资源的流通率,应把阅读推广工作作为一项长期工作有效地开展下去。因此,笔者建议成立图书借阅推广小组,组长由主管校长兼任,这样有利于阅读工作的协调及深入开展。图书馆要设立图书阅读推广办公室,由专职馆员长期承担此项工作,具体策划落实,并且要制定一系列的借阅推广工作制度、工作考核指标等。这样有利于阅读推广工作长久开展,并且让专职馆员长期担任这项工作,也有利于阅读教育工作积累经验,提高效率,保证阅读活动持续开展。

2.2　建立借阅图书数量积分卡

图书馆为了吸引读者来图书馆借阅,可以借鉴现在很多商业机构办理积分卡,达到一定数量积分可兑换不同分值的礼品和服务的商业模式。图书馆作为服务机构,也是需要营销的,它的目标就是吸引更多的读者来图书馆学习、借阅,使图书馆的图书能够被读者充分利用起来。笔者认为图书馆可以与图书供应商合作,准备一些冠名该供应商名称、简介或有实用功能的小礼物,学生每借阅一本图书积 1 分,在一定时间内积分达到一定分数,可以到图书馆兑换一个小礼物。如果能够提供阅读图书的阅读体会或读书笔记,可以兑换一个价值更高的礼物或者可以去图书馆的咖啡屋免费品尝咖啡等服务。采用这种方法吸引学生到图书馆阅读,也是对图书供应商(包括电子资源供应商)的产品做宣传。

2.3　拓宽宣传渠道,做好宣传导读工作

宣传导读工作,就是指图书馆运用各种形式宣传图书,揭示馆藏,引导、培训读者了解和利用图书馆,提高其阅读效率和选择文献的能力,提高馆藏文献利用率的一项读者服务工作。[4]

　　高职院校图书馆是为师生提供丰富信息资源和文化服务的重要场所,但目前图书馆的图书借阅率不高,分析自身的原因是宣传工作不到位,致使丰富的资源"深藏深闺中,外人不知晓",导致图书馆的利用率降低,很多潜在读者在需要得到图书馆服务时,因不了解图书馆的功能与服务而远离,使图书馆没有真正发挥其应有的价值。

　　目前,各高职院校图书馆宣传的内容主要是入馆教育、新书推介、读书活动、信息咨询等。宣传的渠道一般都采用比较传统的方式,像学校的网页、广播站、海报、发送宣传单等。笔者认为,宣传工作不到位的原因,主要是两方面:①宣传渠道过于简单,信息受众面狭窄;②宣传的内容、方式没有吸引力。我们分析高职学生喜欢上网、刷屏、玩游戏等特点,应结合信息时代的便捷条件,与时俱进,对宣传渠道的深度、广度以及形式进行改进,运用现代新媒体技术,把图书馆的资源与服务宣传推送出去。

　　(1)图书馆建立微信公众平台。

　　微信公众平台是腾讯公司在微信的基础上研发的一个功能模块,通过这一平台,利用文字、图片、语音实现和特定群体的全方位沟通、互动。[5]高校图书馆可以借助微信平台,利用微信公众号拓展自己的服务渠道,提升服务质量,更好地为读者服务。

　　现在一些发达城市很多高校已经开通微信公众平台,实现了由远距离变零距离服务的延伸,图书馆通过公众号向广大读者发布最新的图书馆活动咨询、服务内容、新闻动态等,扩大信息交流和文化宣传服务。目前,宁夏地区9所高职院校中已有宁夏司法警官学院图书馆和宁夏民族职业技术学院图书馆申请建立微信公众号。但是,由于建立时间短,微信平台内容更新比较慢,有些功能只是框架设置好了,里面的内容还没有完善。笔者建议各高职图书馆没有建立微信公众平台的要赶快建立,已经建立的要充实、更新平台内容,以便更快地吸引读者,提升图书馆的服务功能。

　　(2)利用新媒体技术把图书馆资源或服务制成微视频。

　　微视频的"短、快、精,随时随地随意性"正好迎合了高职学生好动、好奇等特点。相对于看枯燥的文字、图片,学生更希望看到简短的有声音、有影像、内容精练的小视频,微视频正好解决了这种快餐文化诉求。图书馆可以用微视频这种方式对其很多服务内容进行改进。例如,可以把图书馆的"数字资源如何使用""如何利用中图法寻找你想要的图书""新生入馆教育"等内容做成一个个小小的微视频。2016年宁夏职业技术学院就对"新生入馆教育"进行了改革,将其制作成了卡通片形式的微视频,视频里面有学生在校生活的场景,很形象、很生动地介绍了图书馆的建筑布局、各类馆藏、借阅须知等内容,上传至图书馆的网页上,以便学生可以不受时间限制、不受地点限制随时浏览、学习。这种方式改变了过去传统的面对面的讲授方式,避免了听授效果不好、入馆教育时间跨度长等缺点。通过"新生入馆教育"微视频的播放,学生再进行实地参观图书馆,很快熟悉了图书馆。这种宣传方式的改变,让新生很轻松愉快地认识了图书馆。

(3)优化图书馆宣传推广活动内容。

图书馆宣传推广的内容说到底其实就是对馆藏资源和服务的推广。一直以来图书馆应该策划什么样的活动才能吸引读者,是图书馆工作中一个永久的研究课题。笔者查阅其他院校一些成功的案例,总结出图书馆宣传推广的策划应注意两点:①要有鲜明的主题。图书馆每年应制定一个主题,全年围绕这一主题开展一系列的相对独立又相互联系的阅读推广活动,例如"湿地中国行""手牵手——农村青少年阅读行动"等阅读推广活动。②活动内容要有新颖性。创意新颖的活动在任何时候都能吸引广泛的注意力。图书馆开展阅读推广活动,也可以借鉴时下深受年轻读者喜爱的微视频、挑战赛、撕名牌等形式,让学生成为阅读推广活动的主角,以吸引更多读者的关注。

总之,阅读推广是图书馆一项永恒的工作,图书馆应立足读者需求,紧跟时代发展,探讨阅读推广的有效方式,培养读者阅读习惯和兴趣,提高阅读水平,进而在思想文化、道德素质、职业技能和就业能力等方面,获得全面发展。

【参考文献】

[1] 刘治超. 高职高专图书馆面向学生的阅读推广活动研究[D]. 保定:河北大学, 2013.

[2] 王晓华. 高职院校图书馆阅读推广策略探析——以漯河职业技术学院为例 [J]. 河北科技图苑, 2014(3):43-43.

[3] 徐砲. 第十一次全国国民阅读调查:数字化阅读首次超半数[J]. 当代图书馆, 2014(2):78-79.

[4] 黄梅林. 微时代的图书馆信息服务[J]. 新世纪图书馆, 2014(6):42-45.

[5] 邓丽芳. 大学生课外学习中微视频应用现状的调查研究[D]. 开封:河南大学, 2015.

西北地区医学高校图书馆开展社会化服务实践探索
——以宁夏医科大学图书馆为例

张敏娟

（宁夏医科大学图书馆）

摘　要：文章阐述了我国高校图书馆开展社会化服务的现状，以宁夏医科大学图书馆为例，探讨了西北地区医学类高校图书馆开展社会化服务的必要性和可行性，提出了医学高校图书馆利用自身资源面向社会拓展多元化服务的具体措施。

关键词：西北地区；医学高等院校图书馆；社会化服务

中图分类号：G252；G258.6　　**文献标志码**：A

1　引言

　　"高等学校图书馆是学校的文献信息资源中心，是为人才培养和科学研究服务的学术性机构，是校园文化和社会文化建设的重要基地。"[1]2016年我国教育部发布新修订的《普通高等学校图书馆规程》（以下简称《规程》）指出："高校图书馆可以积极参与各种资源共建共享，发挥信息资源优势和专业服务优势，为社会服务。在保证校内服务和正常工作秩序的前提下，图书馆可以发挥资源和专业服务的优势，开展面向社会用户的服务。"[2]十九大报告也提出了，实施"健康中国伟大战略"。政策保障带动促进健康产业链发展的同时，无疑会给医学图书馆开展社会化服务带来机遇和保障。本文以宁夏医科大学图书馆为例，探索西北地区医学高校图书馆在"健康中国战略"实施之际，如何利用自身的资源优势，对社会用户开展多元化特色化服务，以适应新形势下高校图书馆事业发展需要。

2 西北地区医学院校图书馆社会化服务的必要性

2.1 我国医学高校图书馆社会化服务的现状

目前,我国开展社会化服务的高校越来越多,陈丽萍在《中外高校图书馆社会化服务比较研究》中,从重视程度、收费状况、读者类型、服务项目四方面对国内 122 所"211"高校图书馆开展的社会化服务进行实际调研,服务项目主页上的展示方式反映了高校图书馆对社会化服务的重视程度。结果显示在 112 所高校图书馆中,有 103 所图书馆网站均设有对外服务项目,但只有 8.73% 的国内高校图书馆将社会化服务项目呈现在网站首页上,明确介绍本馆提供的服务内容和规定要求,读者可以快捷访问;91.26% 的高校图书馆的社会服务体现在网站的规章制度或各单项服务说明中,需要读者搜索或浏览具体服务内容才能发现,不方便社会读者在第一时间查找。[3]从中国教育和科研计算机网"全国高校综合信息查询系统"及万方数据知识服务平台"中国高等院校医药图书馆协会成员"筛选调查了 95 所中国医学本科院校图书馆网站,其中 34 所图书馆部分对外开放,仅占 35.79%。5 所图书馆自建特色库资源库通过授权等方式实现对公众或其他高校读者开放,占调查院校的 5.23%;而自建特色资源数据库无限制对公众开放的只有广东药学院图书馆和甘肃中医学院图书馆,仅占调查院校的 2.11%。[4]

我国地域经济发展的不平衡,导致社会服务开展的层次不均衡。西北部地区高校图书馆社会化服务由于受缺乏统一的政策和管理,经费投入薄弱、社会服务意识淡漠,自我创新能力弱,与社会机构合作性差等多种因素制约,不能充分发挥自身的资源和专业优势、社会服务实践层次较低或未开展。如在宁夏医科大学图书馆、宁夏大学图书馆、青海大学图书馆、西藏大学图书馆网页上尚未发现对社会公众提供服务的信息,服务范围仍停留在本校师生或教学医院。而东部地区的高校图书馆社会化服务开展较好,除了对社会用户提供基本的借还阅览服务外,服务方式也逐步趋向多样化、专业性,如广东医科大学图书馆开展了书刊借阅、参考咨询、文献检索、科技查新、专题情报调研、网络信息服务、查收查引、用户教育与培训、文献传递、医学文献检索 CAI 课件应用推广、"广东医科大学图书馆计算机管理集成系统"推广应用等多项社会化服务。[5]我国西北地区高校图书馆开展社会化服务重视程度亟须提高。

2.2 医学高校图书馆开展社会化服务的必要性和可行性

近几年来,医学高校图书馆随着本科教学评估等各类指标对馆藏文献资源建设及硬件条件的要求,加强了文献资源图书馆的自动化、网络化、数字化建设。宁夏医科大学图书馆现馆舍总面积达到近 2 万平方米,纸本馆藏 90 余万册,数字馆藏 22 种。随着 RFID 无线射频技术的引入,馆内实行藏、借、阅、咨一体的全开架自助服务模式,共有 CNKI、畅想之星馆配电子书平台、超星移动电子图书、万方数据、新东方、维普等中外数据库 22 个。同时还含有循证医学数据库、多媒体数据库、软件类数据库等,形成了具有本校特色的馆藏体系。其馆内的网络条件、传输系统以及包括服务器、交换系统和存储系统在内的软硬件设备等方面都有较好的配备,并加入 CALIS(中国高等教育文献保障体系),与宁夏图书馆开展联合采购、联合编目、联合服务,实现文献信息共建共享馆际交流与合作。服务范围也日益扩展,从最开始的面向本校师生读者,拓展为面向宁夏医科大学总院及附属医院教职工,提供文献查新、查引、文献传递、参考咨询、用户培训讲座等多项服务。宁夏医科大学图书馆完全可以利用自身资源优势,把这些服务手段进一步延伸到社会。

3　西北地区医学院校图书馆开展多元化社会服务的具体措施

3.1　加大社会化服务资金的投入力度

随着《规程》的修订,高校图书馆承担起一定的社会职能。医学高校管理者们应该引起重视,加大图书馆在开展社会服务方面所需资金投入,如改善其软硬件条件、扩大馆舍规模、调整馆藏结构,补充专业技术人员等,使高校图书馆在满足校内教学和科研工作的同时具备向社会开放的能力。各级地方政府主管部门应该把高校图书馆的社会服务纳入到地方政府的文化建设中,在资金等方面给于高校图书馆支持和援助,帮助高校图书馆逐步有序的提升社会化服务能力。

3.2　制定科学、合理的社会化服务制度

高校图书馆由于其服务对象对信息资源的需求呈现多样性,在开展社会化服务时,应遵循合法性、公平性、可操作性原则制定一个科学、合理的社会化信息服务制度,使其为本馆开展科学、规范、高效的社会化服务提供有力保障。针对不同服务对象建立个性化服务模式,促进馆藏资源的有效利用。如为社会用户办理读者证,实行校外读者刷证准入制度,以有偿形式为校外读者提供借阅、馆际互借和原文传递、代查代检、电子资源检索等社会化服务。这种有偿服务方式可以缓和高校图书馆建设运营经费紧张的现状,弥补高校图书馆经费不足现象。另外,在本馆主页上设置社会来访者或校友专栏,明确介绍本馆为社会读者提供的服务内容和规定要求, 方便社会用户快捷了解本馆的服务制度等,

建立高校图书馆与社会公众之间的良性互动关系。

3.3　借助移动网络技术，创新服务模式

移动网络技术的快速发展和数字资源数量的不断增长，为高校图书馆社会信息化服务的拓展和创新提供了技术支撑和资源保障。高校图书馆要利用当前成熟的移动通讯网络技术，主动出击，创新多元化服务模式，帮助社会读者方便、快捷地获取图书馆数字资源信息，提高图书馆利用率。APP 移动客户端已经成为高校移动图书馆最主要的服务模式。2017 年宁夏医科大学图书馆联合超星集团宁夏分公司共同开展"共读不孤独，同品一本书"的共读活动，掀起了阅读推广的新高潮。读者用手机扫描二维码下载超星集团客户端（学习通 APP），只要单位选择宁夏医科大，账号为借阅证账号，设置密码进行登录后，在平台首页输入邀请码就可以加入到医科大学习小组。但学习通 APP 需要用户名才能登陆或检索图书信息，将社会用户挡在了门外。

宁夏医科大学图书馆可以在保障学校内部资源充足的前提下，将馆藏电子资源、多媒体资源，馆藏书目查询借阅、在线阅读、借阅服务、个人图书馆、用户与图书馆馆员的实时交流等功能深度整合于 APP 移动图书馆建设上，把 APP 移动图书馆及共读活动推广到社区，使 APP 成为图书馆走向社会的大门。在做好资源保护的前提下，将本馆如百链之类高效、精准、统一的中文学术资源检索系统赋予社会读者一定的权限，使之可以通过网络平台的统一检索功能，访问下载各类电子资源。同时还可以针对单独的读者个体和特定的群体，及时提供资源的定制和主动引导服务，为社会读者的终身学习提供帮助。

3.4　开展阅读推广活动

医学高校图书馆主动广纳读者，将阅读推广活动进行社会化拓展。如使用专业的语言文字、精致的文化装饰以及人体系统图片和解剖模型的展示，打造个性突出、主题鲜明、医学类专业的第三空间。[6]在第三空间里，通过开展阅读指导、读书交流、演讲诵读、图书互换共享等活动，推广全民阅读。医学院校图书馆可以邀请本院校专家学者走进第三空间，为社会公众开展医学疾病预防与控制、急救和安全用药等多个领域的健康知识讲座，针对不同的社会用户推送健康资讯推介、专家答疑服务、健康咨询等个性化、可靠权威的健康信息服务。此外，还可以成立校内外图书漂流中心，组织图书漂流活动，让更多的图书资源流进第三空间，实现信息资源的开放、共享，使地区市民从中受益。

3.5　建设合理的馆藏资源体系

在开展社会化服务时，由于读者对信息资源的需求呈现多样性，这就要求图书馆在

资源采购上要广泛收集社会用户的需求信息。高校图书馆所在地可以社区为单位,以不同年龄层和不同职业社会读者为调查对象,根据他们的阅读需要和检索习惯,向其推送合理的文献资源,并依据调查结果、分析出市民各类信息资源需求总量,进而补充本馆不足的信息资源。图书馆要制定兼顾社会读者的新书购置计划,如宁夏医科大学图书馆主页中文馆藏资源的畅想之星馆配电子书平台,读者通过 PC 端、手机 APP 客户端注册登录平台,在"电子书—书架—书城"中可实现电子书的借阅、荐购,但只能在校园网 IP 范围内显示并借阅本馆电子书全文。宁夏医科大学图书馆可以赋予社会用户访问权限,使其通过畅想之星馆配电子书平台的 PC 端或 APP 端选中书籍,向图书馆推荐需要购买的资源。这些措施可以促使图书馆适时调整馆藏结构,摒弃传统的"重专业、轻社科"的资源购置体系,使其资源体系建设朝更合理、更完善的方向发展。

3.6 拓展社会化服务范围

医学图书馆应改变固守传统,服务局限于本校师生的片面定位观念,结合本地域特色,扩大图书馆服务辐射面。宁夏医科大学图书馆地处西北宁夏回族自治区,图书馆可以社区为单位,定期挑选一些医学、科普等社会科学类图书,送书至社区,使社区居民免费阅读到丰富的医学资源。宁夏医科大学图书馆还可与各医院图书馆有效联系,提供文献借阅、文献传递、科技查新等服务,并建立一套完整、系统的医学特色信息资源体系,为社会医疗机构、药店、社区卫生服务站提供慢性病防治、疾病预防与控制热点、计划免疫等公共健康方面的问题咨询和专业服务。还可以积极主动地与医药企业深度合作及资源共建、共享,围绕企业的发展愿景和经营目标,为企业提供个性化、有针对性、技术含量高的信息服务,从而达到互利双赢的目的。

3.7 与公共图书馆搭建服务联盟

2018 年颁布的《中华人民共和国公共图书馆法》第四十八条规定了国家支持公共图书馆加强与学校图书馆、科研机构图书馆以及其他类型图书馆的交流与合作,开展联合服务。宁夏高等医学院校图书馆应借此良机,加强与公共图书馆合作,将丰富的馆藏医学信息资源进行有效开发和利用,积极开展社会化信息服务,广纳社会读者,这既是充分利用馆藏资源的有效途径,也是对公共图书馆专业资源不足的有效补充。公共图书馆因缺乏健康信息素养教育的资源与能力,为公众提供的健康信息素养教育极为有限,医学高校图书馆将本院校各科专家学者引进公共图书馆讲坛,在公共图书馆网站加入本馆链接或开设专栏,让公众能够便利地通过公共图书馆利用医学高校图书馆的网络共享资源,才能实现资源的最大化利用。

4 结语

高校图书馆提升社会服务功能是社会发展的需要,也是拓展自身发展空间的有效途径。西北地区医学院图书馆在满足本校师生医学信息资源需求的前提下,利用自身拥有的丰富医学资源,针对社会用户开展多样化、多层次服务,具有重要的现实意义。

【参考文献】

[1] 文炜.《普通高等学校图书馆规程》新旧比较研究[J]. 图书馆研究与工作,2017(2):13-16

[2] 教育部关于印发《普通高等学校图书馆规程》的通知[EB/OL]. [2016-01-04]. http://www.thepaper.cn/newsDetail_forward_1423316.

[3] 陈丽萍.中外高校图书馆社会化服务比较研究[J]. 图书情报工作,2014(8):42-47.

[4] 王春峰,等.医学院校图书馆数字资源社会化服务的调查分析[J].中华医学图书情报杂志,2014(10):26-28.

[5] 江秋菊.高等医学院校图书馆社会化服务分析[J]. 大学图书情报学刊,2016(34):91-96.

[6] 梁艳.医学高校图书馆提供第三空间为社会服务的价值研究[J]. 医学信息学杂志,2016(5):88-90.

新时代高校图书馆全民阅读推广的新期待与新作为①
——以宁夏高校图书馆为例

许黎黎

（宁夏警官职业学院）

摘　要：文章在对宁夏 20 所高校问卷调查的基础上，对新时代高校图书馆全民阅读推广的现状进行了客观分析，指出其优势与不足。结合宁夏高校图书馆在全民阅读推广的实际处境，提出在新时代推进全民阅读推广工作应以新发展理念为引领，实现高校图书馆全民阅读的高质量发展。

关键词：新时代；高校图书馆；全民阅读推广；新期待；新作为

中图分类号：G252.1；G252.1　　　**文献标志码**：B　　　**文章编号**：

1　引言

全民阅读作为国家战略，是决胜全面建成小康社会，进而全面建设社会主义现代化强国的重要组成部分。2006 年由中宣部、国家新闻出版总署等 11 个部门发出《关于开展全民阅读活动的倡议书》，2016 年全民阅读又被纳入《国民经济和社会发展第十三个五年规划纲要》，成为国家"十三五"规划纲要中八项"文化重大工程"之一。截至 2017 年年底，全民阅读已经连续四年写入《政府工作报告》，并且由"倡导"升级为"大力推动"。进入新时代，《全民阅读促进条例》距离正式颁布指日可待。

高校图书馆作为全民阅读战略的重要力量，日益显示出其强大的文献信息资源优势

①［基金项目］本文系 2016 年度宁夏回族自治区高等学校科研项目"互联网+"时代宁夏高职院校图书馆阅读推广创新实践研究"（项目编号：NGY2016275）阶段性成果。

和人才智库资源优势。2015 年《普通高等学校图书馆规程(修订)》赋予高等学校图书馆更高的地位,提出高校图书馆"应充分发挥在学校人才培养、科学研究、社会服务和文化传承创新中的作用""应积极参与校园文化建设,积极采用新媒体,开展阅读推广等文化活动"。[1]

宁夏回族自治区(以下简称宁夏)自 2014 年开展全民阅读"七进"活动以来,得到社会各界的广泛关注和支持。2016 年宁夏又将全民阅读工程列入民生计划,2018 年再次将全民阅读列入工作计划,充分显示了宁夏对全民阅读工作的重视和支持。

宁夏共有高校图书馆(以下简称高校馆)20 个,其中本科院校图书馆 9 个,高职院校图书馆 11 个。作为实施宁夏全民阅读战略的一支强有力的主力军,高校馆承担着创建书香校园,培育国家人才,传承优秀文化,提供丰富精神食粮,满足广大师生读者美好向往与期待的重任。随着中国特色社会主义进入新时代,高校馆也应继往开来,与时俱进,不断开创全民阅读推广的新局面与新境界,满足广大师生读者的新期待,谋求新发展,实现新作为。

2 新时代宁夏高校图书馆全民阅读推广

笔者于 2017 年 11 月中旬以问卷调查的方式,对宁夏 20 所高校馆就全民阅读展开网络问卷调查,内容主要包括新时代图书馆阅读推广的服务意识、资源供给、推广形式、资金保障、阅读评估等方面。通过对问卷进行数据统计与科学分析,发现新时代宁夏高校馆阅读推广呈现出以下优势与不足。

2.1 新时代宁夏高校图书馆阅读推广的鲜明优势

(1)阅读推广服务意识强,富有担当精神。

高校馆深受十九大精神鼓舞,更加坚定了奋进新时代的信心与决心,在阅读推广工作中勇于担当,敢于负责,善于发挥主导推动作用,有效推动全民阅读服务活动的开展。

(2)阅读资源供给有效,师生读者满意度较高。

高校馆拥有丰富的馆藏资源,可以根据不同类型读者的个性化需要,加强优质阅读内容供给,充分满足读者对知识与智慧的向往与期待。

(3)推广形式丰富多彩,线上线下全覆盖。

高校馆不仅是学校的文献信息资源中心,而且是学校信息化建设的重要组成部分;不仅拥有先进的信息设备和现代化信息技术,而且还配备有专业素养颇高的老师来负责阅读推广活动的开展。因此阅读推广活动一经推出,就得到了广大师生读者的大力支持与积极参与。

(4)阅读推广有保障,高校给予大力支持。

高校馆的阅读推广活动丰富了校园文化的内涵建设,有助于素质教育质量的提高与学校文化软实力的提升,越来越得到高校的高度重视和多方支持,有力地保障了阅读推广活动的顺利开展。

2.2　新时代宁夏高校图书馆阅读推广面临的发展不足问题

(1)高校馆重实施轻评估,缺乏科学有效的考评体系。

调查显示,70%以上的高校馆都将阅读推广重点放在具体实施上,究其原因还在于大多数的高校馆没有制定切实可行的考核标准,更没有建立起科学有效的考评体系,导致阅读推广工作在总结考评阶段,不能及时掌握读者在阅读活动中的感受、需求以及意见建议,无法检验阅读推广的实际效果,更谈不上纠正存在的问题与不足,非常不利于全民阅读推广的改进与完善。

(2)高校馆各自发力,缺乏统一的组织领导和整体谋划。

调查还显示,高达70%的高校馆都在各自发力,并没有与兄弟馆、公共馆以及社会各界形成联动协作。虽然都开展了不少丰富多彩的主题阅读活动,但是由于缺乏统一的组织领导和整体规划, 导致阅读推广整体效果不佳。虽然宁夏全民阅读指导委员会已在2017 年 5 月成立,但就目前而言,对高校馆的组织与指导作用还有待进一步体现和发挥。

(3)高校馆阅读推广人才不足,服务效能发挥不力。

截至目前,高校馆培养的阅读推广人总人数还不到全体馆员人数的 10%,远远不能满足新时代高校馆全民阅读推广的需求, 严重影响到高校馆全民阅读服务效能的提升。因此,迫切需要培养一支有专业素养、有组织策划能力的庞大阅读推广人队伍,推动全民阅读活动纵深发展。

(4)高校馆阅读推广无法可依,缺乏相关法律保障。

调查数据表明,高校内普遍存在着阅读群体不够广泛、阅读的碎片化、功利化、快餐化、娱乐化等不良现象,"低头族"遍地皆是,纸质书籍渐成明日黄花,校园"微阅读""浅阅读"盛行,读的却不是学术知识,更不是思想经典,而是一些没有多少含金量与正能量的娱乐八卦、网络小说等。这就迫切需要通过全民阅读立法来规范健康的阅读内容与阅读方式,实施健康阅读教育。另外,在社会阅读推广服务方面,有 85%的高校馆因既无法律可循,又无法律保障,对外开展的阅读服务项目受到很大制约,导致高校馆的社会服务效能严重受挫。

3 新时代宁夏高校图书馆全民阅读推广的新期待与新作为

3.1 新时代宁夏高校图书馆全民阅读推广的新期待

（1）出台《宁夏回族自治区全民阅读促进条例》。

我国首个国家级"全民阅读"规划——《全民阅读"十三五"时期发展规划》指出,"到2020年,推动全国所有省（自治区、直辖市）出台本地的全民阅读地方性法规、地方政府规章及政策性文件等"。[2]宁夏回族自治区新闻出版广电局于2017年启动了宁夏全民阅读立法可行性调研工作,预计将在2020年之前以自治区政府规章的形式颁布实施,这给予高校馆最美好的期待。《宁夏回族自治区全民阅读促进条例》的出台,将以法律形式为全民阅读做一个顶层的制度设计, 一定会满足宁夏经济社会发展新要求和人民群众新期待,明确和规范宁夏各级政府给予包括高校图书馆在内的各类阅读相关部门的行为和义务,从而为全民阅读的广泛、深入、持久开展提供法律保障。

（2）出台国家《全民阅读促进条例》。

随着2018年1月1日《中华人民共和国公共图书馆法》的正式施行,推动、引导与服务全民阅读成为公共图书馆的重要任务之一,这更加激发了高校馆对国家出台《全民阅读促进条例》的期待和渴盼。《全民阅读促进条例（征求意见稿）》第二十七条规定,"国家鼓励学校图书馆、科研机构图书馆向公众提供全民阅读服务"。因此,高校馆应主动承担全民阅读的推广重任,积极发挥人才与知识的汇聚地优势,将高校的全民阅读优质资源与先进经验进行推广分享,从而推动全民阅读推广高质量发展。

（3）设立"宁夏全民阅读基金"。

全民阅读作为一项利国利民的公益工程,需要投入大量人力、物力、财力才能得到可持续发展。如果能够设立"宁夏全民阅读基金",由政府财政提供全民阅读基金基础资金,再吸收民间资金进行补充,然后全部用于加强宁夏全民阅读基础设施建设、重大阅读活动开展、全民阅读公共服务购买、全民阅读理论研究与实践指导等,一定会给宁夏的全民阅读带来新的发展增长点,高校馆自然也会从中受益。

（4）成立宁夏高校全民阅读指导委员会。

鉴于高校馆日益成为一支不可或缺的阅读推广队伍,但是一直处于边缘化状态的现状，建议宁夏全民阅读指导委员会成立分支机构——宁夏高校全民阅读指导委员会，组织协调高校馆的阅读推广工作，制定高校馆全民阅读中长期发展规划，对全民阅读工作进行年度总结和考核评价，大力推进新时代宁夏全民阅读工作高速发展。

3.2 新时代宁夏高校图书馆全民阅读推广的新作为

十九大报告指出，我国经济已经由高速增长阶段转向高质量发展阶段，要"激发全社会创造力和发展的活力，努力实现更高质量更有效率、更加公平更可持续的发展"。经济领域的高质量发展必然呼唤文化领域的高质量发展。全民阅读工程作为"十三五"时期国家重大文化工程之一，更需要得到高质量发展，因此高校馆的全民阅读就应牢牢把握高质量发展这一根本要求，让新发展理念引领高校馆全民阅读的新作为，从而掀起新时代全民阅读新热潮，迈向高质量发展的新时代。

（1）让创新成为高校馆全民阅读高质量发展的第一动力。

创新发展是高校馆适应全民阅读新形势、引领全民阅读新常态的根本之策。因此，首先，高校馆要大力开展全民阅读推广的理论创新研究，推动成立宁夏高校全民阅读指导委员会，推动成立宁夏全民阅读研究中心，建立全民阅读智库，真正彰显高校馆在全民阅读推广中的重要地位，充分发挥高校馆全民阅读推广中的重要作用；其次，高校馆要创新推出一系列有诚意、接地气的高质量的全民阅读品牌项目，办好各类读书节、读书季、读书月、读书周、读书日等全民阅读活动，提高参与度、知名度，提升品牌项目的辐射面、号召力；[3]最后，高校馆要创新阅读推广方法，运用"互联网+信息技术"，推广"书香宁夏·全民阅读"数字平台，加强对新媒体阅读的科学引导，提供阅读方法指导、阅读能力培训等，帮助阅读群体培养独立自主、懂得思考的阅读习惯。

（2）让协调成为高校馆全民阅读高质量发展的内生特点。

协调发展解决的是高校馆全民阅读发展不平衡不协调的问题。《普通高等学校图书馆规程》第三十七条规定，"图书馆应在保证校内服务和正常工作秩序的前提下，发挥资源和专业服务的优势，开展面向社会用户的服务"。因此，高校馆要重点促进校内与校外阅读推广的协调发展，在做好校内阅读推广工作的同时，兼顾社会阅读推广，发挥馆藏优质资源和学科专业建设方面的优势，提升高校馆的服务效能。

高校馆还应统筹协调好与公共馆以及其他阅读机构的合作交流，深入基层、深入行业、深入农村开展阅读推广服务，不仅保障健康人群的正常阅读需求，更需保障困难群体、特殊群体的基本阅读需求，促进高校馆全民阅读推广的大发展。[4]

（3）让绿色成为高校馆全民阅读高质量发展的普遍形态。

绿色发展是高校馆全民阅读可持续发展的必要条件和满足美好阅读期待的重要体现。因此，首先，高校图书馆应加强对阅读群体的阅读教育，深度培育阅读推广人队伍，倡导正确健康的阅读观，克服不良的阅读习惯和倾向；其次，加强优质阅读资源供给，高校馆应及时更新馆藏资源建设，引进新的资源数据库，满足阅读群体对优质阅读资源的向往与期待；最后，针对不同阅读群体推介优秀阅读出版物，高校馆应引导阅读群体弘扬中华优秀传统文化、继承革命文化和发展社会主义先进文化，自觉培育和践行社会主义核心价值观，增强文化自信，促进精神成长。

（4）让开放成为高校馆全民阅读高质量发展的必由之路。

开放发展解决的是高校馆全民阅读发展的内外联动问题。因此，首先，高校馆应秉持引进来和走出去并重的理念，内引外联，实现与公共馆以及其他阅读机构的合作共赢、共同发展；其次，集中优质阅读资源向社会免费开放，全力提升社会阅读推广服务效能；最后，高校馆应引进人才、资金以及资源，为全民阅读推广注入新鲜血液。同时，还应走出去，学习先进的阅读服务理念和技术，开阔视野，创新思维，促进阅读推广服务水平再上新台阶。

（5）让共享成为高校馆全民阅读高质量发展的根本目的。

共享发展解决的是高校馆全民阅读推广的公平正义问题。因此，首先，高校馆应坚持以阅读群体为中心的发展理念，从阅读群体最关心、最直接、最现实的需求出发，构建公平公正、共建共享的发展新机制；其次，要加大对困难阅读群体的服务力度，打响打赢文化扶贫、文化脱贫攻坚战；[5]最后，要组建宁夏全民阅读联盟，实现高校馆之间、高校馆与公共馆以及其他阅读机构之间资源的共建共享、信息的互通互补，让阅读群体更加公平、平等地享受阅读资源与推广成果，增强成就感、收获感和幸福感。

4 结语

新时代的到来给予宁夏高校馆阅读推广无限的新机遇和新挑战，宁夏高校馆务必要振奋精神，抢抓机遇，迎接挑战，全面创新全民阅读推广服务理念，自觉担负起全民阅读推广的重任，发挥高校馆的优势，彰显高校馆的特色，与公共馆以及其他阅读机构形成强大合力，共同推动宁夏全民阅读推广工作再上新台阶，实现新作为。

【参考文献】

［1］ 普通高等学校图书馆规程（教高［2015］14 号）[EB/OL].［2017-12-10］. https://baike.so.com/doc/9014659-9344096.html.

［2］ 国家新闻出版广电总局. 全民阅读"十三五"时期发展规划[EB/OL].［2016-12-28］. https://www.gzpp.gov.cn/zwgk/zdgk/ghjh/201612/20161228_1582471.html.

［3］ 范并思. 阅读推广与图书馆学：基础理论问题分析[J]. 中国图书馆学报,2014,40（5）:4-12.

［4］ 魏蔚,蒋群蓉. 从美国图书馆的服务看中国图书馆全民阅读推广的创新[J]. 出版广角,2016（10）:16-17.

［5］ 李杨. 高校图书馆阅读推广实践研究——以东北大学图书馆"定制"阅读推广服务为例[J]. 图书馆学刊,2016（12）:1-3.

从图书馆业务数据看全民阅读成效
——以甘肃省武威市凉州区图书馆为例

齐艳花

（甘肃武威市凉州区图书馆）

摘　要: 公共图书馆作为公共文化服务的主阵地,随着经济发展、社会进步、人类文明程度的提高,其职能也在不断拓展完善和延伸。文章通过对公共图书馆业务统计数据的分析,总结基层图书馆服务工作在促进全民阅读中的成效,找出制约基层图书馆业务工作的问题,为实现全民阅读服务目标提供参考和依据,并提出改进工作的方向和措施。

关键词: 全民阅读;基层图书馆;业务数据

中图分类号: G251.1;G258.23　　**文献标志码:** B

　　公共图书馆作为公共文化服务的主阵地,遵循公平、开放、共享的服务宗旨,为保障公民基本文化权益,提高公民科学文化素质和社会文明程度,传承人类文明,坚定文化自信而发挥其推动、引导、服务全民阅读的职能。随着经济发展、社会进步、人类文明程度的提高,公共图书馆的职能也在不断拓展和延伸。对图书馆业务统计数据进行分析,能够反映一定时间、一定范围内公共图书馆对促进全民阅读的成效。现以甘肃省武威市凉州区图书馆为例,对该馆 2014—2017 年四年内各项服务指标进行分析,总结基层图书馆服务工作在促进全民阅读中的成效,找出制约基层图书馆业务工作的问题,为实现全民阅读服务目标提供参考和依据,提出改进工作的方向和措施。

1 从统计数据看服务全民阅读的成效

凉州区图书馆作为武威市、区共有建制的一所公共图书馆,肩负着市、区公共图书馆的双重职能。近年来,凉州区图书馆充分利用现有文化积淀和文献资源,发挥阵地优势、创新拓展馆内外服务模式,营造全民阅读的环境和氛围。同时,紧跟时代潮流,在数字化、信息化、网络化及公共服务社会化等方面创新发展,促进了全民阅读的深化,为满足群众日益增长的精神文化需求做出了积极的贡献。

1.1 从投入看全民阅读成效

2013 年以来,随着国家对公共文化的重视和支持,文化部、财政部《关于推进全国美术馆、公共图书馆、文化馆(站)免费开放工作的意见》(以下简称《意见》)印发后,武威地方政府高度重视,市、区公共文化机构积极响应、迅速行动,全面推进免费开放工作。据统计,截至 2013 年年底,武威市 4 个公共图书馆、101 个文化站(点)全部实现了无障碍、零门槛进入,公共空间设施场地免费开放,提供基本服务项目免费向公众开放。同时,免费开放资金和国家文化惠民工程数字设备的落实,也为公共图书馆在馆舍环境条件、硬件设施改善,基本服务和运行方面提供了设施和资金方面的支持,极大地促进了本地公共文化服务的能力和水平,保障了人民群众的基本文化需求。

凉州区图书馆着力提高包括报刊阅览室、电子阅览室、少儿借阅室、综合借阅室、工具书阅览室、地方文献阅览室、四库全书阅览室、古籍展览室、读者自修室、数字化阅览区在内的 10 个阵地借阅窗口的服务质量和效率,延长借阅时间,优化管理体制,并重视日常读者意见的收集和反馈,以促进全民阅读。(见表 1—表 3)

表 1 财政收支表

	文献购置费 (万元)	财政补助收入 (万元)	服务人口 (万人)	人均购书费 (元)
2014 年	12.3	163.88	100.6	0.12
2015 年	20.00	214.72	100.89	0.14
2016 年	15.00	279.01	101.15	0.15
2017 年	18.00	224.75	101.32	0.17

以上数据显示,凉州区图书馆 2014—2017 年文献入藏量随着文献购置费的逐年增加不断提升,大大改善了图书陈旧、结构断层的问题,补充了文献资源的空缺,吸引了大

表 2　凉州区图书馆 2014—2017 年新增文献入藏量（册件）

年度	新增馆藏书刊总量（册/件）	辖区常住人口（万人）	人均文献馆藏量（册件）（年新增书刊总量/人口数）
2014	2313	100.60	0.002
2015	10071	100.89	0.010
2016	3320	101.15	0.003
2017	4372	101.32	0.004
四年平均			0.005

表 3　凉州区图书馆 2014—2017 年人均文献馆藏量

年度	馆藏书刊总量（万册/件）	辖区常住人口（万人）	人均文献馆藏量（册件）（总藏量/人口数）
2014	17.06	100.60	0.16
2015	18.06	100.89	0.18
2016	18.39	101.15	0.18
2017	18.83	101.32	0.19
四年平均			0.18

量读者重新入馆，提高了服务水平和质量。同时也反映出馆藏量和书刊新增量明显失衡，严重制约了图书馆的服务能力和水平。

1.2　从服务量看全民阅读成效

服务总量包括到馆人次、文献外借人次、文献外借册次、文献查阅人次、文献查阅册次等服务统计数据，可客观真实地反映图书馆服务成效。（见表 4—表 7）

表 4　凉州区图书馆 2014 年度服务情况统计表

借阅室	到馆人次	外借人次	外借册次	查阅人次	查阅册次	流通册次	持证读者数
少儿室	20024	16500	38000	3524	13352	38000	6938
综合室	17185	15685	36256	1500	4000	36256	5671
报刊室	48512			48512	99792		16009
电子室	5183						1092
工具书室	1120			1120	2848		1030
合计	92024	32185	74256	54656	119992	74256	30740

表5 凉州区图书馆2015年度服务情况统计表

借阅室	到馆人次	外借人次	外借册次	查阅人次	查阅册次	流通册次	持证读者数
少儿室	21176	17600	39200	3576	17263	39200	7318
综合室	21248	19650	49964	1598	4213	49964	7012
报刊室	45705			45705	89968		15083
电子室	5173			5173			1087
工具书室	1616			1616	3002		1194
自修室	2597						1299
合计	97515	37250	89164	57668	114446	89164	32993

表6 凉州区图书馆2016年度服务情况统计表

借阅室	到馆人次	外借人次	外借册次	查阅人次	查阅册次	流通册次	持证读者数
少儿室	21923	18100	41200	3823	19029	41200	7565
综合室	22918	21680	58964	1238	3988	58964	7563
报刊室	44289			44289	85012		14615
电子室	4466			4466			1733
工具书室	1315			1315	2396		1094
自修室	2737						903
合计	97648	39780	100164	55131	110425	100164	33473

表7 凉州区图书馆2017年度服务情况统计表

借阅室	到馆人次	外借人次	外借册次	查阅人次	查阅册次	流通册次	持证读者数
少儿室	24947	18620	43800	5327	21008	43800	7903
综合室	26123	24876	68628	1247	3921	68628	8621
报刊室	41181			41181	144134		18390
电子室	10320	20	26	10320	2048	2074	1261
工具书室	2050			2050	3480		1007
书香中心	4987						1646
自修室	3528						1165
合计	113136	43516	112454	60125	174591	114502	39993

纵观 2014—2017 年四年的服务情况统计数据可知,凉州区图书馆正在经历从传统服务向数字化服务模式转变的过渡期,纸质文献服务水平基本持平或有少量增加,数字化阅读水平经历从无到有、从少到多的变化,读者数字阅读的认知度也在逐步增强,有力促进了全民阅读。

1.3 从拓展服务范围(以"图书馆+"模式的拓展服务)看全民阅读成效

增设武威监狱、凉州区第二十三中学、甘肃双美管业科技有限公司、武威益菌康科技公司、武威铭德国学馆、武威白塔寺管理处、中山育英学校、第一幼儿园、天乙生态园等 9 个图书流通点,开展免费借阅服务,变被动服务为主动服务;策划举办各类讲座、赠书、书画展览、演讲、新书推介、特色展览、数字资源共享展播等形式多样的全民阅读活动,吸引更多人群关注和走进图书馆;关注未成年人、老年人、残疾人特殊群体服务,专为未成年人提供少儿类图书、报刊的借阅服务,并且保证节假日、双休日开放,在综合借阅室设置了盲人图书专架,有 500 多册盲文图书供盲人借阅,在电子阅览室设立了残疾人专用电脑,安装了"心声音频馆",提供盲人听书机 6 台,展出了 200 多件有声读物,供残疾人获取数字资源,人性化服务补短板。(见表 8—表 9)

表 8 凉州区图书馆 2014—2017 年度馆外流动服务点文献借阅量

序号	馆外流通服务点□	各年度服务量			
		2014 年	2015 年	2016 年	2017 年
1	武威监狱(册)	320	426	965	1376
2	凉州区第二十三中学(册)	1240	2065	2074	2480
3	甘肃双美管业有限公司(册)	620	985	892	1625
4	武威益菌康科技公司(册)	234	865	1045	1305
5	武威铭德国学馆(册)	687	924	1392	1287
6	武威白塔寺管理处(册)	365	482	583	650
7	中山育英学校(册)	1202	1820	2385	3280
8	武威第一幼儿园(册)	1052	1653	1980	1872
9	武威天乙生态园(册)	480	880	1084	1125
	合计(万册)	0.62	1.01	1.24	1.50
	四年平均(万册)	1.09			

表9 凉州区图书馆2014—2017年培训讲座、展览、阅读推广情况统计表

	2014年		2015年		2016年		2017年	
	次数	人次	次数	人次	次数	人次	次数	人次
培训讲座	5	119	8	251	10	380	49	2450
阅读推广	9	7380	10	8920	13	1060	28	22085
展览	2	3980	5	10920	6	1230	7	12324

以上数据显示,通过拓展服务范围,开展形式多样、内容丰富的全民阅读活动,图书馆公共服务的社会实效性显著增强,服务效果良好,全民阅读成效凸显。

2 改进提升措施

(1)加大资金投入,保障公众阅读需求。加大财政资金支持力度,按照所处地方人口规模,保证报刊征订和购书费,严格按图书馆级别标准配备服务设施,增加开展社会服务活动经费,从基础入手改善和提高公共图书馆服务全民阅读的能力和水平。

(2)加大宣传力度,提高社会认知度。通过报纸、网络、新闻媒体、微信、微博等媒介,从馆藏、技术、环境、服务、特色等各个角度入手宣传推介,吸引大众利用图书馆,并养成终身学习、阅读的习惯,形成良好阅读氛围,促进社会和谐,共建书香凉州。

(3)建立完善服务保障体系,促进全民阅读。努力争取建成覆盖城乡、结构合理、功能健全、实用高效、与全面建成小康社会相适应的现代图书馆服务体系,全面推进乡镇、街道综合文化站和行政村、社区综合性文化服务中心图书服务室建设,不断推进城乡公共文化设施实现标准化、服务实现均等化,全面扩大和深化全民阅读的深入开展。

(4)创建读书活动品牌,提升全民阅读影响力。活动日常化、经常化已成为公共图书馆全民阅读服务的重要服务方式,但要真正提高图书馆品牌力和社会影响力,就要在活动品牌创建上下功夫,并且一定要选择受众面广且具有长效性、突出地域特色、能够做出显著成绩的品牌来精心创造,力求实效,建立长效管理机制,形成深远影响。如举办"文化讲坛",创立"读书会",打造"亲子阅读""故事绘""诗歌诵读会""演讲小明星"等,形成固定活动品牌。

(5)招募社会志愿者,参与全民阅读。社会化合作已成为图书馆公认的一种拓展服务模式,其有利于发挥各行各业的资源优势,能有效推动图书馆走向社会、走到群

众身边。可以广泛征集社会各界志愿加入"全民阅读"行列的志愿人士,加入本馆各类活动中来。

(6)打造创客空间,创数字阅读品牌。利用现有场地和资源,创立数字阅读展演中心,展出本馆现有数字资源,并建立现场体验结合的创客空间,让读者随时可实现数字化阅读、数字资源利用,提高图书馆的社会影响力和服务品位。

(7)开发地方文化资源,开展特色文化研究。利用鲜明地域特色、民族特色、宗教特色的建筑文化、金石文化、石窟文化、佛教文化、简牍文化、西夏文化、葡萄(酒)文化,对图书馆业务研究拓展提供了强有力的文化研究平台。充分利用地方文化资源,开展具有地域特色的文化研究,将不断推进图书馆特色建设的发展。

3 结语

随着"全民阅读"连续四次写入政府工作报告。全国上下形成了"倡导全民阅读、建设书香社会"的热潮,各种"图书馆+"活动形式多样且服务效果显著。在"平等、开放、共享"的服务宗旨指引下,相信随着诸多问题的解决,图书馆服务全民阅读的作用将得到更好地发挥。

【参考文献】

[1] 唐海燕.提升图书馆业务统计工作的探讨[J].统计与管理,2016(11):168.

[2] 刘良玉.试论图书馆业务统计的应用和发展[J].黑龙江史志,2014(3):202-203.

[3] 何伟劲.浅谈公共图书馆对特殊群体读者的服务[J].兰州教育学院学报,2013,29(7):115-117.

公共文化服务体系下的家庭阅读推广

——肃州区家庭阅读推广探析

熊　仙

（甘肃酒泉市肃州区图书馆）

摘　要:肃州区在加快构建现代公共文化体系中将家庭阅读推广放在了首要位置,努力从提升全民素质、增强文化底蕴入手,推动全民阅读。在学校、社区、乡镇、村组、机关、网络空间里凝聚成一个个探索真理、互相激励的阅读型团体,让家庭阅读成为全民阅读的引擎,推动着公共文化体系的建设。

关键词:公共文化;家庭阅读推广;现代公共文化服务体系

中图分类号:G252.1　　　**文献标志码:**B

全民阅读的持续开展,让读书成为一种生活模式。肃州区在构建公共文化体系中,通过创造各种便利条件,使阅读既内化为市民自身的生活方式,又形成一种具有公共性的阅读风尚。通过阅读,人们从知识中获得力量、汲取智慧,书香也潜移默化地雕塑着城市的精气神,尊重知识、崇尚文化的文明气象开始升腾。

1　家庭阅读推广对构建现代公共文化服务体系的意义

1.1　构建现代公共文化服务体系的意义

构建公共文化服务体系是构建和谐社会的历史课题。加强公共文化服务体系建设,是繁荣发展社会主义先进文化、构建社会主义和谐社会的必然要求,是实现好、维护好、发展好人民群众基本文化权益的主要途径,对于促进人的全面发展、提高全民族的思想道德和科学文化素质、建设富强民主文明和谐的社会主义现代化国家具有重大意义。同时,为人民群众提供内容丰富、形式多样、健康向上、品质优良的公共文化产品和服务,让群众真正喜欢文化、参与文化、创造文化。

1.2 家庭阅读推广的意义

家庭阅读是全民阅读相关工作的重要一环,特别是针对儿童和青少年开展阅读推广活动,更是关乎下一代健康成长、全民文化素质提高、实现人才强国战略目标的重要举措。"第六次全国国民阅读调查"显示,家长"喜欢且经常看书"会直接影响孩子对阅读的喜爱程度,95.1%的儿童因家长喜欢且经常看书而喜欢读书;在家长不喜欢看书的家庭中,则有23.7%的儿童同样也会不喜欢读书。由此可见,家庭阅读的影响力确实意义深远。

2 肃州区家庭阅读推广的现状

肃州区在阅读推广中形成以图书馆为中心,学校、社区、乡镇、村组、机关、网络空间等为分支的阅读推广体系,充分利用现有的图书漂流点、农家书屋、社区文化活动中心、乡镇综合性文化站、家庭书屋、留守儿童之家、自办团体等进行阅读推广,增大了阅读推广的辐射面。全区现有图书漂流点18个,农家书屋130个,乡镇综合性文化站15个,社区文化活动中心14个,留守儿童之家95个,自办团体260个,推广面细致到村组,让社会资源充分利用,形成了村村有书屋、人人有书看的良好氛围。

2.1 构建公共文化服务体系下阅读推广的特点

(1)模式上以公共图书馆阵地服务与漂流图书相结合。公共图书馆对各个基层文化机构、团体进行阅读推广,基层文化机构和团体作为漂流主体,再进行二次推广,让"一区一书城""一街道一书吧""一社区一书栈""一村组一书屋""企业、机关、公共场所处处有图书漂流点"与"互联网+"紧密连接,共同构筑一张星罗棋布的阅读地图。经常性地开展读书活动,形成"周周有活动"的良好局面,由点到面,不断增大阅读推广的辐射面,让阅读推广不留死角,让丰富多彩的读书活动吸引市民的脚步,形成全域共读书的良好氛围。

(2)阅读资料的配备上以民间资源与公共资源相结合。家庭阅读推广的开展需要有足够的书源来满足广大市民的阅读需求,应实行图书漂流轮换,在社区、机关、公共场所、村组设立图书漂流点,定期对不同漂流点的图书进行轮换,从而提高了图书的使用频率,丰富了阅读资源。在图书的配备上,公共图书馆主要为漂流点配书,并鼓励市民们奉献爱心,拿出自己喜欢的图书,积极参与漂流,分享图书。如酒泉图书馆采取将图书购置一部分、馆内整合一部分,动员社会捐赠一部分的办法,漂流方式比较灵活,漂流点需要什么样的图书,可直接到图书馆挑选;金塔县开展"图书对流活动",动员全县所有爱心读者和社会各界人士拿出一本家庭闲置的、可读性强的图书参与图书对流,开展以书换书,交换阅读活动;敦煌市图书馆采取学校、家庭图书循环利用,将学校和家庭闲置的图书充分利用起来进行交换阅读,丰富了图书资源。

(3)管理方法上以规范服务和志愿服务相结合。在阅读推广的管理服务上,建立以县图书馆、乡镇文化站、社区文化中心、农家书屋工作人员为主,热衷于此项工作的其他人员为辅的志愿者服务队伍,分片负责辖区内图书阅读推广。图书馆通过举办各种学习、交流与培训,使服务人员懂得阅读推广相关知识,更好地进行阅读推广服务工作。如酒泉市强制隔离戒毒所,由优秀戒毒学员做阅读推广人,不但约束了自己,还树立了戒毒信心;肃州区银达镇由专门的文化专干负责,对阅读推广的管理更加专业;面向社会招募阅读推广人,向社会公开招募志愿者,招募道德素质高、具有爱心,喜欢读书且有空闲时间,乐意为他人服务的读者来做志愿者,通过业务培训,参与阅读推广,服务于读者。如敦煌市在全市城乡小学生中义务聘用一批品学兼优的学生,到农家书屋开展"大手拉小手"阅读推广活动。

(4)服务范围上以适度公益与自我满足相结合。家庭阅读推广作为全民阅读推广的分支,属于公共文化服务体系的一部分,必须坚持推广其公益性。这就要求政府在构建公共文化服务体系中重视家庭阅读推广,酒泉市倡导的图书漂流活动就是一项公益性的阅读推广,特别是图书漂流箱活动,把群众喜闻乐见的3~5本图书放置在图书漂流箱中,送至腿脚不便的残疾人、老人家中,让他们足不出户就能看到想看的书籍。另一种方式是自我满足为主,推广单位及推广人通过集中推广,将好的书目推广至家庭,家庭可自行采购。看完的书家庭之间还可互换,在互换的过程中既传递了知识也传递了思想。

(5)服务方式上以图书流通与阅读推广相结合。阅读推广在服务方式上一般以书刊推介为主,辅助以丰富多彩的阅读推广活动,如新书推荐会、读书心得交流会、读诗会、朗诵会,演讲比赛、读书沙龙、道德讲堂、名家讲坛、读者赠书等。通过形式多样的活动,培养人们读书的兴趣,从而带动更多的人加入到阅读活动中,营造良好的读书氛围。

2.2 构建公共文化服务体系下家庭阅读推广存在的不足

(1)缺乏家庭阅读的环境。许多家庭没有可供阅读的书,家庭活动中也未规划出给书店和图书馆的时间,更不知道怎么引导孩子阅读,不知道亲子阅读该怎么做。

(2)没有好的阅读方法。家庭阅读无目的、无计划,阅读书目缺乏针对性,家长对家庭阅读的重要性、指导方法缺少了解和经验。在家庭阅读中,家长没有起到好的作用,自己不爱读书,也不培养孩子读书的习惯。特别是手机占据我们生活的时代,父母之间和孩子之间交流甚少,多数时间沉浸在手机中,孩子觉得手机比阅读更有趣,错过了最佳引导阶段。

(3)选书出现偏差。图书种类、数量繁多,优秀的读物严重缺乏,图书馆的书、社区乡镇文化活动中心的书、图书漂流点的书,还有推广至家庭的书,不一定满足所有群体的阅读需求,图书馆怎样给读者选书?家长怎样给孩子选书?推广的书是否受家庭欢迎,有没有尊重孩子的年龄特点和发展规律来选书?这些都是存在的问题。

(4)读书理念陈旧,阅读功利性强。对于读书,大多数人以"教育功能"为主,希望通过读书来改变人生,改变自己,更有甚者希望通过读书来获得财富,从而影响家庭阅读的推广。

3 公共文化体系下如何开展家庭阅读推广

3.1 加大公共设施投入,为读者营造良好的阅读环境

(1)图书馆阅读环境的营造。

图书馆作为阅读推广的主体,更应该注重自身建设,在加大书籍补给的同时,还要在阅读环境营造上多下功夫,应该努力满足不同读者的需求。如老年人和残疾人需要方便的阅读环境,应尽量把适宜于老年人、残疾人阅读的部室放在较低的楼层,并在楼梯旁边设置坡道,在墙体的四周放置扶手,配备轮椅、手杖、助听器、老花镜等,阅览座椅选择高度适中,带扶手方便起坐的椅子,书架的高度应适合老年人和残疾人方便取书,室内多放置绿色植物,让老年人心情舒适地享受阅读的美好时光。在幼儿阅读环境的营造中,尽量以童趣安全为主,以马卡龙的色彩,配上绘本的插图,地面铺以舒适的卡通地板,配上坐垫,家长和孩子可席地而坐,书架和桌子以低为主,书架和桌角贴上防碰的胶条,封闭所有带电的插孔,让孩子安全的阅读。青年应该以休闲舒适为主,最好以书吧的形式,打造温馨舒适的环境,有助于缓解紧张的阅读情绪。

(2)社会阅读环境的营造

现在越来越多的温馨型阅读空间成为公共图书馆的有益补充。著名的阅读推广人林丹创办了悠贝亲子图书馆,帮助了许多家庭开启了亲子阅读之门。肃州区在社会阅读环境的营造上注重阅读团体的建设,如社区、乡镇建设分馆,在居民服务点、学校、企业、机关、部队、医院、监狱设置图书漂流点,在村组设置农家书屋和留守儿童之家,并由群众自发组织了200多个阅读团体,肩负起阅读推广人的职责,经常性地开展活动。

（3）家庭阅读环境的营造。

有些孩子不爱阅读,很大程度上是因为缺少一个好的阅读环境、一个好的阅读空间。有条件的家庭应该开设家庭读书角,家庭读书角可以共享,邀请喜欢阅读的其他家庭一起来参与读书活动,共享图书,分享读书心得。如金塔县的锦绣书苑,它就是一个小型的家庭图书馆。

3.2　加大宣传,让家庭阅读融入社会

（1）宣传全方位。

在《中华人民共和国公共图书馆法》正式实施之际,肃州区图书馆通过各种信息简报、电子显示屏、电视、微信公众平台、宣传传单等及时传递图书信息,发布读书活动;还设置专门的推介专区,为政府、单位、个人提供推荐咨询。如酒泉图书馆利用"图书情报"、数字图书馆和微信公众平台开设新书推荐栏目,每周推荐 6 本新书,十九大期间还购置辅导用书,向读者免费赠书。这些活动的开展对图书阅读活动进行了全方位的宣传。

（2）活动起成效。

搭建平台,创造条件,开展丰富多彩的读者活动来激发读者读书的热情。如酒泉图书馆开设名家讲坛、道德讲堂,专题展览,学术研讨和"读书沙龙"交流活动等。在学校、社区、乡镇、村组、机关、网络空间里开展读书推荐会、经典诗词朗诵会、演讲比赛、汉字听写大赛等,并指导编排优秀剧目,将历史名书名剧搬上舞台,让经典深入人心。在留守儿童之家举办家庭读书征文、亲子读书会等,通过这些活动让优秀的书籍走向社会、走入家庭。

3.3　转变阅读思想观念

（1）政府理念的转变。

转变观念和阅读立法一样重要,"全民阅读"连续四次写入政府工作报告中,由此全民阅读上升到了国家工程。家庭阅读是全民阅读的重要组成部分,政府应该积极作为,广泛动员全社会参与到家庭阅读中来,加大总分馆建设力度,支持民办图书馆、社会公益阅读团体、家庭书屋的建设,动员学校图书馆、家庭书屋对外开放,实施图书进乡村、进社区、进校园活动,打通公共服务"最后一公里"。

（2）家庭理念的转变。

现在许多家庭理念陈旧,阅读功利性强,爱攀比。很多人的阅读观念不正确,这些观念对阅读本身就是一种伤害。该读哪些书、怎么阅读,却有赖于阅读观念的转变和提升。

我们应该拒绝阅读的功利性,让阅读回归自然,由被动阅读变为主动阅读,在家庭中多尊重孩子的阅读习惯,注重兴趣的培养,让阅读成为一种愉悦的生活方式。

3.4 以先进的力量引领家庭阅读

以典型的榜样力量和示范作用,引领家庭读书活动的深入开展。近年来央视在黄金时段播放阅读推广的公益广告,制作《朗读者》《诗词大会》等节目,特别是《见字如面》,以明星读信为主要形式进行阅读推广,这些节目播出后掀起了一股强有力的阅读之风,可见阅读推广的明星效应不能小觑。酒泉电视台通过制作"霍然开朗"节目让名师进行图书推广,受到了一致的好评。甘肃省新闻出版局每年评选耕读人家和阅读明星,通过榜样来引领阅读。这些做法都起到了不错的引领作用。

4 结语

家庭阅读是全民阅读的基础。酒泉市通过对阅读的持续倡导,通过创造各种便利条件,使阅读既内化为市民自身的生活方式,又形成一种具有公共性的阅读风尚。让书香伴随着每一个日子、让阅读伴随着每一个家庭。重视家庭阅读,让家庭阅读成为全民阅读的引擎,推动公共文化体系的建设非常有必要。

【参考文献】

[1] 路海玲.大力构建公共文化服务体系丰富基层人民群众精神生活[J].当代图书馆,2015(4):11–13.

[2] 唐红.公共图书馆家庭阅读推广的问题及对策[J].图书馆学刊,2015(9):108–110.

[3] 乔洋.面向社区服务的家庭图书馆建设与发展[J].图书馆工作与研究,2011(1):94–98.

基层图书馆如何做好阅读推广

谌鹤玲

（甘肃兰州市西固区图书馆）

摘　要：图书馆是阅读的主要场所，图书馆担负着全民阅读推广的责任，全民阅读活动的顺利开展也可以推动图书馆的建设。文章根据基层图书馆阅读推广工作现状，提出如何做好基层图书馆阅读推广活动的对策。

关键词：基层图书馆；阅读推广

中图分类号：G258.23；G252.1　　　**文献标志码**：A

基层图书馆是公共文化服务机构，图书馆要发挥阅读推广的作用，就是要充分发挥公共图书馆在公益性社会教育、文化传播和构建和谐社会等方面的作用；就是要向公众有效地推荐好书、推动全民阅读，吸引大众走进图书馆进行有效阅读，从而推进全民阅读工作深入开展。引导和普及社会公众阅读的理念，拉近读者和图书馆的距离，这是公共图书馆的重要任务。如何在阅读推广活动中完善机制、培养人才、创出品牌，是基层公共图书馆面临的课题。

1　全民阅读存在的问题

现代阅读媒介改变了人们传统的阅读习惯，利用互联网、手机 APP 等阅读导致了浅阅读，这种阅读仅限于粗略、快速地浏览，缺乏深度思考，使读者越来越浮躁，对社会的全面发展极其不利，也严重影响到社会文化和精神的传承与发扬。传统纸质出版物的阅读率降低还与图书出版的质量有关系，出版社为求生存，大众化、娱乐化内容的图书越来越多，精品图书严重缺失，严重影响了人们的审美情趣与艺术鉴赏力。

2　基层图书馆阅读推广工作现状

阅读推广活动的普及,是图书馆发展的趋势。2006年中共中央宣传部等11个部门,联合倡议全民阅读,我国的阅读推广活动蓬勃开展。从中央到地方经过多方的合作与努力,各地都相应地开展了多种形式内容丰富的阅读推广活动,激发了全民阅读的积极性,创建了全民阅读的热情氛围。各图书馆开展的形式多样化的阅读推广活动,让阅读服务给读者带来了全新的阅读体验。在全社会营造良好的读书氛围,充分发挥各图书馆保障公民基本文化权益的作用,充分利用图书馆的资源,从而增强图书馆的吸引力和社会影响力。

3　基层图书馆阅读推广的对策

基层图书馆应组织建立稳定而高效的阅读推广者队伍,建立长期的阅读推广机制,逐渐乃至彻底扭转全民阅读能力退化、阅读人数减少的不利局面。

3.1　成立阅读推广常设组织机构

健全的阅读推广组织机构是基层公共图书馆阅读推广全面推进的基本前提。为更好地向广大读者提供阅读服务和指导,基层公共图书馆应当建立阅读推广组织机构,合理利用图书馆的资源,有计划、有安排、有统筹、有步骤地安排阅读推广活动。作为推广活动的主要组织和实施者,基层公共图书馆还可以成立阅读推广服务和指导机构。与此同时,将图书馆的资源与图书馆馆员的资源结合起来,找准图书馆馆员的角色定位,成为面向图书馆读者群的阅读推广者,并且专门设置阅读推广岗位暨阅读推广图书馆馆员,由图书馆工作人员负责组织实施本馆的阅读推广工作。通过工作实践,不断探索和研究读者群体的心理特点,并根据读者的阅读状况、阅读需求和阅读特点进行整理汇总,从而深入剖析制订适合其阅读兴趣的阅读推广方案,实施有针对性的阅读服务和指导工作。

3.2　加强活动人才的培训

为了使基层图书馆阅读推广活动的开展具有长期性和创新性,需要培养阅读推广活动人才。阅读推广活动人才至少应具备两种基本能力,即策划能力和营销能力。阅读推广人才通过举办丰富多彩的阅读活动,积极主动地宣传图书馆,引导和鼓励大家走进图书馆,将图书馆的资源和阅读推广活动人的资源结合起来,吸引更多的读者参与到阅读活动中来。

3.3　合理规划阅读推广的活动周期

在阅读推广活动中,健全基层公共图书馆的长效机制同样重要,它是阅读推广活动持续、有效发展的保障。作为公共图书馆应根据本区域内的读者群体、阅读需求和自身资源制订详细的、分步骤、分阶段、切实可行的推广计划,将短期活动发展为长期效应。积极建立与其他地域图书馆和机构之间的协作;努力加强与其他地域图书馆和机构之间的资源共享、资源整合,让读者都能够参与到阅读推广活动中来,并能便捷的、多方位的阅读图书资源。要引导政府机构、协会和民间组织、传媒机构、出版商、书店等充分发挥其优势,共同推进阅读推广活动的展开。

3.4　开展图书馆之间的交流与合作,实现资源共享

各地域、各行业图书馆之间要加强交流与合作,相互借鉴图书馆的成功经验和有效做法,实现互相学习,资源共享。各图书馆可以联合开展书目推荐、导读、图书展览等多种活动。结合当地历史、人文开展热爱祖国、热爱家乡的读书心得、辩论赛、演讲比赛等读书活动。特别是图书馆和学校图书馆要经常合作,要以青少年为重点,结合举办不同主题的读书活动,可以举办"读书节""阅读宣传周""读书主题征文比赛""阅读知识竞赛""亲子阅读""书香之家评选"等相关系列活动,不断培养学生的阅读习惯,进一步提高学生的阅读能力和思考能力。

倡导全民阅读,终身学习,不是一朝一夕的,而是一条漫长的道路。在这一过程中,图书馆的职能将随着社会需要而不断拓展。图书馆要承担起新时代赋予的新使命,要树立"读者第一,服务至上,一切为了读者"的思想,为全民阅读推广活动的展开发挥作用,让全社会形成"多读书、读好书"的文明风尚。

【参考文献】

[1]　韩雪飞,等. 打通城乡公共图书馆服务"最后一公里"调研与思考[J]. 图书馆理论与实践,2017(5):80-83.

[2]　郭生山,等. 宁夏县级公共图书馆现状调研与分析[J]. 图书馆理论与实践,2017(12):88-93.

论图书馆公共智慧如何走进家庭阅读

周桂林

（宁夏吴忠市同心县图书馆）

摘　要：全民阅读是提高民众思想觉悟和精神文化的重要手段，图书馆是推动全民阅读的必要物质基础。文章通过分析公共图书馆开展家庭阅读的意义以及公共图书馆在开展家庭阅读中存在的问题，进而提出图书馆公共智慧走进家庭阅读的具体措施，以期为公共图书馆推广家庭阅读活动提供一点指导性建议。

关键词：图书馆；家庭阅读；全民阅读；推广

中图分类号：G252.1　　　**文献标志码**：A

1　引言

我国公共图书馆开展家庭阅读活动起始于 1990 年前后，在当时网络信息还不发达的时代，人们获取信息的主要来源为图书馆的书籍与报纸。随着网络时代的来临，各种娱乐活动和社交平台的产生，使得人们的阅读习惯和信息获取渠道从书籍、报刊转变为各网络信息平台，家庭阅读活动变得难以推广。公共图书馆在实际推广家庭阅读活动中遇到了种种问题，面对这些问题，本文通过查阅文献和结合个人多年的工作经验，总结及提炼出相关结论和建议，这些结论和建议对公共图书馆的家庭阅读工作具有一定的借鉴价值。

2　公共图书馆开展家庭阅读的意义

2.1　为全民阅读提供物质基础

全民阅读是提高我国民众精神文化素质的重要手段，是促进物质文明与精神文明齐步发展的必要条件。从全民阅读开始被关注到提倡以来，其进展情况并不理想，许多家庭一周或一个月甚至一年都未阅读过有营养价值的书籍或报刊等。产生这种现象的原因，一方面在于现代书籍和报刊的价格偏高，部分民众不具备长期消费书籍或报刊的能力；另一方面在于信息时代的人们将大部分获取信息的渠道和阅读渠道集中在了网络平台，动态化的音视频文件和碎片化信息重新塑造了人们的阅读习惯，使得人们越来越忽视书籍和报刊的文学及信息价值。图书馆是书籍和文化的重要储存地，能够极大地满足人们对书籍和报刊等阅读品的需求。公共图书馆走进家庭，开展无偿阅读活动，能够有效地为全民阅读提供物质基础，并推动全民阅读风尚的形成。[1]

2.2　满足民众多层次精神文化需求

公共图书馆是馆藏书籍最为丰富的场地之一，图书馆根据书籍的内容、学科、作者、主题等，将书籍进行细致的分类。对于不同的书籍，不同层次的读者有不同的需求，学历及文化层次较低的民众更倾向于阅读简单易懂的小说等文学作品；对文学素养追求较高的民众较为倾向于阅读各国的经典名著和优秀文学作品；对追求专业知识的读者，他们更倾向于阅读相关专业的教学书籍；对致力于学术研究的读者，他们更倾向于阅读相关研究文献或相关学科书籍；学生读者则更加倾向于阅读与其认知水平相同的学习教材和课外阅读书籍等。公共图书馆博大的馆藏能力，能够为不同层次的民众提供不同需求的书籍，满足了各层次民众的精神文化需求。[2]

2.3　深度强化社会主流价值观

近几年，随着物质文明的发展和中西方文化的融合，社会的价值观和意识形态呈现出多元化。随着自媒体为追求流量或点击率等利益，不断突出或猎奇报道价值观偏颇新闻，如近日被责令整改的今日头条、凤凰新闻手机客户端等自媒体，持续向读者推送低俗色情新闻等，部分民众的价值观开始偏离主流价值观，三观不正的言论在各大网络社交互动平台的评论区随处可见。当前，我国正大力倡导践行社会主义核心价值观，但是社会主义核心价值观在民众中的推崇及普及还需要依靠其他文化的力量进行深度强化。公共图书馆普及家庭阅读能够以文化润物无声的力量影响民众思想，它是深度强化社会主流价值观必不可少的文化力量。

3　公共图书馆在推广家庭阅读中存在的问题

3.1　公共图书馆服务效能宣传不足

当前公共图书馆关于家庭阅读的服务效能宣传不足，民众对公共图书馆的关注度较低,过低的宣传力度使得广大民众对图书馆的服务效能了解较少。目前,公共图书馆的主流阅读群体仍然是居住在图书馆附近的学生或退休知识分子等,这类民众已经形成了每日阅读或学习的习惯。然而,大部分民众,如上班族、无阅读习惯的个体或家庭等,他们对图书馆的了解还限于传统的闲暇时进入图书馆看小说、查阅资料或看报纸的阶段。在缺乏对公共图书馆家庭阅读项目深入了解的基础上,这部分民众因为缺乏进入公共图书馆阅读的时间或动力,使得公共图书馆在推广家庭阅读活动时存在一些困难。[3]

3.2 缺乏成熟的家庭阅读推广模式

当前公共图书馆推广的家庭阅读还处于初步探索阶段,并未形成一套行之有效的成熟的推广及管理模式。最为主要的问题之一在于:公共图书馆的经费十分有限,无法购买满足不同家庭需求的阅读书籍;[4]公共图书馆还未探索出一系列调动不同家庭阅读的内动力;公共图书馆还未建立一套完整的、科学的、高效的用于管理家庭阅读的信息平台等。这些问题和因素使得公共图书馆在推广家庭阅读时缺乏成熟的管理思路和各种应对之策,从而使公共图书馆的家庭阅读推广项目难以顺利开展。

3.3 当前社会未形成家庭阅读理念

在经历了一段战乱纷飞的年代后,国家和社会将主要精力用于经济建设,整个社会在家庭阅读上还未形成一定的理念,还十分缺乏家庭阅读的风尚。在这样一个特定的历史和现实背景下,随着网络时代的来临,各种娱乐场所、网络游戏平台、影视平台、社交平台等,强势影响了人们的生活习惯和阅读习惯,更多的民众将信息获取来源锁定在微信公众号或朋友圈、自媒体新闻客户端、网络小说客户端、各大影视剧客户端等。网络平台强大的娱乐效果使得缺乏阅读时间的上班族和缺乏阅读习惯的个体或家庭,更加远离图书馆书籍阅读。在广大民众缺乏家庭阅读理念和动力的情况下,公共图书馆推广家庭阅读存在一定的困难。

4 图书馆公共智慧走进家庭阅读的几点建议

4.1 联合社区开展家庭阅读活动

我国社会从远古至今,民众的居住方式一直以社区为单位,社区是组织及带动民众积极参与某项活动的主动力。公共图书馆应积极联系各个社区的相关负责部门,如社区居委会、客户服务中心、村组织部等,先了解各家庭的阅读情况,再通过社区的力量积极倡导及号召各个家庭参与到家庭阅读项目中来。公共图书馆相关管理人员可根据各家庭的阅读需求向他们推荐优质文学作品,家庭阅读成员可以通过办理押金借阅纸质书籍的方式,也可以通过办理会员借阅电子书籍的方式,在公共图书馆馆藏书籍中借阅相关书籍。同时,公共图书馆还应联合社区定期举办读者见面会、书友交流会、文学作品智力问答活动等,并设置相应的积分或者礼品来刺激读者参与活动的积极性。进而将这种活动逐步演变成一种社区文化和阅读文化。[5]

4.2　加强公共图书馆服务宣传力度

针对公共图书馆服务宣传力度不足等问题,公共图书馆应合理规划相关宣传资金,采取性价比较高的宣传渠道来加大相关宣传力度。①公共图书馆可以建立官方微博、微信公众号等,不断以当下流行的、畅销的书籍为契机,加大对这些书籍的家庭阅读借阅过程进行解说与推广,让部分热爱阅读又缺乏购买力的民众加入家庭阅读的队伍行列中来。②以社区为单位,通过在社区办理宣传咨询台、发放宣传手册、拉横幅、贴宣传报、组织宣传趣味活动等方式,让社区居民迅速了解公共图书馆家庭阅读的相关信息。③积极利用党媒和主流媒体,以新闻报道等方式加强文化建设和家庭阅读的宣传等,确保各家庭能够及时了解公共图书馆所推广的家庭阅读活动的相关信息。

4.3　利用信息技术建立家庭阅读平台

公共图书馆在推广家庭阅读活动时,不得不重视部分民众,尤其是上班一族缺乏进入公共图书馆阅读或借阅书籍的时间这一因素。随着各城市的迅速发展,城市上班族的生活节奏不断加快,人们大部分时间奔波于工作和各种应酬活动,有限的休闲时间在前往公共图书馆借阅纸质书籍的过程中可能会遇到堵车或排队等现象。因此,公共图书馆应利用科学技术建立家庭阅读的信息技术平台。信息技术平台的设计可以以实际的家庭为单位,对家庭成员建立相应的档案卡便于信息管理与跟踪,家庭成员可以进入虚拟的家庭阅读室通过电脑客户端、移动客户端借阅相关的电子书籍。同时,还可以建立同一本书籍的实时讨论平台,书友可以在该平台上相互交流对话、谈论阅读心得或相互推荐优质文学作品等。另外,对书籍阅读达到一定数量的书友,平台既可以在公告信息栏上以读者的昵称进行排名以兹鼓励,还可以馈赠一些积分或者优惠活动等,使阅读变得更加有趣,价值观传递更加有效。

5　结束语

家庭阅读在进入新时期以来开始被提倡,公共图书馆推广家庭阅读对于我国的精神文明建设具有举足轻重的作用,是推动全民阅读的物质基础,能够在这个价值观不断多元化的时代深度强化主流价值观的传播。但公共图书馆在实际执行家庭阅读活动时,却出现了种种困难,这些困难成为阻碍公共图书馆推广家庭阅读的绊脚石。为解决这些问题以及促进公共图书馆顺利推广家庭阅读活动,本文提出了联合社区开展家庭阅读活动、加强公共图书馆服务宣传力度、利用信息技术建立家庭阅读平台三个解决措施,公共图书馆可以根据自身实际情况,将这些措施加以调整与利用,以不断推动家庭阅读的发展。

【参考文献】

[1] 唐红.公共图书馆家庭阅读推广的问题及对策[J].图书馆学刊,2015(9):108–110.

[2] 程岩.图书馆家庭阅读推广策略研究[J].图书馆学刊,2016(5):101–103.

[3] 郝世英.推广家庭阅读,关注家庭教育[J].河南图书馆学刊,2014(10):27–29.

[4] 康媛媛.公共图书馆家庭阅读推广策略探析[J].图书馆工作,2015(4):54–57.

[5] 郭文宁.公共图书馆与家庭阅读推广刍议[J].图书馆学刊,2017(6):79–81.

亲子阅读类型及其对幼儿阅读能力发展的影响

欧建华

（宁夏银川市图书馆）

摘　要：亲子阅读是幼儿阅读最主要的方式之一。亲子阅读是在家长的引导下，使幼儿感知世界、认识自然、传递情感，实现情感互动、语言交流、表达情感的最重要手段。同时可以吸引幼儿喜欢阅读、热爱阅读，培养幼儿的阅读能力和良好的阅读习惯，促进幼儿阅读能力发展，进一步达到幼儿独立阅读的能力。

关键词：亲子阅读；亲子阅读类型；幼儿阅读能力；发展

中图分类号：G252　　**文献标志码**：A

幼儿阅读能力的培养对于幼儿未来的发展非常重要，亲子阅读是培养幼儿阅读能力的重要手段，也能促进幼儿阅读能力的发展。[1]家长的参与方式和指导方法直接影响亲子阅读的效果。所以家长要有正确的态度、使用科学合理的方法指导幼儿阅读，达到合作式亲子阅读的最终目标。

1　开展亲子阅读的必要性

1.1　幼儿的成长需要亲子阅读

家长自孩子出生起就对孩子寄予了厚望，望子成龙、望女成凤一直是家长的希望，家长希望孩子从小就喜欢阅读、热爱读书，以培养孩子的多方面能力。在孩子的眼里，世界原本是布满各种图画、多姿多彩的，房间里的小玩具、墙壁上照片、自己衣服上的花样等都是幼儿开始认知世界的媒介，由此阅读图画书也就成为幼儿认知世界的最佳方式。可是幼儿无法独自阅读，家长要与孩子共读，家长说明书中的事物名字、有声有色的讲述故事情节,幼儿只要看图,就能把他慢慢地引导到阅读上来。图画书的画面不只要可爱、多彩而且必须要与故事相融合,不是只用来表达文字含义,更要向幼儿传递更多无法用语言表述的情意,使幼儿感受到读图的乐趣和快乐,同时慢慢接触不同的艺术方式。因此幼儿需要亲子阅读来认知世界,得到品格的熏陶。

1.2 亲子阅读有利于幼儿的成长

家长的言行深深地影响着幼儿,在家庭中进行一对一的亲子阅读,更能促使阅读顺利进行,得到满意的阅读效果。家长自己要做好表率,平常多看书,让幼儿在浓厚的家庭读书氛围中成长,吸引幼儿探知书中的奥秘,引起幼儿阅读的兴趣。同时,家长要选择恰当的材料,给幼儿阅读创设适宜的环境,激起幼儿阅读的热情,培养幼儿形成良好的阅读习惯,并学会阅读的基本技巧,推进幼儿阅读能力的发展,增进家长与幼儿之间的感情。

1.3 亲子阅读能培养幼儿各方面的能力

亲子阅读的作用是多方面的,还有利于培养幼儿各方面能力的发展。亲子阅读不但能帮助幼儿掌握知识和技巧,逐渐培养幼儿独立阅读的能力和幼儿爱学习、勤思考的优良品格,还能促使幼儿的思维能力、语言表达能力、沟通能力、审美能力等的提高。与此同时,阅读的良好情感氛围更有利于亲子关系的和谐、家庭氛围的融洽。

2 亲子阅读的类型

亲子阅读也叫亲子共读,是家长与幼儿之间使用以图画为主、辅以文字或没有文字的图画书以及电子读物进行共读的读书行为。现在一般家庭主要以阅读图画书为主。在阅读图画书的过程中,家长用语言叙说画面场景并表达对它的体会,幼儿在听的同时,也在看图画书的画面,眼耳同用来渐渐了解画面与文字所表达的信息,他们可以依照亲子阅读的交流互动水平,也就是说家长与幼儿交流互动时,根据幼儿的反应情况,是否回答提问、与家长是否交流,家长的指导方法等情况的不同,可以分为三种不同的亲子阅读类型。

2.1 平行式阅读方式

平行式阅读就是家长与幼儿在共读过程中,几乎不讨论或很少讨论与图画书内容有关的话题。家长仅仅将亲子阅读简单地理解为家长说、幼儿听的单一的互动行为,并不重视幼儿在阅读中的主动性,不关心幼儿对图画书和这种阅读的反应。在阅读过程中,幼儿很少关注图画书,对图画书和家长的阅读漠不关心,虽然家长也试探着用言语引起幼儿的重视,但成效不大。这种方式很少能形成家长与幼儿的共鸣,也难以提高幼儿的阅读水平,家长未达到吸引、帮助幼儿继续阅读的目的,也没有起到在亲子阅读中应有的作用,阅读后也不会产生多少效果。

2.2 偏离式阅读方式

偏离式阅读是家长与幼儿在共读过程中,不重视或者忽视图画书中的画面及其文字,过分关注无关紧要的内容,任意地、过量地展开与画面文字无关的联想。形式上是家长与幼儿在使用图画书进行了亲子阅读,可实际上两者都徘徊在故事和画面之外。在偏离式阅读过程中,家长与幼儿的表现主要有以下几种:①开始时家长或者幼儿任意翻出图画书中的一页,看着画面述说其名称或者表述画面人物或者动物的形态动作等。②家长通常不给幼儿提问与图画书有关的问题。③家长在看到幼儿翻到图画书中的某页不动时,针对画面对幼儿提问或幼儿看着画面自说自问,家长不主动为幼儿读故事,而是也随着说起来。[3]④家长有时围绕图画书中的某个画面细节,千方百计地启发幼儿与现实生活相联系。这种阅读方式,由于家长没有正确理解故事的内容,对幼儿叙说故事情节时,可能不知道表明故事的重点,会越传越错,致使幼儿失去阅读的兴趣,对幼儿未来的发展极为不利。

2.3 合作式阅读方式

合作式阅读是一种有效的亲子阅读方式,是家长与幼儿使用图画书进行有效交流互动的亲子阅读,是比较理想的、科学的亲子阅读方式。在实践中发现,这种合作式亲子阅读表现为:阅读前,家长或幼儿拿出图画书放在书桌上,两人指着封面,围绕画面、书名和作者作简单的交流。然后把书翻开,家长与幼儿共读。在阅读过程中,家长会随时关注幼儿的情况,比如动作、表情等来确定故事对幼儿的吸引力以及幼儿对故事的理解情况,并随时变换讲故事的语言表达方法即语气和语调的转变。若有反复出现相同的语言时,家长一般会试探着让幼儿猜想要发生的事。同时,家长有时会通过提问来观察幼儿对故事的理解。在看完故事后,家长会用提问的方式让幼儿回顾故事内容,包括主要角色、画面情境、故事中的突出矛盾、出现的问题及故事结局等,鼓励幼儿说出对故事的感受和看法,让幼儿把讲述的故事和自己的实际生活相联系,可以有效提高幼儿的阅读能力。[4]

3 合作式亲子阅读中阅读环境的构建

家庭阅读环境是亲子阅读环境的基础。它自然分布于家庭的每个空间,以其特有的方式不知不觉间感染着幼儿。阅读环境包括物质环境和心理环境。物质环境是家庭房间内所有幼儿看得到的事物,包括书桌、椅子、地面环境、图书等。恰当的布置好物质环境能引起幼儿阅读的兴趣与愿望,给幼儿的心灵种下爱书的种子;心理环境是和谐、融洽的亲子关系、家长正确的阅读态度等隐蔽的、用心感受的因素。良好的阅读心理环境是确保幼儿主动加入阅读的核心因素,也是引起幼儿阅读兴趣的关键。心理学家说过,要处理好幼儿的问题,最重要的是处理好幼儿与家长的亲子关系。营造良好的阅读心理环境就是要处理好亲子关系,只有亲子关系和谐融洽,亲子阅读才能达到预想的效果。温馨、和谐的亲子阅读环境对幼儿来说是非常必要的。

3.1 物质环境构建

家长要依照幼儿的生理和心理特点,购买适合幼儿阅读能力、满足幼儿兴趣爱好的纸质图书或者视频影像等,其内容必须健康,画面清新、鲜艳,文字字体较大而清晰,纸张厚实硬挺,还要逐渐更新,以保持幼儿的新奇感。安排一个幼儿喜欢的温馨的阅读区域,干净舒适、放松安静的阅读环境,利于家长与幼儿开展亲子阅读。

(1)最好采用开放式摆放图书,书架高度要以适宜幼儿方便取放为标准。可以依照幼儿的年龄,选用适当高度的桌子,阅读时胳膊正好能放在桌面上,舒适而自然;椅子可以自由选择,如塑料的小方凳、木质的圆凳、字母凳等。

(2)房间要有充足的光线,创设适宜阅读的视觉环境。幼儿还未具备完善的视神经组织,环境的采光设计尤其重要。选取采光效果好,室内阳光充足的房间适应幼儿阅读要求。使用人工照明的房间,光源亮度要适宜,防止出现强光刺激幼儿视线。

(3)阅读区域适当宽敞些,可以让幼儿自由翻阅图书。假如是使用地面拼合地板,每隔一段时间就要更新一次。幼儿可以随意在上面活动,不但能认识英文字母和拼音,还能学会字母、拼音组合,也可以依照地面拼图讲故事。墙壁还可以悬挂成长照片、益智图片、幼儿的涂鸦等,[5]营造出温馨的阅读氛围。

(4)家长要每天有固定的时间与幼儿开展亲子阅读,可以安排在晚饭前或晚饭后。在固定时间保持长时间的亲子阅读,可以使幼儿形成定时阅读的好习惯。

此外,阅读是愉悦开心的,阅读区域适宜多彩、生动又温馨,让幼儿体会阅读的快乐。过于严肃的氛围可能使幼儿停滞不前,没有阅读的兴趣,因此允许幼儿小声交流、自言自语或走动,也可以带着幼儿到树荫下阅读,这样也能引起幼儿阅读的兴趣。

3.2 精神环境的构建

（1）营造和睦、融洽的家庭氛围。家始终是幼儿心目中的港湾。在家庭中，夫妻间应互相尊重、理解，夫妻对长辈孝顺、关心，是培养幼儿健康情感、营造和睦融洽家庭环境的基础。家庭生活的熏陶对孩子的影响非常大，其本身也就是一种至关重要的教育方式。长辈之间的交流沟通态度谦和有礼、语气温润平和，使幼儿体会温馨自然的情感交流。这样的家庭氛围可以感染孩子更愿意去阅读探索未知领域。

（2）积极互动、交流情感。家庭和睦融洽的亲子关系，家长积极、愉快的陪伴幼儿成长，很容易形成情感的有效交流和沟通，随时关注幼儿的情绪变化并及时做出反应，对幼儿的兴奋或哭闹不漠然置之。这种情感交流互动方式，有利于幼儿与家长达成共读的意愿，吸引幼儿去阅读。

（3）家长要做好阅读的榜样。幼儿时期正是模仿能力最强的时期，家长做好榜样特别重要。希望幼儿热爱阅读，家长首先就要是爱书之人，用心阅读、知识广博，给幼儿做好热爱阅读的榜样，使家庭有一种浓郁的阅读气氛。另外，家长还要小心约束自己爱护书本，轻拿轻放、分类摆放、看书姿势正确，以影响熏陶幼儿，培养幼儿要珍惜爱护图书。

（4）阅读前要排除干扰因素。阅读需要全身心投入，才能获得预想的效果。尤其是幼儿活泼好动，注意力不容易集中，所以阅读前必须排除一切干扰阅读的因素。现在的家庭电子产品过多，如电视、电脑、手机等外在的干扰因素太多，容易造成幼儿不能集中注意力进入阅读状态，由此，在亲子阅读前，必须要关闭电视、电脑和手机等，使室内安静而温馨，以确保阅读的效果。

4 开展亲子阅读出现的问题及应对策略

4.1 要依照幼儿心理特点，选取难易程度相当的图画书

当前，家长都非常重视孩子的学习，在阅读上也一样。可是一些家长却忘记了孩子的实际年龄，忽视了一些太难的阅读任务是孩子承担不了的。选取的阅读材料难度较大，在亲子阅读时，幼儿听不懂，不可能达到预期的效果。因此，家长在为孩子选择阅读内容时，要充分考虑幼儿心理特点，选择难易适当的读物。

4.2 不要勉强幼儿阅读，重视培养阅读兴趣

在亲子阅读过程中，家长总是不满足于现状，希望幼儿学到更多的知识，因此会在幼儿不情愿的情况下，勉强幼儿继续阅读。这样使幼儿被动阅读，往往达不到好的效果，长

时间会使幼儿对阅读形成厌烦情绪,严重影响到幼儿阅读的兴趣和热情,不利于培养幼儿良好的阅读习惯,也不能让幼儿获得更多的知识。面对这个问题,在亲子阅读时,家长应重视幼儿的阅读兴趣,不能勉强幼儿去阅读。只要长期坚持对幼儿进行亲子阅读,才能使幼儿提高阅读能力,不能急于某一天的某时某刻。幼儿不愿意继续阅读时,应该立即停止或换一种方式,否则会严重影响幼儿阅读的积极性,对幼儿的健康成长非常不利。[6]

4.3 要正确指导幼儿选择图画书

在亲子阅读过程中,幼儿不愿意阅读,对阅读没有多少兴趣,在某种程度上是由于阅读的图画书不是由幼儿自己选择的。因此家长在平常的亲子教育过程中,要关注幼儿的兴趣与爱好,用正确的态度和方法,指导幼儿进一步发展自己的兴趣与爱好。在图画书的挑选上,指导幼儿正确挑选自己喜欢的、感兴趣的图画书,以提升幼儿的阅读效率,提高阅读能力。兴趣是最好的老师,家长应该让幼儿在兴趣中阅读,不勉强幼儿阅读不喜欢的书。此外,要挑选一些有新意的、与电视动画片同步的图画书,以调动幼儿更多的阅读兴趣,达到亲子阅读的目的。

4.4 要使用对等的对话交流互动

在亲子阅读过程中,有的幼儿不愿意与家长交流或者很少交流,这就要求家长要应用技巧引导幼儿与之对等的对话交流,把幼儿的注意力引到亲子阅读中来。亲子阅读中亲子对等的对话交流可以帮助和引导幼儿仔细观察、认真思考,鼓励幼儿的创新精神,提高幼儿的语言表达能力和审美能力等。在亲子阅读过程中,家长要站在幼儿的立场去考虑问题,尊重幼儿的生长规律,要耐心、宽容和理解幼儿,倾听幼儿的心声,真正了解幼儿的需求,用生动、启发式的语言,在轻松愉快的状态中与幼儿进行对等的对话交流,激发幼儿阅读的热情,才能实现真正的教育目的,达到阅读的最终目标。

【参考文献】

[1] 金娜. 图书馆开展亲子阅读活动的思考[J]. 求知导刊,2015(13):49-50.

[2] 张哲,曾彬. 绘本阅读对幼儿社会性形成的实验研究[J]. 陕西学前师范学院学报,2016(1):83-86,91.

[3] 周雪芹. 亲子阅读研究现状简述[J]. 图书情报论坛,2016(1):11-15.

[4] 田增会. 图画书在亲子阅读中的运用[J]. 科教文汇,2012(5):57-58.

[5] 全清娥,舒荆楚. 图书馆亲子阅读活动的实践要求[J]. 图书馆杂志,2013(3):32-34.

移动阅读服务体系在中宁县图书馆中的建设

梁立国

（宁夏中卫市中宁县图书馆）

摘　要: 移动阅读服务体系是以电子书借阅机作为服务窗口,以移动图书馆客户端作为服务载体,以微信公众账号作为服务平台向读者推送图书馆服务的一个可操作的图书借阅媒介。

关键字: 移动阅读;图书馆体系;中宁县

中图分类号: G250.7;G258.5　　**文献标志码:** A

中宁县移动阅读服务体系是以电子书借阅机作为服务窗口,以移动图书馆客户端作为服务载体,以微信公众账号作为服务平台向读者推送图书馆服务的可操作的图书借阅媒介。移动图书馆的电子图书借阅机拥有内置 3000 册电子书资源, 每月不断更新替换 150 种电子书。移动图书馆客户端可以将借阅机中的电子书资源免费加载到本地,实现随时随地免费看书。同时,电子书借阅机中下架的电子书在移动图书馆客户端书世界书库中都可以找到。移动图书馆客户端登录后,还可以查询传递 300 万种电子书、期刊、论文等学术资源;订阅全国近 300 种报纸。客户端中还有内置的学术视频、公开课等资源供读者使用。另外,读者还可以通过移动图书馆客户端订阅网络上的开放存取资源。

1　中宁县图书馆移动阅读服务体系

1.1　移动终端阅读平台

中宁县图书馆移动终端阅读平台是读者自助借阅系统应用平台,手持移动终端的客户只要扫描二维码就可以下载平台内的任何免费电子图书,随时随地进行阅读,还可以对阅读过的书籍进行评论,并在平台上"我的图书馆"管理下载的电子书。同时,借阅系统中每月下架的 150 种电子书都会植入移动端。与移动图书馆客户端统一后,还可使用移动图书馆的其他服务,如期刊、报纸的实时查阅等。

1.2 电子图书资源

中宁县图书馆电子借阅机中全年免费获取的电子书多达 2000 多种,可供读者自行阅读,系统会定期更新 100 多种最新电子图书,以满足读者的阅读需求。

1.3 数据中心服务器

中宁县图书馆的免费电子借阅机借助网络通过与馆内数据资源服务进行电子书的及时更新,让读者在第一时间内就能读到最新的图书。移动图书管理系统自动在后台管理,通过网络及时与电子借阅机进行数据交流,全面实时对各个角落里的电子借阅机的运行状况进行监控,及时将读者在电子借阅机上点击和阅读以及下载电子书的次数进行统计。

2 中宁县移动图书馆建设及功能

移动图书馆是数字图书馆的一个分支,它具备数字图书馆的一般特征,同时还具备"可移动"的特征。这种"可移动"的特征表现在普通用户和读者可以不必依赖于个人电脑终端来实现数字资源的检索、浏览、下载和阅读,用户和读者可以通过手中的便携式数字图书阅读设备(智能手机、平板电脑等)来获取图书馆数字资源的整套数字化信息资源和服务。[1]

移动阅读作为数字阅读的深度应用形式,克服了需要电脑、网络以及固定位置才能进行数字阅读的限制。移动设备的普及、4G 网络的全面覆盖,改变了传统的阅读方式,极大地满足了人们数字阅读的随意性。因此,图书馆将因为引入移动数字阅读而扩大读者的使用范围,而发挥更加巨大的作用。[2]

2.1 中宁县移动图书馆建设

中宁县图书馆移动阅读终端是专门为广大读者研发的专业移动阅读平台,读者可在手机、Ipad 等移动设备上自助完成个人借阅查询、馆藏查阅、图书馆最新咨讯浏览,同时拥有超过百万册电子图书,海量报纸文章以及中外文献元数据供读者自由选择,为读者提供方便快捷的移动阅读服务。[3]中宁县图书馆移动阅读平台有以下几个特点。

(1)与文华数字图书馆 OPAC 系统的集成。馆内纸质文献数字化平台的检索与查询实现自助服务,图书馆 OPAC 系统将通过外部网络进行访问。

（2）与共享云服务体系集成。实现宁夏地区分馆、总馆以及区内外数字资源的联合检索与查询以及纸质文献的传递服务。

（3）构建读者信息交流互动平台。为读者开放评论、信息发布及最新公告等个性化服务。

（4）"我的订阅服务"。以读者为中心,广泛听取各方意见,为各类读者定制个性化阅读功能,如"我的书架"等。

2.2 中宁县移动图书馆功能

移动图书馆应依托集成的海量信息资源与云服务共享体系,为移动终端读者提供资源搜索与获取、自助借阅管理和信息服务定制的一站式解决方案,具有十分突出的功能与技术优势。

（1）基于元数据的一站式检索。系统应用元数据整合技术对馆内外的中外文图书、期刊、报纸、学位论文、标准、专利等各类文献进行全面整合,在移动终端上实现了资源的一站式搜索、导航和全文获取服务。[4]

（2）适合移动设备的信息资源。基于移动设备屏幕小的特点,中宁县数字图书馆自适应移动设备屏幕,为读者提供几万本 E-pub、PDF 格式的电子书及期刊、论文等,方便读者阅读。

（3）云服务共享。移动图书馆利用大智慧云平台,为读者提供全天候的免费阅读、下载服务,电子图书、论文、期刊都可以通过手机、Ipad、手提电脑接收电子全文,随时随地进行阅读。

（4）个性化服务体验。利用手机、Ipad、手提电脑与图书馆数字平台对接,读者随时随地对馆藏目录进行查询、图书续借、图书预借、纸制书的挂失、借书到期提醒、电话服务、通借通还、图书交换、学习辅导等自助式移动服务。还可进行读者推荐、联合参考查询、读者反馈、读者登录、修改密码、我的书架等信息交流功能。

3 移动数字图书馆基础上的微信公众平台开发

微信公众平台于 2012 年 8 月 23 日正式上线,它为用户创造了更好的用户体验,形成一个不一样的生态循环。作为一个拥有亿级用户的平台,微信已经逐步渗透进人们的生活之中,而微信公众平台更是在人们的生活中成为一种极其重要的营销推广工具,并且在社会发展的潮流中为人们的生活带来巨大的便利。

公共图书馆的微信平台,成为读者获取图书馆内数字资源、使用图书馆移动数字图书的重要手段之一。中宁县图书馆的微信公众平台主要包括三个部分。

(1)我的图书馆。中宁县图书馆的数字移动图书馆包含了图书馆的部分常用功能,读者在任意时刻、任意地点通过移动设备查询中宁县图书馆的馆藏信息、办理借阅服务以及续借等,及时了解中宁县图书馆的最新新闻公告,随时获得重要消息。

(2)微阅读。中宁县图书馆的数字移动图书馆为读者提供各类优质的学术数字资源,为读者提供移动阅读服务,包括精选报纸、期刊、好书推荐、热门图书、公开课等,满足读者阅读、学习的需求。

(3)常用服务。包括客户端的下载以及常见问题答复等,解决读者最基本的服务需求;在图书馆微信平台可随时推出图书馆重要资讯、资源更新、读书文化节等,及时为读者推送各种信息,提供服务,搭建图书馆与读者沟通的桥梁。

【参考文献】

[1] 肖学斌.移动数字图书馆的发展与展望[J].图书馆杂志,2009,28(4):7-9,16.

[2] 秦嘉杭.泛在知识环境下的高校图书馆资源构建策略研究[J].农业图书情报学刊,2014,26(11):25-28.

[3] 张群乐.公共图书馆以"手机图书馆"为基础的信息服务模式[J].黑龙江科技信息,2015(7):116.

[4] 湖南化工职院有移动图书馆啦[EB/OL].[2017-11-17].http://www.worlduc.com/e/blog.aspx?bid=50270060.

浅谈数字阅读对未来图书馆的塑造

姚嘉迪

(甘肃天水市图书馆)

摘　要:网络时代人们的阅读行为发生了重大变革,数字阅读正在颠覆以纸质图书为代表的传统阅读方式。文章通过分析数字阅读的现状与特点,提出了图书馆在阅读转型期间满足读者阅读需求的应对措施,阐述了未来图书馆发展的几种新模式。

关键词:数字阅读;阅读转型;未来图书馆

中图分类号:G252.1　　　**文献标志码:**A

近些年,随着网络和信息技术的迅猛发展,数字阅读开始进入到人们的日常生活中,给人们的阅读方式带来了重大改变,同时也给传统阅读场所的图书馆带来了阅读的革命。图书馆不得不随之转型,既要继续坚持文献资源中心的地位不动摇,保留传统阅读的一方净土;又要紧跟时代发展,引领数字阅读的潮流。

1　数字阅读的现状与特点

数字阅读即阅读的数字化。相较于传统的书本阅读,数字阅读的基本特征是阅读对象的数字化和阅读方式的数字化。从阅读对象来说,电子书、网络小说,数码照片、电子杂志、网页等内容,是以数字化的方式呈现的;从阅读方式来说,阅读需要借助电脑、手机、平板、阅读器等带屏幕显示的载体来完成。

1.1　数字阅读的现状

《2016年度数字阅读白皮书》显示,2016年中国数字阅读用户规模已超过3亿,市场规模已经达到 120 亿元人民币左右。[1]中国新闻出版研究院于 2017 年发布的第十四次全民阅读调查数据显示,2016 年我国成年国民各媒介综合阅读率为 79.9%, 其中以网络在线阅读、手机阅读、电子阅读器阅读、Pad 阅读等为代表的数字化阅读方式的接触率为 68.2%,比 2015 年的 64.0%上升了 4.2 个百分点,已经连续 8 年保持上升势头。在阅读形式倾向方面,51.6%的成年国民倾向于"拿一本纸质图书阅读",33.8%的国民倾向于手机阅读,9.8%的国民倾向于"网络在线阅读",3.8%的国民倾向于"在电子阅读器上阅读",1.0%的国民"习惯从网上下载并打印下来阅读"。在手机阅读接触群体中最受欢迎的电子书类型方面,都市言情、文学经典、历史军事、生活社科、武侠仙侠、悬疑推理分别占 23.5%、17.2%、15.4%、15.1%、14.8%、13%。[2]

1.2 数字阅读的特点

(1)阅读内容丰富多彩。数字阅读的内容丰富多彩,文字、图片、图像、声音等都可以成为数字阅读的对象。在电脑和智能手机普及的今天,随时随地上网浏览信息已经成为许多人的日常习惯。利用互联网,人们可以看到不同领域和不同国家、地区的信息,这样就使读者在单位时间内获取的信息量更大。在新型的数字化阅读中,新闻、娱乐、经济、体育、微博、微信等各类资讯形式更新快、传播广,与人们的日常生活紧密融合,已经成为当今大众阅读的主流。

(2)阅读过程双向互动。传统大众传播的典型特点是从传播者到接受者的点对点单向运动,信息传播者决定一切,传统阅读也是如此。[3]尽管读者可以自主选择读物,但这种选择是以市场上的既有出版物为前提进行的。新型的数字化阅读尤其是网络阅读的出现,使这一现状得到了改变——阅读逐渐转变为读者与作者的双向互动,不再是作者传递信息、读者被动接受的单一过程。数字阅读时代,读者可以在网络上和作者进行实时互动,可以借助微博、BBS、贴吧等给予作者反馈,表达观感。网络作者们可以采纳读者留言,及时调整故事大纲,使读者的审美偏好得以满足,创作由个人智慧变成集思广益,实现了共赢。

(3)阅读环境开放自由。数字阅读资源以数字化编码的形式,存储在网络空间和阅读载体自带的虚拟内存中,不占据实体空间,方便携带。人们可以随时随地访问并获取阅读资源,不必再拘泥于图书馆和书店。阅读行为也可以在任何时间、任何地点发生,随意性强。数字阅读使阅读突破了时间和空间的限制,更加开放自由,无所拘束。碎片式阅读、快餐式阅读、分享式阅读、非线性阅读、眼球阅读等多种阅读方式应时而生。

2 图书馆如何适应数字时代的阅读需求

2.1 建立高效的有版权保护的电子资源数据库

随着信息化建设的不断发展,建设数字图书馆是大势所趋。一个内容完善的数字图书馆,不仅要存储阅读资源,还应该提供音频、视频等多媒体资源以满足人们的视听需求。这就对数据库的性能、可靠性以及数据的存储介质提出了比较高的要求。如一家中等规模的数字图书馆,存在书籍资料查阅、论文下载、图片搜索、视频点播等各种需求。因此,需要一套高性能、高可靠性的数据库系统和足够的网络宽带,用以支撑数据库的频繁运转。

如果说高性能的硬件设备搭起了数字图书馆的外在框架,那么高品质的馆藏资源则赋予其内在灵魂。数字图书馆要想持续长远发展,必须重视版权问题。目前,国内的数字版权保护机制缺位,虚拟数字资源可以被大量复制,令许多的出版社在数字出版方面裹足不前。数字图书馆的建设是一个前景广阔的市场,将成为一个契机,带动整个数字出版行业的健康有序发展。只有数字出版产业化了,图书馆才能够采购到更丰富的数字资源,数字图书馆的资源建设才能持续良性发展。

2.2 开展阅读指导,提高读者的数字阅读素养

网络上数字阅读资源丰富,参差不齐。读者在面对浩如烟海的数字资源时,往往会陷入无所适从、难以选择的境地。无法高效地挑选出优质阅读资源,成为很多读者在数字阅读方面的一大痛点。图书馆有责任和义务改善这一现状,以提升数字阅读效益为前提,对读者的阅读过程有计划、有目的的施予帮助和指导。

开展阅读指导,首先要加强对读者的教育培训,提高他们的数字阅读素养,使其掌握有效的阅读方法和良好的阅读习惯;其次,要通过图书馆网站、微信公众号等媒介,向读者推荐热门图书和精选杂志,引导读者走进图书馆。以图书梗概和简短书评的方式,在"感兴趣的图书"和"有需求的读者"之间搭建桥梁,做到"为人找书,为书找人"。再次,可以建立线上书友会,利用 QQ、微信等即时通讯平台,把有共同兴趣爱好和相似阅读习惯的读者联结到一起,共享阅读资源和信息。在相互交流分享中,读者将会获得更加深刻的阅读体验,自身的数字阅读素养也将得到提升。

2.3 提升馆员素质,服务至上

英国图书馆学家哈里森曾说:"即使是世界第一流的图书馆,如果没有能够充分发掘

馆藏优势、效率和训练有素的工作人员，也难以提供广泛有效的读者服务"。[4]从某种意义上说，图书馆员的素质对图书馆提供服务的质量有着重要影响。

数字阅读的出现延伸与拓展了图书馆的服务职能，图书馆不再单纯是图书流通的场所，图书馆馆员的核心工作也不再紧紧围绕馆藏图书进行。以人为本，立足用户需求，是图书馆馆员职业角色转变的必然趋势。在新的时代条件下，图书馆馆员将不再单纯是图书的"服务员""保管员"，而应以"信息导览员""图书推介者""阅读指导者"的形象面向读者。这就给广大图书馆馆员们提出了更高要求，既要具备职业精神，树立"读者第一，服务至上"的理念，处理读者在阅读过程中可能遇到的各种问题；又要具备较高的信息素养，主动去了解和把握读者的需求，围绕读者的需求去提供服务、组织服务，设计出面向读者需求的服务体系。

3 关于未来图书馆的几点思考

数字时代，传统的图书馆和图书馆服务已经不能满足读者日益增长的物质文化需求。图书馆想要继续承担保存人类文化遗产、传递科学知识信息、实施社会教育、开发智力资源、提供文化娱乐的社会职能，就必须顺应时代发展，迎来转型升级。如果要问未来的图书馆是什么样子？答案五花八门，归结为一点就是读者满意的图书馆。只有不断满足读者需求，为读者提供令他们满意的服务，图书馆才能永葆青春活力，才能彰显自身的价值。由此提出未来图书馆发展的几种新模式。

3.1 泛在图书馆

泛在图书馆是图书馆发展的更高级形式。从传统图书馆到数字图书馆，图书馆的服务范围不断扩大，逐渐从馆舍之中走向围墙之外。利用数字图书馆，用户可以无须到馆，直接登录图书馆网站就能得到服务，这种服务以图书馆为中心进行，很大程度上改善了读者体验。但以图书馆现有的信息咨询服务功能来说，还不能让用户随时随地获取他们需要的信息和服务。"泛在图书馆"理念的提出突破了这一局限，重构了图书馆的服务模式，让人们对图书馆的用户服务有了全新的认识。泛在图书馆要求图书馆服务围绕用户及其需求进行，其显著特征是：用户在哪里，图书馆的服务就在哪里。[5]图书馆的信息服务超越了时间和空间的限制，无时不在，无处不在。

网络的发展和普及使越来越多的用户选择在互联网上随时随地获取信息，搜索引擎的方便、快捷、高效已经成为很多人首选的信息查询工具，维基百科、谷歌学术、百度知道等网络平台,可以提供海量的免费教育内容,图书馆作为知识交流的中坚媒介正在被悄然遗忘。泛在图书馆的出现,使图书馆文献信息资源中心的地位得以继续保持。向用户提供随时随地地服务,成为当下图书馆建设的新一轮挑战。图书馆必须不断创新服务模式,主动融入到用户的日常生活中。图书馆馆员的职业定位将不只是在图书馆里工作的人,更多的是在用户的空间中(包括物理空间和虚拟空间)提供知识服务的知识工作者。图书馆只有紧跟时代发展,不断延伸自己的服务范围,让服务贴近用户,为用户创造价值,才会拥有无限的发展空间和潜力,才会在未来社会的信息知识领域占有一席之地。

3.2 智慧图书馆

智慧图书馆的出现有赖于物联网环境的不断完善,在大数据分析、云计算及 AI 技术广泛应用的今天,利用电脑、手机 APP,甚至可穿戴设备,图书馆的智能化服务水平不断发展。已经出现的无人值守自助式图书馆就是智慧图书馆的雏形,其利用远程控制技术和 RFID 技术,实现了读者的自助借还书操作。以读者为中心的智慧化服务,是智慧图书馆发展的终极目标。有报告分析指出,未来 4—5 年,物联网技术将鼓励推行图书馆的"智能书架"。[6]该书架可以根据读者的年龄、性别、文化程度、借阅历史、检索记录等信息,为读者量身定制个性化书单。这样就实现了图书和其潜在读者之间的精准衔接,实现了书书相通、书人互联。此外,智慧图书馆还要求图书馆由信息中心向知识中心、智慧中心转化,并通过自身的资源整合集群,最大程度的实现信息共享,从而启发并引导读者的知识创新与智慧探索。

总的来说,智慧图书馆是社会发展到更高阶段的产物。利用先进技术手段,智慧图书馆既能对现有信息资源(包括纸质资源和电子资源)进行感知和处理,并向用户提供文献信息服务,又能重视用户需求,创造人与知识的融合,鼓励知识的创新和价值转化,提供以人为本的知识服务、智慧服务。

3.3 复合型图书馆

随着社会朝着多元化发展,图书馆的社会角色也在向多元化迈进,正在迎来从单纯的图书借阅场所向信息共享、知识共享空间的转型。最初出现的信息共享空间集书刊阅览、信息咨询、休闲水吧于一体,给读者创造出一个交流分享的场所。为了满足读者日益增长的文化需求,提供不同类型的文化服务,图书馆已逐渐发展成为复合型的公共文化服务中心。目前,在发达国家和地区已经有先进的复合型图书馆出现,图书馆兼具文化馆、展览馆、青少年活动中心的职能,读者在此能享受到一站式便利的服务。更有图书馆开始提供诸如 3D 打印设备、编辑制作空间等资源，让这些资源全方位、多角度的为读者服务，达到开发智力资源、提供文化娱乐的目的。在建的上海图书馆东馆，就是复合型图书馆的一个典型范本。以 建设"互联网+"时代下的全媒体复合型图书馆为目标，上海图书馆东馆在空间设定上完全满足数字时代对图书馆的全新定义——图书馆从单一的藏书、借阅场所转变为以阅读为主的文化服务中心。在这里，书和书库仅占建筑总面积的2%，绝大多数空间都敞开供读者使用，读者可以在开放的空间里读书，还可以进行音乐、绘画、手工等方面的创作。可以说，这是一座完全开放的、体验式的图书馆。

复合型图书馆是数字时代图书馆发展的一个总体趋势——不只传播知识和信息，启迪大众智慧，而且提供创造的场所和工具，引导大众的探索实践。总之，未来的图书馆集成了学习、研究以及创意体验，是一个启发灵感、激扬智慧的一站式服务场所。

4 结语

数字阅读的繁荣给图书馆的发展带来了机遇与挑战。作为阅读活动的主阵地，图书馆要正视数字阅读带来的影响，积极调整策略，以主动的姿态参与信息的互动与交流，完成从藏书中心、阅读中心逐渐向知识中心、共享中心的转变。使未来的图书馆，不仅是知识的枢纽、终身学习的课堂，更成为建立在信息共享与包容创新基础上的文化服务新空间。

【参考文献】

［1］ 2016 年中国数字阅读白皮书发布：市场规模达 120 亿元［EB/OL］．［2017-12-15］．http://news.163.com/17/0414/21/CI101OOA00018AOQ.html.

［2］ 全方位解读"第十四次全国国民阅读调查报告"［EB/OL］．［2017-12-15］．http://book.sina.com.cn/news/whxw/2017-04-18/doc-ifyeimqy2574493.shtml.

［3］ 朱昭渝，史雯.新媒体时代数字化阅读的审视［J］.现代情报，2011（2）：21-29.

［4］ 王秀英.泛在图书馆与泛在知识服务［J］.情报探索，2014（4）：129-131.

［5］ 初景利，吴冬曼.论图书馆服务的泛在化——以用户为中心重构图书馆服务模式［J］.图书馆建设，2008（4）：62-65.

［6］ 新媒体联盟地平线报告（2014 图书馆版）：未来图书馆就在你的指尖［EB/OL］．［2017-12-15］．http://www.jyb.cn/world/gjgc/201412/t20141210_606945.html.

以人为本　以知为力
——基层图书馆文化精准扶贫路径探析

李　丹

（甘肃酒泉市肃州区图书馆）

摘　要：基层图书馆作为公益性文化服务机构，是当地文献收藏利用中心、信息咨询服务中心、文化娱乐中心，是引导全民阅读、加强未成年人思想道德建设、创建文明城市主要阵地，是文化精准扶贫的重要组成部分。文章以肃州区图书馆为例，就做好贫困人口阅读推广、文化知识与信息技术传播工作方面进行分析，对图书馆参与文化精准扶贫的方式方法进行研究，以期更好地发挥图书馆均等文化服务和社会教育的职能。

关键字：基层图书馆；文化精准扶贫

中图分类法：G258.23　　　**文献标志码：**A

基层公共图书馆作为地方公共文化服务机构，承担着提高市民科学文化素质和社会文明程度的重任，对深入开展文化精准扶贫工作责无旁贷。基层图书馆通过对贫困人口细分，区别致贫原因，如因病致贫、因伤致贫，无工作收入或收入极低、单亲、孤寡年老等困难因素，结合脱贫抓手，给予知识、技术上的帮扶，提高贫困人口自身素质，提升致富能力。[1]在提供读者服务中，按照读者获取知识能力和参与意愿细分，让获取知识能力强、参与意愿高的人带动弱者，引导贫困人口向知之者到好之者再到乐之者转变，最终实现文化脱贫[2][3]。

1　公共图书馆文化精准扶贫的意义

"文化精准扶贫"是通过在文化设施建设、文化产品供给、公共文化服务、文化产业扶持、精神文明建设等方面,开展因需而异、因地制宜的精准扶贫活动,从而有效提升贫困人口的文化素养和知识技能,逐步改善和推动贫困地区的经济、文化发展。[4]

文化扶贫与产业扶贫、商贸扶贫、捐赠扶贫等实物补偿式扶贫不同,是意识扶贫、智力扶贫、思路扶贫。这个过程更像是"调理"的过程,它以人为中心,解决内在问题,旨在通过提升贫困人口的文化素质、技能水平来增强自身发展的潜力,以实现扶贫的"治愚"和"造血"功能,以增强脱贫的内在动力。美国经济学家舒尔茨认为:"影响人的贫困或富裕的决定性因素是人,是人的自身素质"[3][4]。因而可以说,文化扶贫是扶贫工作的"治本"之举。

文化精准扶贫的意义主要有以下几个方面:

(1)培养终生学习意识,改善贫困人口因工作忙碌和生活习惯等因素带来的学习兴趣不足,热情不大,缺乏钻研的问题。通过学习,改变文化素养低、思想观念落后,固执、不讲理,认死理的处世态度,充分接受先进文化和现代文明的影响,更好地融入到现代社会中。

(2)补齐文化匮乏短板,普及法律、健康生活、家庭教育、心理辅导等方面的基础知识,杜绝因精神生活匮乏而带来的封建陋习抬头,低俗、媚俗、庸俗生活方式和文化现象;杜绝因法律知识淡薄而引发的犯罪行为;杜绝因错误生活方式生活习惯带来的卫生健康问题。

(3)传播先进文化和现代文明,传播正能量,促进家庭和谐、邻里和谐。改善因家庭教育不当或缺失而带来的家庭矛盾激化现象,促进家庭成员之间有效沟通,家庭关系和睦融洽。以理性文化引导青春期孩子解决浮躁、迷茫、自卑、虚荣、妒忌、攀比等迷失问题,让他们更加清晰地认识到正确的人生观和价值观对自身发展有所裨益。

(4)传播科技、帮民致富。通过提升贫困人民群众的科学文化素质和创造力,使文化程度低、经济条件差、个人发展能力弱的人群改变听天由命、得过且过、懒散怠惰、好逸恶劳的人生观、价值观和"等""靠""要""混"的消极落后思想,使其有机会提高自身的文化素质,打开视野,拓展思维,增强发展能力。[1]

(5)丰富文化娱乐内容,增强幸福指数。通过形式多样、内容丰富的文化娱乐活动来丰富人们的业余生活,解决弱势群体娱乐活动单一、娱乐项目低俗化问题,使贫困人民群众的观念、生活方式和习惯在潜移默化中被改造和更新。

2 文化立法助推公共图书馆文化精准扶贫

《中华人民共和国公共文化服务保障法》《中华人民共和国公共图书馆法》相继出台，以法律的"硬规定"和"强制力"助推文化精准扶贫。公共图书馆是社会主义公共文化服务体系的重要组成部分，"保障公民基本文化权益，提高公民科学文化素质和社会文明程度，传承人类文明，坚定文化自信"是图书馆工作的价值所在，，推动、引导、服务全民阅读是图书馆工作者的使命追求。[5][6]公共图书馆是一个"没有围墙的大学"，使每个人都有平等求知的权利，做好贫困人口文化服务是图书馆的职责所在。可以说，图书馆的作用就是为每一个人提供见多识广的机会，帮助读者提升自身软实力，使其成为具有正确的价值取向、处事理性、具有学习能力和探究精神、珍爱生命、有健全人格、有担当的"全面发展的人"，以促进自身发展。

两部文化大法进一步推进地方文化事业发展，促进体制机制进一步创新和改革，推动地方文化服务体系进一步健全。比如酒泉市肃州区按照公益性、基本性、均等性、便利性的要求开展文化惠民工程，建设社区综合文化活动中心、农村文化大院，设立老年人日间照料中心、图书漂流点和留守儿童特色书屋，加大对农家书屋的投入，不断完善社区文化活动中心和农家书屋设施设备，建立农家书屋出版物补充更新机制，促进了图书馆服务向城乡基层延伸，提高了公共文化服务效能。

3 基层图书馆开展文化精准扶贫的途径

文化精准扶贫贵在精准，重在精准，成败之举在于精准，要扶到点上、根上，让贫困群众真正得到实惠。[7]以贫困问题为导向进行精准分析，基于地方实际制定精准对策，提高文化扶贫的针对性。

结合图书馆读者服务和社会教育工作实际，基层图书馆可通过以下几个路径来提升文化精准扶贫效果。

（1）加强文献资料建设，以满足读者对一些学习文献、娱乐文献和特色文献的需求。在文化精准扶贫工作中，起主导作用的依然是文献资料建设。精确定位贫困对象，精确掌握贫困人口文化程度、兴趣爱好、阅读需求等实际情况，在保障藏书的新颖性和权威性的基础上，以需求为导向，以实用为标准，贴近百姓生活，切合贫困人群阅读水平和认知水平，将表现他们精神诉求的文化，如科技、法律法规、国学经典、传统文化、心理健康、励志成长、人物传记等方面的资料以通俗、喜闻乐见的形式推广,以提高贫困人口学习研究兴趣。

(2)发掘数字资源,有计划地开展文化信息服务工作,发展公共文化数字精准扶贫。基层图书馆应尽可能多地为贫困人口收集、播放简单易学又实用的数字音像资料,还可以利用电子书借阅系统、数字资源宝、光盘影视资料等资源,开展文化信息服务。如肃州区图书馆利用数字资源开展的健康养生、文明礼仪、家庭教育、法律法规等方面的讲座和电影展播等活动,利用音像直观、易学的特点,充分发挥了文化共享工程数字资源价值,并通过推广肃州区图书馆微信公众号和移动图书馆 App,满足贫困人口群体文化需求和个体文化需求,提高文化扶贫效能。

(3)注重未成年人阅读推广活动。肃州区图书馆举办的各类社会教育活动中,社会效益大,关注度高的活动无疑是关于教育方面的活动。对于贫困家庭来说,由于工作生活压力大,监护人往往无暇顾及孩子的引导和教育且教育方式多为粗陋、直接,不注重孩子的引导、沟通和内心健康的培养。贫困家庭的孩子相对来说,他们内心更加脆弱,更容易产生自卑、孤僻、迷失等问题,更需要人的呵护和引导。这种心理需求矛盾往往还会带来或大或小的家庭矛盾或家庭问题。面对这一现象,图书馆可以借助馆藏资源和志愿者服务,组织开展亲子活动、家庭教育主题交流会、专题图书推介、讲座等各类活动,让监护人有意识地纠正教育中的错误方式,帮助未成年人维护心理健康,形成良好的学习习惯和积极向上的生活态度。同时,积极宣传号召社会捐赠,结合图书漂流活动,建立起捐书、漂流动态传播体制。如那些注重培养孩子阅读习惯的家庭存有很多儿童读物,而这些图书具有内容丰富但收藏价值低的特点,可以采取孩子署名捐赠,投放漂流,让束之高阁的书漂流到需要的孩子手中,发挥出闲置图书的价值。

(4)以群众"喜闻乐见,寓教于乐"的方式开展各类读者活动,以贴合群众身边的小事,来发掘出民生的大主题。文化扶贫的目标是提高贫困人口素质,增强脱贫致富的本领,提升贫困人口文化生活的幸福指数。如肃州区图书馆开展接地气的朗诵活动、文艺展演、送春联送"福"活动、编排乡村小品,戏曲联唱节目等,其中美文朗诵以其内容丰富、形式多样,易参与等特点,效果显著。开展道德讲堂,通过宣传劳动模范、英雄人物的先进事迹以及脱贫致富的典型事迹,引导贫困人群开拓进取,发愤努力,勤劳致富。这些活动以轻松娱乐的方式吸引着目标人群参与到文化扶贫工作中来,耳濡目染中不知不觉改善原有生活方式和生活态度。

(5)收集、挖掘地方特色文化和非物质文化遗产保护成果。汇集地方文献信息,保存和传承地方文化,注重地方文化资源和地方文献的开发利用。如收集有关说唱《酒泉宝卷》、夜光杯雕、黑醋手工酿制技艺、肃州碗席、酒泉老社火《地蹦子》《二鬼打架》等保护名录内容的书籍、纪录片、影像资料等,加强对非物质文化遗传保护的宣传。发掘民间文化,如"四合汤"等民间药方和酒泉中草药应用,搜集民间故事,融合乡土文化人才、文化能人、非遗传承人、文艺团队、地方文化爱好者、文化工作者以及文化志愿者的智慧和力量,开展地方文化研究交流,助力地方文化资源的开发和推广。

(6)与多部门合作,形成扶贫合力。为进一步促进文化精准扶贫工作的发展,应当结合各方力量,汇集多方智慧,整合各领域资源,形成扶贫合力。在肃州区,文化扶贫工作除了图书馆开展以外,肃州区劳务办、农牧系统、法院、医疗卫生机构和各民主党派等单位或机构都组织了相关活动。基层图书馆在精准扶贫工作中可以加强与各单位扶贫工作相融合,优势互补,提高资源质量和利用效率,促进文化精准扶贫工作高效开展。

4 结束语

人有知学,则有力矣。现今,基层图书馆通过完善设施设备馆藏资源,优化阅读推广读者服务,双驱动提升文化精准扶贫服务的工作质量和水平。在阅读指导、讲座展览、演讲诵读等活动开展中,促均等,提效能,"种"文化,在文化精准扶贫中最大限度地发挥了基层图书馆的功能作用。

【参考文献】

[1] 王春雷.图书馆助力"文化扶贫"的路径探析[J].人文天下,2016(07):74-76.

[2] 王尧.基于精准扶贫视角的图书馆文化扶贫精准识别研究[J].图书馆工作与研究,2016(5):38-42.

[3] 詹景海.精准扶贫视角下图书馆文化扶贫路径研究[J].图书馆学刊,2017(1):33-37.

[4] 曲蕴,马春.文化精准扶贫的理论内涵及其实现路径[J].图书馆杂志,2016(9):4-8.

[5] 中华人民共和国公共文化服务保障法[EB/OL].[2016-12-25].http://www.npc.gov.cn/npc/xinwen/2016/12/25/content_2004880.htm.

[6] 中华人民共和国公共图书馆法[EB/OL].[2017-11-04].http://www.npc.gov.cn/npc/xinwen/2017-11/04/content_2031427.htm.

[7] 习近平谈扶贫:扶到点上扶到根上[EB/OL].[2016-09-01].http://www.wenming.cn/specials/zxdj/xjp/mtjd/201609/t20160901_3651805.shtml.

基层公共图书馆文化精准扶贫现状和对策思考

——以通渭县图书馆结对帮扶为例

王 瑛

（甘肃定西市通渭县图书馆）

摘 要: 文化扶贫是从文化和精神两个层面武装、引导、塑造、鼓舞贫困户,解决智力贫困、信息贫困、观念贫困、文化贫困等问题,努力为扶贫攻坚提供智力支撑、注入精神动力,从而摆脱贫困,是实现脱贫致富的关键和根本。图书馆作为文化扶贫工作的重要组成部分,要从文化和精神两个层面给予贫困户帮助。文章以通渭县图书馆结对帮扶为例,结合其开展文化精准扶贫现状以及资源优势、设备优势、技术优势,探讨欠发达地区公共图书馆开展文化精准扶贫对策。

关键词: 通渭县图书馆;文化扶贫;对策

中图分类号: G258.22　　**文献标志码:** B

"扶贫必扶智"是习近平新时期对扶贫工作的新论断,是对党的扶贫理论的新发展。"扶智"就是通过对贫困户的文化扶贫,提供知识、技术、思路,提高贫困户的文化素质,增强贫困户的技能水平,激发贫困户的内生动力,从而实现贫困户的"造血"功能,是精准扶贫工作的重要内容,关系到精准扶贫成果的持续性发展。公共图书馆作为社会教育中心,一直致力于发挥自身的社会教育职能,推广科学文化知识。因此,对于基层公共图书馆而言,在精准扶贫领域,通过文化、精神、智力开发,开展社会教育,有利于改善村民精神面貌,转变村民思想观念,提高村民思想认识水平。助推精准扶贫工作,是图书馆推进文化精准扶贫的职责所在。

1 通渭县图书馆开展文化精准扶贫现状

1.1 开展结对帮扶,与贫困家庭"一对一"

通渭县精准扶贫工作开展以来,各单位与贫困村结对帮扶。通渭县图书馆与碧玉镇岳岔村贫困家庭开展"一对一"帮扶,通过定期走访、慰问,及时掌握贫困家庭信息,开展扶贫帮扶工作。对有上学子女的贫困家庭,通过上门办证、送书上门等方式鼓励其好好学习,对高考成绩达到全省一本线以上的贫困家庭考生进行经济援助,鼓励其他贫困家庭学生努力学习,刺激贫困家庭的内生动力。鼓励贫困户要勇于克服困难,保持乐观积极的生活态度,努力改善家庭生产生活条件,早日实现脱贫致富。

1.2 开展送书下乡,推广全民阅读

开展图书下乡进村社,主动担当"文化使者",是开展文化精准扶贫最直接的形式。2014年以来,通渭县图书馆为提高贫困村文化服务能力,全面提升贫困农民科学文化素质,加快文化扶贫,利用流动图书车在全县开展"送书下乡"活动;推广全民阅读,打造"书香通渭",为贫困村群众输送知识营养,为贫困村经济建设提供精神动力和智力支持,让贫困群众在精神上"站起来",在文化上"富起来"。

1.3 以微信公众号为媒介,开展科技信息传送

移动学习是继电子学习之后出现的新型学习模式,是借助移动通讯技术和移动通信终端进行的"随时、随地、随身"学习的形式,它所具有的交互性、便携性、实时性、情境性及以学习者为中心等优势令其备受推崇。[1]通渭县图书馆在全县精准扶贫帮扶工作中,利用馆藏资源,搜集加工整理各种富民信息、种养殖技术、进城务工信息、精准扶贫政策等,并将其上传至图书馆微信公众号。在碧玉镇岳岔村进村入户了解户情的同时,推行通渭县图书馆微信公众号,让贫困户通过扫码关注,为他们提供科学技术传送,创造贫困户自主学习机会,加强技能培训、创业能力、就业水平,维护精准扶贫成果可持续发展。

1.4 仅局限于关注实物扶贫,文化精准扶贫质量不高

由于资金紧缺、人才匮乏,通渭县各乡镇对图书室、农家书屋的管理不够重视,存在开放时间不达标、电子设备配备不足、活动少、藏书量不足且更新不及时,信息化建设落后等问题,导致农村文化阵地建设不能满足村民阅读需求。通渭县图书馆人力资源也相对紧缺,不能随时随地参与农村文化建设,只能抽时间指导;在结对帮扶村按月开展文化精准扶贫工作中也存在质量不高、服务不到位、不精准等问题。同时,贫困村人口多以老

年人和未成年人为主,通渭县图书馆文化信息资源的输入有偏差,导致大多数贫困人口喜欢经济扶贫、物质扶贫,对图书馆开展的送书下乡、微信公众号的技术传送的热情度不高,文化扶贫的效果不佳。

2 通渭县图书馆开展文化精准扶贫的优势

2.1 资源优势

图书馆作为一个地区的文献典藏中心,全面收藏并整合包括图书、报纸、期刊、声像、微缩胶片、数字资源等各种载体在内的文献资料,集中保存该地区的人类文明与成果,堪称"人类知识和文明的智库"。通渭县图书馆馆藏资源涵盖农业科技、养殖种植、生活保健等各个领域,可为贫困人口提供智力支持。同时,通渭县图书馆共享工程县级支中心的建立,使其方便利用数字资源库开发提炼有针对性的数字资源,并以微信公众号、移动存贮、光盘等方式供给贫困人口,实现资源共享。

2.2 先进的设备设施优势

随着科技的发展,图书馆服务从传统服务演变到当今的多元化服务。服务现代化、服务信息化、服务数字化是衡量图书馆优劣的一项重要指标,全国县级以上图书馆普遍建立了馆内局域系统,并与因特网连接,能免费给读者提供海量信息资源。通渭县图书馆在数字化建设进程中,先后启用大型存储服务器、触摸式电子阅报器、24 小时电子书借阅机、"一卡通"暨区域通借通还等更为人性化的便民服务设施,这些设施设备能让读者随时随地平等地获取信息资源,共享免费的公共文化服务产品。

2.3 技术优势

公共图书馆先进的数字化技术为精准扶贫提供了有效的技术支撑,通渭县图书馆通过对贫困户的信息采集、分析,做到进一步精准贫困群体,根据贫困人口短板需求分析数据,调整扶贫政策和帮扶计划,真正做到精准化扶贫。

3 基层图书馆开展文化精准扶贫的对策

3.1 与政府加强合作,加强总分馆建设,完善服务体系

与基层政府加强合作,将农家书屋纳入县级图书馆服务体系之中,建立以县级图书馆为总馆,乡镇综合文化站为分馆,农家书屋为基层服务点的总分管服务体系。由县级图书馆为农家书屋选配图书,开展业务辅导,指导农家书屋规范服务与规范管理。由基层政

府提供经济支持和选派优秀专业技术人员任乡镇分馆、农家书屋管理人员,县级图书馆定期对乡镇分馆、农家书屋的服务进行督查验收,彻底改变农家书屋管理不到位、不专业,书籍更新缓慢、资料缺乏的问题,实现资源共享,服务上下联动,有效解决贫困村文化资源和服务质量不足等问题。

3.2 帮助挖掘地方特色文化资源,精心打造富民文化产品

地方特色文化资源如果能与市场相结合,生产出符合市场需求的文化产品,带动村民就业、创业,则有利于村民走向文化富民的道路。[2]碧玉镇岳岔村地处碧玉镇上店子李家坪遗址南1.5公里处,有大量的齐家文化、马家窑文化彩陶、红陶器具出土。通渭县图书馆在结对帮扶文化精准扶贫过程中,帮助附近村民挖掘打造以齐家文化、马家窑文化为代表的文化创意产品。同时,流行于通渭本地的草编手工艺为甘肃省非物质文化遗产,图书馆充分利用馆藏资源优势,查找相关信息,运用草编打造独具特色的文化产品,帮助贫困家庭脱贫致富。

3.3 创新服务内容,开展扶贫大讲堂,为贫困家庭送技术

公共图书馆一方面能向读者提供传统的文献信息服务,另一方面可以通过对各类信息进行专业的遴选、加工,通过培训讲座向人们传递正能量,引导其树立正确的价值观,成为精神文明建设的重要载体。因此,在精准扶贫工作中,图书馆要创新服务内容,开展扶贫大讲堂,把馆藏资源通过遴选、加工,以现场培训、在线传送等形式,为贫困家庭送政策、送技术。通渭县图书馆为了让农村留守老年人顺利接收图书馆在线传送科技知识,先后举办"携老上网游""老年人手机课堂""网上银行e生活"等新媒体使用培训班,再通过网络发送花椒种植、金银花种植、核桃种植等林果产业以及畜牧养殖等知识为主的讲座视频,为种植户提供技术和信息,助力地方经济发展。

3.4 延伸农村未成年人教育服务

通渭县图书馆80%的读者为青少年。为推广全民阅读,配合学校教育,通渭县图书馆定期为少儿读者举办故事会、读书会、演讲比赛等活动,先后举办了少儿故事会、少儿成语故事会、历史人物演讲比赛等活动,培养他们的阅读兴趣,推广阅读范围。同时根据不同年龄段孩子的特点,推出手工制作、才艺展示等特色活动,如"翰墨童趣——少儿毛笔字临写""精彩涂鸦——少儿油画棒""童心巧手——少儿剪纸大赛"等,开启未成年人想象空间,激发他们的创造力。在文化精准扶贫工作中,通渭县图书馆扩大服务范围,将以上各类兴趣活动的开展延伸到结对帮扶村,针对农村留守儿童和农民工子女开展心理咨

询、学习辅导、兴趣培养等,通过寓教于乐的形式,培养农村未成年人树立正确的价值观、人生观,真正发挥图书馆社会教育功能,把文化精准扶贫工作做精做准。

3.5 加大农村特殊群体服务力度

在农村,孤寡老人、残疾人士等特殊群体享受公共文化服务存在差异。他们获取文化资源方式单一,普遍存在困难和障碍,影响整体脱贫。为特殊群体提供服务是体现图书馆承担社会教育职能、提升图书馆社会价值的又一重要途径。

随着政府投入力度的加大,通渭县图书馆为弱势群体服务的能力不断提升,设置老年人专座、残疾人绿色通道、购买盲文书籍等,但这些都局限于馆内服务,而农村特殊群体服务力度相对欠缺。为了实现2020年整体脱贫目标,基层公共图书馆应进一步加大对农村特殊群体服务的倾斜度,强化农村特殊群体服务理念,如有针对性地配置、赠送特殊文献资源及设备;加大对农村孤寡老人、残疾人士等特殊群体的文化关爱,提供兴趣导读、娱乐、心理咨询等服务;发挥图书馆专业技术人才优势,为农村特殊群体提供相关技术培训、实用知识讲座等服务,促进农村特殊群体利用图书馆全面享受公共文化服务。

农村精准扶贫战略大背景下,贫困村要想真正脱贫致富,不仅需要依靠政府的经济投入,还需要用先进的科技知识武装贫困村民。因此,农村精准扶贫工作,单纯的物质投入并不能从根本上解决一个地方的贫困落后问题。"扶贫先扶智",物质与精神双管齐下,才能彻底杜绝贫困。图书馆人要转变思想,实事求是,因地制宜,因时制宜,因人制宜,提高贫困农村的文化资源供给效率,提升文化生活幸福指数,寓教于乐,把村民的思想引领到社会主义核心价值观上,为农村经济发展注入新动力。

【参考文献】

[1] 聂黎生.移动学习——终身学习和自主学习的发展趋势[J].青海民族大学学报,2010(6):78-80.

[2] 郑佳佳.基层公共图书馆助力文化精准扶贫的思考[J].图书馆研究与工作,2017(2):21-23.

甘肃省图书馆助推精准扶贫案例研究
——以宕昌县塔地山村、阳坡村为例

李军强

（甘肃省图书馆）

摘　要:文章以甘肃省图书馆精准扶贫的两个扶贫村为实例,从两个村子的基本情况入手,分析致贫原因,总结扶贫举措,突出开展精准扶贫的优势和文化特色,以期为西北地区公共图书馆开展精准扶贫提供借鉴和参考。

关键字:甘肃省图书馆;精准扶贫;案例分析;文化特色

中图分类号:G258.2　　　**文献标志码:**B

2013 年年初,习近平总书记视察甘肃时明确指出:"甘肃贫困面大、贫困程度深,在全国都是典型的。要着力推进扶贫攻坚,贫困地区党委政府要把主要精力放在扶贫开发上,努力到 2020 年与全国一道全面建成小康社会"。近年来,随着政策向扶贫倾斜,资金向扶贫聚集,项目向扶贫靠拢,甘肃省掀起了新一轮扶贫开发热潮。可以说,近三年来是甘肃省减少贫困人口最多、农村面貌变化最大、贫困群众增收最快的时期。公共图书馆作为重要的文化基础设施单位,只有充分发挥自身优势和文化特色才能更好地助推精准扶贫。笔者以驻村两年来实地开展精准扶贫工作的积累,分析致贫原因、总结扶贫举措,突出开展精准扶贫的优势和文化特色,以期为西北地区公共图书馆开展精准扶贫提供借鉴和参考。

1　两个村的基本情况及主要致贫原因

1.1　塔地山村

塔地山村是省级贫困村,位于宕昌县何家堡乡,距乡政府 10.6 公里,地处大山半腰处,属于退耕还林区。全村共有 4 个村民小组,村庄分布非常分散,共有 108 户 387 人。2016 年,建档立卡贫困户 57 户 224 人,预脱贫户 19 户 76 人,未脱贫户 38 户 148 人,贫困发生率为 38.24%。土地贫瘠,经济作物少,村集体经济收入薄弱,大量青壮年外出务工,村里老人小孩居多。

主要致贫原因:交通闭塞,缺少文化,观念落后,没有产业带动,内生动力不足。

1.2 阳坡村

阳坡村属于深度贫困村,位于宕昌县车拉乡。全村辖阳坡、安子、阴山、阴坡 4 个村民小组,205 户 870 人。其中低保户 123 户 188 人,五保户 5 户 8 人。全村党员 22 人。全村现有贫困户 88 户 338 人,其中因病 15 户 60 人,缺资金 17 户 68 人,缺技术 33 户 151人,缺土地 5 户 17 人,缺劳力 12 户 24 人,因学 2 户 8 人,因残 4 户 10 人。全村耕地面积 1846 亩,草原面积 3300 亩,退耕还林面积 826.1 亩。

主要致贫原因:农业结构单一,无支柱性产业,人居条件差,劳动力不足,村民受教育层次低,劳动力培训覆盖面少。

2 甘肃省图书馆扶贫举措

这两个村子虽然地理位置相隔较远,村情也不尽相同,但甘肃省图书馆却在近三年的扶贫工作中,总结出了相近的办法和措施,同时又能根据两个村的实际扶贫需要灵活调整。

2.1 精准识别贫困人群

精准扶贫的过程中,"对于贫困人群的精准识别是整个工作最为重要的前提条件"。[1] 甘肃省图书馆驻村工作队入驻塔地山村和阳坡村后,进行了针对性极强的信息采集,包括每户的人口结构、文化水平、健康状况、人均收入、主要经济来源等,然后进行信息汇总和贫困原因分析。建立了贫困人口信息档案,制定了"一户一策"的个性化扶贫方案,从而提高了扶贫的效率和质量。

2.2 改善基础设施建设

两个村都地处偏远,自然环境恶劣,交通闭塞。甘肃省图书馆精准扶贫的第一步就是加强基础设施改造。

塔地山村原通村道路没有硬化,基本上是晴天一身土、雨天一身泥。驻村帮扶工作队到村后,积极沟通衔接省发改委,争取巷道硬化等项目的相关款项累计 72 万元,彻底解决了村民出行难的问题。之后又配合县、乡政府完成了村民服务中心新建项目,全村安全饮水项目、乡村大舞台建设项目、庭院硬化项目,翻新了党员活动室及农家书屋,建成了医务室,安装了健身器材及太阳能、路灯。随着精准扶贫"1+17"政策的实施和推进,塔地山村面貌发生了翻天覆地变化,这两年陆续有打工的青年人返乡创业。

阳坡村是甘肃省图书馆正在帮扶的一个贫困村,帮扶之前通村公路已完成硬化,甘肃省图书馆为了积极配合宕昌县县委县政府开展的"全域无垃圾"创建活动,在阳坡村建成了 40 个垃圾投放点,保证村容村貌整洁有序。驻村工作队协助县、乡政府完成了安全饮水项目和危房改造项目。

2.3 发展脱贫致富产业

甘肃省图书馆驻塔地山村工作队积极帮助群众理清思路,发展产业。按照"党支部+贫困户+合作社"的模式,帮助贫困户成立了富平养殖农民专业合作社、蕨麻猪养殖合作社;大力实施山地高效农业,主要种植适合当地气候特点的党参、当归、黄芪、大黄等中药材;以产业发展思路来实现贫困村向新农村、小康村转变;搭建电子商务平台,将农副产品在线销售,拓宽了销售门路,改变了过去被动的销售局面。

阳坡村正在引导养蜂户将养蜂产业做大做强,成立了乡巴佬养蜂专业合作社,以"贫困户入股+合作社管理+公司运作+乡政府监管+年底分红"的模式运行,积极探索农村"资源变资产、资金变股金、农民变股民"的"三变"改革新模式,拓宽了农民增收致富的渠道,加快了脱贫致富的步伐。

2.4 凝聚社会力量帮扶

甘肃省图书馆开展精准扶贫工作,除注重发挥自身文化与教育职能外,还特别注重凝聚社会力量,注重近期目标和长远目标,输血功能与造血功能的结合。将中国社会福利基金会"暖流计划"项目引进宕昌县何家堡小学和谢家坝九年制学校,为当地 500 余名师生送去价值 20 万元的生活"温暖包"和体育活动包等物品。同时,甘肃省图书馆联合新东方在线在精准扶贫村开展了帮扶扶教活动,向阳坡村所有在校学生和低幼儿童 160 余人发放了书包、文具等物品。阳坡村因学致贫家庭较多,许多家庭观念落后,儿童辍学现象时有发生。开展因地制宜、因需而异的精准化扶贫、扶智活动,从而有效培养贫困地区人口的文化素养,提高他们的知识技能,逐步改善和推动贫困地区的经济、文化发展,逐步增强贫困地区群众自主脱贫的能力。

3 甘肃省图书馆开展精准扶贫的优势

3.1 丰富的馆藏资源优势

甘肃地处西北,广大边远地区和农村普遍存在读书困难和信息贫困的问题,而甘肃省图书馆在这方面有着较为丰富的资源。截至 2016 年年底,甘肃省图书馆中文图书馆总藏量为339.9734 万册(件)。其中少儿图书 8.0890 万册(件),视听资源 3.6355 万册(件),电子图书 61.9286 万件,盲人图书 0.5910 万册(件)。丰富的地方文献资源涉及西北地区经济、文化生活的方方面面,为参与贫困地区文化精准扶贫奠定了基础。此外,甘肃省图书馆随着业务管理自动化步伐加快,馆藏资源数字化逐步推进,数字资源不断充实,形成多种载体类型互补的文献保障体系。已订购超星电子图书等 30 个各类商业数据库,并自建有西北地方文献资源数据库等 20 多个特色资源数据库。文本资源与数字资源内容涵盖农业、生产、生活的各个领域,"为公共图书馆参与贫困地方文化精准扶贫奠定了信息资源和科技知识基础"。[2]

3.2 健全的人才队伍优势

2016 年评估数据显示,甘肃省图书馆人才队伍如下:①按学位区分:博士为 2 人,占总人数的 1.02%,硕士为 15 人,占总人数的 7.65%,学士及无学位的共 179 人,占总人数的 91.33%;②按学历区分:研究生为 18 人,占总人数的 9.18%,大学本科生为 120 人,占总人数的 61.22%,大学专科生为 45 人,占总人数的 22.96%,高中生及以下共 13 人,占总人数的 6.63%;③按岗位区分:管理人员共 28 人,占总人数的 14.29%,专业技术人员共 160 人,占总人数的 81.63%,工勤技能人员共 21 人,占总人数的 10.71%。人才是精准扶贫的第一资源。精准扶贫的潜力和后劲在于人才的充分有效运用。健全的人才队伍为甘肃省图书馆开展精准扶贫工作提供了人才保障和智力支撑。

3.3 完善的管理机制优势

甘肃省图书馆设立脱贫攻坚扶贫办公室,抽调专门人员开展工作,选配了工作队长、第一书记。形成了馆领导班子带队走村入户调研、中层干部和贫困户结对帮扶、扶贫办积极协调、驻村工作队具体实施的机制。研究制定了《甘肃省图书馆脱贫攻坚帮扶工作实施方案》,分解工作任务,细化帮扶目标,明确帮扶重点。实践证明这是一套行之有效的扶贫管理机制。

4　甘肃省图书馆精准扶贫的文化特色

4.1　修建文化广场、文化室，建立图书流动站

甘肃省图书馆在宕昌县扶贫村建立了图书流动点、农家书屋、少儿阅览室等，通过增加文献资源的流通点和图书馆公益服务提供点，扩大图书馆的服务半径，所配图书有意识侧重于农业技术类、养殖类等与脱贫致富相关的书刊资料。截至目前，甘肃省图书馆为宕昌县共建立了 1 个文化室、1 个图书分馆、8 个图书流动点，配备图书 2 万多册，有力促进了精准扶贫工作。

4.2　开展全民阅读活动

甘肃省图书馆在宕昌县何家堡乡小学、南河乡九年制学校集中开展了以"读书、明理、和谐、致富"为主题的读书活动、少儿刮画比赛。在宕昌县四所小学举办了以"倡导绿色阅读，构建和谐家庭"为主题的阅读活动和少儿刮画比赛，共有 200 多名学生参赛，6000 多名学生参加活动。通过开展全民阅读活动，在宕昌县进一步营造了"多读书、读好书"的良好氛围，引领了文明风尚。

4.3　部署安装公共文化一体机

为进一步贯彻落实国家"精准扶贫、精准脱贫，全面建成小康社会"的有关精神，结合甘肃省"十三五"时期脱贫攻坚规划，发挥图书馆在开展精准扶贫工作中的优势，既要实现生活脱贫，又要实现文化脱贫。为此，甘肃省图书馆总结多年基层文化服务工作经验，筹措经费，将基层文化服务点的优秀服务成果，在帮扶村阳坡村推广应用。利用现代信息技术和网络技术，部署公共文化一体机（数字资源访问终端），常态化开展文化精准扶贫工作。公共文化一体机是在文化部全国公共文化发展中心主导下，推出的一种数字化文化服务设备。该设备一方面可以作为资源储存设备，使用者可以连接一体机的 Wifi，扫描一体机屏幕上的二维码，下载 APP，然后打开一体机界面，选择要观看的内容，用手机下载的 APP 扫描二维码，就可以直接在手机上在线观看，也可以下载到手机观看；另一方面通过大屏幕呈现资源，给群众以视听享受。数据资源包括党的会议精神学习；扶贫政策宣传、文广天地、军事百科、农业天地等，可以满足不同人群的需求。资源类型分为图书、图片、音视频等。一体机操作简单，资源丰富，内容可以定期更新，不仅丰富了扶贫村的业余文化生活，同时搭建起了扶贫宣讲、政策学习平台。

4.4 搭建数字图书馆移动阅读平台

数字图书馆移动阅读平台是数字图书馆推广工程开展的新的服务形式,是由国家图书馆联合全国各地公共图书馆,借助数字图书馆推广工程推出的手机公益阅读服务。甘肃省图书馆利用丰富的馆藏资源,结合自身实际,与国家图书馆移动阅读平台进行沟通对接,推出了具有本省特色,集搜书、评书、看书、听书、藏书于一身的甘肃省图书馆移动阅读平台。驻村帮扶工作队制作了甘肃省图书馆移动阅读平台使用彩页,发放至每一位群众手中,并耐心讲解,让广大群众学会使用移动阅读平台,能随时随地进行数字阅读。移动阅读平台操作简便,可通过多种操作系统的智能手机、平板电脑等移动终端扫描二维码或通过网址登录使用,并可通过手机号、身份证号、QQ、微博等进行注册登录。目前,移动阅读平台内容涵盖党的十九大专题、扶贫专题、各类书籍、视频等,共有 5 万余册图书、300 余种期刊、600 余册共计 18000 余集听书及经典诵读资源。

5 结语

公共图书馆要深刻认识到自身在精准扶贫中的重要作用和应有职责。首先要从思想上重视起来。在具体工作中,深入地方,深入扶贫村,从精准识别入手,将识别文化资源与识别贫困人口相结合,同时也要识别贫困人口的脱贫意愿和脱贫能力,对于贫困人口要做好类型划分,定制个性化扶贫方案。其次,公共图书馆要进一步加强文化精准扶贫的相关研究,透彻分析目前存在的问题,从文化贫困精准识别、现状分析、发展路径探索、扶贫项目开发和管理、相关政策分析等方面深入研究,为扶贫工作顺畅开展提供理论支撑。

总之,公共图书馆开展精准扶贫的关键在于充分利用图书馆各种文献资源,提高贫困人群的科学文化素质。实际工作中应该精确识别扶贫目标人群,重视信息技术的应用,在条件允许的情况下,加大资金和人员投入,切实提高贫困人群的科学文化素质和致富技能,让公共图书馆在精准扶贫工作中更为有效地发挥作用。

【参考文献】

[1] 夏瑞.基于精准脱贫战略的公共图书馆扶贫路径研究[J].图书馆学刊,2017(7):77-80.

[2] 侯雪婷,等.省级公共图书馆文化精准扶贫现状及问题研究[J].图书馆,2017(10):24-29.

青海农牧区公共图书馆服务与创新的路径

李秀东　朱　瑞

（中共青海省委党校图书馆）

摘　要:文章针对当前青海农牧区公共图书馆面临的信息服务内容建设不足、信息服务设施建设滞后、馆员主动服务意识不强、人才紧缺制约图书馆服务功能发挥等问题,提出青海农牧区公共图书馆应创新服务理念,改进服务模式,创新个性化需求服务,并与时俱进,使服务创新跟上时代潮流等解决路径,以强化青海农牧区公共图书馆服务供给能力,满足广大农牧区群众的阅读需求。

关键词:公共图书馆;青海农牧区;服务与创新

中图分类号:G258.2　　**文献标志码:**A

图书馆的服务与创新是图书馆随着人类历史进程发展和阅读人群需求观念的变化,利用先进的科技代替传统的技术、用新时代的全新思想代替旧的思想不断改善和变革图书馆服务流程和服务产品的动态的过程。[1]青海农牧区公共图书馆服务创新的目的就在于让农牧区公共图书馆的服务范围扩大化,图书馆服务的本体职能不仅体现在为读者提供馆内藏书、提供阅览环境这些简单的服务上,而且要在服务创新理念下,深化农牧区公共图书馆服务内涵,将服务项目和层面变得更加丰富多彩,改善服务手段和方式、提高图书馆服务价值,使更多农牧民享受到阅读服务,提高科学文化知识素养和水平,推进青海农牧区文化大繁荣大发展。

1　青海农牧区公共图书馆服务现状分析

青海是个多民族聚居、多宗教并存、地域面积广大、地处偏远的省份。青海农牧区占青海全省总面积的 97% 以上,占全国藏族自治州面积的 58%,是我国除西藏以外最大的藏族聚居区。[2]最新数据显示,全省共有 48 个公共图书馆,全部免费对公众开放,但从全省 48 个公共图书馆具体运行情况看,服务功能、服务水平的发挥有很大差异,特别是农牧区公共图书馆普遍存在服务创新不足问题。

1.1 当前青海农牧区公共图书馆服务面临的问题

(1)公共图书馆信息服务内容建设不足,严重影响图书馆服务质量。随着我国文化信息共享工程的实施,青海农牧区公共图书馆"十二五"期间基础设施建设投入较大,但资源建设投入仍然严重不足。2012 年至今,省级财政尽管一次性为县级公共图书馆投入了文献购置费,改变了部分县级公共图书馆几十年买不了一本书的现实,[3]但许多 20 世纪七八十年代修建的县级公共图书馆,资金没保障、馆藏图书大多来自社会捐助,近年来接收的大部分社会捐助图书又多与需求信息不对称。如在农牧家书屋会看到《美国大势》《世界经济发展》《世界银行》等此类图书,农牧民群众需要的生产生活、实用技术类,特别是地域特色的实践指导图书寥寥无几。实用性强、方便借阅的电子书、电子资源更是少之又少。至于实效性极强的报纸杂志在绝大部分县级公共图书馆都难以看到,公共图书馆尤其缺乏对党和国家政策以及时政类信息的有效传播。[4]此外,在信息资源共建共享方面,受语言、通讯设施影响,农牧区公共图书馆资源建设共建容易,共享难以实现。网络信息不稳定性及检索工具滞后同样严重制约着农牧区公共图书馆服务水平和服务能力。如,一些偏远县级公共图书馆网速慢、网络不通时有发生,资源搜索引擎更新不力致使图书馆服务读者水平非常有限,有的缺少有针对性的送文化、送书下乡活动,部分农牧民在生产生活中已经习惯于已有的经验积累,借助图书馆学习科学文化知识的积极性不高。

(2)公共图书馆信息服务设施建设滞后,有限的图书馆资源难以满足农牧区读者需求。青海农牧区州市(地)级公共图书馆 7 个,最近几年国家和青海省投入大量资金进行修缮,有的完全是新建。果洛藏族自治州图书馆、灾后重建的玉树藏族自治州图书馆、作为"示范区"建设之一的格尔木市图书馆(曾在国家验收中获得部颁三级馆),除此之外,还有一些不达标的州级图书馆,如黄南藏族自治州图书馆 1978 年建馆,馆舍建筑面积 1260 平方米。全省 38 个县级公共图书馆,只有门源县图书馆达到 4000 平方米的标准,[5]多数县级图书馆因地方配套资金不到位等,建成的图书馆馆舍面积标准偏低,在原馆基础上再次修缮的部分县级图书馆非常简陋,有的甚至没有阅览室。按照国家颁布的《公共图书馆建设标准》，青海农牧区的县级图书馆馆舍面积绝大多数没有达到最低800平方米的标准。[3]受地方经济社会发展不均衡、财力较弱等因素制约，农牧区公共图书馆场馆建设经费严重不足，除部分州一级公共图书馆由州财政配合、省级财政有专门图书馆图书购置专款，县级公共图书馆由于县级财政配套不到位，影响到省级财政拨款难以兑付，致使一些基层图书馆没有相对稳定的服务场馆，有限的图书馆馆藏资源难以对广大农牧区群众全面开放。

随着图书馆现代化管理理念的广为传播，图书馆信息技术和网络技术完美结合，使得纸质馆藏和虚拟馆藏有机融合。因此，图书馆要把信息服务做到最好，就要具备相应的硬件软件设施。当前，青海仍有许多农牧区图书馆的计算机硬件系统配置不到位，图书馆自动化管理、网络化和数字化运行程度不高，信息化应用水平较低，网络系统的带宽、速度等也不够理想，这些对读者查询、检索信息资源都有一定影响。

（3）公共图书馆主动服务意识不足，影响服务读者水平的发挥。2011年年初，文化部、财政部联合下文，要求2011年年底之前，全国所有公共图书馆实现无障碍、零门槛进入，公共空间设施场地全部免费开放，所提供的基本服务项目全部免费。2012年2月，青海省文化和新闻出版厅下发了《关于印发公共图书馆、文化馆（站）免费开放基本内容的通知》。从实施情况看，青海农牧区所有公共图书馆都实行了向社会公众的免费开放，但离实现基本公共文化服务项目健全的要求还有一定差距。以果洛藏族自治州图书馆为例，图书馆设有少年儿童阅览室，因为文献资源较为单一，缺乏应有的多媒体资源，缺乏少儿阅览引导，很少有少年儿童参与阅览，在一些县乡公共图书馆与农牧民生产生活贴近的图书资料也较少。受现有图书馆设施设备限制，工作人员缺乏主动服务意识，致使图书馆导引、索引功能没有充分发挥出来。

（4）公共图书馆人才队伍现状，制约图书馆服务功能的发挥。各民族在长期的历史发展进程中创造了灿烂的民族文化，这是今天民族地区文化发展的重要资源。图书馆要做好民族文化资源的搜集、整理、传承，迫切需要大批高素质人才。目前，西部民族地区人才队伍规模偏小、整体素质不高、结构分布不合理、高层次人才紧缺与流失并存等问题严重制约了西部图书馆事业发展。[6]青海农牧区虽说有一定数量从事图书馆工作的队伍，但专业人才不足，特别是既懂图书馆专业又熟悉计算机技术的人才奇缺。从目前青海农牧区实际情况看，农牧民群众文化素质普遍偏低，对现代科学技术的掌握非常有限，特别是在交通不便、信息闭塞的纯牧区，绝大多数牧民对现代知识的理解非常困难。青海农牧区公共图书馆担负着向广大农牧民群众普及适于现代社会生产生活的市场经济知识、文化知识、法律知识,培养科技文化素养及技能,提高底层民众整体素质,塑造行为规范的历史使命,对推进农牧区文化信息资源共享,各族群众享受普惠的公共文化服务又有着重要作用。因此,青海农牧区图书馆人才队伍建设刻不容缓。

1.2 青海农牧区公共图书馆服务亟待创新

(1)借阅形式创新。青海农牧区地域广阔,大多数公共图书馆服务半径大于 10 公里,农牧民借阅图书的交通成本高,导致其通过图书馆学习的积极性不高。传统图书馆的外借服务在信息时代可以借助图书馆网站,读者登录后查询自己想要借阅的图书,如果担心图书被借走,也可以在网上预借。这样不仅解决了读者在图书借阅中遇到的困难,而且使传统文献引导服务更有针对性。同时,读者可以利用手机或计算机在线学习知识、接受教育。这种不受时间和空间限制的方式将提高读者自行检索信息的能力,极大提高传统图书馆的借阅服务水平和服务效率。

(2)管理模式创新。信息时代,现代化多功能图书馆已经不再受节假日和开闭馆时间的限制,基本做到全年、全天 24 小时开放。由此,读者在图书馆内的阅读时间增多,而且有许多读者不再受制于到图书馆阅读的方式,选择借助数字图书馆进行阅读,这种不受时空限制的图书馆阅读方式极大地挑战着青海农牧区公共图书馆现有的管理模式。

(3)服务模式创新。不受时空限制的图书馆阅读方式,对读者的检索能力提出了更高要求,引导读者通过图书馆搜索引擎快捷地查找信息成为青海农牧区公共图书馆信息服务形式拓展的重点。

2 青海农牧区公共图书馆服务与创新路径

随着信息时代的到来,农牧区群众对信息的需求越来越趋于多元化,受获取途径更加多样的影响,农牧区公共图书馆需要不断加强服务创新,在服务方式和服务内容、服务手段上大胆探索,以适应农牧区群众日益增长的文化需求。

2.1 全面树立图书馆服务创新理念

(1)树立全面开放的理念。文化惠民,理念先行。青海农牧区公共图书馆是基于青海省经济快速发展和农牧区居民阅读需求不断增长而建立的。青海农牧区群众居住较为分散,县级图书馆的面积也受到地理环境限制,因而建设全面开放的图书馆实行全面服务尤为重要。只有通过构建图书馆开放性平台使青海农牧区公共图书馆能够与青海省文化宣传相结合,让青海农牧区的县级图书馆和省级图书馆资源共建共享成为现实,才能共同推动青海图书馆事业良性发展。基于此,首先要建立一个开放性发展的流程规范,即农牧区公共图书馆要引领县级小型图书馆向一体化发展,实现青海省图书馆带动青海省文化发展。其次,整合资源。通过整合总分馆的图书、设备、人员、技术、数据库、服务时间、规章制度以及社会活动、教育等资源,实现资源共享。最后,进行走访和调查,了解农牧民读者的需求所在以及他们的意愿和想法,从而在信息资源收集、增加图书馆藏、开展宣传服务时更加有针对性和影响力。此外,还要适时开展出版物免费赠阅活动,鼓励和引导社会力量开展"捐书助读"行动,加强城乡公共阅报栏(屏)建设,增强全民阅读进家庭、进社区、进校园、进农村、进寺院、进机关,提升全民学习的积极性。

(2)进一步树立图书馆休闲服务理念。青海农牧区公共图书馆服务地域面积广、半径较大,鉴于农牧区地处偏远,群众普遍文化教育程度低,缺乏基本知识素养,缺少现代市场文化熏陶,学习知识信息的能力弱、渠道窄,学习、阅读的欲望不强烈,使用图书馆的目的不明确和农牧区群众居住较为分散,部分地区交通不便,农牧民生活较为贫困,思想观念落后等现状,使得图书馆发挥作用受到极大的先天限制。因此,将青海农牧区公共图书馆打造成一个供服务半径内所有居民休闲的场所成为亟待解决的问题。可以让农牧区更多居民走进图书馆,以丰富的馆藏、一流的设施设备、服务吸引服务半径内所有居民来图书馆尝试阅读,享受服务,体会文化魅力。如可以让青海农牧区所有公共图书馆内部整洁明亮,在图书馆放置一些现代画卷、富有民族特色的装饰品和舒适座椅加强人们的阅读欲望,营造文明、优雅的阅读氛围。另外,在图书馆可开展一些娱乐休闲活动,借助图书馆场地开展贴近群众生活的文化宣传活动和公益活动,实现图书馆与读者的良性互动,以吸引图书馆服务半径内更多读者参与到图书馆服务活动中来。

2.2 以创新服务理念带动图书馆服务模式改进

青海省图书馆通过 Interlib 区域集群化管理系统,初步形成以省、市图书馆为中心,辐射区、县图书馆的公共文化服务体系。青海省农牧区公共图书馆可以推行以下服务模式,进一步拓展基层公共图书馆服务空间,丰富图书馆服务内容,方便服务对象。

(1)创建社区流动图书馆。如西宁市图书馆通过对西宁市 123 家社区进行摸底、调研、建设,创建了 20 家社区流动图书馆,强化了社区图书馆服务功能。现年接待读者 10 余万人次,形成了以西宁市图书馆为中心,辐射三县四区的公共文化服务体系。

(2)创建少儿图书馆。在农牧区特别针对未成年人阅读环境要求和阅读习惯创建少儿图书馆(少儿阅览室),极大满足在校师生对社会文化的需求,切实解决学校图书馆图书内容单一问题,拓宽未成年人阅读服务方式,让社会公共文化服务走向更高水平。

(3)围绕图书馆优秀传统文化传承的宗旨和任务,积极发挥图书馆传播功能以及公共文化主阵地作用。调动并联合社会力量共同开展文化讲坛及优秀传统文化展示活动,实现传统文化创造性转化、创新性发展,提高农牧区群众对传统文化的认知度。

(4)搭建数字阅读推广平台,提高城市数字阅读服务水平。以西宁市图书馆为例,西宁市的数字图书馆于2008年开始筹备,2012年正式向读者免费开放。依托53台数字图书(期刊)下载机的布点优势,将数字文献资源及"数字西宁"阅读卡免费发放到机关、农村、社区、企业、学校、医院、军营,顺应了新时期读者阅读行为和阅读方式的转变,拓宽了公共文化服务渠道。利用微信、网站、微博平台实现了线上线下融合发展,让富媒体时代下的数字阅读与传统纸质文献阅读模式形成互补。截至目前,本馆网站访问量达1125979余次,读者访问次数达402354人次,访问流量236485.22MB;年电子图书(期刊)下载机点击量达1万余次。数字阅读服务满足了读者利用图书馆的基本需求,提高了公众对图书馆文化传播职能的认知度。

2.3　全面加强图书馆服务管理创新

(1)图书馆工作人员要利用当下的学习和培训提高服务读者的能力。当前,青海农牧区公共图书馆馆员服务读者需要提高创造性工作能力,这样才能更好地服务读者。因此,他们仍然需要在工作中不断学习,接受图书馆业务培训和服务技能培训,同时还要通过大量实践以及到先进图书馆学习,将学习成果转化为工作实践,不断提高图书馆员工服务水平和服务能力。

(2)利用激励机制激发馆员的工作热情。管理科学主张采用相应的激励措施,鼓励和激发员工工作的积极性和效率,通过外部激励刺激并使其内化为统一的工作目标和价值取向。青海农牧区大多地处偏远,自然条件艰苦,物质条件相对落后。在这种情况下,为了让图书馆专业人员安心地在图书馆工作,青海农牧区公共图书馆一方面要通过改善馆员现有工作条件和工作环境,改进管理方式,积极营造良好的工作氛围,通过制定、出台有效的激励机制不断满足馆员自我实现的需要;另一方面要通过政府购买服务方式,开发公益性文化岗位,招募大学毕业生、乡土文化能人等组成文化志愿者队伍,专职开展图书馆文化服务工作。

2.4 图书馆服务创新是要做好基本服务基础之上的创新的个性化需求服务

信息时代,农牧区读者获取信息的途径越来越多样,图书馆首先要明确读者需求,提供图书馆特色的信息资源来源渠道和途径,并在此基础上根据读者需求改进服务模式,扩大服务面,深化服务内涵,最大限度满足读者需求。如充分发挥乡镇图书流通车、图书自助借阅设施、流动图书车、流动售书车的作用,积极开展"送书下乡"活动,有效扩大公共文化服务覆盖面。又如,采用更有针对性地送图书上门、定期更换图书的方式,有效满足广大农牧民群众对图书的多样化需求。

2.5 图书馆的服务创新应跟上时代潮流

农牧区读者的需求会随着农牧区经济社会的发展变化而不断变化,因此,青海农牧区公共图书馆服务要与时俱进,顺应时代发展潮流。青海农牧区公共图书馆的服务与创新不是一蹴而就的事情,是需要有一个长远的规划,需要在平时的工作中不断积累经验,随着时代的进步、环境的变化而积极探索求变的过程。青海农牧区公共图书馆服务创新更是一项系统工程,需要依靠系统内诸多要素的共同作用来完成,需要统筹兼顾、多措并举,既抓好图书总册书、信息化设备等可量化的硬件建设,在馆藏中增加反映农牧业实用技术、设施农牧业、生态畜牧业、特色手工业、生态旅游业等内容的精品图书和音像制品,增加报纸、期刊特别是党报党刊等的数量,推广普及少数民族文字和双语特色图书、专题报刊,推出一批反映群众现实生产生活、喜闻乐见、脍炙人口的惠农惠牧图书等,也要在使用、管理软件建设上下功夫,吸纳熟悉农牧民生产生活的双语人才,因地制宜创新图书借阅、管理模式,适时举办公益性图书,文化作品巡展、借展、联展活动,加强对农牧民的知识宣传、推广和普及,实现图书馆事业量质同步提升。同时,还要充分运用现代化信息技术,牢牢抓住文化信息资源共享工程、数字图书馆推广工程实施机遇,充分运用少数民族语言文字和地方特色文化数字资源,加快数字图书馆建设,为农牧区群众提供"一站式"公共文化服务。

【参考文献】

[1] 蔡冰.城市公共图书馆服务创新的实践与探索——以东莞图书馆为例[J].图书馆论坛,2008(5):103-105,150.

[2] 李秀东,关桂霞.青海农牧区公共文化服务供给管窥——以图书馆为例[J].攀登,2015(5):117-121.

[3] 祁嬿蒨,李盛福.青海省基层公共图书馆发展中存在的问题及对策研究[J].群文天地,2014(4):

132–134.

［4］ 李秀东,关桂霞.青海农牧区公共文化设施供给研究［J］.攀登,2016(3):117.

［5］ 何启林,关桂霞.青海农牧区文化信息资源共享工程调研［J］.青藏高原论坛,2013(10):118–123.

［6］ 陈红.免费开放时代图书馆面临的问题及对策［J］.大学图书情报学刊,2012(7):10–12.

浅谈南疆①地区公共图书馆建设与发展

钟丽峰

（新疆维吾尔自治区图书馆）

摘　要：2017 年，新疆地级公共图书馆评估定级第二专家组对南疆 7 个地级公共图书馆进行了全面评估，了解南疆基层公共图书馆的发展现状。文章对南疆基层公共图书馆在评估期内取得的成绩、存在的问题进行了梳理阐述，从争取经费、人员和加强馆藏建设方面提出了参考意见。

关键词：南疆；公共图书馆；第六次评估

中图分类号：G258.22；G259.274.5　　　**文献标志码**：B

　　2017 年，文化部在全国范围内开展了第六次全国县级以上公共图书馆评估定级工作，采用"在线评估+实地核查+第三方测评"的评估方式和《第六次全国县级以上公共图书馆评估标准细则》（以下简称《评估细则》）对各级公共图书馆进行综合考评。除新疆维吾尔自治区图书馆因正在进行二期改扩建工程未参评，新疆 14 个地级公共图书馆、91 个县级公共图书馆全部参评，地级、县级公共图书馆整体参评率 100%。

　　2017 年 7 月 14 日至 8 月 11 日，新疆地级公共图书馆评估定级第二专家组对南疆 7 个地级公共图书馆进行了全面评估，并对 7 个地（州、市）辖区内 18 个县级图书馆业务开展及评估工作进行了抽查，全面掌握了南疆基层公共图书馆的发展现状。

---

① 本文中的"南疆"均指新疆地级公共图书馆评估定级第二专家组负责评估的南疆 7 个地（州、市），包括和田地区、克孜勒苏柯尔克孜自治州、喀什地区、阿克苏地区、巴音郭楞蒙古自治州、乌鲁木齐市和哈密市。

1 成绩与亮点

1.1 基本服务健全有保障,免费开放工作扎实推进

南疆地县两级图书馆全面落实免费开放政策,立足基础业务,积极改善阅读环境,健全基本服务项目,提升基础业务服务水平(见图 1—图 2)。①通过周末及节假日不休息、

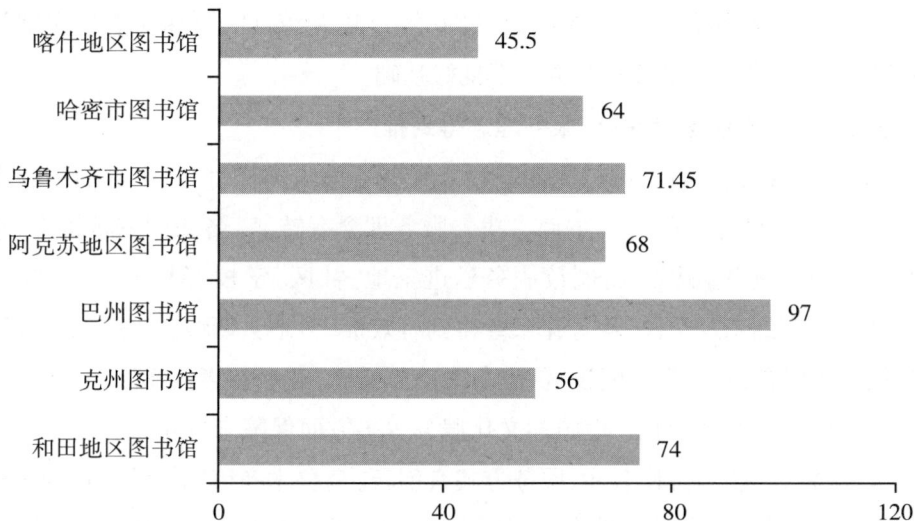

图 1 周开馆时间(小时)

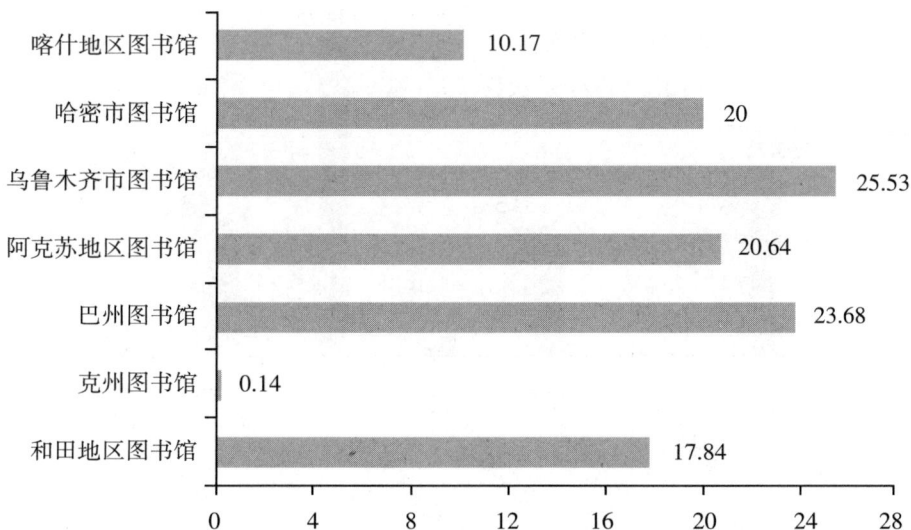

图 2 年文献外借量(万册次)

全年365天开馆,设立"24小时自助图书馆"的方式延长开馆时间。②通过建立馆外服务点、扩大宣传等方式提升年文献外借量。③广泛开展讲座、展览、培训、阅读推广活动等,将讲座、培训与展览活动拓展为图书馆常态化服务,打造品牌活动,营造全民阅读、终身学习的良好氛围。④加强立法决策服务,不仅开展文献借阅、数据库代查、资料打印等基础信息服务,还编撰《决策与参考》等特刊,将立法决策服务送入两会现场。⑤与本地区本系统、本地区跨系统、跨地区本系统的公共图书馆和学校签订《馆际互借与文献传递协议》,为开展馆际互借与文献传递服务打下良好基础。

1.2 服务模式拓宽有新意,均等化服务理念得到推广

南疆地县两级图书馆积极拓宽服务模式,开展了形式多样、内容丰富的读者服务活动(见图3)。①从"坐等上门"到"主动寻找",服务理念有转变。各级图书馆推进"书刊进工地"和"图书六进"等服务,将阅读服务送进工地、社区、学校、部队、机关、医院等场所。②从普遍平等到惠及全民,均等化服务得到有效推广。地县两级图书馆认真践行无差别、均等化服务理念,开设盲人阅读区,配备无障碍设施,开展有声读物培训,为老年人准备爱心专座、老花镜等,从制度、设施和文化服务等多方面保障未成年人和弱势群体的文化权益。③从各自为政到协作共建,服务方式有创新。乌鲁木齐市图书馆与社会机构联合打造的"天山珠玑"新疆优秀文学作品朗诵会,在乌鲁木齐地区各大学校推广后,分别于2015年、2016年荣获全民阅读优秀案例一等奖和三等奖。

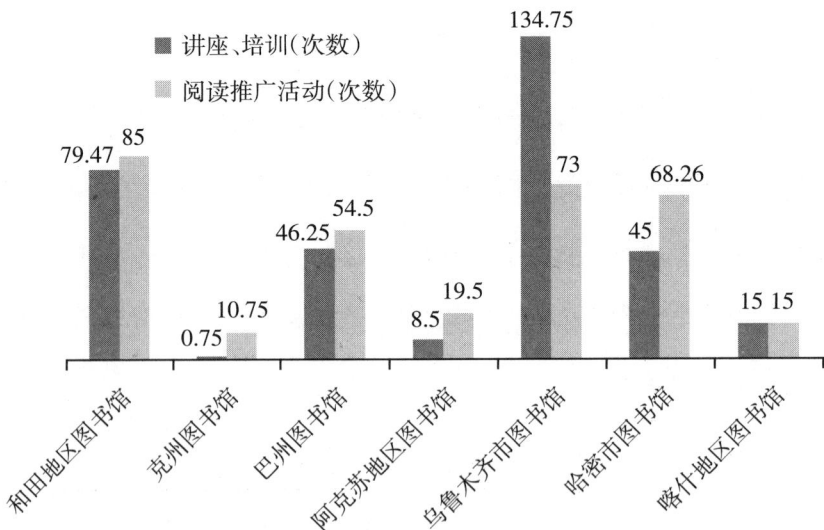

图3 阅读推广与社会教育活动一览表

1.3 信息化管理水平提高,新媒体服务初见成效

南疆各馆加大信息基础设施建设力度,加强业务流程信息化管理,信息化管理水平提高,其发展由传统型向信息化转型,并初见成效。①在文化信息资源共享工程和公共电子阅览室建设计划的助力下,各馆机房建设较为规范,读者用机和存储容量得到基本保障。②图书馆业务集成管理系统(图创系统)得到广泛应用,除个别馆因馆舍、网络等因素未部署,其余均已实现图书馆全业务流程的数字一体化管理。③网络环境不断升级,无线网络连接服务基本实现馆舍全覆盖。④探索和创新公共文化服务远程和实时在线互动的方式和手段,将网络资源建设与服务列入图书馆主要工作中,通过开发移动图书馆拓展电子书自主借阅服务,利用微信、微博等新媒体应用实现图书续借、图书检索、服务推广功能,并将电子书借阅机、电子阅报机等触摸媒体放置于图书馆大厅、政府办事大厅、医院、影剧院等人员密集场所,为各族群众提供公共数字文化全媒体服务,深受读者喜爱(见表1)。

表 1 地级图书馆新媒体服务一览表

单位名称	网站	微信	微博	移动图书馆	触摸媒体
和田地区图书馆		√			√
克州图书馆					
喀什地区图书馆	√	√	√		√
巴州图书馆				√	√
阿克苏地区图书馆		√			
乌鲁木齐市图书馆	√	√	√		√
哈密市图书馆		√		√	√

特别是为提高图书馆信息化管理水平,在业务需求紧迫和经费紧张的情况下,图书馆馆员们克服困难,发挥所长,在部分项目上实现了突破,为图书馆全业务流程实现数字化一体化管理助力良多。如库尔勒市图书馆馆员们自主研发了自助借还书机;乌鲁木齐市图书馆馆员们自主研发了图书馆服务实时动态数据分析软件,可实现 Wifi 注册信息动态数据、读者信息动态数据、馆藏信息动态数据、进出馆动态数据等多项内容的统计分析。

1.4 重点文化工程全覆盖,地方特色数据库建设有发展

重点文化工程的持续实施,推进了南疆公共图书馆数字资源建设和推广工作,助推了南疆地区公共图书馆转型发展。文化信息资源共享工程和公共电子阅览室建设计划已实现南疆所有县级以上公共图书馆、乡镇文化站的全覆盖,数字图书馆推广工程也已实现对南疆7个地级图书馆全覆盖,使得各馆在服务理念、软硬件设备升级、数字文化资源建设、创新服务活动方式、提升人才队伍素质等方面取得了显著成绩。

另外,地方特色文化的保护和传播工作得到南疆地级图书馆的重视。他们纷纷开展地方文献和本土作家作品的收集整理工作,设立本土作家作品专架,打造地方特色数据库,地方文献工作成效显著。巴州图书馆建设了"东归"和"楼兰"两个地域特色主题文献数据库,为巴州文化与经济发展提供了智力支持;乌鲁木齐市图书馆自主研发了地方文献数据平台,将馆内现有成体系的讲座、地方图片、地方图书进行数字化处理并在平台上进行发布,提供数字化服务。

1.5 地方财政与对口援疆双管齐下,馆舍环境明显改善

此评估期内,得益于各地政府与对口援疆工作对图书馆事业的进一步重视与大规模投入,南疆7个地级图书馆中有5个馆有新馆建设项目,馆舍环境和设施设备整体有较大改善和提升。目前,和田地区图书馆、克州图书馆、哈密市图书馆、阿克苏地区图书馆的新馆均已投入使用,乌鲁木齐市图书馆的新馆正在建设中。

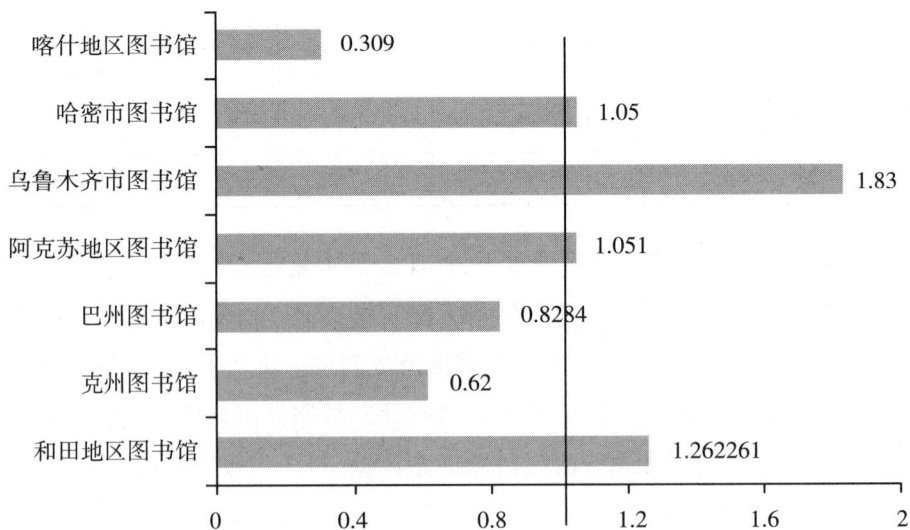

图4 各馆建筑面积对比图(万平方米)

大规模的援疆投入为南疆各地公共图书馆基础设施、办馆条件以及文献资源的显著改善提供了巨大帮助,为新疆的图书馆事业注入了新动力。如由河南省援建的哈密市图书馆总面积1.05万平方米,建筑设计规范,读者分区合理,设施配备全面;由北京援建的和田地区图书馆总面积1.26万平方米,馆内信息化基础设施、智能化管理设施等配套完备;喀什市图书馆、莎车县图书馆、柯坪县图书馆、拜城县图书馆等都受益于援疆建设而拥有了现代化馆舍(见图4)。

1.6 为实现新疆工作总目标添砖加瓦

社会稳定和长治久安是新疆工作的总目标,也是新疆各族人民和睦相处的坚实基础,更是新疆实现科学发展和跨越式发展的必要条件。南疆各级公共图书馆的馆长和馆员们充分认识到实现这一目标的长期性、艰巨性和复杂性,认识到公共文化机构和文化工作者应当承担的责任和义务,聚力创新,吃苦耐劳。评估期内,南疆公共图书馆馆员们在做好本职工作的同时,以驻村、住寺、支教、下沉等多种方式深入基层,走到田间地头,走进百姓家中,宣传文化政策,输送文化资源,组织文化活动,积极发挥文化工作者的优势作用,努力营造良好的舆论氛围,为创造一个良好的社会政治局面作出了积极贡献。

2 问题与不足

2.1 地方财政投入力度有待加强

根据南疆地区7个地级图书馆提供的财务数据及实地核查发现,各馆免费开放地方配套经费基本能到位,年财政拨款处于缓慢增长状态,但对比评估标准中对年均财政拨款总额的要求,大部分与一级馆的标准500万元还有较大差距。同时,还有少部分县级图书馆的免费开放经费掌握在上级单位,不能自主支配,有可能被统一调配后挪为他用,严重阻碍了图书馆的业务开展与服务提升。从图5和图6可知,7个地级馆中达到一级馆标准500万元的馆只有2个,达到二级馆标准400万元的馆只有4个,喀什地区图书馆、克州图书馆和阿克苏地区图书馆的年人均文献购置经费不足0.2元。

2.2 人才队伍现状制约了图书馆的转型与发展

强有力的人才队伍是支撑图书馆从传统的文献借阅机构朝着现代化的知识和信息传播中心转型的必备条件,但南疆各地图书馆都严重存在着人员紧张、专业素养薄弱的问题。①人员编制少,馆员人均服务人数过多,导致馆员们工作负荷重,应付差事现象时

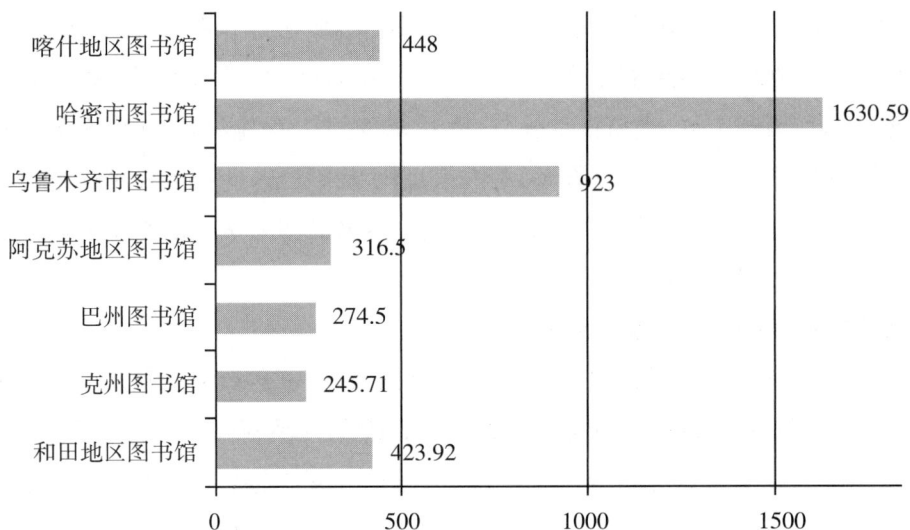

图 5 年财政拨款总额一览(万元)

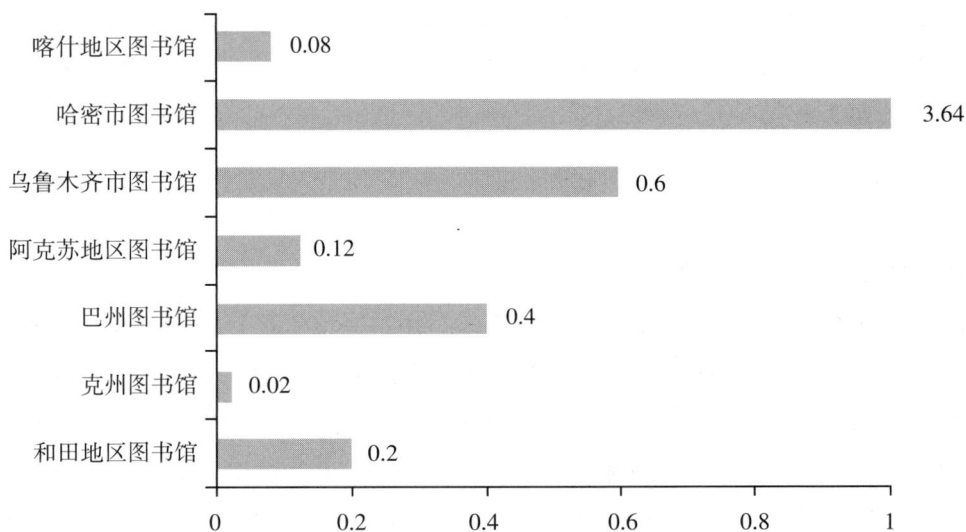

图 6 年人均文献购置经费一览(元)

有发生,且无余力开展业务研究等工作,严重制约了图书馆的业务发展与进步。由表 2 可知,和田地区图书馆、喀什地区图书馆和乌鲁木齐市图书馆的员工人均服务人口数甚至已远超 10 万。②严重缺乏图书馆所需专业人才,少数民族馆员普遍学历较低,汉语水平和计算机应用水平差,难以满足现代图书馆的发展要求,对图书馆运行信息化管理系统、应用新技术、开展新媒体服务等带来严重阻碍。

表 2　南疆 7 个地级图书馆人员编制及员工人均服务人口数

单位名称	地区人口总数(万人)	人员编制数(人)	员工人均服务人数(人)
和田地区图书馆	245	11	222727
克州图书馆	53.98	11	49077
喀什地区图书馆	451.47	15	161239
巴州图书馆	126.43	27	84287
阿克苏地区图书馆	253.05	25	93722
乌鲁木齐市图书馆	352.25	30	140900
哈密市图书馆	61.67	28	18688

2.3　馆藏资源建设力度还需加强

馆藏资源是图书馆赖以生存的物质基础,任何时期,馆藏资源建设都是图书馆最重要的基础保障工作。从表 3 可知,南疆 7 个地级图书馆中有 6 个馆的文献馆藏量处于指标值的中下游水平。特别是服务于 451.47 万人口的喀什地区图书馆藏书量仅有 197900 册,人均文献馆藏量仅有 0.04 册;服务于 53.98 万人口的克州图书馆的文献馆藏量也仅有 105000 册。虽然各馆年人均新增文献馆藏量整体水平较好,这与各馆关注到文献载体形式的变化与发展而购买了部分电子文献以及新疆整体人口稀少不无关联。整体来说,7 个地级图书馆的文献保障基础还是较为薄弱, 还需加大在馆藏文献资源建设方面的投入力度。

表 3　文献馆藏量表

单位名称	文献馆藏量(册件)	人均文献馆藏量(册件)	年人均新增文献馆藏量(册件)
和田地区图书馆	591997	0.24	0.023
克州图书馆	105000	0.19	0.025
喀什地区图书馆	197900	0.04	0.03
巴州图书馆	443228	0.35	0.265
阿克苏地区图书馆	307314	0.12	0.122
乌鲁木齐市图书馆	685550	0.19	0.032
哈密市图书馆	217600	0.35	0.084

2.4 业务研究力量薄弱，区域内公共文化服务体系规划与共建共享工作推进缓慢

目前，南疆各级公共图书馆对业务研究的组织管理工作有较大缺失，馆员参加馆内、馆外组织的学术活动、科研项目的机会太少，业务研究力量薄弱。另外，区域内公共文化服务体系规划与共建共享工作基本停滞在规划和设想阶段。虽然 7 个地级图书馆都签订了不少《馆际互借与通借通还协议》，但具体工作还未落实到位；数字资源、文献资源共享的规模还未形成。总分馆建设停留在规划阶段，仅有乌鲁木齐市图书馆开始试点。

3 对策与建议

针对南疆地区公共图书馆现存的问题和困扰，提出以下对策与建议供各馆参考。

3.1 多方努力，争取政策及资金方面的支持

①加强与地方各级公共文化事业主管部门的沟通和交流，争取地方政府的政策支持和资金的持续、稳步投入。②与对口援疆省市充分接洽，寻求对口援助或合作机会。③积极参与中央补助地方公共数字文化专项资金申报工作，通过项目实施及资金投入提高图书馆软硬件设施和馆藏建设水平。④加强与社会机构的合作，增强办馆能力，节省办馆资源。

3.2 多点着力，提高人才队伍素质和馆员业务研究水平

①以《公共图书馆服务规范》中"每服务人口 10000 人~25000 人应配备一名工作人员"的规定、《评估细则》中对各级图书馆的考核标准以及所在区域服务人口数为依据，进一步争取人员编制。②通过"政府购买服务"的方式从社会上聘用图书馆所需的各类专业人才。③多为馆员创造参与自治区各级文化部门组织的文化艺术人才定向培训机会，并鼓励他们参与。④加强本地区、本系统、跨地区、跨系统图书馆间、图书馆馆员之间的沟通与交流。⑤引入馆员学习、研究激励机制，调动馆员学双语、钻技术、搞研究的热情和积极性。

3.3 多处使力，推进馆藏建设水平提高和区域内资源共建共享工作

①分析当地居民阅读习惯和偏好，合理定位，在当前馆藏资源结构基础上重新建立系统的馆藏建设规划及分步实施方案，并遵照执行。②从各地实情出发，在签订《馆际互借与通借通还协议》的基础上，充分借鉴其他地区总分馆建设经验，如克拉玛依市、阜康县等，推进馆际合作，逐步实现区域内馆藏资源共建共享。

场域理论视域下社区图书馆场所价值浅析

李任斯茹

（中共西安市委党校图书馆）

摘　要：文章以布迪厄场域理论为基础，从空间场域、信息场域、文化场域、关系场域等视角分析了社区图书馆的场所价值，尝试厘清社区图书馆场域，以期帮助社区图书馆价值的提升及开发利用。

关键词：社区图书馆；场域理论；场所价值

中图分类号：G258.24　　**文献标志码**：A

作为图书馆基本单元，社区图书馆以其亲和性融入社区，关注社区需求，促进社区建设，其场所价值被日渐发掘。布迪厄独特的场域理论为本文尝试从不同角度分析社区图书馆场所价值提供了观察视角，基于这一理论，笔者观察分析社区图书馆发展现状，希望为现有社区图书馆的场所价值提升提供参考。

1　布迪厄与场域理论

法国社会学大师皮埃尔·布迪厄对场域理论的定义在社会学研究中占有十分重要的地位，他把一个场域看作是在各种位置之间存在客观关系的一个网络或构型。[1]它是一个相对独立、充满斗争和冲突、存在各种各样关系的社会空间，而非简单的地理空间。布迪厄认为，高度分化的社会世界由若干具有自身逻辑、相对自主但又有必然客观关系的社会小世界构成。这些社会小世界就是社会这个大场域的子场域，比如经济场域、文化场域、关系场域、信息场域等。

2 图书馆与场所价值

2.1 图书馆与场所

《现代汉语词典》将"场所"定义为"活动的处所",是具有活动功能和一定意义的客观存在的物质,由三部分构成:①静态的实体空间和设施,②身处其中的人们的互动活动,③人对场所的实体和功能所产生的精神上的反应。[2]可见,场所在注重物理空间的同时,更多强调了在这一承载有特定文化意义的物理空间内人与人之间、人与资源之间的交互及共鸣。

作为人类的精神圣殿,无论是从实体形式还是精神意义上而言,图书馆都具有典型的场所属性。作为场所的图书馆由图书馆场地空间、馆员/读者、图书馆活动三大要素构成,具有物理空间和精神空间两个维度。

2.2 图书馆与场所价值

经济学中,供给和需要由于所处场所的不同存在空间差,通过改变供给者和需求者之间的这一差别而创造的价值被称为场所价值。

图书馆是人类社会发展的文化产物,通过收集整理无序信息,使之有序化并加以保存开发以供人们自由获取使用,最终实现传播知识、传承文明的社会功能。图书馆坚持以人为本、普遍开放、平等服务的理念,担负实现和保障公民文化权利、缩小社会信息鸿沟的使命。[3]这也正是图书馆作为场所的价值所在。信息时代,网络技术的革新使得图书馆部分功能萎缩,但是作为一个生长的有机体,图书馆更多新的功能被发掘、扩展和强化,其为读者提供服务的场所使命没有改变,作为场所其发挥的价值也并未消逝,其文化信息中枢的地位未被取代。

2.3 社区图书馆与场所价值

社区图书馆面向其辐射范围内所有居民提供服务,它是将信息服务延伸至居民家门口的图书馆。传统的社区图书馆定位于社区内供社区居民使用,是满足居民文献信息之需的文化教育机构和社区信息交流中心。[4]但现代居民对图书馆的需求是多维的,不单单希望可以从图书馆获取知识和信息,更希望能在图书馆从事研究、交流、休闲等活动。现代社区图书馆在现代信息技术的帮助下,在居民日益丰富的精神及文化等生活需求的推动下,开始发挥全方位、多元化的场所价值。作为图书馆静态和动态知识交流的毛细血管,社区图书馆的场所价值包括物理实体价值和精神虚拟价值两个方面,并通过图书等物化形式进行展现。

3 场域理论与社区图书馆场所价值

布迪厄认为场域并非是一个静止不动的空间,这与图书馆学五定律"图书馆是一个生长的有机体"相契合。布迪厄认为"场域是一个能左右位于其中带有某种惯习的主体产生意义的空间, 其实质是一个网络体系, 是一个相对独立、充满冲突和矛盾的社会空间。"[5]因此,可以将图书馆场域定义为"一个对各类读者、图书馆馆员等各种图书馆利益相关主体具有意义的公共场所,是这些利益相关主体根据公共及自身利益需求强力推动逻辑关系建立,构建社会关系网络的公共空间"。

3.1 场域与社区图书馆

借鉴布迪厄关于"整个社会看作一个大场域,由若干个社会小世界这样的子场域构成"的观点,可以将社区图书馆视为图书馆场域的子场域,进一步细分还可以从社区图书馆场域中提炼出社区图书馆空间场域、社区图书馆信息场域、社区图书馆文化场域、社区图书馆关系场域等子场域概念,以进一步分析社区图书馆的场所价值。

3.2 社区图书馆空间场域

吴建中馆长明确指出"图书馆是人和人交流的空间,是聚集信息资源和人的资源的知识空间,正在成为人们生活、工作和学习中不可缺少的公共空间"。[6]2006 年,OCLC 报告提出:"随着纸质印刷资源的减少,图书馆的信息传播作用可能会有所减弱,但其在社区中作为聚集场所的价值并没有降低"。[7]这些观点直观地展现了作为公共场所的社区图书馆的空间价值。

社区图书馆空间场域具有社会性,现代社区图书馆以其更加便民、多样的免费服务,逐渐成为居民首选的思想与信息交流场所,成为有别于家庭空间、工作空间的城市"第三空间",是社会空间的重要组成部分。在该空间内的各类居民以面对面交流的形式,分享彼此的学习和工作体验,拉近日渐疏远的关系,达到了放松心态、舒缓压力、愉悦身心的目的。如芬兰赫尔辛基市图书馆将"联合办公"引进图书馆,打造"城市办公室",以激活社会分散的知识资源为目的,让市民在图书馆空间场域内进行交流切磋。读者还可以把图书馆当作家门口的办公室,利用馆舍空间、电脑及其他物品进行短期办公。这不是简单地发挥图书馆的物理空间价值,更重要的是将场所分享与思想分享相结合,产生精神空间价值。从空间场域的角度看,社区图书馆作为居民的"第二起居室",在给社区居民提供积极的心理体验及满足社区居民精神文化需求的同时体现了场所价值。

3.3 社区图书馆信息场域

可靠、权威、严肃、具有研究性的信息资源是图书馆的核心价值所在,人们希望从图书馆获取各类信息。图书馆作为信息传播的重要媒介,通过自身的现代化改革,成为了各种现实和虚拟信息的存储枢纽。馆藏实体文献信息和网络虚拟数字信息都是社区图书馆信息场域的重要信息资源。"社区信息"是指帮助个人或团体解决生存和日常生活问题的信息,包括健康、教育、住房、法律保护、政治权利和社会经济重大发展等方面的信息,以及参与社会、政治、文化、法律和经济发展活动的信息。在社区图书馆信息场域中,居民和图书馆员依赖信息资本构成关系网络,分析、利用和占有信息资源,以满足自己的需求。社区图书馆通过向居民提供社区信息,成为居民职业发展的坚实的信息服务后盾和重要的信息提供及消费场所,体现了社区图书馆的场所价值。

3.4 社区图书馆文化场域

梁漱溟在《东西文化及其哲学》中将文化描述为包含着精神生活(宗教、哲学、科学、艺术等)、社会生活(社会组织、伦理习惯、经济关系等)、物质生活(饮食、起居等)等多方面的民族生活。[8] "文化空间"不是具体的物理形态,而是一个社群的文化现象和需求在某个特定区域的空间表现及组织成员在这个空间文化交往中所表现出来的表达方式。[9] 保存和传播人类文明记录是图书馆的使命。黄宗忠认为:"图书馆办馆的根本目的是两条:一是保存人类记忆,传承人类文明;二是服务于人,满足社会需求,推动社会发展与进步"。[10]文化属性是图书馆的基本属性,图书馆无疑是文化空间。每个社区都有自己的文化传统、社区意识,以共有的社区文化认识为根基成立的社区图书馆,是社区文化产生、传播及传承的重要场所。作为嵌入居民身边的文化中心,社区图书馆与所在社区其他文化和教育机构搭台合作,发挥更多的功能,对营造社区的文化氛围具有十分重要的作用。不同的社区图书馆文化场域的表象各具特色,其渊源在于各社区的文化差异及场域内各利益相关体互动交流的方式差异。居民在社区图书馆信息场域内随时可以获取可读、可理解、可触摸、可感知的信息和文化,并产生认同感和归属感。

3.5 社区图书馆关系场域

布迪厄指出"利用场域概念进行思考,其本质就是以关系为切入点的思考"。[11]社区图书馆关系场域是一个开放的充斥着各种关系网络的社会空间,它包含了社区居民、社区图书馆馆员等社区图书馆利益关联的实体因子,也包含了这些实体因子之间的各种关系,比如居民与馆员关系、馆员与馆员关系、居民与居民关系、居民与信息资源关系、馆员与信息资源关系等。

社会是由具有不同价值观和成长背景的个体构成的各种关系的集合。社区居民正是构成这一集合的个体。社会身份的不平等使得人们在空间和意识上产生隔离和分化,[11]社区图书馆具有平等性、公益性、开放性、人文性等属性,通过为居民提供同等无区别的图书馆服务,保障了居民获取免费、开放的信息的权利。社区图书馆以提供场地、服务、举办活动等形式,成为了不同身份、职业、背景的公民以平等身份进行交往的场所。生活在同一个社区,拥有不同文化和价值观的人聚集在图书馆,讨论话题、交流思想、休闲娱乐,减少矛盾、摩擦和冲突,消除隔离与分化,搭建彼此理解信任的关系。

信息时代,网络和即时通讯工具的出现使得社会人群越来越少参与广泛的社会活动。作为社区活动的中心,图书馆利用各类服务吸引居民到馆进行社会交往,促进居民之间、居民与馆员之间沟通、相识,形成正面的紧密联系,组建社会关系网络。

从关系场域角度不难发现,社区图书馆在社区居民个体会面、开展社交活动,利用实体、虚拟空间传播信息、保存社区集体记忆,构建社区关系网络等方面的场所价值不容忽视。从布迪厄场域理论视角分析的社区图书馆物理实体和精神虚拟两方面的场所价值,为社区图书馆强化场所感,增强"场所"磁场吸引力提供了极大的启迪和借鉴。

【参考文献】

[1] [法]皮埃尔·布迪厄,[美]华康德.实践与反思:反思社会学导引[M].李猛,李康,译.北京:中央编译出版社,1998:133-134.

[2] 场所精神理论讲义[EB/OL].[2017-10-30]. http//wenku.baidu.com/view/8bd005160b4e767f5acfce98.html.

[3] 中国图书馆学会.图书馆服务宣言[J].中国图书馆学报,2008(6):5.

[4] 刘兹恒,薛昊.论社区图书馆的功能、模式及管理机制[J].中国图书馆学报,2002(5):32-60.

[5] 戴峰.公共参与——场域视野下的观察[M].北京:商务印书馆,2010:42.

[6] 吴建中.发挥图书馆作为社会公共空间的价值[EB/OL].[2017-10-30]. http://www.wujianzhong.name/?p=1319.

[7] OCLC报告:结论部分[EB/OL].[2017-10-30]. http://joinus.las.ac.cn/research/doc/oversea/6.pdf.

[8] 梁漱溟.东西文化及其哲学[M].北京:商务印书馆,2004:19.

[9] 肖希明.图书馆作为公共文化空间的价值[J].图书馆论坛,2011(6):62-67.

［10］ 黄宗忠. 转变办馆理念,以提高图书馆服务档次为重心,推动我国图书馆事业持续发展［J］. 图书馆,2008(1):7-12.

［11］ Andreas Varheim, et al. Do libraries matter? Pubilc library and the creation of social capital［J］. Journal of Documentation. 2008,64(6):877-892.

众创时代图书馆物理空间再造

祁克军

（中共青海省委党校图书馆）

摘　要: 图书馆作为文化根据地,肩负着传播文化的历史重任,在不断顺应时代发展快轨的同时,更在不断的谋求更为高效的发展路径,众创为图书馆虚拟现实发展提供了新的契机。文章着手于众创时代创客空间对图书馆物理空间再造的影响,论述了二者融合的必要性以及需要思考的问题、原则,并就众创时代的图书馆物理空间功能重组提供了建议方案,为图书馆空间创新、空间再造提供参考。

关键词: 众创时代;创客空间;图书馆;空间再造

中图分类号: G251　　　**文献标志码:** A

以前,图书馆的主要业务是借阅,今后,它很有可能只占三分之一,这是全球图书馆发展的大趋势。面对这一背景,图书情报界专家们认为,图书馆首先要解决的是如何增强与社会发展的关联度问题。几年前,国际图联发布了《国际图联关于图书馆与发展的宣言》,呼吁图书馆要走向社会,增强为社会服务的能力。图书馆创客空间可作为一种新型的知识创造和共享模式,成为图书馆知识服务链中的重要一环,有助于解决社会发展中的人才培养、信息提供、创业孵化等相关问题,是图书馆实现服务创新、回馈社会的一个重要突破口,更是图书馆人识变、知变、求变后的一大转型。[1]

1　创客空间嵌入图书馆物理空间再造的必要性

近年来,国家积极鼓励众创,未来图书馆的服务重心也必将从以藏书为主向以知识为主、以信息交流为主转移。面对我国众创新的发展势头,图书馆作为信息中心与知识创新媒介,无疑在众创运动中占有重要地位,应积极引入众创理念创新服务模式,为用户营造知识创新、沟通协作的良好环境。

1.1 图书馆的社会职能与众创时代"创客空间"的出现不谋而合

图书馆的本质属性是信息交流中介,其社会职能是保存人类文化遗产、开展社会教育、传递科学情报以及开发社会智力资源。创客是众创的核心,其需要一个平台和空间将自己的创意转变为现实产品,创客空间可提供给创客们创业创新交流平台,要求具备多元化信息融合大环境的特征。[2]而图书馆具有丰富的文献信息资源,且可通过资源联盟实现资源共建共享,能为创业者提供良好的学习交流空间、智力开发空间、文献信息保障等。因此,图书馆利用自身资源优势努力实现与众创的有效融合,不仅可以为众创提供信息、技术、空间资源等支持,也可以有效孵化众创。

1.2 创客空间有助于促进图书馆社会服务职能的进一步深化

目前,国内各类型图书馆,尤其是西部欠发达地区整体上也还是以传统的藏、借、阅为主要服务体系,这种静态的服务方式很难让有创意的用户之间获得思想上互相碰撞的机会。在众创浪潮的冲击下,为满足用户的众创需求,图书馆不得不努力拓展服务领域,为用户提供各类型的空间场所。创客空间与图书馆空间再造的深度融合,不仅是现阶段图书馆拓宽服务领域的有效路径,也为图书馆提供了知识创造的全新服务模式,有助于促进图书馆社会服务职能的进一步深化,提升图书馆的整体社会影响力,削弱社会上对图书馆存在的各种质疑。图书馆可通过举办各类型创业知识讲座、创新成果展示、学习共享空间等多样化形式,促进服务内容与社会需求的无缝对接,以各种形式培养用户的创新素养。

2 众创时代图书馆物理空间再造中存在的问题

当前,图书馆空间再造是图书馆界研究的一大热点,主要集中于图书馆创客空间的构建实践,基于创客空间的图书馆服务转型、服务创新,3D打印等技术的应用等。创建创客空间已然成为全球性图书馆的运动,在国外,美国、加拿大等发达国家图书馆兴建了创客空间,致力于为用户提供一个提升从业技能和创新技能的工具和平台。在国内,上海图书馆率先垂范,随后长沙图书馆、广东图书馆、深圳图书馆等陆续加入创办创客空间行列。[3]

这些创客空间的设立,不仅吸引了更多人走进图书馆,学习观摩各种先进技术工具,而且实现了与社会同一或不同群体的人进行对话和交流的愿望。

然而,这对图书馆自身而言既是机遇也是挑战,在图书馆创客空间如火如荼的建设热潮中,我们更需要冷静地思考很多问题,诸如图书馆为什么要建设创客空间? 要建设什么样的创客空间? 怎样建设创客空间? 是不是所有的图书馆都可以顺应潮流建设创客空间? 创客空间的前期投资、成本控制、运营管理等等问题较为棘手。在此,笔者选取较为典型的相关问题进行论述。

2.1 图书馆创客空间该承担的责任和使命

当今社会无论是求职者还是创业者,对信息技术的需求日益增长,技能鸿沟现象不断凸显, 如很多刚刚毕业的大学生深感学校学习到的知识技能很难满足就业岗位的需求,此时学校教育外的社会教育的重要性就彰显了出来。社会公共教育与文化机构作为公益服务机构理应承担起这份责任,而图书馆创客空间就是最佳社会教育场所。面对世界经济的持续乏力,受金融危机、泡沫经济等刺激,各国开始重视发展实体经济,进而更加注重创业创新,要求社会公共教育与文化机构能为实体经济的发展提供更为有利的社会环境和众创空间。因此,宏观而言,开展社会教育与开发社会智力资源是图书馆创客空间应该承担的责任和使命。图书馆创客空间要以培养用户的创新意识和创新能力为己任,向广大读者传播众创理念、推广众创文化,协同社会培养具有创新精神和创造能力的复合型人才。

2.2 图书馆创客空间占据的主体地位

随着图书馆创客空间逐渐进入大众视野, 各类型图书馆先后效仿出专门的空间,并配备 3D 打印机、数控雕刻机、激光切割机等工具,为创客们的创意付诸实践并生成产品提供有力工具与空间。为此,图书馆的成本投入、运营管理等发生了结构性变革,那么图书馆创客空间理应占据什么样的主体地位才能不改变图书馆的存在初衷呢? 笔者认为,无论是从图书馆的历史使命考虑还是功能定位考虑, 图书馆都应以信息资源建设为重任,而创客空间只是依托于信息资源的一项衍生服务。唯有充分发挥图书馆的信息资源优势,才能不完全颠覆图书馆成本投入、运营管理、空间再造规划、用户服务与创新创造之间的关系。因此,无论是旧馆改造还是新馆建设,都需要明确创客空间只能是图书馆的一部分,是图书馆顺应时代发展提供新型服务的一种外化方式,而不应本末倒置,错误地让整个图书馆的工作围绕创客空间进行。

2.3 图书馆创客空间该如何突出特色，区别于其他孵化空间

文献信息保障能力是图书馆区别于其他孵化空间而特有的核心能力。图书馆具备信息交流与资源集散中心的强大优势，图书馆创客空间意在形成一个集众创、交流、分享、思想碰撞等功能于一体的虚实融合空间。[4]从国家科技部公布的创客空间建设的现状来看，许多企业和高校脱离图书馆建立了创客空间，所有的理工科高校具备各类型的实践基地或不同级别的实验室。图书馆创客空间不应该成为创客们长期栖居的场所，要强调其存在具备开放、通透、灵活、自主、随意等性质。如创客空间内部配置可根据创客需求临时搭建，也可随时拆除，面积可大可小，既能满足创客的功能需求，也不影响图书馆整体布局，也可为图书馆其他空间发展留有弹性余地。这是图书馆创客空间区别于一般实践基地或实验室抑或是其他类型创客空间的最突出特色。

3 众创时代图书馆物理空间功能重组建议方案

图书馆服务性决策始终不能脱离用户至上这一基本原则，空间再造更不例外。要充分体现"以人为本"的服务理念，再造出发点和落脚点要与众创理念的基本内涵、尊重人性的基本特征保持高度一致。整个图书馆空间规划为五大空间，各空间布局讲求在位置关系上相互平衡，用户体验上舒适、亲和、人性、灵活，管理上智能、科学、绿色环保，[5]在布局上呈现出三大模块，即藏阅、服务办公、创客各占三分之一（见下图）。

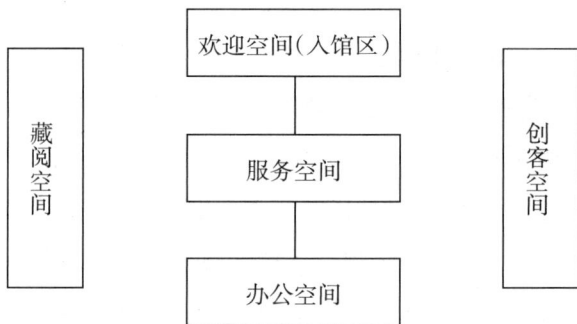

众创时代图书馆物理空间布局图

3.1 再造原则

（1）处理好各空间的相互位置关系。空间内部保持平衡，如藏阅空间。毋庸置疑纸质文献是永远不会消失的，尤其是人文社会科学、自然科学类文献使用长期保持较高频率，特色馆藏因其特殊性也是馆藏必备，但是使用频率较低，因此，藏阅空间内部要处理好结

构布局,不可过于偏重一方,使空间布局失衡,影响用户使用。空间外部要保持"动静分开",例如,服务空间噪音相对要大点,而藏阅空间与办公空间,甚至创客空间均需保持安静,创客空间内部又涉及动静分开。如此处理好空间之间的位置关系,才能使各功能区得到充分高效的利用。

(2)组织好各空间的多元复合关系。现代图书馆为了突出人本理念,在空间再造中力竭以"用户和工作人员"为主线,深入探究用户信息行为与信息需求,在空间规划设计上做到多元复合,尽量节省用户的使用时间,提供"一站式"便捷服务。如上图所示,从入馆区到服务区,形成用户自助导航到人工咨询导航,从大体环境导航到细微知识导航,将咨询借阅服务置于馆舍大空间中,藏阅区既有阅览桌椅、沙发等,也有电子资源自助检索设备,小型包厢等多元复合元素。

(3)设计好各元素的排列构成关系。众创时代的图书馆物理空间再造必须深入考虑创客对空间内部功能需求的特征而进行规划、重组和结构调整,要充分研究创客们有别于一般用户的信息行为。自古以来,书籍承载着作者的性格,阅读承载着读者的性格,空间则承载着身处其中的图书、用户的性格。"空间性格是空间环境在人的生理和心理上反应的人格化。"[6]不同的空间元素排列形成不同的空间环境,不同的空间环境又会折射出不同的空间性格。构建与图书、用户性格相协调的空间环境,从创客角度讲,设计好各元素的排列构成关系,既有助于提升创客获取资源的舒适度,也有助于激发创客们的创意灵感。这里的元素涉及照明、色彩、地板、标识、图案、家具陈设等。

3.2 功能分区

众创时代图书馆物理空间功能重组建议分区表

区域分类	区域名称	基本职能	深化职能	备注
欢迎空间	入馆区	人流导航	门禁系统、馆内规章制度、馆内讲座通知、馆内布局导航图等	展示图、借阅机等均可至于此
服务空间	咨询区	参考咨询	人工咨询台,自助检索等	人工机器相结合
	借阅区	书籍流通	书刊借阅	随着人工智能的普及,人工与自助借阅相结合
	信息墙	权威发布	新书通报、馆内动态、创客资讯、名家讲坛等	大型液晶显示器
办公空间	办公区	综合办公	管理、业务办公等	组织上施行科学扁平化

续表

区域分类	区域名称	基本职能	深化职能	备注
藏阅空间	藏书区	集中藏书	开架藏书,特色馆藏等	严格按照学科及中图法分类排架,光照、温湿度、PH值均要符合纸质文献馆藏标准
	检索区	自助检索	知识导航设备,自助检索设备等	与藏书区结合,以方便用户进行书目自助检索
	阅览区	阅览自习	书刊阅览、自习,电子资源及多媒体学习等	配备护眼照明灯、插座、网线接口,小型包厢或隔断等
创客空间	学习共享区	静态研究	创客学习、理论研究等	隔音效果较好
	创客试验区	动态研究	创客成果试验,如DIY制作、数字加工、3D打印、五金模具等	提供工具与技术,如3D打印机、复印机等以及材料合作商名片名录等
	智慧交流区	智慧交流	创客研究讨论、协同学习、众创培训等	报告厅、会议室、研讨室、多媒体教室等
	成果展示区	成果分享	举办各种形式的成果展览等	具备较强灵活性,内部空间可根据客主进行简单装修,随用随装,用完即拆,不影响整体空间格局
	休闲娱乐区	休闲娱乐	咖啡厅、影厅、桌球、乒乓球等休闲功能	独立设置,休闲、娱乐、体育多元复合

如上表所列,整体形成"一主两翼"的空间布局,"一主"即欢迎空间、服务空间、办公空间一条主线,"两翼"即藏阅空间和创客空间。在具体建设过程中要特别注重借用自然景色进行环境营造,使得空间环境与建筑融为一体,达到净心、悦情的境界,不同类型的图书馆很有必要对原有馆舍进行空间再造升级。

4 结语

我国社会发展已经进入新时代,当前信息化、云计算、"互联网+"等发展势头迅猛,图书馆空间再造已成为图书馆转型升级的重要路径,创客空间、创阅空间、众创空间、智慧空间、流空间等各种理念和新的概念不断涌现,为图书馆的发展指明了方向。但是未来图书馆空间再造不仅仅是物理空间的创意拓展,而要融入智慧理念,如引入智能化的服务体系、自动管理系统、大数据分析导航系统等。图书馆创客空间的建设,既是摆在图书馆人面前的一项新课题,也是图书馆人积极融入国家文化大发展战略的一项重大举措。

【参考文献】

［1］ 李静. 创客空间，一条新的起跑线［N］. 中国文化报，2017-01-23(006).

［2］ 吴建中. 走向第三代图书馆［J］. 图书馆杂志，2016(6):4-9.

［3］ 段晓林. 图书馆空间再造的理念、创新及其实践——"图书馆空间再造与功能重组转型"研讨会在徐汇区图书馆举办［J］. 上海高校图书情报工作研究，2017,27(3):4-7.

［4］ Joanna Jablonska, et al. Changes in the Contemporary Public Space: Libraries［C］. International Conference on Applied Human Factors and Ergonomics. Cham: Spinger, 2017:228-238.

［5］ John C, et al. Library Space Redesign and Student Computing［J］. Public Services Quarterly, 2017, 13(3):139-151.

［6］ 张彬. 图书馆空间的审美化与阅读环境设计［J］. 大学图书馆学报，2012,30(5):28-38.

浅析现代图书馆空间的家具创新与设计

骆卫东

(新疆维吾尔自治区图书馆)

摘　要:文章通过分析图书馆家具现存问题,归纳各功能空间家具设计要点,总结出家具设计原则,为选购图书馆家具的工作人员和设计图书馆家具的设计师,提供图书馆家具设计人性化的参考建议。

关键词:图书馆;家具;人性化设计

中图分类号:G258.93　　　**文献标志码**:A

在现代图书馆空间设计的要素(包括环境、材质、色彩、家具、灯光、陈设、标识等)中,家具是兼具视觉和体验感的重要组成部分,家具自身的样式、材质、肌理和组配与摆设直接影响图书馆室内的空间氛围和使用舒适度。在现代化图书馆建设管理的探索中,家具设计是可调节因素中效益最显著的环节,家具的选择和组合方式制约着图书馆室内空间的功能。现代图书馆已经进入 3.0 时代,文献资料载体形态日趋多样,服务内容不断拓展,在馆内各功能空间强调可变性、灵活性的情况下,图书馆对家具功能设计有了新的要求。家具设计、组配与摆设得当与否,都是读者感受图书馆人性化服务的重要媒介,直接关系着读者对图书馆阅览环境的感受及对馆藏信息资源的利用效果,并将直接影响图书馆的建设管理水平。因此,对图书馆家具设计的研究,具有探索意义和创新空间。

1　图书馆家具发展状况和存在问题

近年来,图书馆家具的设计和生产与办公家具和其他民用家具相比,发展较为缓慢,供应或使用的观念较为陈旧,很多馆内还停留在 90 年代的水平,只注重经济性,鲜有创新,特别是忽视了人体工程学和与阅览环境协调性的问题。[1]在读者和管理人员使用过程中,凸显了种种弊端和问题,主要有以下几点。

1.1 书架设计问题

现有图书馆阅览区域书架大部分采用材质为钢制或木质 6~8 层的双面书架,书架摆放的图书与地面成 90 度角,读者只有蹲下才能查找书架最下面几层摆放的图书,而取阅超过 1.8 米的高度摆放的书籍则要借助阶梯等辅助工具。另外,有些读者拿到书籍后,习惯站在书架旁边翻阅,但往往没有空间可以放置书籍或摆放读者选择的其他书籍。[2]同时图书馆工作人员在日常管理时,部分类目图书满架、溢架,馆员要经常上架、倒架和整架,此外图书馆的阅览空间里缺少图书周转台、书架助站椅等,导致工作人员管理取放高层书架上的图书时非常费力。

每个图书馆的室内空间高度不同,顶面采光很难做到书架间空隙的位置都能均匀采光,因此书架间往往会产生暗区,而没有自带照明灯具的书架,会影响读者对书籍的选择和翻阅。

1.2 阅览桌椅设计问题

阅览桌椅是图书馆阅览空间主要的家具。普通图书馆阅览桌的桌面与地面保持水平,同时阅览椅座位的角度稍稍向后倾斜,这样的阅览桌椅角度搭配不符合人体工程学。图书放置在阅览桌面上的水平位置,读者必须采用身体微微前倾的姿势阅读,但是高度固定的阅览桌椅,没有办法适应读者不同身高的差异,使得读者只能根据角度低垂头部、颈椎前倾,造成颈椎与脊椎弯曲,使得颈腰等部位肌肉长时间处于非受力的状态,增大了人体器官各个部位的压力,易导致肌肉韧带劳损、肩周炎、颈椎与脊椎病等问题。长期的不良坐姿,也易导致读者视觉疲劳。

考虑环境整体美观性和灯光的均匀布置,图书馆的顶部人工采光无法做到正好与每个阅览桌的中心对应,阅览桌没有配备照明灯具,可能会造成阅读亮度不足,给读者眼部造成压力,易产生近视等问题。

随着互联网和电子资源的普及,有很多读者到图书馆时习惯随身携带个人 PC 端,如笔记本电脑、Pad、手机等,如果阅览桌面或桌面下方没有配备插座电源或内部网络接口,电子设备要充电时会造成不便;若要通过插线板连接附近的电源,也容易产生被电线绊倒的隐患。

1.3 针对性不强

随着图书馆 3.0 时代的到来,图书馆阅览空间越来越多样化和功能细分化,针对不同的受众群和读物形式,现有的家具样式过于单一。不同受众群的人体尺度、颜色喜好、功能需求都存在差异,只有因人而异地提供相应的家具才能提升图书馆整体空间的读者满意度。

1.4 清扫除尘不便

针对图书的积尘状况,吸尘器只能清除浮尘,比较严重的积尘依旧需要人工通过刷子、抹布等传统工具清理。既费时费力,又有损健康。图书由于大量借阅的带菌状况,使得图书成为病菌的传播媒介。许多图书馆通过臭氧电子消毒器等设备对图书进行消毒杀菌,但是这些设备费时费力,且效果不明显。

2 图书馆家具分类

图书馆家具是最贴近读者的,家具的设计、选择和布置可以弥补图书馆室内空间的不足,也可以有效的营造空间氛围。以下将从不同功能空间分析家具设计的要点。

2.1 按功能分类

(1)阅览家具设计要点。

阅览家具主要是供读者阅览时使用的家具。目前的图书馆阅览家具基本符合人体工程学的尺度,但是在人性化设计上可以进一步提升。以阅览桌为例,单面的阅览桌读者座位方向一致,采光一致;双面的阅览桌则可根据需求设置挡板,以减少困面对面坐时相互间的视线干扰,桌面中部也可以安装照明灯具,以改善局部照度不够的情况。以前的电子阅览室通常独立存在于图书馆内,现在由于技术的不断提升,电子阅览更为便捷。可以将电子阅览室从中解放出来,穿插在常规阅览空间中。在常规阅览桌中还可以增设部分电子工作台,配备电脑、打印机、扫描仪等设备。

(2)储藏家具设计要点。

储藏家具是图书馆的主要类型之一,常运用于阅览室、书库等空间,主要用于放置书籍、期刊、报纸等。图书馆储藏家具包括一般书架、书库书架、密集书架、智能书架、书柜、报纸架、期刊架等。以图书馆阅览区书架为例。目前图书馆阅览空间普遍采用开架借阅,为了使读者有好的阅览体验,阅览区的书架应当尽量让读者在不借助外力的情况下方便拿取书架上的任何一本读物。根据我国人均身高和人体工程学的相关数据可以得出,书架隔板顶层不宜超过 1731mm。书架的层间高的依据则是书籍的尺寸规格。目前发行的书籍以 16 开、32 开居多,因此 220mm、300mm 是比较常见的层间距。此外,图书馆书架比较密集,除了满足储藏这一基本功能,还需通过不同造型、颜色的方式,引导读者快速找到所需书籍。有些图书馆在进行信息化提升时,部分书架侧板也加入了具备信息检索等功能的电子设备。[3]有的甚至改变了被动检索的方式,而是通过记录读者的借阅习惯,主动推荐书籍的方式更好地服务读者。

2.2　按功能空间分类

（1）青少年儿童阅览空间家具设计要点。

在设计青少年儿童阅览空间的家具时,首选要避免走入将成人家具缩小了就是青少年儿童家具的误区。该类家具不仅仅只有尺度需求上的差异,还有更多从使用者的行为出发,更为人性化的需求。由于青少年读者活泼好动,青少年儿童阅览空间的家具宜采用轻巧可变的家具。家具的边角优先选择圆角设计,部分家具可以使用软包设计,要尽量避免坚硬锐利的金属、玻璃等存在安全隐患的材质。青少年儿童阅览空间的家具造型也可以打破中规中矩的几何形体,采用更为仿生、打造动植物等造型的家具,让低龄读者在阅览时有一种不是置身于教室而是置身于大自然的感觉。颜色上则可以相对于其他空间丰富些,以适应低龄读者对于明亮色彩的视觉需求和心理需求。[4]

（2）成年人阅览空间家具设计要点。

18 周岁以上即为成年人,因此成年人的年龄跨度较大,其中也包含了老年人。所以在设计成年人阅览空间的家具时,既要符合一般成年人的需求,也要注重老年人的需求。在满足一般设计标准的情况下,可以增设一些人性化的设计亮点。如报刊阅览桌,可以在部分阅览桌上增设可调节的放大镜,既不干扰没有此项需求的人阅读时的正常使用,也为具有远视眼的长者提供了便利。

（3）无障碍阅览空间家具设计要点。

无障碍阅览空间的家具在尽可能减少障碍的同时, 应当主动针对特定人群的需求提供帮助。以视障阅览室为例,为了便于一键式智能阅览器读屏软件、听书机、扫描棒等设施的使用,阅览桌需要加设线路插座,并将电线藏于桌面下方和桌脚内,避免电线绊倒读者。

（4）多媒体电子阅览空间家具设计要点。

信息化时代电子阅览的需求不断提升,很多书籍出现了随书带盘的模式。因此,阅览桌上应当加设线路插座,并配以相应的设备和小零部件,如平板电脑承托座等。多媒体电子阅览空间除了提供电子阅览服务,还需具备储藏光盘等电子文献载体的书架书柜。这些书架书柜应当有别于书籍的书架,需满足防磁、防静电等需求。

(5)报告厅、培训、视听空间家具设计要点。

由于家具在报告厅、培训、视听空间所占的体积相对较大,而且普遍存在同款家具大批量使用的状况,这些空间的家具颜色通常是该环境的主体色。人们在使用这些空间时,通常停留时间较长,因此拥有协调曲线造型的、具备柔软靠背的沙发椅更为合适。

(6)休闲茶歇空间家具设计要点。

图书馆空间作为城市客厅,现阶段呈现出更为开放的状态,画廊、休闲水吧、便利店等休闲茶歇空间渐渐地进入到图书馆空间。在使用休闲茶歇空间时,人的行为有别于阅览时的状态,因此这里的家具可以选择更为休闲的家具样式,颜色上也可以更为丰富大胆。

3 家具设计原则分析

家具是图书馆空间的重要组成部分。图书馆家具的种类繁多,根据材质可分为木质家具、塑料家具、金属家具等;根据适应人群可分为青少年家具、成年人家具等;根据功能可分为阅览家具、储藏家具、办公家具等。为了更好的服务读者,图书馆家具设计应当遵循以下原则。

3.1 实用性

为了有效地发挥图书馆各个空间的服务功能,图书馆家具的首要设计原则就是其实用性。在选购家具时,阅览家具应当优选符合人体工程学、使读者能够以正确的姿势长时间阅览读物的家具。储藏家具应当坚固耐用,拥有较大储物空间。力求选用防火保温、坚固耐用、便于清洁的性价比高的家具。

3.2 科学性

随着信息化时代的到来,图书馆家具在科学性上有了很大程度的提升,大批智能化家具被投入使用。如 ARC-FLASH 光触媒技术运用于书架设计之中,即在书架的隔板上安装光触媒消毒器,对书籍进行常规消毒除尘,为读者提供卫生、舒适的阅读环境。智能书架的图书查询定位功能,使得用户更加便利地找到自己所需的书籍;也可通过大数据和信息技术,转变以往被动检索的方式,为用户主动推荐可能喜欢的书籍。智能书架清点、图书查询定位和错架统计等功能的便捷性,则有利于提升员工的工作效率。

3.3 经济性

在选配家具时,要注意家具的材料结构、加工等方面符合经济指标,并力求达到最佳性价比。标准化批量生产的家具相较于定制的异形家具更加实惠,在保证空间效果的情况下,可以适量减少定制款异形家具的使用。

3.4 可变性

图书馆的使用人群不仅年纪跨度大,还存在性别、需求等差别,因此,家具应当有针对性的满足不同人的使用需求。家具的可变性就有利于满足这一需求。家具可根据不同功能需求,通过伸缩、折叠、安装滑轮等方式,使得家具轻便灵活;宜优先选择模块化组合式家具;可以根据不同的活动主题,对空间进行相应的调整,以提升人们对于空间的新鲜感,从而吸引人流量。

3.5 艺术性

图书馆作为城市客厅,既服务本地读者,也是游客的好去处。图书馆家具可以结合本地文化,提炼出设计要素,可以在地方文献阅览室等空间定制反映当地艺术特性的家具。图书馆艺术性的要求,使得家具有了新的可能性,可以突破常规阅览、储藏、办公家具的造型,提升其艺术性,甚至作为艺术装置起到美化空间的功能。

3.6 安全性

家具的安全性主要分为物理安全和化学安全。物理安全方面,首先家具强度要符合标准,尤其是阅览区的书架要坚固,能承受相应荷载,以免出现倾倒等情况;其次青少年儿童阅览室和无障碍阅览室的家具要考虑其潜在危险性,可以适当使用圆弧边角、软包等方式来处理棱角,以免好动的年幼读者和行动有一定程度不便的读者在使用过程中出现磕磕碰碰的状况。化学安全方面,家具的原材料、胶、漆等需检测是否含有有害物质,如甲醛等后再投入使用。

4 结语

为了给用户提供更为人性化的空间体验,在家具设计和选购时,既要满足不同年龄层读者人体工程学的基本要求,也应满足使用不同阅读载体的读者的需求。文章以图书馆家具为研究对象,将人性化设计作为切入点,取得了一些研究成果。通过分析现有家具存在的问题、使用者的需求,归纳出各功能空间家具设计要点,总结出图书馆家具实用性、科学性、经济性、可变性、艺术性、安全性的设计原则。为选购图书馆家具的工作人员和设计图书馆家具的相关设计师,提供一些图书馆人性化家具设计参考建议。

【参考文献】

［1］ 宗妮.现代图书馆家具"人性化"设计研究[J].鞍山师范学院学报,2017,19(4):95-97.

［2］ 温怀琴.高校图书馆家具的人性化设计研究[D].苏州:苏州大学,2013:9.

［3］ 唐晓阳,等.人性化,现代图书馆家具设计的新亮点[J].图书馆论坛,2005,4(2):92-94.

［4］ 魏嫔.关于少儿馆家具选配的几点思考[J].中小学图书情报世界,2009(4):42.

图书馆支持数字人文的理论与实践研究方向①

饶俊丽

（西安科技大学图书馆）

摘　要：数字人文的概念由人文计算发展演变而来，是一个典型的、跨学科、文理交叉学科领域。文章尝试对数字人文与图书馆的相关性进行研究，重点对图书馆支持数字人文的理论与实践进行分析，指出该领域的知识基础、研究热点和发展趋势，以期整合已有研究成果，为今后图书馆支持数字人文提供理论与实践研究的方向。

关键词：数字人文；图书馆；相关性；研究方向

中图分类号：G250.7　　**文献标志码**：A

数字人文是在 20 世纪 40 年代末产生的人文计算基础上逐渐发展而来的，目前这一学术概念尚无一个统一的权威界定，诸多学者一直尝试对数字人文作出更准确阐释：数字人文是一种由高效计算和传统人文需求共同决定的实践与实现（John Unsworth，2014年）；数字人文是用计算机技术处理和准确分析传统人文的研究应用（Katy Barrett，2015年）；数字人文是一场新兴的跨学科运动，旨在利用数字化技术增强和重新定义传统的人文学术研究（Jennifer L.Adams，2016 年）。由此可见，数字人文是典型的跨学科研究，研究人员既包括人文领域（哲学、历史学、语言学等）的研究者，还包括计算机技术及多媒体技术领域的专家学者，它属于文理相结合的专业术语和交叉领域，目前仍缺乏可被广泛认可的学科定义，学术界也无法给出一个轮廓清晰的学科界限。[1]随着研究环境和

① ［基金项目］本文系 2018 年陕西省科技情报学会研究课题"图书馆支持数字人文的新服务范式研究"（项目编号：2018SKQF04）的研究成果之一。

手段的变迁,数字人文尚且处于一个持续发展和再定义的演进过程。

1 数字人文的发展概述

学者 S.Hockey 认为从人文计算到数字人文大致经历了四个演进阶段：起步阶段 (1949—1970 年),关注点主要集中在计算机技术的局限性突破上;巩固阶段(1970—1980 年),学科重点从纸质逐渐转向了电子版、语言词汇的分析;新发展阶段(1980—1990 年), 计算机语言的成熟导致传统人文语言的逐渐退化;互联网时代(1990 年至今),全球范围 内数字人文组织的迅速发展,科研机构协同合作。[2]最早的一篇关于数字人文的论文为 1968 年的《意大利的人文计算活动》, 关于数字人文在图书馆应用的最早一篇文章是 1977 年发表的《数学中的统计推断与计算语言学》。[3]进入 2013 年,数字人文相关研究文 章呈井喷之势,标志着数字人文研究繁荣阶段的到来,也表明数字人文的研究视域和领 域不断拓展和延伸,数字化与人文研究的融合更加深入。[4]目前国外数字人文研究机构, 主要集中在欧美日等发达国家,如国际数字人文组织联盟、数字人文学会相继成立,全球 多所高校设立了自己的数字人文研究中心, 如美国马里兰大学科技人文研究机构 (MITH)、斯坦福大学人文实验室、麻省理工学院 Hyper studio、伊利诺伊大学的科学与学 术情报研究中心、伦敦大学学院数字人文中心(UCLDH)、日本立命馆大学日本文化艺术 数字人文中心(GCOE)等,旨在促进人文学科领域科研和学科教学的发展。[5]2010 年,研 究型图书馆协会对图书馆科研进行调研分析,在报告中指出数字人文在图书馆应用的数 字学术中心或数字服务实践中的重要性,指出在数字人文背景下,图书馆员应重新审视 自己,准确定位自己的角色,并希望通过相关的数字人文理论与实践研究为以后的服务 指明方向。[6]

2 数字人文与图书馆的逻辑相关性

2.1 数字人文与图书馆的相关联系

数字人文与图书馆的相关性是建立在文化信息学的框架之下的,从信息资源与人机 交互两方面进行数字计算与人文研究的互补性活动:数字化建设、可视化发展、馆藏资源 与信息分类等,这说明数字人文与图书馆可以实现互补性协同发展。其相关性主要从四 方面表现:首先,数字人文研究与图书馆、博物馆、美术馆等机构的馆藏资源发展有必要 性联系;其次,数字人文与图书馆都对信息检索、元数据建设、大数据挖掘等有着相同兴趣；再次，图书馆的科研内容与数字人文研究在情报资源建设等方面有很多的交集；最后，数字人文研究机构与图书馆常被设置在同一学术框架内。由此可见，数字人文研究与图书馆资源建设之间存在着必然的逻辑相关性和联系性。

2.2 图书馆支持数字人文的必要性及可行性

图书馆是信息知识传播和人文教育的重要机构，1975 年，国际图联在法国里昂举行的关于图书馆职能的学术研讨会上指出：现代图书馆具备保存人类文化遗产、开展社会教育、传递科学情报、开发智力资源等四项社会职能，[7]其中最重要的是文化信息保存职能。数字化整合这些人类文化遗产和人文研究成果是图书馆实践的主要内容，基于此，在现有资源的基础上，从资源服务角度来探索研究，加强和深化图书馆与数字人文研究的必要联系性有助于人文研究成果的传播和转化，以知识整合和信息重组为技术手段，发展和促进数字人文与图书馆相结合就显得尤为重要。在 E-science 环境下，数据的海量信息具有来源广、种类多、属性杂等特点，比如社交网络、元数据库、网络在线系统都是数据、信息和文本的信息知识来源，[8]此时图书馆在数字人文研究过程中发挥着极其重要的作用。①可以通过人机交互的形式为特定的数字人文项目提供个性化的信息获取、数据分析以及计算机技术支持；②数字人文研究与图书馆的协同合作是数字人文项目得以顺利开展的实现条件；③图书馆在信息资源获取、数字化保存以及信息的传播等方面具有不可替代的功能；④在学科技能、版权咨询以及特色馆藏等方面可提供专业化的服务支持；⑤经验丰富的学科馆员具有高素质的服务能力，能够很好地参与数字人文项目的研究与实践。

3 图书馆支持数字人文的理论研究方向

3.1 数字人文的基本理论研究

计算机技术与传统人文学、历史学、艺术学以及社会学相结合的基础理论研究是数字人文研究的基本点，同时也是长盛不衰的研究热点。最具影响力的是 2012 年出版的 *Debates in the Digital Humanities*（《戈尔德》），这本书收录了美国十几位数字人文专家和学者的文章。该书系统地探索数字人文基础理论、研究方法及实践路径，试图指出数字人文未来的发展潜力和方向。其次是对数字人文概念的界定和划分，说明了数字人文究竟是什么。学者主要围绕与之相关的方法论、研究范式及学科规律等展开探索研究，为数字人文这一新兴领域提供了研究视角。国内研究学者周晨的《国际数字人文研究特征与知识结构》一文,[9]系统评述了国际数字人文研究进展,探究其研究特征与知识结构。钱国富的《走向数字人文:实践、教育与研究》[10]从概念、实践、教育和研究等出发,多视角考察了数字人文领域的相关概念和进展,是一本关于数字人文的简明"百科书"。肖鹏、彭嗣禹的《基本原则与关键问题——学术型图书馆馆员如何启动数字人文项目》[11]一文,指出图书馆员开展数字人文研究时应遵循的基本原则和应关注的关键问题。

3.2 数字人文的技术探索研究

传统人文学科信息的数字化技术是早期数字人文研究的重点内容,而数字化技术研究则集中于文本信息处理和数据管理方式。刘炜在《数字人文的技术体系与理论结构探讨》[5]一文中指出,数字人文的技术体系主要包括数字化技术、数据管理技术和数据分析技术、可视化技术、VR/AR技术、机器学习技术等。韩玺、齐云飞的《移动视觉搜索在国内图书馆应用的探索研究》[12]一文指出,面对技术环境和用户习惯的改变以及实体图书馆利用率下降的情况,图书馆应该利用移动视觉搜索的新技术切入到用户未满足的信息需求和资源利用情景。谢蓉的《数字学术与公众科学:数字图书馆新生态》[13]一文指出,图书馆数字技术应用向纵深发展,正呈现三个新的发展方向:一是从数字化到数据化,二是云端化和大数据之后带来的智慧化,三是全方位的网络众包和大众参与,这三方面的趋势正带来数字图书馆的新变化和新生态。

3.3 图书馆支持数字人文的服务理论研究

图书馆支持数字人文的服务研究是国内外理论的研究焦点和主要方向。周茜的《面向数字人文的高校图书馆服务创新》[14]一文指出,应通过参与数字人文项目、提供嵌入式服务、培养数字人文馆员、推进交流与合作等途径实现服务创新,寻求新的服务增长点。朱娜的《数字人文的兴起及图书馆的角色》[15]一文通过文献调研与内容分析相结合的研究方法,得出:资源提供者、内容策展人、学科联络员、课程辅导员、咨询顾问与研究空间提供者是图书馆支持数字人文研究与实践的六大角色。熊莉君的《图书馆在数字人文领域的传播功能与服务研究》[16],文中说明人文领域内更多的数字化技术和媒介对传播流程及方式的改变,应充分利用虚拟空间,以知识整合和重组为手段,加强和深化图书馆对数字人文成果传播的功能和地位。曾小莹的《数字人文背景下的图书馆:作用与服务》[17]等诸多文献都阐释了图书馆支持数字人文研究的服务内容和方向。

4 图书馆支持数字人文的实践研究方向

4.1 图书馆支持数字人文的实践路径研究

数字人文是图书馆服务实践的一个新方向,正确认识数字人文的内涵、面临的障碍与认知误区等是服务实践的基础,图书馆应积极探究适应时代要求的实践路径。朱本军、聂华的《数字人文:图书馆实践的新方向》[18]在梳理数字人文内涵、外延的同时,提出图书馆可以在"数字人文专题信息服务""数字人文网络基础设施建设""跨学科桥梁建设""数字人文项目孵化器建设"等方面展开实践。向阳的《德性、技术与特色:图书馆数字人文建设的路径选择》[19]认为图书馆数字人文研究路径应从三方面展开:德性贯注、技术探新与特色开设,依循"大处着手——数字框架——细部突出"整体路径,共同融合于图书馆数字人文的建设之中。《北美高校图书馆数字学术支持现状及启示——ARL<SPEC Kit 350:支持数字学术>调查报告分析》[20]等文章都对图书馆支持数字人文研究的实践作出了分析及指导,具有借鉴意义。

4.2 图书馆支持数字人文的实践案例研究

数字人文实践案例研究主要是选取国外经典案例进行介绍和分析,以期在图书馆参与积极性、专业人才培养、服务质量评估以及加强交流合作方面对我国图书馆支持数字人文发展有借鉴意义。钱国富的《英国高校图书馆数字人文服务探析——以兰卡斯特大学为例》[21]分析了英国兰卡斯特大学图书馆的数字人文服务战略规划和实践探索,为国内高校图书馆开展数字人文服务提供范例。朱华顺的《美国图书馆数字人文案例研究及启示——以布朗大学、纽约公共图书馆为例》[22]提供了布朗大学数字学术中心的"加里波第与意大利统一运动档案"和纽约公共图书馆数字画廊的"地图整经机",均是数字人文研究项目的典范。

4.3 图书馆支持数字人文的实践角色研究

杜宗明的《数字人文环境下的图书馆角色定位与实践路径》[23]指出在数字人文环境下,图书馆需要进一步厘清并重新定位自己的服务角色,积极主动参与到数字人文研究中去。曾蕾、王晓光《图档博领域的智慧数据及其在数字人文研究中的角色》[24]指出,在大数据时代,图档博机构不仅是智慧数据的提供者更是直接受益者,智慧数据建设不仅能有效促进数字人文的发展,也将成为图档博机构最重要的新兴工作。李洁的《数字人文背景下图书馆员角色转换》[25]提出,图书馆提供的科研支撑服务包括数字资源管理、文本挖掘、知识发现、文物保护及修复、咨询服务和知识传播。同时,图书馆员在面向"数字人文者"的角色转换时,应把握契机,发挥自身技术与服务优势,在数据管理、资源的发现与整合、跨学科的知识传递、内容的传播与推广和相应基础设施的建设方面有更多的担当,从而有力地推动数字人文的发展。

4.4 图书馆支持数字人文的实践内容研究

由于数字人文研究依赖于对已有信息资料数字化、数据化的管理和分析,对图书馆信息服务质量的要求越来越高,使数字人文服务成为图书馆在数字人文环境下构建数字化服务的首要工作,服务内容包括信息获取、信息数字化、数据化保存以及策展和传播等服务领域的延伸和拓展。[26]余文雯《数据驱动下的高校图书馆数字人文服务研究》[27]认为,图书馆应从文献组织与揭示的"数据化"、馆员在数字学术服务中的角色转变、提供和推荐系统化的数据管理与分析工具、开展速成或按需的数据技能培训等几方面来应对数字学术环境下用户的需求,帮助用户提高数据管理和数据分析技能,从而带动高校图书馆数字人文服务向更广泛的多学科的数字学术方向发展。曾小莹的《数字人文背景下的图书馆:作用与服务》[17]等诸多文献都阐释了图书馆支持数字人文研究的服务内容和方向;黄钰新《嵌入数字人文过程的图书馆科研数据服务研究》[28]揭示图书馆在数字人文中所起的作用及角色,构建嵌入数字人文过程的图书馆科研数据服务模式并阐述服务内容,嵌入数字人文过程的图书馆科研数据服务体系包括数据素养教育、数据导航、数据管理计划、以数据增值为目标的数据策展和数字学术出版五个方面。

5 结语

大数据驱动下的数字人文目前还处于理论研究和实践摸索的阶段,毋庸置疑它有着非常壮丽广阔的前景,可以预测其发展空间将是巨大的。面向数字人文图书馆开展的数字学术服务亦处于探索阶段,却已成为图书馆紧跟时代潮流、进行服务创新的重要手段。密切关注数字科技的发展并研究数字人文在图书馆应用的方向,挖掘数字人文环境下用户的需求,合理规划服务内容和服务形式,使信息资源、专业人才、服务模式等适应数字人文环境下学术研究的变化,才能更好地服务大众。

【参考文献】

[1]   Susan Hockey. The History of Humanities Computing [M]. Oxford : Blackwell Publishing,2004:3-19.

［2］ Jennifer L. Adams,et al. Keeping Up With Digital Humanities ［EB/OL］.［2016-05-07］.http://www.ala. org/acrl/publications/keeping_up_with/digital_humanities.

［3］ Stewart Varner, Patricia Hswe. Special Report: Digital Humanities in Libraries ［R/OL］.［2016-05-20］. http://americanlibrariesmagazine.org/2016/01/04/special-report-digital-humanities-libraries/

［4］ 凯瑟琳·菲茨帕特里克. 人文学科,数字化[J]. 朱艳,译.文化研究,2013(4):194-198.

［5］ 刘炜,叶鹰.数字人文的技术体系与理论结构探讨[J].中国图书馆学报,2017(5):1-13.

［6］ McCarty W,Short H.Mapping the field ［C/OL］.［2002-04-13］.http://www.allc.org/node/188.

［7］ Birkerts S. The Gutenberg elegies:The fate of reading inan electronic age[M]. Boston: Faber,2006.

［8］ Chen J W, et al. The Shishuo xinyu as Data Visualization ［J].Early Medieval China,2014 (20):23-59.

［9］ 周晨.国际数字人文研究特征与知识结构[J].图书馆论坛,2017,37(4):1-8.

［10］ 钱国富.数字人文的简明"百科"——评《走向数字人文:实践、教育与研究》[J/OL].图书馆论坛:1-3 ［2018-06-20］.http://kns.cnki.net/kcms/detail/44.1306.G2.20170622.2129.002.html.

［11］ 肖鹏,等.基本原则与关键问题——学术型图书馆馆员如何启动数字人文项目[J].图书馆论坛, 2017,37(03):20-25.

［12］ 韩玺,等.移动视觉搜索在国内图书馆应用的探索研究[J].图书馆学研究,2017(7):79-83.

［13］ 谢蓉,刘炜.数字学术与公众科学:数字图书馆新生态——第十三届数字图书馆前沿问题研讨班会 议综述和思考[J].大学图书馆学报,2017,35(1):6-10.

［14］ 周茜.面向数字人文的高校图书馆服务创新[J].图书馆学刊,2015,37(6):92-94.

［15］ 朱娜.数字人文的兴起及图书馆的角色[J].图书馆,2016(12):17-22,48.

［16］ 熊莉君,等.图书馆在数字人文领域的传播功能与服务研究[J].图书馆,2016(2):88-93,99.

［17］ 曾小莹.数字人文背景下的图书馆:作用与服务[J].图书与情报,2014(4):111-113.

［18］ 朱本军,聂华.数字人文:图书馆实践的新方向[J].大学图书馆学报,2017,35(4):23-29.

［19］ 向阳.德性、技术与特色:图书馆数字人文建设的路径选择[J].图书馆,2016(10):89-92.

［20］ 鄂丽君.北美高校图书馆数字学术支持现状及启示——ARL《SPEC Kit 350:支持数字学术》调查报 告分析[J].图书情报知识,2017(4):39-46.

［21］ 钱国富. 英国高校图书馆数字人文服务探析——以兰卡斯特大学为例 ［J］. 大学图书馆学报, 2017,35(4):30-34.

［22］ 朱华顺.美国图书馆数字人文案例研究及启示——以布朗大学、纽约公共图书馆为例[J].国家图书 馆学刊,2016,25(6):58-63.

［23］ 杜宗明.数字人文环境下的图书馆角色定位与实践路径[J].农业图书情报学刊,2017,29(10):103- 106.

［24］ 曾蕾,等.图档博领域的智慧数据及其在数字人文研究中的角色[J].中国图书馆学报,2018,44(1):

17-34.

[25] 李洁.数字人文背景下图书馆员角色转换[J].图书馆研究与工作,2017(10):26-30,37.

[26] 武汉大学人文社会科学研究院网站.武汉大学成立数字人文研究中心——推动数字技术深层融入人文社会科学研究[EB/OL].[2011-05-10].http://ssroff.whu.edu.cn/info/1009/1407.htm.

[27] 余文雯.数据驱动下的高校图书馆数字人文服务研究[J].图书与情报,2017(5):114-119,148.

[28] 黄钰新,王远智.嵌入数字人文过程的图书馆科研数据服务研究[J].情报资料工作,2017(6):84-89.

简述《文溯阁四库全书目录》与《四库全书总目》题名著录次序差异

田 竞

（甘肃省图书馆）

摘 要：文章以《四库全书总目》作为底本，将其与甘肃省图书馆现有的《文溯阁四库全书目录》进行对校，发现两份目录在次序上存在较大差异。又按照差异的特征将其归纳总结为四种类型，并按照经、史、子、集四部分别列举了一些实例。其后，以《四库全书总目》种数作为标准，将两份目录的差异程度具体到数据比例。文末辑录《纂修四库全书档案》资料进行分析，得出造成这些差异的原因是文溯阁本《四库全书》成书后清廷对其进行了多次修改及存放地理位置距京较远的结论。

关键词：文溯阁四库全书目录；四库全书总目；题名著录次序

中图分类号：G254.31　　　**文献标志码**：A

文溯阁本《四库全书》作为我国重要古籍，现存于甘肃省图书馆，由于该书至今尚未影印、翻印，世人罕能窥其全貌。笔者在工作中接触到我馆典藏书目，其中的《文溯阁四库全书目录》（以下简称《文溯阁目录》）。虽未出版公布于众，但能够反映文溯阁本《四库全书》部分真实情况，具有一定的学术参考价值。《四库全书总目》（以下简称《总目》），作为清朝纂辑《四库全书》的相连产物，[1]具有"剖析条流，斟酌古今，辨章学术，高挹群言"的学术价值，[2]是研究四库全书的目录学名著。故此，笔者将《文溯阁四库全书目录》与《四库全书总目》进行对比，梳理出二者之间存在的诸多不同与差异，文章主要记述题名著录次序上的差异问题。

经对比,《总目》与《文溯阁目录》在题名著录次序上的差异主要分为四种情况。

1 相邻两本书前后位置不同

这是最常见的情况,这种情况每一部类都大量存在。限于论文格式及篇幅,仅录"经部、史部、子部、集部"中各两例以作展示。

1.1 经部十二 书类一

《总目》:尚书集传或问　尚书详解

《文溯阁目录》:尚书详解　尚书集传或问

《总目》:尚书注考　尚书疏衍

《文溯阁目录》:尚书疏衍　尚书注考

1.2 史部二十四 地理类一

《总目》:景定建康志　景定严州续志

《文溯阁目录》:严州续志(题名有变)　景定建康志

《总目》:钦定日下旧闻考　钦定热河志

《文溯阁目录》:钦定热河志　钦定日下旧闻考

1.3 子部四 儒家类四

《总目》:圣祖广训　圣祖仁皇帝庭训格言

《文溯阁目录》:圣祖仁皇帝庭训格言　圣祖广训

《总目》:御定内则衍义　御定孝经衍义

《文溯阁目录》:御定孝经衍义　御定内则衍义

1.4 集部十 别集类十

《总目》:雪溪集　芦川归来集

《文溯阁目录》:芦川归来集　雪溪集

《总目》:北山集　浮山集

《文溯阁目录》:浮山集　北山集

2 在某一类中的五至十本书次序完全不同

除"子部"中没有出现这种情况外,"经部""史部""集部"中均有此种情况,现各录一例以作展示。

2.1 经部六　易类六

《总目》：周易乾凿度　易纬稽览图　易纬辨终备　易纬通卦验　易纬乾元序制记　易纬是类谋　易纬坤灵图

《文溯阁目录》：乾度　稽览图　坤灵图　乾元序制记　是类谋　通卦验　辨终备（题名皆有变）

2.2 史部三　编年类一

《总目》：资治通鉴释文辨误　通鉴胡注举正　通鉴地理通释　资治通鉴考异　资治通鉴目录　通鉴释例

《文溯阁目录》：资治通鉴考异　通鉴释例　资治通鉴目录　通鉴地理通释　资治通鉴释文辨误　通鉴胡注举正

2.3 集部四十三　总集类五

《总目》：御定全唐诗　御定金诗　御定四朝诗　御定佩文齐咏　御定题画诗　御定历代赋汇

《文溯阁目录》：御定历代赋汇　御定全唐诗　御定佩文齐咏　御定历代题画诗（题名有变）　御定四朝诗　御定全金诗（题名有变）

3 某一部书位置改变较大

四部中皆存在这种情况，每部列举两例。

3.1 经部四　易类四

《总目》：《大易象数钩深图》位于《周易本义集成》之后，《学易记》之前。

《文溯阁目录》：《大易象数钩深图》位于《易学滥觞》之后，《大易缉说》之前。

3.2 经部二十七　春秋类二

《总目》：《春秋经解》为"春秋类二"第一本，位于《春秋本例》之前。

《文溯阁目录》：《春秋经解》位于《春秋例要》之后，《春秋五礼例宗》之前。

3.3 史部十四　传记类二

《总目》：《钦定八旗满洲氏族通谱》位于《元儒考虑略》之后，《钦定宗室王公功绩表传》之前。

《文溯阁目录》：《钦定八旗满洲氏族通谱》位于《钦定外藩蒙古回部王公功绩表传》之后（《总目》作：《钦定蒙古王公功绩表传》），《钦定胜朝殉节诸臣录》之前。

3.4 史部三十八 政书类三

《总目》:《南巡盛典》位于《钦定大清通礼》之后,《钦定皇朝礼器图式》之前。

《文溯阁目录》:《南巡盛典》位于《钦定满洲祭神祭天典礼》之后,《八旬万寿盛典》之前。

3.5 子部十四 医家类二

《总目》:《推求师意》位于《普济方》之后,《玉机微义》之前。

《文溯阁目录》:《推求师意》位于《针灸问对》之后,《外科理例》之前。

3.6 子部二十三 艺术类二

《总目》:《寓意编》位于《赵氏铁网珊瑚》之后,《墨池琐录》之前。

《文溯阁目录》:《寓意编》为"艺术类二"第一本,位于《书史会要》之前。

3.7 集部十七 别集类十七

《总目》:《潜山集》位于《梅屋集》之后,《孝诗》之前。

《文溯阁目录》:《潜山集》位于《鲁斋集》之后。

3.8 集部五十一 词曲类一

《总目》:《六一词》位于《安陆集》之后,《东坡词》之前。

《文溯阁目录》:《六一词》位于《珠玉词》之后,《乐章集》之前。

4 《文溯阁四库全书目录》中录入的书籍,《四库全书总目》中却未录入

《总目》成书最晚,因而《总目》著录的部分书籍《文溯阁目录》中没有著录,但通过本人此次核对发现,这种情况较为少见,因而将《文溯阁目录》中收录,《总目》中没有著录的书籍全部列出。

4.1 经部十五 诗类一

《钦定诗经传说会纂》与《御纂诗义折中》(《总目》作:《钦定诗义折中》)之间,另有《日讲诗经解义》一函,空函。

4.2 史部二十六 地理类三

《益部谈资》后,缺《蜀中广记》,另有一部《增补武林旧事》。

4.3 子部二 儒家类二

《太极图说述解一卷西铭述解一卷》与《注解正蒙》之间,另有《通书述解》及《张子全书》两部书。

4.4　子部十八　术数类一

《潜虚》与《皇极经世书》之间,另有《元包经传》五卷,附《含元包数总议》二卷。

4.5　子部四十六　类书类二

《纯正蒙求》前另有《韵府群玉》二十卷。

4.6　集部七　别集类七

《后山诗注》与《淮海集》之间,另有《柯山集》五十卷。

4.7　集部十　别集类十

《鄱阳集》与《澹斋集》(《总目》此处为《韦斋集》)之间,另有《玉澜集》一卷。

4.8　集部十三　别集类十三

《性善堂稿》之前,另有《菊磵集》一卷遗稿一卷。

4.9　集部二十三　别集类二十三

《曹月川集》后,缺《薛文清集》,另有《敬轩文集》二十四卷。

4.10　集部二十五　别集类二十五

《张庄僖文集》与《洞麓堂集》(《总目》次序相反)之间,另有《止山全集》二十卷。

4.11　集部四十三　总集类五

《御选古文渊鉴》之前,另有《三家宫词》三卷。

4.12　集部五十二　词曲二

《天籁集》前另有《断肠词》一卷。

为体现《文溯阁目录》与《总目》在次序上的差别程度,下面以《总目》四部种数为标准,将《文溯阁目录》各部中次序不同的题名数量及所占《总目》每部类总数的比例,统计见下表。

《总目》四部种数与《文溯阁目录》各部次序比较表

部类及总数	次序不同	文溯阁中未录	数量	比例
经部 700 部	66	2	68	9.71%
史部 570 部	32	2	34	5.96%
子部 922 部	72	5	77	8.35%
集部 1278 部	129	7	136	10.64%

由此可以看出,《文溯阁目录》与《总目》在题名著录次序上的差异不小。其中"史部"

差异程度最低,近 6%;"集部"中有 10%以上的著录次序都和"总目·集部"存在差异。

根据《纂修四库全书档案》所记载的档案资料分析,笔者认为造成这些次序上差异的主要原因是成书后多次修改、文溯阁存放地理位置离京较远等。同时,抄录错误、禁毁书目及纂修官之间的学术观点差别也能导致目录次序上的差异,但并不是最主要原因。

"北四阁"中,文溯阁在地理位置上离京最远,偏远寒冷。文溯阁本《四库全书》自乾隆四十七年送藏盛京(今辽宁省沈阳市),清高宗就多次派人前往盛京对文溯阁本《四库全书》进行抽挖、缮写、替换、补写、校对,当时就已经发现了书中大量错误和问题,清高宗曾在奏折里痛批赴文溯阁校对的四库馆臣"立法虽详,仍在尔等尽心细阅。此番既定之后,若再有错讹,是谁之咎?慎之!"[3]但是因为盛京因其地理位置距京较远,每有改动,手续繁多并非易事,"惟盛京文溯阁各书在未经运送以前,钦奉指出者,业已随时改正外,其业经送往陈设后,续于进呈时仰蒙指出者,逐条记档,现在行文该将军等按卷检齐,遇便委员带来,再行照改发往"[4]甚至清廷派人前往文溯阁校书,已经成为了一种惩罚措施,"罚令九月内随同臣纪昀前赴热河校阅文津阁各书,并将来至盛京校阅文溯阁书,以示惩儆"[5]。四库馆臣在这种压力之下校书的确很难保证校书的正确率的,而且清高宗不时派遣各路官员"去往盛京看书",这些官员不时提出校对意见,撰写奏章提请改换书籍,[6]也对四库馆臣的工作造成了影响。

受盛京地理位置偏僻和书籍内容对清廷不利等原因的影响,对如《诸史同异录》等书进行了大量撤换,并对已经成书的文溯阁本《四库全书》进行了多次修改,这就对目录次序造成了很大影响。再有后期校对人员并非一人,所以难免讹误。陆锡熊曾在奏折里写道:"查全书各分,缮校原非一手,误字脱简不尽相同,至其间应行删削、刊正之文,谅无歧异"[7]。清廷频繁派人来抽换挖补书籍,频繁地修改,对文溯阁本《四库全书》校对和排架造成了很多困难,"每日交到校毕各书,惟恐分校人数众多,不无油污破损、卷帙错乱之处,奴才福保率同试用教官等逐本详细查点,随到随即存贮架内……奴才成策、奴才福保日同陆锡熊照依新改架图次序排定,务使题名前后与匣盖所刻流水相符,方行归架……此内尚有应行撤回另办之书,奴才成策等面同陆锡熊查明,立档存记,以便改缮毕送回时,敬谨抽换入函"[8]。从这段档案资料的记录中可以看出,每次校书需要完成核查数目、上架入库、排定次序的程序,如有书籍需要撤换,程序则更烦琐,并且需要主管官员一一记录后抽换并再次排架,而且档案中还提及,文溯阁本《四库全书》的排架图次也进行过修改。清廷对成书后的文溯阁本《四库全书》的多次修改,势必对书籍排列次序造成影响。

《日讲诗经解义》(经部十五 书类一)就属于送藏后另行补写的书籍,[9]而"总目"中并无此书。根据甘肃省图书馆典藏目录中的《文溯阁目录》记录,《日讲诗经解义》为空函。由此可见,在校对过程中题名提要的错误和次序排列上的问题并没能完全核查出来。

文溯阁本《四库全书》作为"北四阁"中送藏地离京最远的《四库全书》,它的书籍著录次序与《总目》多有差异,本人认为这种差异是由文溯阁独特的地理位置及清廷对已成书的文溯阁本《四库全书》的多次修改所造成的,但因笔者也未见到文溯阁本《四库全书》原书,仅依据典藏目录进行核对,谬误在所难免,不足之处还望批评指正。

【参考文献】

[1] 来新夏. 古典目录学浅说[M]. 北京:北京出版社,2016:183.

[2] 余嘉锡. 四库提要辨证·序录[M]. 长沙:湖南教育出版社,2009.

[3] 中国第一历史档案馆. 一三四七都察院右副都御史陆锡熊奏详校文溯阁全书办法折朱批[M]//纂修四库全书档案. 上海:上海古籍出版社,1997:2173–2175.

[4] 中国第一历史档案馆. 一〇八八军机大臣奏遵查四库全书内添改抽挖各书办理情形片[M]//纂修四库全书档案. 上海:上海古籍出版社,1997:1862.

[5] 中国第一历史档案馆. 一二三四质郡王永瑢等奏奉命校阅文渊文源阁书籍将次告竣折[M]//纂修四库全书档案. 上海:上海古籍出版社,1997:2048–2049.

[6] 中国第一历史档案馆. 一一〇三军机大臣和珅等为奉旨全书内书写错误事致武英殿四库馆函[M]//纂修四库全书档案. 上海:上海古籍出版社,1997:1880–1881.

[7] 中国第一历史档案馆. 一三四七都察院右副都御史陸錫熊奏詳校文溯閣全書辦法摺[M]//纂修四库全书档案. 上海:上海古籍出版社,1997:2173–2175.

[8] 中国第一历史档案馆. 一三五二盛京工部侍郎成策等奏校勘文溯閣书籍事竣摺[M]//纂修四库全书档案. 上海:上海古籍出版社,1997:2190–2191.

[9] 中国第一历史档案馆. 一三一二军机大臣等奏遵查文源阁应补各书分缮清单呈览片(附清单二)[M]//纂修四库全书档案. 上海:上海古籍出版社,1997:2137–2139.

大数据环境下
图书馆服务变革与创新

DA SHUJU HUANJING XIA
TUSHUGUAN FUWU BIANGE YU CHUANGXIN

"互联网+"时代文献资源整合与共享
——以党校系统机构知识库为例

徐培德

（中共青海省委党校图书馆）

摘　要："互联网+"时代改变了人们的阅读习惯,人们对文献信息资源的分享利用提出了更大的诉求,实现文献资源整合与共享是"互联网+"时代的必然要求,也是当前图书馆发展的必然趋势。文章以党校系统机构知识库为例,通过统一规划党校系统机构知识库,完善党校系统机构知识库架构,深化党校系统机构知识库的功能,将党校各部门的教学科研学术动态成果等文献资源进行有效地收集、整合、汇集并实现不同程度的共享,使党校图书馆在"互联网+"时代为知识的传播发挥出更大的作用。

关键词："互联网+"时代;文献资源;党校系统;机构知识库

中图分类号:G258.5　　**文献标志码**:A

所谓"互联网+",就是将互联网全面应运到各行各业中,实现各行各业与互联网的深度融合,促进行业发展。[1]"互联网+"时代下,传统行业需要与时俱进,积极创新,不断改进并优化管理工作模式,形成新的行业发展生态,以获得长足发展。[2]"互联网+"时代下,信息的传播速度加快,而人们对信息知识资源的需求也更广更深,图书馆作为保存并传播知识的重要阵地,应积极顺应时代,借助互联网整合并共享文献资源,最大限度地发挥出文献资源的利用价值。

1 "互联网+"时代下实现文献资源整合与共享的意义

文献资源整合与共享,即借助计算机、网络等技术,对众多图书馆资源进行系统化利用开发和网络化、规范化、集成化地管理,使信息使用者能通过互联网及通讯软件获取所需的文献资源信息。"互联网+"时代下,各种数字化文献、电子化信息等新型媒介信息资源不断涌现,极大地改变了人们的阅读习惯,人们的阅读需求更为多样化,不再局限于文献资源,人们对文献信息资源的分享利用提出了更大的诉求,实现文献资源整合与共享是"互联网+"时代的必然要求,[3]也是现在图书馆发展的必然趋势。一方面,实现文献资源整合与共享,可以利用互联网技术破除传统馆藏文献的壁垒,打通文献传输通道,并建立起文献资源保障体系,消除文献资源难以共享引发的资源封锁禁锢,合理配置文献信息资源。各图书馆进行有效地分工合作,不仅能有效发挥出各馆在文献信息资源方面的优势,而且极大地规避了重复建设,进一步完善了区域馆藏体系,利于使用者多向选择并利用文献信息,充分发挥现代图书馆在文化发展中的优势。[4]另一方面,文献资源的整合和共享本身就是一个动态性的过程,需要动态实时更新,不断地修改、补充和完善,使文献资源更为完整和高效,彰显出较高的社会价值。通过整合文献资源,将纸质的文献资源转化成为电子文档,或是对电子版的文献资源进行整理收录,构建具体详细的索引数据库,予以有效地文献资源管理,使用者可以借助网络方便、快捷地检索、获取所需文献资源,提高了检索和查阅的效率。实现文献资源整合与共享可以让读者随时随地地访问、查阅、检索、利用文献资源信息内容,提高文献资源的应用速率和频次,满足读者的多样化需求。

2 以党校系统机构知识库为例探讨文献资源整合与共享的路径

作为党校的一个重要部门,党校图书馆通过收集、整理、保存、传递各类文献资料,在党校的教学和教研中发挥着举足轻重的作用。党校每年产出大量的教学和科研成果,有课件、讲稿、学员结业文献等,也有学术论文、著作、资政文章、调研报告等,需要对其进行有序地管理、挖掘和开发,才能切实促进党校各学科的发展成长。[5]基于此,积极顺应"互联网+"时代诉求,构建具有党校图书馆特色的机构知识库,将党校各部门的教学科研学术动态成果等各类文献资源进行有效地收集、整合、汇集并实现不同程度的共享,对各类文献资源的有效挖掘和开发以及图书馆服务水平和能力的提高大有裨益。

2.1 统一规划党校系统机构知识库

党校系统机构知识库的建设离不开有效的规划，统一规划可以有效规避盲目建设、乱建设、分散式建设、低水准重复建设等隐患。[6]一方面，党校系统应充分发挥其自上而下的体制优势，对党校系统机构知识库的建设作出统一的规划部署，加强顶层设计，充分发挥其组织保障和协调作用，拟定相关的支撑政策，引导党校系统机构知识库朝着健康可持续的方向发展。省级党校应根据统一规则及标准率先构建机构知识库，并根据上级党校所收割的元数据建立起规范化的检索平台，由此呈现其研究特色和研究力量，同时也不失其主体性。各党校系统机构知识库的建设应在统观全局的基础上，遵循"分散建库，集中呈现"的模式，根据区域党校信息系统的要求和规范，结合自身的技术条件和财力情况，建设党校系统机构知识库。另一方面，进一步完善党校系统机构知识库的政策框架和标准规范，如组织管理机制、资源管理政策、权利管理政策、长期保存政策、统一的数据标准等，[7]这是保证党校系统机构知识库顺利构建及可持续发展的重要依据。政策框架和标准规范的制定需要对同类机构知识库（如高校系统机构知识库等）开展详细的调查研究，充分借鉴并吸收有效的经验，以探究的眼光，发现这些同类机构知识库在建设运行中存在的问题和障碍，并提出切合党校特色的解决措施，为党校系统机构知识库的健康可持续发展提供有力的保证。

2.2 完善党校系统机构知识库的架构

党校系统机构知识库主要围绕党校图书馆工作的中心任务，以文献信息服务为核心，以广大党校图书馆用户的文献信息需求为基础，以平台、数据、服务为主要模式，应用先进的网络技术和计算机技术，旨在构建一个结构合理、功能完善、实用方便、技术先进、网络互通、有效共享的党校系统机构知识库。根据党校信息服务的需要，将党校系统机构知识库分为几大模块：基础应用模块、内容管理模块、数据建设模块、扩展服务模块。基础应用模块包括成果展示、成果统计与可视化分析、成果检索与筛选、计量评价、院校风采展示、学者主页服务、收录标识、学科标引等项目。内容管理模块包括成果认领、成果审核、成果管理、全文访问权限设置等项目，成果类型涵盖了期刊论文、学位论文、会议论文、著作文集、科研项目、研究报告、音像出版物、图片、多媒体音视频、演示课件、预印本等。扩展服务模块包括学科评价、查收查引、学术出版、学位论文管理、学术快报等模式。数据建设模块则是以党校系统机构已有资源为主，包括机构、院系、学者相关资源，以中国知网成果总库和个人缴存为辅，依托中国知网权威收录的学术资源数据，提供以数据清洗与流程管理为核心的建库平台及系统应用。为进一步满足党校教学科研管理的需要,便于使用者随时调阅所需文献资源,还需不断整合系统,完善网络化党校数据库资源,为文献资源查询、远程咨询、教育等服务提供完备的数据资源。与此同时,机构知识库还提高基于触摸屏服务的机构知识库的展示与应用,支持各省级党校联合地市党校,建成本省党校机构知识库联盟平台。党校系统内部机构知识库的架构如下图所示。

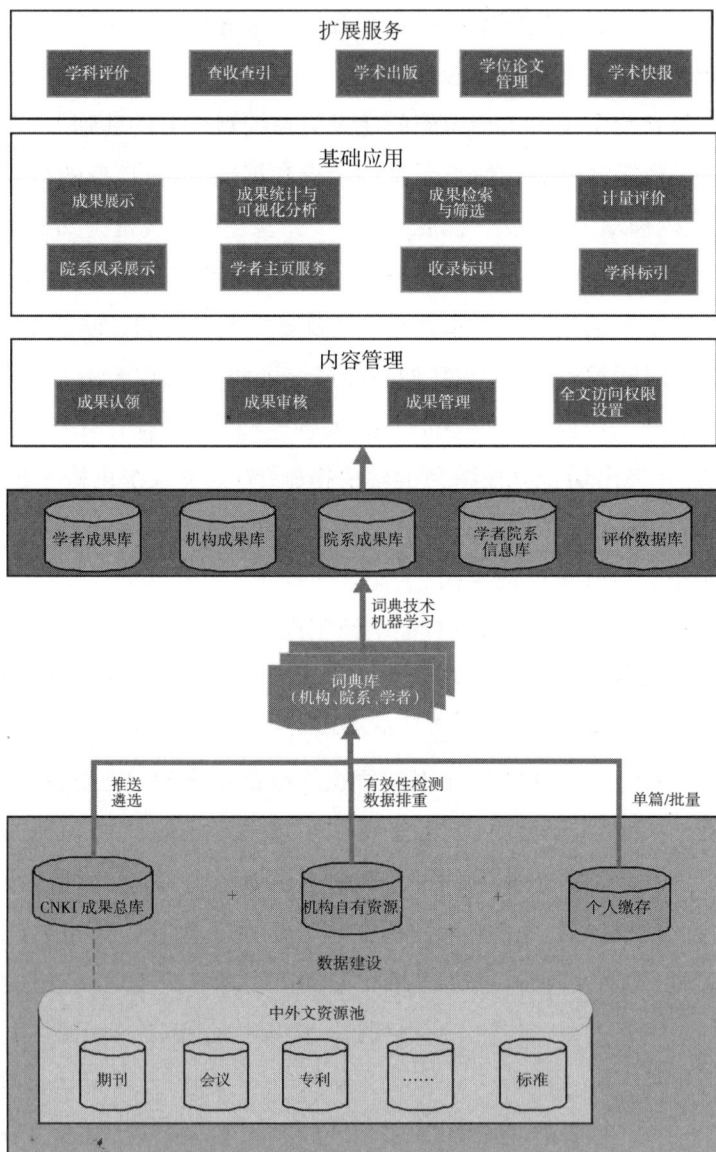

党校系统内部机构知识库的架构

2.3　深化党校系统机构知识库的功能

进一步深化党校系统机构知识库的功能,除了原有的基础功能,还增加了扩展功能,两大功能互为补充。基础功能有成果展示、成果统计分析和计量评价三大功能。成果展示主要包括党校整体成果展示、部门成果展示、学者展示三方面。党校整体成果展示是通过机构知识库首页,展示机构的总成果量、成果收录情况、重要成果、高被引成果等;而部门成果展示是通过部门主页,展示部门的成果列表,自动标识成果的收录情况,支持成果一站式检索和多维度筛选;学者展示主要是对学者各种类型的成果进行有效地梳理和展示,对学者的成果收录情况进行自动标识,同时支持一键导出简历报告,包括学者简介、教育经历、工作经历、成果列表等信息。成果统计分析则是对机构成果、部门成果、学者成果进行统计分析。对机构成果的统计分析是从成果、学者和科研项目三方面着手进行统计,成果统计从发文趋势、学科分布、基金发文数量、收录情况、部门成果、成果分布等维度展示;科研项目数量、项目金额、项目级别等维度进行展示;学者从荣誉学者,职称分布,高产学者等维度展示。对部门成果的统计分析则从发文量、研究领域、收录来源、基金项目、成果分布、学者排名、荣誉学者等维度着手,借由可视化图表形式揭示机构学术影响力。对学者成果的统计与分析则主要通过研究轨迹、发文趋势、收录来源、基金项目、成果分布、文献分布等六个维度可视化彰显学者学术影响力。计量评价功能则是对部门、学者、出版物、成果等进行评价;针对部门的评价主要提供发文量、被引频次、H 指数、下载频次、浏览频次等评价指标;针对学者的评价则提供被引频次、下载频次、H 指数、G 指数、学者关系(合作、参考与引用关系)等评价指标。党校系统机构知识库的扩展功能包括科研绩效考核、学术出版物管理、学位论文管理服务、学术快报。通过支持 WOS&JCR 分区,中科院 JCR 分区和自定义等级对成果评级开展科研绩效考核服务功能,学术出版物管理用于发布、管理和展示科研机构的刊物以及出版的图书、专著和教辅教材等,以拓展党校自有出版物的传播途径。学位论文管理服务主要用于集中管理学位论文资产,包括提交、审核、管理、统计学位论文。学术快报服务则是对最新成果、重点成果、高被引成果、热点成果进行实时通报。

2.4　实现党校文献资源共享

"互联网+"时代下,人们需要更深更广的信息知识,人们获取信息的方式也更为多样化,党校图书馆只有从封闭式服务中跳脱出来,与区域图书馆广泛合作,共享资源和服务,提升文献资源的利用效率,进一步拓展图书馆的服务范围,才能以顺应时代的发展需要。党校系统机构知识库的构建主要采取"分散建库,集中呈现"的模式,自上而下的方式,实现区域馆际之间的互联互通和信息共享。由省级党校图书馆牵头,构建党校系统机构知识库中心,党校系统机构知识库中心对成果数据予以有效部署,统一提供数字化服务。地方党校作为分中心,各分中心则根据自身馆藏内容及发展需要,根据系统化、层次化的原则,整理、收集、整合各类文献资源,在 web 版中提交成果数据,形成共享数据。[8]党校系统机构知识库中心通过整合区域党校的成果,对各党校的科研产出情况进行综合评估,有效比对区域内各个党校的成果数量、发文趋势、评价指标,以达到对区域文献资源的有效配置,并采取良性竞争的方式,激励科研产出,实现区域内各机构知识库之间的跨库检索与知识共享,借助互联网及各通信设施,为广大使用者提供文献信息服务。

3 结语

实现文献资源整合与共享是"互联网+"时代的必然要求,也是当前图书馆发展的必然趋势。将党校系统图书馆机构知识库进行统一规划部署,并将党校各部门的教学科研学术动态成果等各类文献资源进行有效地收集、整合、汇集并实现不同程度的共享,对各类文献资源的有效挖掘开发,可为广大读者提供更优质、高效的服务,能在"互联网+"时代为知识的传播发挥出更大的作用。

【参考文献】

[1] 唐美荣."互联网+时代"高校图书馆服务转型研究[J].内蒙古科技与经济,2016(12):122–123.

[2] 张联锋,周之凯.基于"互联网+"的数字图书馆服务拓展研究[J].现代经济信息,2016(19):290–291.

[3] 李岱洲."互联网+"时代下高校图书馆应对策略[J].农业图书情报学刊,2016,28(5):46–48.

[4] 刘锐."互联网+"下情报信息网络资源整合[J].技术与市场,2016,23(5):326–327.

[5] 穆向阳."互联网+"对科技信息资源共享的影响[J].中国科技资源导刊,2016,48(3):66–71.

[6] 朱纯琳."互联网+"时代背景下贫困地区图书馆模式建构[J].河南图书馆学刊,2016,36(10):110–112.

[7] 贾畅.黑龙江省图书馆信息资源共享的现状及对策[J].农业图书情报学刊,2017,29(3):26–28.

[8] 夏玉萍."互联网+"环境下高校图书馆服务能力提升探讨[J].经济研究导刊,2016(28):147–147.

Portfolio 在图书馆特色资源管理中的应用

杨永霞

（甘肃省图书馆）

摘　要：特色数据库的建设打破了图书馆传统信息服务在时间、地域和方式上的局限，为研究人员检索和获取信息提供了便利，是提高文献利用率的一次有益尝试。Portfolio 作为一款数字资产管理产品，可以为图书馆的特色资源建设提供解决方案。

关键词：Portfolio；甘肃省图书馆；特色资源；管理

中图分类号：G250.7；TP391　　　**文献标志码**：B

甘肃省图书馆自建馆以来，一直以西北地方文献的搜集、整理、研究为主要任务，并逐步成为研究西北史地、民族宗教以及敦煌学、丝路学的文献中心。甘肃省图书馆西北地方文献具有原始性、完整性、民族性、宗教性及文化复合性等特点，为专家学者的研究和学习提供了第一手资料，也为政府决策提供了有力支持。[1]

1　馆藏特色资源及数字化建设

伴随着图书馆实现业务管理自动化的步伐，甘肃省图书馆馆藏资源数字化逐步推进，以 TPI 平台为依托，自建了《西北地方文献研究文集》《西北地方文献古籍善本全文数据库》《西北地方戏曲剧本全文数据库》《四库全书研究专题数据库》《沙尘暴研究专题数据库》等 20 个特色资源数据库。

TPI 是由清华同方自主研发的数据库制作管理系统，是中国高等教育文献保障系统（CALIS）中心推荐的特色资源数据库建库软件之一。[2]虽然 TPI 在建设专题数据库上有其优势,但 TPI 在资源整合方面能力不足。因为针对不同类型的资源,TPI 需要建立相应的子库,如视频数据库、音频数据库、图片数据库、论文数据库等。一个专题数据库的资源应该是一个整体,却被分散到很多子库中,不仅不利于专题数据库的管理,而且专题资源无法得到真正的整合,极大地影响了数据库资源的系统性、完整性以及数据库的使用效率。

2 Portfolio 如何管理数字资产

SirsiDynix 是全球规模最大、行业影响力最强的图书馆系统供应商,为各种类型和规模的图书馆提供集成解决方案。2003 年以来,甘肃省图书馆就一直使用 SirsiDynix 的产品;2015 年,甘肃省图书馆又购买了 SirsiDynix 的特色文献管理模块 Portfolio。

Portfolio 作为一款数字资源管理产品,可以将数字化资源,如历史照片、古籍善本、民国报纸、珍贵音视频、文本资料等多个数据库结合成单一的、可搜索的知识库,以真正促进数字资源的共享、搜索和发现。

2.1 资产的组织形式

和 windows 操作系统相似,在 Portfolio 中,资源被存放在"文件夹"中进行管理,"文件夹"以树状结构进行组织。当我们需要创建一个特色资源库时,要先创建一个"文件夹"作为这个资源库的根目录;然后,需要综合考虑资源特点、文件类型、用户范围、时间范围等各方面因素,制定一个资源层级,对资源进行分类;在根目录下,根据此层级创建相应的"子文件夹"(见图 1)。资源层级既是工作人员管理资源的有效途径,也是用户浏览资源时的分类导航。

图 1 资源组织树状结构示例

2.2 资源和元数据管理

当资源目录结构设定之后,就可以添加数字资源了。Portfolio 可以识别的数字资源格式包括 PDF 文档、Office 文档、图片、视频、音频、文本文件以及 URL 链接等。当所要编目的数字资源其后缀无法被 Portfolio 识别时,可以为其增加新的资源格式,并提供给用户访问。如果要添加的数字资源是包含文字的图片,并且我们希望这些文字可以实现全文检索,那么在添加数字资源界面,可以勾选 "Include OCR Text for Searching"(包括用于检索的 OCR 文本)选项,系统就可以对图片进行 OCR 光学字符识别,提取其中的文字,以实现全文检索的目的(见图 2)。

图 2 添加数字资源示例

在添加数字资源的同时,可以对数字资源的内容和位置进行描述,这些用于描述数字资源的内容和位置的数据元素集合,称作元数据,可以帮助用户提高检索率。Portfolio 采用 DC(都柏林核心)元数据标准,它包括 15 个最基本的内容描述元素:题名、主题、摘要、语种、来源、关联、覆盖范围、著者、其他责任者、出版者、版权、日期、格式、资源类型、标识符。[3]

当上传的数字资源格式为 PDF 文件时,一些元数据字段可自动添加。在 Portfolio 中,还可以设定元数据模板,这样就不用逐个添加元数据字段。我们可以为所有资源创建统一的元数据模板,也可以为特定的资源创建单独的元数据模板(见图 3)。

2.3 资源发布与检索

在发布数字资源时,将数字资源所对应的"文件夹"状态改为"Publishied(已发布)",

图 3　添加元数据示例

并在系统任务里点击"索引资产元数据"按钮运行。这样,用户就可以通过浏览器检索到已经发布的数字资源了。如果考虑到数字资源的安全性、保密性等因素,可以只发布部分数字资源,即显示单一文件夹内的数字资源,或者部分文件夹内的数字资源。

　　用户可以通过选择"书目检索"或者"资产检索"只对书目资源或者电子资产进行单一检索;当然,用户也可以将检索范围设定为"所有",这样,Portfolio 会对书目资源和电子资产进行跨库统一检索。同时,Portfolio 允许用户对检索字段进行限定,即使用题名、著者、主题、ISBN 号等方式进行检索。Portfolio 在满足用户检索数字资源需求的同时,允许用户通过资源目录导航浏览数字资源(见图 4)。

甘肃省图书馆资料库

　　1949 年以前

　　1949—1986 年

　　1986 年至今

图 4　资产目录导航

　　根据检索条件,Portfolio 会列出一个数字资源清单,如资源名称、著者、媒体类型、文件大小等,我们可以选择哪些字段出现在检索结果和详情显示以及各字段的显示顺序

（见图 5）。

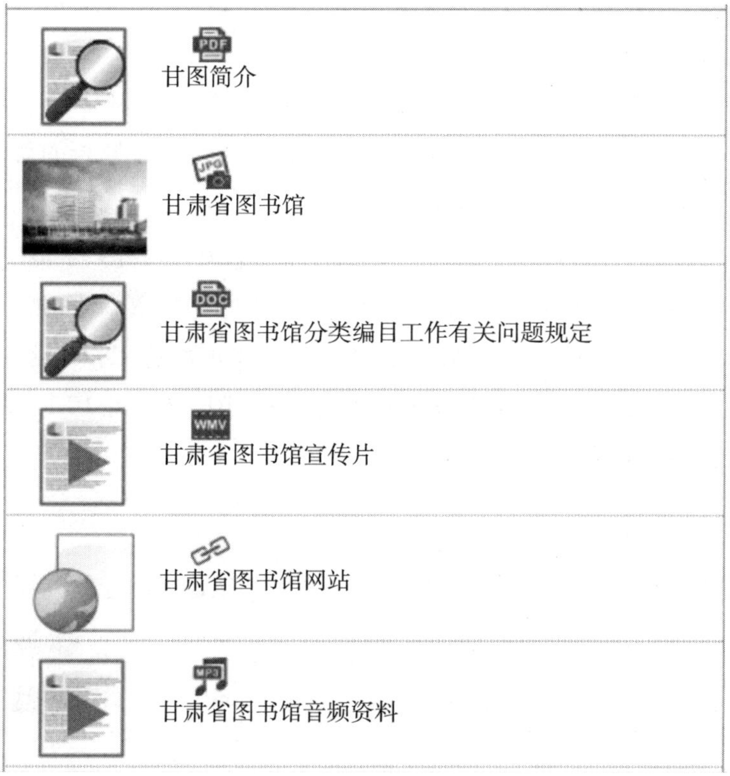

图 5　数字资源检索显示

3　Portfolio 在甘肃省图书馆特色资源整合中的应用

甘肃省图书馆拥有自建特色资源数据库 20 个，除此之外，外购数据库也有 30 多个，这些数据库均独立存在，单独检索。然而，作为数据库的使用者，进行文献检索时，常常希望在输入某个关键字后，能检索到尽可能多的数字资源。因此，需要充分发挥 Portfolio 的潜在优势，整合数字资源，实现数字资源的统一检索。

3.1　自建数据库的整合

TPI 下建立的数据库，可以导出 DC 元数据，而 Portfolio 可以导入元数据，也可以导入"元数据+多媒体文件"，且元数据符合 DC 元数据标准。基于此，可以将 TPI 中的数字资源转移到 Portfolio 中，实现数字资源的统一平台、统一管理、统一检索。

Portfolio 可以将多种媒体类型组织在同一个数据库，这一特点与 TPI 针对不同类型的资源建立相应的子库不同。Portfolio 不但能够克服 TPI 在资源整合方面的不足,还能让图书馆在"专题数据库"建设方面更加得心应手。

3.2 外购数据库的整合

不同类型的数字资源需要采用不同的元数据格式,同一领域中的不同机构,针对不同的数据应用,也会采用不同的元数据标准。要实现外购数据库整合的目标,不同元数据之间的信息共享、相互转化和检索问题就产生了。

元数据收割协议(OAI-PMH)是一种独立于应用、能提高资源共享范围和效率的互操作协议标准。[4]Portfolio 可以从遵循这一标准的来源处收割元数据,将它们包含进自己的目录(见图6),由此,用户就可以在 Portfolio 中检索到此元数据。当然,这个过程不包括引入数字资源本身,收割的元数据会有一个有效的资源 URL,通过此 URL,用户将能够查询和访问收割的是数字资源。

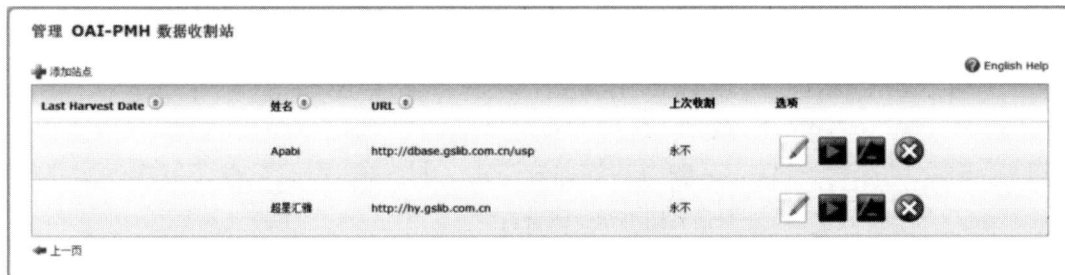

图 6　从 OAI-PMH 源收割数字资源

3.3 书目数据库的整合

Portfolio 作为图书管理系统的一个模块,能够实现与图书管理系统的无缝链接,Portfolio 会对书目资源和电子资源进行跨库统一检索,这将极大地满足用户多层次、多方面、多样化的阅读需求。

3.4 MARC 记录到数字资源的连接

在 Portfolio 中,文件夹和数字资源有三种状态:Staged、Published 和 Hidden。当文件夹状态为"Staged"时,用户无法查询到此资源。当一个新的文件夹或者资源被添加,还没准备好要发布时,一般使用该状态。虽然该状态下的资源不能被检索到,但是用户可以通过唯一的 URL 定位到该资源。因此,该状态可以被用于 MARC 记录到数字资源的定位。

3.5 确保数据的安全性

Portfolio 独特的安全性主要表现在两个方面。①角色管理。Portfolio 的安全模型基于权限、角色和账户。Portfolio 含有系统管理员和 Portfolio 管理员角色,除了这两种角色之外,还可以根据图书馆的实际工作需要添加角色,指定相应的权限,然后将角色分配给账户。②资产管理。Portfolio 可以通过设置文件夹状态为 Hidden,隐藏那些由于某些特殊原因暂时不对用户开放的资源。Portfolio 还可以和图书管理系统共享用户信息,在Portfolio 模块下,可以设置"用户必须进行身份验证",同时在添加数字资源时选择访问级别及权限,这样,用户登录的借阅证只有满足安全级别才能够查看相应的数字资源。

4 Portfolio 在特色资源管理中的优势

Portfolio 为图书馆特色资源收集提供组合解决方案,和同类产品相比,Portfolio 具有如下优势。

(1)完善的资源管理机制。主要表现在三个方面。①多种媒体类型共存,Porfolio 允许将多种媒体类型组织在同一个数据库下,这对于特色资源库的建设尤为重要。因为作为特色资源库,信息源的种类是多样的,收录信息的形式也是多样的,能够将这些信息合理组织并展示给用户,是判断一个特色数据库质量的重要标准。②分级管理与展示数字资源,分级意味着数字资源可以分类展示,根据数字资源特点,可以是按媒体类型、年代、地区等分类。③Web 档案收集,OAI-PMH 的兼容性使用户能够轻松收割公开可用的 Web 资源,将它们包含进自己的目录。

(2)跨库检索。Portfolio 允许用户跨库检索,用户在一个检索界面中,可以对多个数据库中的资源进行统一检索,Portfolio 下的检索结果将会来自于图书馆的书目数据库、电子资源数据库以及自己的客制化内容。用户在查询时可设定限定条件,提高查询结果的精准率,增强用户体验。Portfolio 的资源整合能力和整合程度使得资源最大限度地实现了共享。

(3)OCR 技术。文献数字化是建设特色资源库的前提,而扫描是文献数字化的基础。扫描获得的是图像,无法对其中的文字信息进行检索。Portfolio 提供内置光学字符识别OCR 技术,能有效将扫描文件转换成可检索的文字,这将大大简化操作流程,减轻操作员的工作量,减少重复劳动。

(4)灵活的元数据管理。管理员可以根据文件类型创建 DC 元数据模板,自定义用于显示的元数据字段。值得注意的是,当我们在其他平台已经建立了一些数字资源,现在又想把这些资源整合到 Portfolio 平台下,只要原来的平台可以导出 DC 元数据,那么,就可以很轻松地将这些数字资源转移到 Portfolio 中来。

（5）完善的用户管理机制。可以通过 Portfolio 平台的权限控制设定，禁止或限制访问受保护的资产。访问控制和认证管理功能，可以容纳不同查看权限的个人或群组。

5　结语

Portfolio 为各种类型和格式的资源提供一个全面的接口，是一个可扩展、可互操作、安全可靠的馆藏统一数字化揭示平台。如果将 Portfolio 比作桥梁，那么，它的一头是各种零散的印刷材料以及数字信息，另一头则将是充满活力的用户体验。有了 Portfolio，图书馆将会以前所未有的能力为用户带来全新的数字阅读服务。

【参考文献】

［1］　刘瑛.甘肃省图书馆所藏西北地方文献的特点[J].国家图书馆学刊,2003(3):67-71.

［2］　徐楠,等.基于 TPI 系统建构大学生优秀作品数据库[J].图书馆工作与研究,2009(2):38-41.

［3］　林平.基于 OAI 的校园网个人用户资源共享平台的研究与设计[J].图书馆学研究,2013(21):45-52.

［4］　王文清.基于 OAI-PMH 协议的元数据注册管理系统的设计与实现[D].北京:北京交通大学,2013:20.

虚拟现实技术在宁夏回族自治区图书馆的应用

邱 勇

（宁夏回族自治区图书馆）

·

摘 要：随着虚拟现实技术在图书馆行业的应用，图书馆将为用户提供超越地域、超越空间、超越时间的信息服务，这种服务可以为读者提供一个伴有图像、声音和触摸感的虚拟信息服务。笔者结合工作实际，浅析虚拟现实技术在宁夏回族自治区图书馆的应用及未来发展趋势。

关键词：虚拟现实技术；图书馆；宁夏

中图分类号：G250.7；G258.2   **文献标志码**：B

1 虚拟现实技术概述

虚拟现实（Virtual Reality, VR）技术是指借助以计算机技术、仿真技术、多媒体技术、通信技术、网络技术、人工智能技术、信息技术、三维技术等现代高科技技术手段，[1]生成在视觉、听觉、触觉、嗅觉、味觉、感觉等方面十分逼真的虚拟环境。用户借助特殊输入/输出设备，如立体头盔式显示器、操作手柄、三维投影仪、三维空间跟踪定位器、力反馈机械手臂、数据手套、数据衣等穿戴在身上和设置于现实环境中具有传感功能的设备，VR 技术采用自然的方式与虚拟世界中的物体进行交互，相互影响，从而产生身临其境的感受和体验。[2]

（1）从技术方面来讲，VR 技术是多项技术综合应用的前沿性学科和研究领域。

（2）从过程方面来讲，一个完整的 VR 体验其实是一个极其复杂的过程。斯坦福大学的杰里米教授将这个过程概括成三个主要步骤，即跟踪、渲染、显示。

（3）从种类方面来讲，虚拟现实技术大致可以分为四种类别，包括桌面式虚拟现实系统、沉浸式虚拟现实系统、增强式虚拟现实系统、分布式虚拟现实系统。

虚拟现实技术的演变发展大体有四个阶段,分别是有声形动态的模拟、虚拟现实萌芽、虚拟现实概念的产生和理论初步形成、虚拟现实理论进一步完善和应用。当前,虚拟现实技术已经被应用到多个行业。如游戏领域、新闻领域、电影领域、教育领域、医疗领域、艺术领域等,虚拟现实技术对很多传统行业来说都是一种冲击和重构。

2 虚拟现实技术在宁夏回族自治区图书馆的应用

2008 年 8 月, 宁夏数字图书馆与宁夏回族自治区图书馆新馆同期建设并投入使用。2017 年年初,结合宁夏回族自治区图书馆数字图书馆推广工程的建设,宁夏回族自治区图书馆积极配合国家图书馆数字图书馆推广工程项目的实施,购买配备了相应的设备设施,在四楼数字化体验区组织开展了"丹凤来仪、金鸡报晓"VR 贺新春数字文化虚拟现实体验活动,通过采用 VR 技术,以新春贺岁为场景氛围,配合进行实景互动体验情节设计,使参与体验的读者能在感受新春氛围的同时了解春节文化,进一步弘扬中华优秀传统文化。

体验者进入 VR 贺新春数字虚拟现实场景后,将立于四合院当中。四合院中有还未融化的积雪,树上挂着的鞭炮以及高高挂起的鞭炮。透过房间玻璃,能够隐约看到房屋内有围坐在一起的人们观看着春节联欢晚会,桌上还放着未下锅的饺子。同时,体验者能听到电视中传出来的欢庆大年音效。在 VR 场景中,体验者能够看到在四合院的门上分别挂着高光提示的大红灯笼,引可导体验者进行操作,当体验者用手柄激活某个门上的灯笼时会触发展示一种中国春节元素饰物发展及介绍, 这四种饰物分别为对联、门神、福字、剪纸。

以春联为例,当体验者用手柄触发高挂的大红灯笼时,灯笼被点亮的同时门柱上由上至下出现文字,最终化为一副春联,并浮现出一段对中国贴春联作简单介绍的文字,普及春联知识。体验者看过四种春节元素的介绍之后,场景中的所有红灯笼都已被点燃,并引导体验者到燃放烟火的阶段。体验者可以在小院中燃放自己喜欢的烟花。当最后的烟火被燃放的同时,激活场景烟火事件,漫天可见绚丽的焰火,焰火将持续一段时间后结束。在 VR 场景安静下来之后,单独的两朵礼花在空中炸开,并在天空中形成"鸡年大吉"四个字,整个场景至此体验完成。

3 虚拟现实技术在宁夏回族自治区图书馆的未来应用

随着 VR 技术在国家图书馆和国内部分高校图书馆的应用，宁夏回族自治区图书馆也在抢抓机遇，积极行动。以国家数字图书馆推广工程项目的实施为契机，本馆升级现有的虚拟现实设备设施及软件应用平台，结合宁夏回族自治区图书馆"十三五"发展规划的实施，充分利用虚拟现实技术建立宁夏图书馆三维立体导航模式，实现读者能够虚拟地"参观""漫步"宁夏图书馆，了解宁夏回族自治区图书馆的建筑和业务布局。

宁夏回族自治区图书馆数字图书馆推广工程培训展览活动应当紧跟国家图书馆数字图书馆推广工程项目建设步伐，结合宁夏地方特色定制、组织开展诵读经典古诗词系列、宁夏岩画系列、西夏春秋系列、回族暨伊斯兰教文献、红色记忆系列、宁夏非物质文化遗产系列虚拟现实项目活动。

宁夏回族自治区图书馆在书目采访编目上也应适当引进具有 VR 技术的图书，这类图书可以实现图书的立体展示，让图书不再是死板的图书。不仅如此，读者还可以了解到关于图书的更多信息，包括图书作者、名称、页数、目录、厚度以及出版信息等内容。现在国内图书出版市场上已经有儿童类虚拟现实技术的图书，家长可以通过手机 APP 下载相关软件，扫描图书上面的画面，画面中的虚拟动物们就会跳跃出来，在你的面前根据需要进行逼真形象的表演，如发出叫声、扭动身体等。扫描图书上面的文字，虚拟的文字就会伴随着你的读取一一呈现在眼前。

笔者认为，随着网络信息技术的飞速发展，技术革新日新月异，读者的阅读方式定会是纸质化阅读到数字化阅读，到智慧化阅读再到虚拟化阅读。虚拟图书馆将是数字图书馆未来建设发展的大趋势。[3]

4 结束语

未来宁夏回族自治区图书馆的形态既不是传统纸质图书馆的"一家独大"，也不是数字化图书馆的"后来居上"，而是纸质图书馆、数字化图书馆、虚拟图书馆的"联合体"。随着云服务、云平台、云计算、大数据、"互联网+"等网络信息技术的快速发展，宁夏图书馆应当充分应用网络通信技术、自动化控制技术及其他新技术、新设备对宁夏回族自治区图书馆进行大幅度升级改造，逐步提高宁夏回族自治区图书馆数字化、智能化、虚拟化建设应用水平，使宁夏回族自治区图书馆更好地服务于全区人民，发挥地方图书馆的"头雁效应"。

【参考文献】

［1］ 姚顺.浅谈 VR 技术在图书出版中的应用[J].现代出版,2016(5):40–41.

［2］ 焦俊梅.虚拟图书馆展望[J].邢台师范高专学报,1999(2):38.

［3］ 朱志文."亦真亦幻"的虚拟图书馆[J].重庆工学院学报,2002(5):48–50.

浅析开放获取环境下宁夏回族自治区图书馆服务的挑战和机遇

邱 勇

（宁夏回族自治区图书馆）

摘 要： 开放获取是一种全新的学术传播机制，其核心是在尊重作者权益的前提下，利用互联网为用户免费提供学术信息和研究成果的服务。它的发展为读者免费获取学术信息和科研成果提供了便捷，也有力地推动了学术信息和研究成果的广泛利用。随着互联网、物联网、大数据、云计算等技术的飞速发展和成功应用，开放获取这种非传统的学术资源获取方式将对图书馆服务带来挑战和机遇。笔者结合工作实践，阐述了开放获取环境下宁夏回族自治区图书馆（以下简称"宁夏图书馆"）服务面临的挑战和发展机遇。

关键词： 宁夏回族自治区图书馆；开放获取；挑战；机遇

中图分类号： G250.73 **文献标志码：** A

1 开放获取概述

开放获取的概念产生于 20 世纪 90 年代，是国际出版界、学术界、图书情报界为了推动科研成果，利用互联网自由传播，免费供公众自由获取而采取的运动。其目的是促进科学及人文信息的广泛交流，促进利用互联网进行科学交流与出版，提升科学研究的公共利用程度、保障科学信息的保存，提高科学研究的效率。[1]

开放获取即通过互联网，为广大读者提供平台，所有文献可以被免费获取，并允许用户阅读、下载、复制、传播、打印、搜索，并可以对这些论文文本建立超链接，为之建立索引，将其作为数据引入软件等。[2]在这种模式下，学术成果可以无障碍地进行传播，任何研究人员可以在任何地点和任何时间不受经济状况的影响,平等免费地获取和使用学术成果。[3]

随着全球多个国家,尤其是欧洲范围强制性开放获取政策的制定和实施,开放获取处于快速发展的态势,目前全球有完全开放获取期刊 10,000 余种。2016 年 15%的科研论文发表在完全开放获取期刊中,中国的开放获取论文占全球开放获取论文总数的22%,位居世界前列。[4]

2 开放获取环境下宁夏回族自治区图书馆服务面临的挑战

2.1 服务理念

图书馆提供什么样的服务很大程度上取决于其确立什么样的服务理念,服务理念影响服务的全过程及服务模式的建立。传统图书馆的服务理念是封闭型、被动型、通用型、浅层次、劳动密集型、机关型。随着社会的进步、技术的革新,图书馆服务的对象及其任务在不断向外延伸和扩展,管理手段和服务方式也在不断创新,传统的服务理念已经远远不能适应现代图书馆服务定位的要求。

2017 年 11 月 4 日,第十二届全国人民代表大会常务委员会第三十次会议通过了《中华人民共和国公共图书馆法》(以下简称《公共图书馆法》),2018 年 1 月 1 日该法正式施行。《公共图书馆法》中明确定义了公共图书馆的服务理念。"公共图书馆是向社会公众免费开放的,收集、整理、保存文献信息并提供查询、借阅及相关服务,开展社会教育的公共文化设施。公共图书馆应当按照平等、开放、共享的要求向社会公众提供服务,免费向社会公众提供文献信息查询、借阅;免费开放阅览室、自习室等公共空间设施场地;免费举办各项公益性讲座、阅读推广、培训、展览等活动;提供国家规定的其他免费服务项目以及考虑老年人、残疾人等群体的特点,积极创造条件,提供适合其需要的文献信息、无障碍设施设备和服务等。"[5]

宁夏图书馆属于省级公共图书馆,成立于 1958 年 10 月,新馆位于银川市金凤区人民广场东路,是"三馆一院两中心"标志性建筑之一,是宁夏文献收藏与借阅中心、公共文献信息资源共享中心、古籍保护中心、图书馆专业技术人员培训中心和自治区级爱国主义教育基地。虽然宁夏图书馆紧跟时代发展,不断更新服务理念,但是由于各种条件限制,目前并未真正意义上全面实现开放获取。

2.2 资源建设

图书馆无论是什么形态,资源都是最重要的,资源建设是开展一切工作的基础。宁夏图书馆的数字资源有中文数据库 14 个、试用数据库 14 个、外文资源 2 个、特色库资源 5 个。访问方式分为馆外访问和馆内访问。资源建设主要以商品化资源为对象,这种资源的收集方式,受到了出版模式的制约。

以期刊出版模式为例,传统出版模式:作者投稿(一般不支付审稿费)→学术刊物出版机构(审稿、组织同行评议)→出版、印刷、发行读者→(订阅)。开放访问出版模式:作者投稿(一般需支付审稿费)→开放访问期刊出版社机构(审稿、组织同行评议)→网络传播→读者(免费)。

从作者角度看,在免费为开放获取期刊提供论文的同时,还要提供审稿费用,无疑增加了作者的负担。

从出版社的角度看,原来由读者支付的费用变为由作者支付,其利润空间极小,如果作者及其赞助商支付的费用无法平衡成本,开放获取期刊的生存就会面临问题。

从读者的角度看,能够免费阅读所需的知识信息是非常惬意的事。

因此,开放获取受益最大的是读者,但同时也给图书馆资源建设带来了很大的压力。

2.3 馆员素养

任何事业的成功都离不开人的因素。传统图书馆按照业务活动设置组织结构,各部门的工作范围相对狭小,图书馆馆员只要掌握相关技能就可以在某个岗位上工作多年而工作内容没有太多的变化。

开放获取环境下,图书馆的工作人员必须具备与之相匹配的综合素质。以外文资源采访为例,采访人员只有具备较高的外语水平,能够正确地理解和翻译外文资源,才有可能对外文资源做进一步的整合利用和加工处理。在这个信息大爆炸的时代,各种信息鱼目混杂,这就需要采访人员具有很强的信息检索能力和知识分析能力,才能在海量信息中检索到具有学术价值的文献资源。对于采访回来的大量文献资源,还要对其进行科学分类和整理利用,这就要求图书馆馆员不但要具备较高的外文阅读、理解和翻译能力,还需要具备一定其他专业的专业知识。在开放获取环境下,图书馆对工作人员的业务素质要求已经远远超出人们以前对图书馆员的理解。

3 开放获取环境下宁夏回族自治区图书馆服务面临的发展机遇

3.1 提升服务理念

宁夏图书馆新馆于 2008 年 8 月建成投入使用,建筑总面积 3.32 万平方米。2016 年 8

月,宁夏图书馆按照"零门槛、大开放"的思路完成了提升综合服务能力项目建设。读者使用面积由 1.1 万平方米增至 2.13 万平方米,阅览座位由 800 席增至 1500 席。改造后的宁夏图书馆,会让您体验到"一站式"服务的快捷和赏心悦目的优美环境。开阔、通透的借阅空间,舒适的桌椅、富有个性的休闲沙发、各区域方便的检索电脑,让您沉醉于静谧无喧的书香世界。阅读推广主题区、综合图书区、文学图书区、中外文工具书及外文书刊区、考试学习区、中文报刊区等主题服务区服务功能更加鲜明突出。少儿借阅区、地方文献和回伊文献阅览室、老年阅览区、社会科学综合阅览室、数字化体验区、过报过刊库、普通中文图书底本库、音乐鉴赏区等会更好地满足读者的多元化文化需求。此外,宁夏图书馆网站和新媒体服务采用微博、微信及时推出各类服务信息,很好地满足了读者对各类服务信息的需求。

随着文化部"十三五"时期公共数字文化建设规划的制定实施,云计算在图书馆行业成功的应用及国家公共文化云平台的部署和应用,宁夏图书馆服务目前已经无法满足"十三五"发展规划和实现开放获取的要求。[6]因此,宁夏图书馆要提升服务理念,借助国家公共文化云平台,以数字图书馆推广工程为契机,搭建自己的云应用平台,推进图书馆现代化、数字化、智能化建设,实现"智慧图书馆",让现有的文献信息资源实现最大限度的开放获取。

3.2 优化资源结构

读者的需求是文献信息资源建设的根本出发点。目前,宁夏图书馆拥有数字资源总量 60TB,其中自建资源 5TB,外购资源 55TB;电子文献 513 万册,电子图书藏量 38000(种),电子期刊藏量 13000(种),各类馆藏纸质文献 190 万册件,其中特色馆藏有宁夏地方文献、回族伊斯兰教文献和西什库教堂教会文献。

在开放获取环境下,图书馆可以提供大量多语种无偿获取的学术资源,可以将这部分学术资源纳为本馆馆藏系统的一部分,以补充馆藏量。具体措施包括:充分利用大数据、云计算等新技术、新工艺、新设备,对读者的需求进行分析定位,并可以根据数据统计分析的实际情况适时调整文献信息资源的入藏比例,拓展开放获取资源的有效途径,最大限度使用开放获取资源;提高电子资源的入藏量,降低纸质资源的入藏量;加大自建资源的入藏量,减少外购资源的入藏量等。通过这些措施,促使馆藏体系得到很好的优化。

3.3 构建读者服务体系

宁夏图书馆全年免费开放,每天开馆时间 12 小时,人工服务 9 小时。年接待读者近

150万人次(含市、县、区53个服务网点近20万人次),图书外借85万册次(含53个服务网点30万册次),举办讲座、展览近80场次等。开通读者留言箱,认真听取读者的意见和建议,并及时反馈读者。

在开放获取环境下,图书馆更要以服务读者为中心,为读者提供更高水平的学习支持和研究支持。通过构建升级"一站式"服务,打通图书馆间文献信息资源壁垒,提高读者查询和利用资源的效率,给读者提供最大限度的方便。让文献信息资源多跑路,读者少跑路;让行业的服务不受限于地域、时间、空间;让服务的对象覆盖各行各业、各个阶层、各个年龄段的读者,建立与读者沟通的专用通道,适时认真聆听读者反馈的各种问题及提出的合理性建议,促使图书馆始终牢牢抓住读者的需求。

3.4　缓解经费紧张

目前,经费紧张仍然是制约宁夏图书馆快速发展的瓶颈,馆里每年都要投入相应的经费用于资源采购和服务建设。为了合理使用有限的经费,提高经费的使用效率,图书馆统筹规划,通过多途径多措施以缓解经费紧张的压力。如每年逐渐减少单纯的纸本期刊典藏,趋向电子期刊的采购与典藏方式,这既可方便读者远程连线使用,又可节省纸本期刊典藏的储存空间。

在开放获取环境下,随着学术资源的无偿使用以及开放获取资源的愈加丰富,图书馆可以充分利用它们来补充馆藏的不足,对已经成为开放获取的资源,要坚决不再进行经费投入;对未成为开放获取的资源,要定位于时代的步伐和读者的需求,用好每一分钱。

4　结语

开放获取是一种信息公平获取的思想,倡导的是追求学术界整体利益的最大化。随着开放获取条件的日趋成熟,这给宁夏图书馆服务也带来了新的挑战和机遇,也给每一位图书馆工作人员带来了新的挑战和机遇。面对新思想,面对海量的免费资源,图书馆要应用好现有资源,积极吸收好海量的免费资源,借助国家"互联网+"行动和公共文化云平台,结合实际情况,服务好读者,推动开放获取思想的自有传播,推动学术界整体利益的最大化,推动公共文化事业的快速发展。

【参考文献】

［1］ 蒋玲.开放存取模式下图书馆发展研究及对策［D］.大连:辽宁师范大学,2007.

［2］ 周阳.开放获取环境下图书馆应对策略研究——基于安徽省高校科研人员调查分析［D］.合肥:安徽大学,2010.

［3］ 初景利.复合图书馆理论与方法［M］.上海:上海交通大学出版社,2009.

［4］ 褚鸣.国外社会科学开放获取期刊学术的发展现状探究［J］.国外社会科学,2006(6):68-71.

［5］ 中华人民共和国公共图书馆法［EB/OL］.［2018-01-15］.http://baike.baidu.com litem /中华人民共和国公共图书馆法/18298885? fr=aladdiw.

［6］ 文化部"十三五"时期公共数字文化建设规划［EB/OL］.［2018-01-15］.http:www.ndcnc.gov.cn/zixun/yaouen/201708/t26170803-1350560.htm.

西北地方文献与特色文献的保护、开发与利用

XIBEI DIFANG WENXIAN YU TESE WENXIAN DE
BAOHU KAIFA YU LIYONG

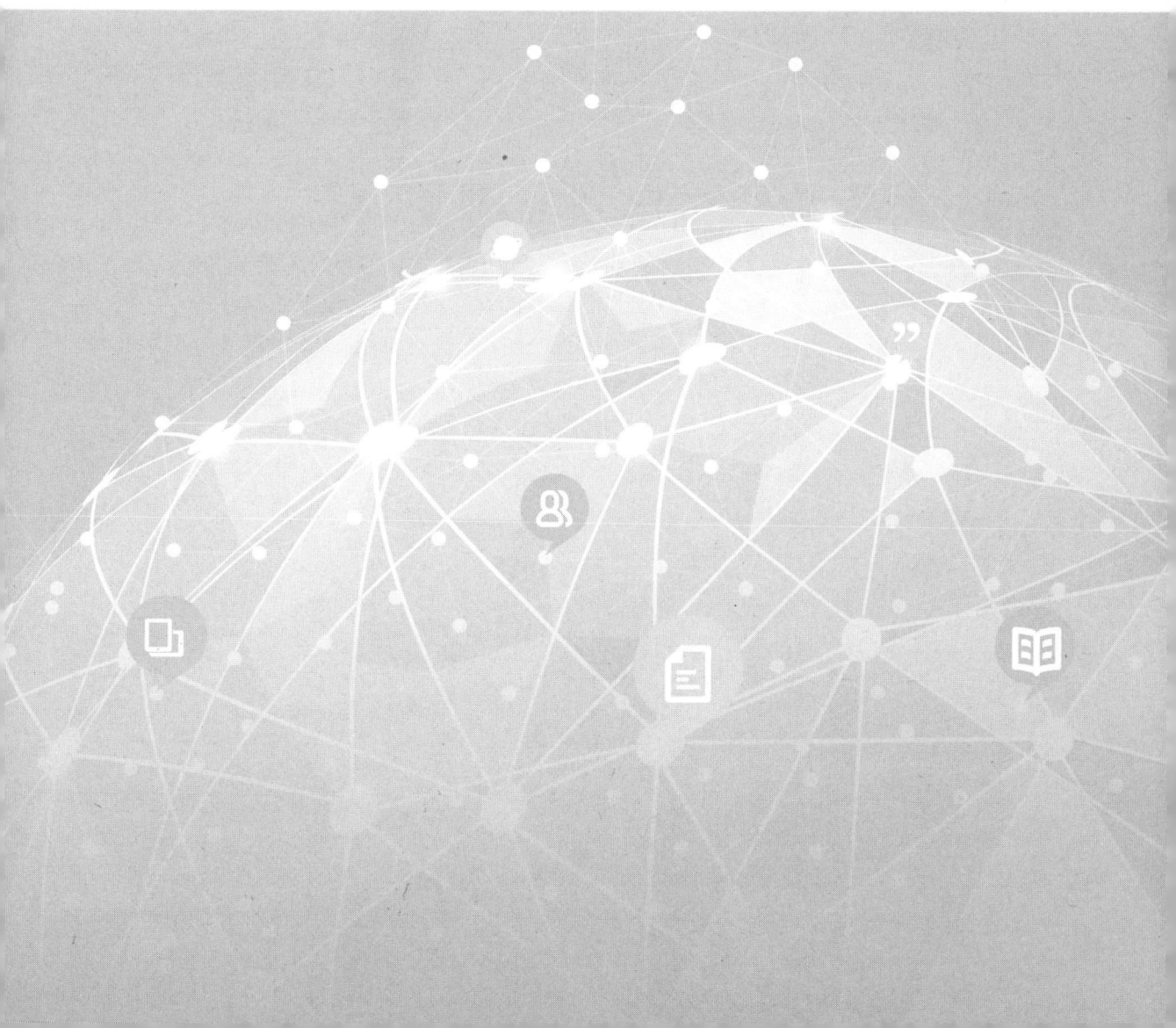

《潜夫论》历代著录及版本略考

畅　恒　王淑娟　段欢欢

（甘肃庆阳市镇原县图书馆）

摘　要:《潜夫论》既是一部东汉社会的百科全书,也是中国古代政治思想史及哲学史上影响深远的一部著作。《潜夫论》成书以后,一直为历代政治家、学者所推崇。特别是近代以来,对《潜夫论》的研究已形成热潮,成果丰硕,但《潜夫论》著录和版本源流却少有爬梳者。文章从文献学角度,对《潜夫论》的历代评介、著录、版本流传及《潜夫论》的整理与研究等作了梳理、考证。同时,兼及王符故里镇原当地对王符及其《潜夫论》的评介和镇原县图书馆馆藏有关《潜夫论》文献的介绍。

主题词:《潜夫论》;评介;著录;版本

中图分类号:G256　　　**文献标志码:**E

《潜夫论》全书 10 卷 36 篇 6 万多言,多为探讨治国安民之术的政论,涵盖了当时的政治、经济、教育、军事、文化、道德等诸多领域,提出了务本抑末、爱惜民力、发展生产、正学育人、富国强民、尊贤任能、信忠纳谏、严明赏罚、观民设教、变风易俗、明法严刑、强边固防等一系列进步的政治主张。可以说,《潜夫论》既是一部东汉社会的百科全书,也是中国古代政治思想史及文学史上影响深远的一部著作。王符的《潜夫论》与王充的《论衡》、仲长统的《昌言》同被视为东汉最有影响的三部学术著作,备受推崇。当今,对《潜夫论》的研究已逐渐形成热潮,出现了不少研究王符及其《潜夫论》的专著和论文。研究领域涉及王符生平、王符思想、《潜夫论》校勘笺注、民间传说等,取得了一定成绩。但由于史料匮乏,对王符思想成就屡被云及,而著录和版本源流却少有爬梳者。

有鉴于此,作为王符故里后学,笔者仅凭一腔热情,利用在图书馆工作的优势,大量查阅文献资料,多方搜集唐宋类书、古书旧注对《潜夫论》的征引,并借鉴前人研究成果,不揣浅陋,尝试对《潜夫论》著录和版本流传情况进行梳理和考证,以期光大先贤成就,并为《潜夫论》研究者提供参考。

1 《潜夫论》的历代评介

《潜夫论》问世 1800 多年来,受到了历代进步政治家、思想家、文学家和贤达之士的重视与推崇,他们将王符的许多见解视为资政良鉴、抚世善策,对王符及其《潜夫论》给予很高评价。

1.1 历代评介诗文

"度辽一迎,荣流当代;昌黎一赞,名炳儒林。"①自唐以后,历代文人学士誉赞王符及其《潜夫论》的诗文常见诸典籍,明清尤盛。限于篇幅,仅摘录几首。

偶 题

唐·杜甫

文章千古事,得失寸心知。

作者皆殊列,名声岂浪垂。

骚人嗟不见,汉道盛于斯。

前辈飞腾入,馀波绮丽为。

后贤兼旧列,历代各清规。

法自儒家有,心从弱岁疲。

永怀江左逸,多病邺中奇。

骐骥皆良马,骐驎带好儿。

车轮徒已斫,堂构惜仍亏。

漫作潜夫论,虚传幼妇碑。

缘情慰漂荡,抱疾屡迁移。

经济惭长策,飞栖假一枝。

---

① (清)李方泰. 乾隆十九年(1754)镇原重刊《潜夫论·序》

尘沙傍蜂虿,江峡绕蛟螭。

萧瑟唐虞远,联翩楚汉危。

圣朝兼盗贼,异俗更喧卑。

郁郁星辰剑,苍苍云雨池。

两都开幕府,万宇插军麾。

南海残铜柱,东风避月支。

音书恨乌鹊,号怒怪熊罴。

稼穑分诗兴,柴荆学土宜。

故山迷白阁,秋水隐黄陂。

不敢要佳句,愁来赋别离。

寄严郑公

唐·杜甫

得归茅屋赴成都,直为文翁再剖符。

但使闾阎还揖让,敢论松竹久荒芜。

鱼知丙穴由来美,酒忆郫筒不用酤。

五马旧曾谙小径,几回书札待潜夫。

在《偶题》诗中,"漫作潜夫论,虚传幼妇碑"句,杜甫将王符与蔡邕并提,而且在前文总结"前辈飞腾入,余波绮丽为;后贤兼旧列,历代各清规"的基础上,对王符加以肯定。在《寄严郑公》诗中,也有"五马旧曾谙小径,几回书札待潜夫"之句,以王符自况。

后汉三贤赞

唐·韩愈

王符节信,安定临泾。

好学有志,乡人所轻。

愤世著论,潜夫是名。

述赦之篇,以赦为贼,

良民之甚,其旨甚明。

皇甫度辽,闻至乃惊,

衣不及带,屣履出迎。

岂若雁门,问雁呼卿?

不仕终家,吁嗟先生!

韩愈将王符、王充、仲长统称之为"后汉三贤",并作《后汉三贤赞》,赞王符"好学有志""愤世著论""良民之甚,其旨甚明"。

次韵子由送蒋夔赴代州学官

宋·苏轼

功利争先变法初,典型独守老成余。

穷人未信诗能尔,倚市愚知绣不如。

代北诸生渐狂简,床头杂说为爬梳。

归来问雁吾何敢,疾世王符解著书。

嘲小德

宋·黄庭坚

中年举儿子,漫种老生涯。

学语啭春鸟,涂窗行暮鸦。

欲嗔王母惜,稍慧女兄夸。

解著潜夫论,不妨无外家。

1.2 历代评介文论

《后汉书·王符传》最早对《潜夫论》进行定位,同时将王符与东汉著名学者王充、仲长统合传,亦可见王符当时学术地位之高。此后,王符以哲学家、思想家的身份为各种典籍所记载,历代学者在研究中国思想史、哲学史、文学史中均对王符有所评价。唐初著名政治家、谏议大夫魏征主编《群书治要》时,就大量收录了《潜夫论》的内容。他曾将《潜夫论·明暗》篇中的"国之所以治者君明也,其所以乱者君暗也。君之所以明者兼听也,其所以暗者偏信也。是故人君通必兼听,则圣日广矣;庸说偏信,则愚日甚矣"精练概括成"兼听则明，偏信则暗"，作为"贞观之治"的指导思想，从而开创了一代盛世。从魏征和前文提到的杜甫、韩愈等唐代三位大家的评介来看，《潜夫论》在当时即广为流行，并备受盛世学者青睐。

明代陈士元自命为"江汉潜夫"，撰述《姓汇》《姓觿》《梦占逸旨》等书。清初，唐甄将其政论之作《衡书》改名为《潜书》。这些，都是《潜夫论》影响的直接反映。

清纪昀等撰《四库全书总目提要》"范氏以符与王充、仲长统同传，韩愈因作《后汉三贤赞》。今以三家之书相较，符书洞悉政体似《昌言》，而明切过之；辨别是非似《论衡》，而醇正过之。前史列之儒家，斯为不愧"。

清代著名学者周中孚《郑堂读书记》"虽以耿介忤时发愤著书，然明达治体，所敷陈多切中汉末弊政，非迂儒矫激务为高论比也。……是书兼有《论衡》《昌言》之长，故唐、宋著录皆列之儒家云。"

清嘉庆十九年，汪继培在《潜夫论笺·自序》中指出"谨案王氏精习经术，而达于当世之务。其言用人行政诸大端，皆按切时势，令今可行，不为卓绝诡激之论。其学折中孔子，而复涉猎于申、商刑名，韩子杂说，未为醇儒。然符以边隅一逢掖，阋俗陵替，发愤增叹，未能涉大庭，与议论，以感动人主；又不得典司治民，以效其能。独蓄大道，托之空言，斯贾生所为太息，次公以之略观者已。"

清末刘熙载在《艺概·文概》中指出："王充、王符、仲长统三家文，皆东京之矫矫者。分按之：大抵《论衡》奇创，略近《淮南子》；《潜夫论》醇厚，略近董广川；《昌言》俊发，略近贾长沙。范史讥三子'好申一隅之说'，然无害为各自成家。"刘熙载称王符散文自成一家，并将王符与"阐道醇儒"董仲舒相映排比，崇其地位，可见一斑。

20世纪初至中华人民共和国成立前，关于王符《潜夫论》的相关论文仅有8篇，称赞王符秉性耿介的高贵品节，肯定《潜夫论》的学术价值，美中不足的是挖掘深度不够。直到50年代，侯外庐等老前辈撰写的《中国思想通史》以洋洋洒洒1.4万字的篇幅专节论述王符及其《潜夫论》，确立了王符在中国思想史上的应有地位。他们曾这样概括："王符的思想，从它的整体的系统方面来讲，是和王充的思想有着继承关系的，从天道天命与人性，经过知识与逻辑，以至对于社会政治的批判，他都建立了自己的理论。这里，我们要逐步探究他的思想，才能有条理地了解一位具有独立性格（耿介而不同于俗）的进步思想家。"80年代初，孙叔平在《中国哲学史稿》中又以专章的篇幅给予王符以更高的地位。王符思想地位不断升格，学术研究也随之升温。

综上所述,历代诗人文士、思想家、政治家及当今著名学者,无不给予王符及其《潜夫论》以高度评价和足够重视。可以说,《潜夫论》是一部思想内容极为丰富的政论散文集,亦是"一部治国安邦的建议书。"①

2 《潜夫论》的历代著录

《潜夫论》历代官私目录均有著录,且其十卷未有明显散佚。

2.1 正史著录

南朝宋范晔在《后汉书·王符传》中节录了《潜夫论》之《贵忠》(今本作《忠贵》)《浮侈》《实贡》《爱日》《述赦》等章节,但经过删改润色,很多文字与今之传本大相径庭。

唐魏徵等撰《隋书·经籍志》在子部儒家类著录"《潜夫论》十卷,后汉处士王符撰";《旧唐书·经籍志》在儒家类著录"《潜夫论》十卷,王符撰";《新唐书·艺文志》在丙部·子录儒家类著录"王符《潜夫论》十卷";《宋史·艺文志》列"《潜夫论》·十卷"入儒家之属;民国时期赵尔巽、缪荃孙等撰《清史稿·艺文志》也同样著录王符《潜夫论》十卷。

2.2 其他史志诸家著录

宋王尧臣《崇文总目》列"《潜夫论》十卷"入儒家之属,宋王应麟《玉海·艺文》称:"《唐志》儒家,王符《潜夫论》十卷,《隋志》同,《崇文总目》同。"此外,宋代私家目录如晁公武《郡斋读书志》、陈振孙《直斋书录解题》、尤袤《遂初堂书目》均著录王符《潜夫论》十卷。郑樵《通志》中著录并节选了《潜夫论》的部分篇章。元马端临《文献通考》著录"《潜夫论》十卷。晁氏曰后汉王符节信撰"。

清代,随着官私目录书籍的增多,王符《潜夫论》的著录亦随之增多。纪昀等撰《四库全书总目提要》、周中孚《郑堂读书记》、张之洞《书目答问》、侯康《补后汉书艺文志》、姚振宗《后汉艺文志》、甘鹏云《崇雅堂书录》、钱谦益《绛云楼书目》、陆心源《皕宋楼藏书志续志》、莫有芝《邵亭知见传本书目》等均列《潜夫论》十卷入儒家之属。钱曾《述古堂藏书目》列王符《潜夫论》十卷入杂家之属。由这些记述可见,《潜夫论》一书在民间流传也颇为广泛,且大部分学者将其列为儒家。

2.3 海外学者的著录

目前,我们能看到的有天明七年(公元 1787 年)日本浪华六艺堂刊本,此本计五册,

---

① (清)张镇,方恒.乾隆十九年(1754),刊《潜夫论·跋》

录入《国家图书馆善本书志初稿》，镇原县图书馆藏有一部。

2.4 诸书引文

隋唐以前，古书旧注征引《潜夫论》的地方并不多见。隋代虞世南编撰的《北堂书钞》征引《潜夫论》九处；唐高祖武德七年，欧阳询等编成《艺文类聚》，征引《潜夫论》两条；唐太宗贞观年间，魏徵《群书治要》节录王符《潜夫论》八节作《潜夫论治要》，可以说是最早的《潜夫论》节选著作；唐高宗时，李善作《文选注》，征引《潜夫论》八处；唐玄宗时，徐坚等为便于玄宗诸皇子作文而编撰《初学记》，引《潜夫论》五条，文字略有小异；唐德宗贞元年间，大理评事马总增损梁庾仲容《子钞》而成《意林》，今存五卷中摘《潜夫论》二十一条，其中第一条不见于今本，是最早辑佚《潜夫论》之人；北宋太平兴国年间翰林学士李昉等奉诏编撰《太平御览》，大量引用前代类书，保存了诸多古籍的文字片段。据统计，《太平御览》引《潜夫论》达三十八处之多，其中不见于今本者一处，为考证今本讹误脱衍及亡佚情况提供了重要参考。

3 《潜夫论》的版本流传

《潜夫论》在宋代以前的版本均为写本，惜未能留存至今，其样式今已不得其详，只能根据藏书家记载及现存善本文献了解宋以后的版本流传情况。

3.1 宋刊本述略

（1）明翻刻宋刊本。

清黄丕烈士礼居藏明刻本，是目前所知传世最早的《潜夫论》刻本，现藏于国家图书馆。此本出明初，乃重刻宋本，一册，缺页。虽有曾受水污的痕迹，但字迹还是较为清楚的。卷首尾有璜川吴氏收藏图书，士礼居藏，海宁陈鳣观诸朱记。张金吾认为："《潜夫论》自宋椠外，此本最善。"[1]

（2）清影抄宋刊本。

清顺治五年（公元1648年）冯舒影抄宋刊本。此本卷端第一行，书名下标王符二字，一、二、四、六、七、十诸卷之后，均有冯舒手跋，且匡、恒等字，避宋讳，缺笔作，当出自宋本。需要指出的是冯舒印抄的仅是宋代翻刻本，而非钱曾所述的"宋本"。该本影抄自宋版翻刻本，较好地保留了宋本的面貌，值得重视。而涵芬楼的影印，又大大地方便了人们的使用。[2]商务印书馆又于1936年出版《四部丛刊》缩印本，上海古籍出版社1990年9月又影印了这种缩印本，此本现在很易看到。

3.2 元代版本述略

（1）元大德新刊本。

清嘉庆年间，汪继培曾看到过元代大德年间的刊本。他在《潜夫论笺·序》中称："王符《潜夫论》，行于今者，有明程荣本、何镗本。何本出于程，不为异同，别有旧本，与《白虎通德论》《风俗通义》合刻。《风俗通义》卷首题云，大德新刊，三书出于同时，盖元刻也。"元本今不见传，且仅《风俗通义》题为"大德新刊"，是否真为大德刊本尚是未知数。

（2）明隆庆景元刊本，乌程蒋氏传书堂所藏。

（3）明嘉靖景元刊本，乌程蒋氏传书堂所藏。

3.3 明代版本述略

（1）明嘉靖元年（公元 1522 年）金台书林汪谅刊本。

此本今不传，只能根据国家图书馆现藏的金台汪谅书籍铺于嘉靖元年（公元 1522 年）刊印的李善注《文选》目录后的广告性牌记得出一点信息："金台书铺汪谅，见居正阳门内西第一巡警更铺对门，今将所刻古书目录刊于左，及家藏今古书籍不能悉载，愿市者览焉……重刻《潜夫论》，汉王符撰一部"。目前我们能查到的相关信息只有这些，至于其据何种刊本重刻，无从考究。

（2）明万历二十年（公元 1592 年）新安程荣《汉魏丛书》本。

该本一册，九行二十字，白口，左右双边。卷上标明"明新安程荣校"，故习称程荣本。除钱氏述古堂景宋写本外，其版刻较早且可观者，当推程荣本与胡维新《两京遗编》本。

明何镗复刊程荣《汉魏丛书》本。《百部丛书提要》曰："《汉魏丛书》先后凡三例，首明程荣本，次何允中，又次清王漠。程荣刻三十八种，何允中刻七十六种，王漠刻八十六种。又卢文昭重校明何刊《汉魏丛书》在江宁龙蟠里图书馆，有缺页，均系遭人扯去，首卷有朱书乾隆丙子春三月，卢文昭以程荣本校一行。有文昭校正，抱经堂印，《数问草堂藏书》等印。见于《江苏国学图书馆目录》。惜书未刊，今未之见也。"

明万历二十年（公元 1592 年）武林何允中刊《广汉魏丛书》本；

清嘉庆间修补刊《广汉魏丛书》本；

清乾隆五十六年（公元 1791 年）金溪王漠刊《增订汉魏丛书》本，九行二十字，小字双行同，白口，白鱼尾，左右双边。封面镌有"乾隆辛亥重镌""本衙藏板"。

《广汉魏丛书》本为以下诸本复刊、编修之蓝本：

清乾隆三十年（公元 1765 年）《四库全书》抄本，三册；

清乾隆间《四库全书荟要》抄本,三册;

清光绪二年红杏山房重刊《增订汉魏丛书》本;

清光绪六年(公元 1880 年)三余堂重刊《增订》本;

清宣统三年(公元 1911 年)上海大通书局石印《增订汉魏丛书》本;

清宣统育文书局石印精校王漠《增订汉魏丛书》本。

(3)明万历十年(公元 1582 年)余姚胡维新《两京遗编》刊本。

该本十卷,四册。每半页九行十七字,四周双栏,版心白口,上下鱼尾,鱼尾相对,鱼尾间题"《潜夫论》卷上(下)",稍下记页次,下方记刻工姓名。首卷首行顶格题"潜夫论卷第一",越五格题"王符",卷端后记卷内篇目,每篇一行,卷末有尾题。本书版心分上下卷,但卷端却分为十卷,共三十六篇。

1937 年,上海商务印书馆影印了《两京遗编》本,为《景印元明善本丛书十种》中的一种。

1969 年,台湾商务印书馆《宋元明善本丛书》影印《两京遗编》本。

3.4 清代及近现代版本述略

(1)清嘉庆二十二年(公元 1817 年)陈春刊《湖海楼丛书》本(此本出自元大德刊本,为汪继培注解本);

清光绪十一年(公元 1885 年)长沙思贤讲舍复刊《湖海楼丛书》本;

1926 年上海中华书局《四部备要》据《湖海楼丛书》排印本;

1936 年上海中华书局《四部备要》缩印本。

(2)清光绪元年(公元 1875 年)湖北崇文书局刊《子书百家》本(此本前有"光绪纪元夏月湖北崇文书局开雕"字样);

1911 年湖北官书处重刊湖北崇文书局本;

1919 年上海扫叶山房《百子全书》石印本;

1935 年上海世界书局《诸子集成》排印本;

1939 年上海商务印书馆《国学基本丛书》据《湖海楼丛书》排印本(此本前清王绍兰序及其校文,末附汪笺序文,平装);

1961 年台湾世界书局影印本;

1963 年台北今文化出版社影印《子书百家》本;

1965 年台湾中华书局影印《四部备要》本;

1968 年台湾商务印书馆影印本；

1973 年台湾世界书局《新编诸子集成》影印《改正》本；

1978 年上海古籍出版社《潜夫论》排印本；

在汪笺本的基础上又出现了 1979 年北京中华书局排印的彭铎补注本，1985 年《新编诸子集成》（重印本）等等。

需要说明的是，因有些版本受条件所限，笔者未能亲睹，上述部分内容参考引用了邢静欣老师的《王符〈潜夫论〉研究》。

（3）《潜夫论》的整理与研究。

《潜夫论》在隋唐时期便开始为时人所利用，上文诸书引文部分已经涉及，此处不再赘述。明代，《潜夫论》出现了为数不少的评点和节选本，有沈津的《〈潜夫论〉类纂》、陆可教、李廷机《〈潜夫论〉玄言评苑》、陈深《〈潜夫论〉品节》、黄嘉惠《点校〈潜夫论〉》、张邦翼《〈潜夫论〉选》、归有光、文震孟《〈回中子〉评点》、陈仁锡《〈潜夫论〉奇赏》、陈继儒《〈潜夫论〉粹言》《〈潜夫论〉类语》、叶绍泰《增定王子〈潜夫论〉别解》、张运泰《〈潜夫论〉选》等。以上诸书，大都是白文、无注或略加圈点、眉批而已。真正对《潜夫论》版本和内容进行整理研究的则始于清代。

乾隆二十一年（公元 1756 年），卢文昭的《〈潜夫论〉校正》（收入《群书拾补》），是价值较高、影响较大的校勘整理著作。该书以明程荣本校何允中《广汉魏丛书》为底本，脱误之处皆注于下。有今书所无，见于他书者，随所见汇钞，以补缺佚，著录在《陶风楼藏卢抱经校本述要》中。

嘉庆十九年（1814 年），汪继培的《〈潜夫论〉笺注》，是目前影响最大、使用范围最广的《潜夫论》笺注本。该书以元大德新刊本为底本，补校以《汉魏丛书》本、何镗本，参阅《群书治要》《意林》《太平御览》等多种典籍引文，以及卢文昭和其他学者的成果，系统校注，约3500 条，并对旧本中的多处脱衍讹误文字作了订正，对近 700 处文字提出疑义，存而待考。对一些错讹之处，他只注出说明，刻本则一仍其旧，表现出谨慎的态度。汪笺本被收入《四部备要》《百部丛书》中，1978 年曾出了现代标点本（上海古籍出版社）。此本对汪继培本作了一点修正，重排了第 32 篇的部分内容，汪笺也以西文格式得到重排，原文和注解都有了标点。

嘉庆二十四年（公元 1819 年）左右，萧山藏书家王绍兰、王宗炎在汪笺校注的基础上，著《〈潜夫论〉校记》，节录《潜夫论》之《赞学》《论荣》《思贤》《忠贵》《实贡》《班禄》《述赦》等篇文句,引据《公羊传》《盐铁论》《风俗通》等古代典籍及唐宋类书,校订文字、文义,并附按语。

俞樾在《春在堂全书》中的《读〈潜夫论〉》及《诸子评议补录》中节录《潜夫论》三十三节,引用《荀子》《诗经》《史通》《尚书》《淮南子》《方言》《尔雅》《广韵》《说文》等校订文字、文义,并附己见。

1904 年,清末朴学大师孙诒让在《札迻》中收录《潜夫论》校文三条。校文据程荣本、汪继培注本、俞樾《读〈潜夫论〉》,引据《汉书》校订文字、文义,并附己见。

辑佚本有清王仁俊《〈潜夫论〉佚文》一卷,收入《经籍佚文》稿本。

中华人民共和国成立以来,陆续出版了一些《潜夫论》的整理本,主要有 1979 年台北鼎文书局排印的胡楚生《〈潜夫论〉集释》、1979 年 4 月中华书局出版的彭铎校正本《潜夫论笺》、1985 年中华书局排印的彭铎校正本《潜夫论笺校正》、1987 年 4 月甘肃人民出版社出版的王步贵所著《王符思想研究》、1991 年 9 月甘肃人民出版社出版的胡大浚、李仲立、李德奇先生译注本《王符〈潜夫论〉译注》、1993 年 9 月南京大学出版社出版的刘文英著《王符评传》、1995 年 9 月许嘉璐主编的《文白对照诸子集成》中《〈潜夫论〉译注》、1998 年台北三民书局出版的彭丙成译注本《新译〈潜夫论〉》、1999 年贵州人民出版社出版的张觉译注本《〈潜夫论〉全译》、2004 年甘肃人民出版社出版的王柏栋译注本《〈潜夫论〉读本》等。这些整理本在校勘注释中作了大量工作,为《潜夫论》的研究奠定了坚实的基础。其中,《潜夫论笺校正》以汪继培笺注本为底本,汇集俞樾、王绍兰、卢文昭诸家之说,并参以己见,可谓集大成之作,最具参考价值。

4 镇原当地对《潜夫论》的整理与研究

"王符之于甘肃镇原,犹如司马迁之于陕西韩城。"镇原人民对王符这位甘肃古代第一位大学者仰敬之情,随着时间的推移,不仅没有淡化,而是更加浓热。自"皇甫度辽""衣不及带,屣履出迎"后,修建祠堂、纪念馆,雕塑王符像,以各种方式纪念王符。同时,刊印《潜夫论》,编著《潜夫论》研究论著,传承光大王符思想。

4.1 刊印、编著《潜夫论》的刊本、论著

镇原人民自古崇文好学,对王符更是尊崇备至。"镇邑之人,无不欲读先生之书",然因"山陬僻壤,家鲜藏书,每兴文献无征之感"。[3]清乾隆以前,镇原人仅能从《后汉书》《镇原县志》中看到《潜夫论》其中五篇。乾隆丙寅冬,邑人张镇、方恒"应试平郡,偶得于市肆

残编中",并于甲戌四月刊印,这也是镇原当地第一次刊印《潜夫论》。

4.2 清乾隆甲戌年刊《潜夫论》

1746年冬,镇原籍人士张镇、方恒购得《潜夫论》(《汉魏丛书》本),因"字多舛讹",周泰元、刘孟祥"详加参订,多所更正",于1754年4月刊印而成。该刊本据《汉魏丛书》本校正、刊印,李方泰、周泰元、谢闾祚、路于兖、张士育、方承统分别作序,张镇、方恒题跋。卷首正文前刻"范蔚宗《后汉书》潜夫本传""唐韩退之后汉三贤赞文一",卷末刻"校正捐刻姓氏"。

4.3 清乾隆甲戌年《潜夫论》重刊本

民国二十六年七月,镇原籍人士慕寿祺、袁耀廷"以原板零落,恐遂湮",据乾隆甲戌年镇原刻《潜夫论》重刊。该刊本由时任甘肃编纂局副总纂慕寿祺、甘肃第六行政督察专员、张掖县长袁耀廷分别作序,陆军骑兵第五军军长、甘新公路督办马步青题跋,河西印刷局印行。

4.4 《王符研究汇编》

由镇原籍人士常文昌、王斌学编选,1998年7月由兰州大学出版社出版。该书选录近代王符研究论文十余篇,并附录了"王符研究专著目录""中国古代思想文化史含王符章节著作目录""论文目录索引",比较全面系统地介绍了王符研究成果,为王符研究者提供了大量资料及信息。

4.5 《潜夫论译注》

由镇原县人大主持编印,2004年5月由香港新风出版社出版。该书据《文白对照诸子集成》丛书《潜夫论》译注本,按"原文""译文""注释"体例编辑,并附录传赞、序跋、著录、佚文。

4.6 《潜夫论百家谈》

由镇原县人大主持编印,2004年5月由香港新风出版社出版。该书整理编发了流传在镇原的王符故事传说,辑录了历代文人学士及镇原本土人士评介王符及其《潜夫论》的诗歌楹联,选辑了国内部分专家学者研究《潜夫论》的论文。

4.7 《潜夫论读本》

由镇原籍人士王柏栋编译,2004年9月由甘肃人民出版社出版。该书以《潜夫论笺校正》《王符〈潜夫论〉译注》《潜夫论集释》等为蓝本,按"阅读提示""原文""掌故简释"体例编译,并附有传赞、序跋、著录、诗文、碑记。

4.8 《镇原文化概论·〈潜夫论〉》：镇原古代思想文化的巅峰之作

由镇原籍人士杨佩璋著,2013 年 10 月由甘肃文化出版社出版。

4.9 《王符治国安民思想及忧患意识研究》

镇原籍人士王柏栋、杨佩璋、王晨旭编著,2015 年 12 月由甘肃文化出版社出版。

4.10 文渊阁《四库全书·潜夫论》影印本

由镇原籍人士、国务院台办海峡两岸出版联谊中心秘书长张万兴联系从台湾文渊阁协议复制,镇原县委办公室主持影印,2017 年 4 月印行。该刊本三册十卷,附有《王符传》,形别为直行红栏,半页八行,行二十一字,注文双行小字;正文以手工誊写,笔墨气度弘阔,结构俊朗;全书彩色印刷,采用《四库全书》手工包背线装古法装订。

另外,为进一步弘扬王符思想,并为海内外致力于王符思想研究的专家、学者搭建一个学术交流平台,镇原县王柏栋等热心人士倡议、发起成立了王符文化研究会,并分别于 2004 年 6 月、2014 年 9 月两次成功举办了中国镇原王符思想研讨会。同时,还创办了《王符研究》专刊,已编辑出版三期。

【参考文献】

[1] （清）张金吾. 清人书目题跋丛刊四·爱日精庐藏书志[M]. 北京：中华书局,1990:445.

[2] 张觉. 王符《潜夫论》考[J]. 古籍整理研究学刊,1998(Z1):1-7.

清代秦安杨于果《审岩全集》研读札记

王江东　吕文瑞

（甘肃省图书馆）

摘　要:文章为研读清代甘肃地方名家杨于果《审岩全集》(藏甘肃省图书馆)之札记。记有杨于果家世、生平及其《审岩全集》立论、创作之梳理与认识,尝试洞见清代乾嘉陇右文化之斑缕,助力"一带一路"倡议下陇右地方人士著述之挖掘、整理,裨益甘肃民众之文化自信。

关键词:杨于果;《审岩全集》;立论;创作

中图分类号:G256　　**文献标志码**:E

清代以来,甘肃文化名人辈出,著作丰富,成绩斐然,并呈现出鲜明的地域文化特色。这不仅极大振兴了甘肃学界和文坛,也引起了当世及后世学者的关注和好评。20世纪以来,随着地域文学、文化研究逐渐升温,清代陇右文学创作进入研究者的视野,并取得了一些积极成果。研究者或从宏观出发,整体研究陇右文学创作,或从微观着手,专注于个别名家如张晋、吴镇的研究。更多的陇右文人,由于著作得到刊刻和流传的机会较少,流传不广,因而很少有人关注,像杨于果这种有代表性且有特点的文人尚未进入研究者的视野。

1　杨于果家世及生平

杨于果(1745—1812),字硕亭,晚年自号审岩,甘肃秦安人。杨氏一族为秦安望族,先世在明初自陇西迁至秦安后,世代书香不绝。曾祖杨楷,邑庠生。祖父杨州彦,字彦升,号潜庵,岁贡生,善教授,"邑中名士宿儒,多出其门"[1]。父杨涵,字泄源,号东峰,诸生。杨于果自幼颖异,"年十四仿庄子文作《白鹤辞》一编,奇辞奥旨,见者惊诧,咸以神童相目。十七人入庠,以诗赋古文噪于时"。[2]乾隆三十五年(1770年)举于乡。乾隆四十年(1775年)成进士。韩城王文端公(王杰)爱其才,欲荐入词馆,以家贫辞。授书十年后于乾隆五十一年(1786年),出仕湖北长阳令,后历任汉川、枝江、枣阳、南漳、谷城县事。为官期间,"以节俭自励,以诚信道民,民甚宜之"。[2]嘉庆三年(1798年)擢荆州通判。杨于果在楚地虽然"以文学取重于治军汪稼门(汪志伊)先生,清操见于松竹亭(松筠)相公,而经术吏治尤为吴槐江(吴熊光)制军所深器"[1],但相遇太晚,并未重用,浮沉宦海二十余年后,遂有解组归田之念,嘉庆十六年(1811年)旋归,嘉庆十七年(1812年)卒,享年六十有七。

2 《审岩全集》

《审岩全集》为杨于果著述,生前并未梓行,嘉庆十七年(1812年),门人陈预将杨于果遗文二十一篇,排次为一卷,于豫章官舍付之剞劂,这是杨于果著作第一次公之于世。

杨于果在秦安家中有读书处名曰"非能园",亦留有遗稿。道光二十四年至二十五年(1844—1845),曾孙杨继曾不忍其遗稿湮没,遂将曾祖父杨于果的《史汉笺论》《审岩文集》《审岩诗集》编刻于前,又将曾祖父杨于棠、祖父杨焘、同乡胡自治及外祖父张庆绾之著述附刻于后,刻成《审岩全集》九种二十三卷。书名虽仍题曰《审岩全集》,却实已成氏族类丛书。如杨于棠,字伯亭,杨于果长兄,是书汇辑其《鹤皋诗钞》一卷。杨焘,字元鲁,杨于果长子,是书汇辑其《介石文集》《介石诗集》各一卷,《改定井田沟洫图说》二卷。而《翰墨卮言》四卷则为杨焘同乡并友人胡自治原著,初无体例,由杨焘校订,间附注语,编为书法、临帖、评古、绪论四卷。《世恩堂文钞》一卷为张庆绾所著,庆绾,字绥锡,杨继曾外祖父,嘉庆十一年(1806年)举人,曾任江西峡江县知县。

《中国丛书综录》及《中国古籍总目》都著录了《审岩全集》(以《杨氏家集》著录),《中国古代著名丛书提要》一书著录了《审岩集》九种二十三卷,并对作者生平与著述情况进行了较为翔实的介绍。《续修四库全书总目提要》一书亦著录了《审岩集》九种二十三卷,并对该丛书的编者、内容、子目详加记述,但版本年代误作"清光绪间刊本"。[3]《山东通志艺文志订补》一书疏于考证,将杨于果、杨于棠籍贯"秦安"误作"泰安",另有殷奎英所作硕士论文《清代山东诗文集作家研究》未经考证,亦将杨于果、杨于棠作为山东作家著录。大型文献整理项目《清代诗文集汇编》一书第一次将杨于果《审岩斋诗文集》影印出版,这于杨于果著作之传播大有裨益。

3　对《审岩全集》的研读与体认

杨于果学术渊通,著述甚富,武威张澍曾在《杨硕亭通守审岩诗文集序》中提及在武昌寓所与杨于果"饮酒纵谈三日夜,乃知于《十三经注疏》《廿三史》均洽熟能暗诵,著有《群经析疑》《廿一史史概》"[4],《清史列传·文苑传》称杨于果"自星算、阴阳、壬遁、琭珞、青鸟,靡不研究"[5],可惜的是《群经析疑》《廿一史史概》已经散佚,而有关天文历算方面的著述,文集中仅见只言片语,无法窥其全貌。今所存者,即《审岩全集》所刻三种:《史汉笺论》十卷,此书初无体例,无次第,是杨于果意有所触,随手札记,曾孙杨继曾为之整理,并撰例言于卷首,书中引《尚书》《左传》《国语》《战国策》与《史记》《汉书》相较,笺释评论"颇有阐发前人所未及者";《审岩文集》二卷,多议政之作,于秦州掌故所记尤详;《审岩诗集》一卷,附悼亡诗,后者为悼亡妻张氏之作。本文对《审岩全集》的研读与体认,侧重于杨于果的著作,其中又以文学创作为重。通过研读笔者认为杨于果对理政、读书及创作的立论均有精到之处。

3.1　杨于果"理政之论"

杨于果在《上王观察书》一文中指出:"某窃以为从古无不敝之法,此亦时势使然,非尽州县奉行不力之故。"他认为,从古至今,没有"不敝"之法,法令制度会随着"势"的变化而变化,这是历史自身发展的法则。紧接着杨于果提出简化行政层次,精简吏员,作为防止扰乱百姓和提高行政效率的措施,"窃以为法者因时损益,方今之务,其一切无谓之例悉为蠲除,令州县宽然有余,专以教养斯民为急务。法简则事省,事省则官易,办官易办则吏胥可减,吏胥减则扰民少"。杨于果的这一立论直接影响到魏源的变法思想,"天下无数百年不敝之法,无穷极不变之法,无不除弊而能兴厉之法,无不易简而能变通之法"[6]。魏源还将此文收入《皇朝经世文编》一书,为其改革服务。在文人学士"避席畏闻文字狱,著书只为稻粱谋"的乾嘉时代,杨于果敢于抒发己见,针砭时政,可谓是得风气之先。

3.2　杨于果"读书之论"

杨于果在《与立凡书》一文中提出他对读书的看法,"要之,心有定见则开卷有益,何书不可读"。陈预,字立凡,顺天宛平人,乾隆五十五年(1790年)进士。其父陈莼涘任巩秦阶道一职时,聘请杨于果主讲秦州书院,并让陈预随从求学。从此师徒情笃,待陈预登科入仕后,二人书信频传,交流看法。陈预在其书信中言:"近流览释老之书,颇有所得",引发杨于果道出他对读书的看法。他认为"老子、庄列等书,习举业者率不废吟哦,不过赏其文笔骄荡而已,其真能领悟者,百无一二,至于内典与庄列同趣而语,尤元妙,不可不读",并以张载、韩愈等人典故说明要心有定见,不管读什么书,只要读者善加采择,都会开卷有益。古代学者持此论者,不在少数,但在清代八股取士的背景下,比起士子们为了猎取功名将毕生的精力与心血花费在读"圣贤书"上,杨于果的"开卷有益"论不流于俗,让人耳目一新。

3.3 杨于果"真情之论"

杨于果文学创作理论的核心是"真情论",其诗学理论可追溯至《诗经》。《彭方山长阳竹枝词题辞》云:"诗自三百篇后,虽体裁屡易,而风雅自存。汉之《天马》《郊祀》,雅颂也,其《铙歌十八》以及清调、平调、琴调诸曲,皆风也。魏晋而降,《子夜》《乌啼》备载。乐府诗盛于唐而民间风谣缺焉,不录此则景文之过也。何者诗道,性情其足感人者,惟其真耳。不真则《唐棣》之章可逸,真则里歌巷咏何尝非《关雎》《驺虞》之音哉!前哲谓删后无诗者,非笃论也。"所谓"风雅",即《诗经》所表现出的关注现实的热情,强烈的政治和道德意识,真诚积极的人生态度。杨于果继承《诗经》传统,论诗以"风雅"为本,强调诗歌不仅要有讽喻、劝诫的功能,更要反映现实。除了主张"风雅"精神外,杨于果论诗更求其"真性情"。在杨于果看来,诗歌只有去伪存真,表达真情实意,才能打动人心。

杨于果虽然没有专门的散文理论的著述,但他对散文有自己的理解和认识。在《与桐冈先生书》一文中谈到对司马迁文的感受:"独喜读太史公书,谓其人不惟胸中无文字之见,亦且不欲以文字自显,其所撰述,皆弥积于中而不可遏,不得已而发为辞章,故能汛扫一切,卓绝千古"。他认为桐冈先生的《翼注文稿》的创作如同司马迁一样,"有不容已于言者,然后命笔疾书,意在发明经旨,不规规于格调中争工拙,自然文成法立,伸缩变化无不曲尽其至"。杨于果继承了司马迁"发愤著书"和韩愈的"不平则鸣"的文论观点,强调散文的抒情特质:情不可遏、发而为文。

当然,无论是表达真情实意的诗歌,还是情不可遏、发而为文的散文,在杨于果看来,作品所表现的内容,必须根植于现实生活的土壤,只有深入现实生活愈深,郁结得愈厚,才有创作的冲动和具备写出好作品的可能。杨于果的诗歌、散文创作,都是对其"真情论"的实践。

杨于果年少时受教于"西州骚坛执牛耳者"[7]陇右著名诗人胡釴,有良好的文学功底与修养,虽勤于创作,但诗稿多散佚,今所存者仅《审岩诗集》一卷附悼亡诗,收诗一百二十九首,是其曾孙杨继曾按古体、近体分类编次,"先曾诗稿多散轶,今所存者,先曾手钞之数策也,继曾排次为一卷,付诸梓人,后以悼亡诗附焉"[8]。

这些诗歌多作于杨于果为官之前,诗歌数量虽少,但诸体皆工。杨于果前半生困顿乡间,以授书为生,足迹所至大半个陇右,这样的身世经历,使得他从自己的经历出发,咏怀诗抒发怀才不遇的哀怨,如《年三十四岁见白发怅然有感(四首)》《晨起苦寒感怀》《阶州试院恭别雁隅夫子(四首)》;纪行诗表达漂泊无定的辛苦,如《早发马营山》《奉和雁隅夫子阶州道中元韵》《通渭道中》《二月初三往会宁》;思乡诗排遣思乡的孤独,如《散步》《清明》《长安客舍》《咸阳道中》;交游唱和诗道出逆境中朋友之间的相互勉励,情真意切,如《送教谕胡先生赴高台(五首)》《送于兰圃先生南归》《留别漱圃老人》;悼亡诗发乎至情,痛入肝肠,感人至深,如《绝句十首》《五言律四首》。杨于果深入自己的内心世界,用诗歌表达真实的人生感受,因此所著《审岩诗集》有一种动人的情感力量。

杨于果所著散文今存《审岩文集》二卷附补遗,曾孙杨继曾分类汇纂,得书十八篇、题辞五篇、榜辞二篇、传二篇、记八篇、序七篇、行状一篇、墓志三篇、诔词五篇、祭文二篇、赋一篇,另有《说筮》《谕民》各一篇。杨于果所著书、辞、传记、序状、志诔,皆得益于《史记》《汉书》和唐宋八大家笔法,以笔墨简洁为胜。《清史列传·文苑传》称其"所为文不矜奇奥,清气往来,肖为其人"[5]。

《审岩文集》多议政之作,如《上王观察书》《上全制府书》《上潘宪书》《上制府汪稼门先生书》等,其议仓储、议盐法、议兵、议政,皆本于经术而达于时务。杨于果的议政之文,很大的特色是旁征博引,鉴古明今。文章借历史事实来陈述现实问题,通过对历史的审视与借鉴来反思现实,见解深刻,因而文章便有了说服力。

《审岩文集》多以文存史,如《健锐营右翼长巴图鲁富公援漳碑记》记载了白莲教起义,官民齐心护南漳之事;《王媪助钱守城榜辞》《陕西镇总兵三德公追剿逆回秦民纪碑》记载了乾隆时期围攻秦安之事,而《巨亭先生墓志铭》《秦州胡格甫先生墓志铭》《张徵君柏亭先生诔词》等文,于秦州掌故尤详。

如果说杨于果为官之前借诗歌抒写一己之怀,那么当他离开陇右到楚地为官,借散文砭时弊、叙民情、序乡人、记文事、倡德事、以文存史,更有其价值意义。

甘肃有很多像杨于果这样蒙尘不彰的古代作家,时至今日仍未得到关注和研究。笔者希望更多的学者关注陇右地方人士著述之挖掘、整理和研究,助力"一带一路"倡议下甘肃民众之文化自信!

【参考文献】

［1］ （清）杨恭.先考承德郎荆州府通判府君行状［M］//介石文集.清道光二十一年(1841)非能园刻本.

［2］ （清）严长宦.［道光］秦安县志［M］.清道光十八年(1838)刻本.

［3］ 吴格,等.续修四库全书总目提要［M］.北京:北京图书馆出版社,2010:664.

［4］ （清）张澍.杨硕亭通守审岩诗文集序［M］//审岩全集.清道光二十一年(1841)非能园刻本.

［5］ 王钟翰.清史列传(第19册)［M］.北京:中华书局,1987:5938.

［6］ （清）魏源,赵丽霞.魏源集［M］.沈阳:辽宁人民出版社,1994:200.

［7］ （清）刘绍颁.松花庵诗草跋［M］//松花庵全集.清宣统二年(1910)狄道刻本.

［8］ （清）杨继曾.审岩诗集［M］//审岩全集.清道光二十一年(1841)非能园刻本.

非物质文化遗产保护与文献资源管理的结合
——以原生态"花儿"为例

王喜梅

（青海省图书馆）

摘　要:"花儿"是中国民歌中的经典之作,是中国非物质文化遗产的重要代表,有着无可替代的独特价值。文章以原生态"花儿"为例,尝试阐述文献资源管理在非物质文化遗产保护中的重要性。

关键词:非物质文化遗产;文献资源管理;"花儿"

中图分类号:G253　　　**文献标识码:**A

1　非物质文化遗产的特色

1.1　非物质文化遗产的概念

联合国教科文组织于 1989 年 11 月第 25 届大会通过了《关于保护传统和民间文化建议案》,并于 2000 年正式开展"人类口头和非物质文化遗产代表作"项目。非物质文化遗产的内容和形式有:口头传说和表述,包括作为非物质文化遗产媒介的语言;表演艺术;社会风俗、礼仪、节庆;有关自然界和宇宙的知识及实践;传统的手工技能。它是内涵丰富、活着的、属于精神层面、看似无形却有形的传统。2005 年 12 月,国务院颁布《关于加强文化遗产保护的通知》,提出了"保护为主、抢救第一、合理利用、传承发展"的非物质文化遗产保护原则。非物质文化遗产虽然各有文化个性,但它们有一个共同点就是基本上都是口头传承文化,所以口头传承研究就不可避免地应该成为重要课题。只有把握其口头传承的内在规律,才能做好抢救保护工作。

1.2 孕育"花儿"歌曲的背景

任何一种重要的民间文艺形式的诞生和形成,都不会是一蹴而就、无所依傍的,它总要经历一个漫长的孕育期,一朝时机成熟,方能脱胎而出。"花儿"也一样,在它成熟之前,就已有多种因素为它的生成与发展提供条件。在"花儿"的起源问题上,目前除了拥有明清时期涉及"花儿"的零星诗歌作品外,还未拥有能说明"花儿"起源的任何文献性材料。因此,我们在仅有的文献数据基础上,必须在一定的范围和限度内,谨慎地辅之以现代"花儿"流行地区的现实社会活动和文化艺术行为信息,并以此为基准,对有关"花儿"起源的种种说法进行剖析,吸取其中的合理要素,突破以往那种单一性结论的局面,从而得出有关"花儿"起源问题上更加合理的结论。

目前,大多数学者认为"花儿"是在明代真正成熟并基本定型的。赵宗福教授首先发现了明代诗人高洪的诗歌作品《秦塞草》:"青柳垂丝夹野塘,农夫村女耕田忙。轻鞭一挥芳径去,漫闻花儿断续长。"这首诗有力地证明了"花儿"的兴起不晚于明代;李文实先生也以丰富的西北史地人文知识为基础,得出了相关的较为客观准确的结论。这些结论是真实可信的。到了清代,"花儿"更加流行,清代诗人吴镇的"花儿饶比兴,番女也风流",不仅准确记载了"花儿"的主要艺术特征,也说明"花儿"已经在包括少数民族聚居地在内的众多地区流行起来。总而言之,"花儿"的起源是一个十分复杂的问题。"花儿"作为一种民歌,具备了民歌在不断传唱过程中被创造的特性,也就是说,"花儿"虽然是活在当代生活中的一种民歌艺术,但它的根却扎在更为遥远的年代,它身上保存着更为古老的文化信息。[1]

2 原生态"花儿"

2.1 原生态的定义及特色

"花儿"是植根于民间的山歌。西北"花儿"是数百年来西北多民族共同创造、共同享有的非物质文化遗产。是诗与歌狂欢的结晶,情与爱碰撞出的火花。这样美好的东西,只有在适合的环境下才会得到淋漓尽致的表现和发挥。什么叫生态呢? 生态原意指"住所"或"栖息地"。也就是说,生态是指一切生物的生存状态,以及它们之间和它们与环境之间的关系。明刘基《解语花·咏柳》词中说:"依依旎旎、嫋嫋娟娟,生态真无比。"

原生态不应该是被保存的过去,而是从过去到现在始终存在,而且不断变化的内容。在当代,可着重于"花儿"表演者、传承者所汲取的农村草根经验,而非为了表演所演唱的歌曲,存在地出发的文化内容,或许较能反映原生态的"花儿"环境。

2.2 当代原生态"花儿"的处境

"花儿"流传于我国西北地区,曲调高亢悠扬,歌词淳朴清新,具有鲜明的地方特色和民族风格。高山、峡谷、丘陵、森林等自然环境成为"花儿"产生的条件,成为人们歌唱的背景,又成为歌唱的舞台和诗情的触发点,又成为歌唱的对象之一。

作为一种民间文化的"花儿",在较封闭的社会状态下,以口传心授的方式进行着传承。但是随着社会的变迁,城市化加速发展影响着农村的传统生活方式,"花儿"的生存环境发生了根本改变。在现代社会不断发展的大潮流下,"花儿"歌手的价值取向、文化心态亦随之发生变化,与传统文化相适应的文化生态系统也遭到破坏。在现代文明的冲击和挤压下,"花儿"的传承受到了严重的挑战。

3　文献资源在保护原生态"花儿"中所扮演的角色

由于当今社会正处于转型时期,活态文化遗产传承渠道不畅,原生态传承缺乏自觉,民俗流变冲击大,更加之在开发利用中滥用,这些都导致民族活态文化正在迅速地消失,而且这种消失是永远的,也是不可能再生的。民族活态文化像自然生态一样,我们不仅要提倡生态环保,同时也要大力提倡文化环保。在民族民间,许多古老文化原型在不同时代通过积淀形成了不同文化形态的叠层和变体,我们还没去从容地认读,便面临消失。一个民族的发展基因是不能丢掉的,只有守住自己的根,才能向上发展。我们应当打破有形文化和无形文化之间的隔阂,打通各民族间文化血脉和深层关联,把民族地方文献信息资源建设的触角主动及时地伸向民族活态文化领域,抢救性地加以采集和典藏。[2]

整体而言,社会变迁速度太快,这导致"花儿"产业不断转型,甚至变形,既有的"花儿"还未被记录、保留,就已被新的创作覆盖。目前学术界、产业界与政府,大多着重于争论"花儿"文化的推广或传承,但走进草根民间,进行基层的"花儿"文化采风调研工作却越来越少。这使得"花儿"文化容易歌手化、精英化,诠释权亦掌握在上层社会,反倒忽略了赋予"花儿"生命力的是长久生活于此的西北民众。因此"花儿"研究,应该要从不同学科的学者、教师与研究生开始,系统地到传唱花儿的各个乡镇进行调研,访谈年长者对"花儿"的记忆、与"花儿"的关系,并且记录、录制他们所唱"花儿"的歌词曲调,及时保存50年代前后的"花儿"文化与记忆。如此一来,整理文献资料,成为"花儿"保存工作中扮演的重要角色。不仅要广泛搜集各方调研采风的记录,更要建立广大且有系统的资料库,在以时间为纵轴,空间为横轴的坐标中,保存各个时间、地点与人物的"花儿"文化。如此一来,青海"花儿"的文献资源,便不仅仅是资料而已,而是既具有历史纵深,也有广阔的空间视野,是青海原生态文化、非物质文化遗产、"花儿"文化的活字典。

3.1 保护"花儿"现存的珍贵资料

作为区域民间艺术,"花儿"口头传唱艺术一直以来缺乏系统的收集和整理,亟待有关部门全面搜集和整理,尤其是对著名"花儿"把式及其传人要逐一采访,搜集整理其作品,建立"花儿"档案。同时要采用摄影、摄像、录音、录制光盘等现代化的手段将那些流传在民间的原始"花儿"原汁原味地保存下来。还要完善"花儿"艺术的理论系统,组织专业音乐工作者下乡采风,挖掘、搜集、整理现存"花儿"曲谱,并将这些资料运用到"花儿"研究当中,形成良性循环。

3.2 文字传承

文字传承就是把口头传唱的"花儿"用文字记录下来,整编成册,以飨后人。这是永久性的,有很高的学术研究价值。但对整编者的要求极高,决不能搞拿来主义,对于"花儿"中所反映的内容,尤其是有些典故、历史人物均要考证,做到翔实、可信,符合逻辑。

在新文化运动影响下,1925 年由袁复礼教授在北京大学《歌谣》周刊上著文,第一次向外界宣布西部地区还有"花儿"这种民歌。直到 1940 年,才有第一本《花儿集》的出版。中华人民共和国成立后,"花儿"真正受到人民的重视。[3]

20 世纪 50 年代后期到 60 年代前期,由于党和政府对民间文化的重视,"花儿"开始登上大雅之堂,"花儿"歌手开始走向世界,"花儿"的搜集整理与研究出现了突飞猛进的发展态势。1979—1980 年《民间文学》第一次将"花儿"研究纳入全国性的民歌讨论课题。在"花儿"的故乡——青海、甘肃相继建立起"花儿"研究学会,开始了对"花儿"的系统研究。20 世纪 90 年代初,随着改革开放,"花儿"学术研究又一次形成高潮。这时期公开出版和内部印制的"花儿"作品集种类繁多。这时期,学界还对"花儿"传承人、"花儿"的革新发展、"花儿"的学术史等予以关注,出版了我国第一部整体性研究"花儿"的专著《花儿通论》,力图构建"花儿学"的理论体系,在学术界产生较大影响;诸多"花儿"方面的研究成果不断涌现,如有关"花儿"源流、民族属性、传播方式、思想内容、歌词艺术、音乐特征、"花儿"歌手、"花儿"会、"花儿"剧、网络"花儿"等方面的述评和研讨,还有对"花儿"与民间小调、藏族拉伊等其他民歌的对比研究。新世纪以来,学者们更多地聚焦在"花儿"高超的表现技巧和独特的民风民俗上,显现了其在民俗学中的地位和学术价值。[4]

3.3　数字化传承

数字化传承是直观性的,除作为资料,主要供人们闲暇之余吟听观赏。需制定科学的数字化保护传承方案,通过建立专门的"花儿"网站和"花儿"学特色数据库,对原生态"花儿会""花儿"歌手的视频进行直播。"花儿"数据库的构建中要包括"传承人模块""研究者和研究成果模块""花儿新形式模块"等,可将歌手登记造册,按身体和年龄状况排出次序,尽快确定采录重点,全方位地抢救录音、录像、照片等音像资料,避免断档。

民俗的复兴是本土文化觉醒的标志。目前"花儿"这一民俗文化依然深受当地群众欢迎,是西北农民的精神家园,也是西部少数民族地区增进各民族团结的媒介。我们都应当为"花儿"的传承保护与创新发展贡献力量。

【参考文献】

[1]　马成俊.青海民间文化新探[M].北京:民族出版社,2008:71.

[2]　章小萍.西部大开发中民族地方文献信息资源建设的三大主题[J].高校图书馆工作,2003(4):18-20.

[3]　颜宗成.青海花儿论集[M].北京:中国文联出版社,2006:45-46.

[4]　吉狄马加.青海花儿大典[M].西宁:青海人民出版社,2009:1.

西北地方文献资源整合浅谈

王 娟

（甘肃省图书馆）

摘 要：文章以甘肃省图书馆为例，介绍甘肃省图书馆西北地方文献资源的现状，并通过对甘肃省图书馆西北地方文献整合现状进行实例分析，从共建和共享两个层面阐述西北地方文献资源整合措施并探讨了相应的保障措施。

关键词：西北地方文献；甘肃省图书馆；资源建设

中图分类号：G253　　**文献标志码**：A

文献信息资源作为一种战略性资源，在国民经济和社会文化发展中一向占据着重要地位。大数据时代，随着信息多元化获取及人工智能的发展应用，文献信息资源也需跟紧时代发展步伐，调整服务方向，迎合民众需求。国家《"十三五"时期全国公共图书馆事业发展规划》纲要指出，进一步推进全民阅读，坚定文化自信，提高全民族科学文化素质和社会文明程度，增强人民群众公共文化服务的获得感，重要的措施就是推进公共图书馆文献信息资源体系建设、加强文献信息资源采集以及完善文献资源协调与共享机制。以甘肃省图书馆为例，馆藏西北地方文献资源为各类读者提供了文献信息资源服务，但同时也具有繁芜、分散、庞杂等特点，在全面地满足读者和社会信息需求方面尚有欠缺，对这些文献资源进行整合已成为发展必然。

1　甘肃省图书馆西北地方文献

甘肃省图书馆西北地方文献最大的特点是文献内容所体现出的鲜明的地域性即西北独特的历史文化性，其内容涉及西北地区历史、社会、自然科学、人文科学等各个方面。[1]在漫长的历史演变过程中,西北各族群经过不断地迁徙、分化、融合、发展,形成了比较鲜明、独立的特点。西北这一特定区域在政治、经济、文化等方面在具有明显特殊性的同时联系也日趋紧密,[2]致使自然区划、行政区划下的"西北"概念被广泛认同,而记录"西北"发展历史的地方文献,也因此显示出其内在联系,形成"西北"研究的整体系统。

近代图书馆的出现,使得西北地方文献的汇集成为可能。1943 年 9 月,刘国钧先生在《国立西北图书馆筹备计划书》中,首次提出了"西北地方文献"的文献资源建设理念。1948 年 8 月,国立兰州图书馆成立西北资料专室,搜集西北地方志、报纸、杂志、善本、乡贤著述等,并编制西北资料目录,正式形成西北地方文献专藏。1949 年 10 月,省立兰州图书馆和国立兰州图书馆合并成兰州人民图书馆(又称西北人民图书馆)。1953 年,正式命名为甘肃省图书馆。如今,甘肃省图书馆西北地方文献的概念范畴为:内容与西北地区相关的各种类型的文献载体。西北的地域特点决定了甘肃省图书馆西北地方文献的收录范围:西北地区包括历史地理、政治经济、民族宗教、语言文字、文化教育、科学研究、体育卫生、自然资源、自然生态变化等内容的各种题材、各类载体的文献资料。[3]这一收藏范围决定了西北地方文献的特点,即地域特定性、内容丰富性、史料原始性等。

2 甘肃省图书馆西北地方文献工作现状

西北地方文献为西北地区经济文化建设提供了文献保障。近年来,随着国家《"十三五"时期全国公共图书馆事业发展规划》以及"一带一路"倡议的规划与落实,社会各界对西北地方文献的需求也在不断增加,而且这种需求多元化、立体化的趋势越来越明显。就甘肃省图书馆西北地方文献而言,面临着地域布局较广、记录载体多元、采集能力有限、存储能力欠缺、传播手段单一、利用共享不足等问题,更高效、功能更强大的整合、改善和优化成为必然。

甘肃省图书馆西北地方文献工作除普通查阅外,在传统咨询的基础上衍生了多种新的服务方式,如代查检索,读者无须亲自到馆,图书馆馆员可通过网络或电话为读者查阅相关资料,并通过网络和传真的方式发送给读者;开通腾讯 QQ 咨询服务,设置专业咨询员在线解答或者为读者发送相关链接。[4]本文仅以 2013—2017 年甘肃省图书馆西北地方文献服务数据和参考咨询实例进行佐证。

2.1 阅览咨询

2013—2017 年,甘肃省图书馆共为全国各地各级各类读者提供课题咨询 440 余项,其中重点课题咨询 110 余项,涉及图书、期刊、报纸、古籍、缩微制品等。包括为巴黎高等社会科学院伊玛丽教授所著科研专著查询民国时期回族相关西北历史资料;为迈阿密大学课题"遥感监测玛曲草场的变化"查阅《甘肃省志畜牧志》《玛曲县地图》等资料;为西北师范大学古籍研究所点校整理《刘尔炘文集》提供刘尔炘撰《辛壬赈灾记》等史料参考依据;为西南大学课题"调研日军侵华无差别轰炸——对兰州的轰炸"查阅《兰州文史资料》《甘肃省志》《抗战时期党在兰州的革命斗争》《甘肃民革》《兰州年鉴》等资料;为兰州大学张国金教授主持国家社科基金项目《民族问题治理的能力体系建设》提供《马文瑞文选》《西北观察》等资料;为中共甘肃省委办公厅调研处提供党史等相关文献资料;为政协兰州市委员会副主席蒙自福主编的《诗词咏兰州》提供相关图片资料;为河南省宝丰县档案局裴国锦提供《白朗扰害陇南见闻录》《白朗扰甘材料》《甘谷文史资料选辑》等与白朗起义有关的档案资料;为解放军电视中心纪录片《解放兰州》的拍摄提供《兰州战役》等文献资料;为中央民族大学代高泽博士论文提供《皋兰县风土志》《兰州志》《重修皋兰县志》等文献资料;为甘肃恒信知识产权服务有限公司提供《哈尔腾羊肉》等文献资料用于阿克塞地方特产作为品牌申报地标佐证材料等。

2.2　网络及电话咨询

五年间,共为 90 余项课题提供咨询服务,其中包括中央电视台"客从何来"节目组、中共三亚市委组织部、甘肃艺术研究所、西安建筑科技大学、乌鲁木齐人事局等单位。

2.3　二次文献编辑

2013 年编辑完成《西北研究通讯·馆藏敦煌写经叙录》《西北研究通讯·馆藏传统戏剧剧本题录》《西北研究通讯·馆藏缩微制品题录》;2014 年编辑完成《西北研究通讯·兰州新区资料索引〈兰州晚报〉(2012—2013)》《西北研究通讯·馆藏档案资料题录》;2015年编辑完成《西北研究通讯·馆藏西北地方志题录》(1912—2014 专志);2016 年编辑完成《西北研究通讯·兰州新区资料索引〈兰州晚报〉(2014—2016)》;2017 年编辑完成《西北研究通讯·〈陇右丛书〉目录》等。这些二次文献的编纂,不仅是为读者提供一种查询西北地方文献的学习工具,也是引导西北地方文献未来收集的方向,其本身更是一种新的地方文献。

3　甘肃省图书馆西北地方文献资源整合

文献资源整合是一个动态过称,它通过科学动态,遵循一定的原则、规范和标准,把一定范围内的资源由分散到集中、由无序到有序进行整合的过程。以便结构合理、配置优化,能够使读者通过统一的检索平台查找和浏览相关文献信息资源,进而满足社会需求。虽然甘肃省图书馆西北地方文献工作在一定程度上开展了文献资源整合工作,并对西北地区社会文化和经济建设起到一定的作用,但还存在以下问题。

3.1 缺乏跨系统、跨区域协作

就地方文献工作的整体而言,除公共图书馆外,档案馆、情报所等部门均做了一些文献收集、整理工作,但也仅仅是以文献收藏为主,跨系统、跨区域的整合尚未开启,西北地方文献真正意义上的整合工作还未全面展开。

3.2 区域内馆外收藏之间合作较少

虽然资源共享是趋势,但西北地区各个地方文献收藏部门彼此联系较少,状态分散,缺乏统一的组织、管理与协作。如在服务上,甘肃省图书馆西北地方文献工作与高校及科研院所研究人员虽有交集,但仅限于提供咨询服务,就工作层面而言几乎没有联系。这也间接导致一部分文献仍埋藏于各地档案馆或各个职能部门,要整合这些材料,各部门之间必须大力协作。

3.3 文献整合工作缺乏先进的技术

西北文献整合工作在引入现代化技术、编制高质量目录索引、专题数据库等方面都比较滞后,急需专业水平较高的技术人才,依靠先进的计算机技术为读者提供便利、快捷的检索途径,以便提高西北地方文献有序化程度。虽然目前已建立了特色文献数据库,但文献数据库的建设刚刚起步,由于各类专业人员的缺乏,在质量和规范性上还很难保证;也尚未建立西北文献整合数字化平台,同时更没有实现馆与馆之间数据库的资源共享。

目前甘肃省图书馆西北地方文献的具体问题,归纳起来就是文献整合为谁整合,依据什么原则整合、怎么整合,整合后谁来用、怎么用? 这一系列的问题实际围绕着"建"和"用"两个方面,二者之间互相促进。建设高质量的文献整合系统就是为了给读者提供服务,而不是将其封存,这就要求系统建设之初就应按照读者的需求来建。同时,在建好之后,使用者在使用的过程中会发现一些新的问题,这些问题又会促进文献资源的建设。

综上所述,甘肃省图书馆西北地方文献资源整合在"共建"与"共享"两个方面缺一不可。

一是文献资源共建。首先完成甘肃省图书馆西北地方文献馆馆内自建,如已完成的各类西北地方文献特色资源数据库,包括西北地方文献书目提要数据库、西北地方文献图片数据库、西北地方文献古籍善本全文数据库、西北地方文献期刊报纸题录数据库等。在此前提下利用互联网技术,将这些数据库有机整合起来,形成一个动态数字化平台,并提供一站式服务。如甘肃省图书馆已建成西北地方文献资源数据库检索平台,允许读者通过网站访问。[5]其次,跨系统跨区域馆际之间的互建,西北五省学会、甘肃省图书馆学会都试图在这一方面有所作为,以促进西北地方文献资源共建,制定并遵循西北地方文献资源建设和共享标准,对西北地方文献资源进行统一规划和建设成为必然。西北地区各个档案馆、博物馆、图书情报部门以及各科研单位和高校均为本区域内的文化资源集散地,集中了区域内重要的西北文献资源。笔者认为,可以在明确各自收藏的范围和整合对象的基础上,通过运用技术手段对各自收藏的西北地方文献加以整理、加工,将它们更好地汇集在一起,以各种方式实现西北地方文献共建整合。如可以利用"互联网+"促使西北地方文献资源实现跨系统、跨区域、跨行业的整合,与公共文化服务机构、网络信息服务机构、互联网企业、政府机构等方面的资源整合,构建强大的西北地方文献资源生态系统。

二是文献资源整合共享。西北地方文献有了上述的建设理念,基于"互联网+"模式,使得在特定范围内以数字化为基础的西北地方文献资源的相互交流和使用成为可能。甘肃省图书馆西北地方文献工作持续进行系统化完善,加强渠道协同,实现地方文献服务全面升级。已有的数字化成果方便了读者异地查阅文献,并在一定程度上促成了文献资源的共建共享。多类型服务模式,如构建数字文献检索、移动文献检索、电话文献检索、微信图书馆等多渠道、立体化的文献服务平台,最大可能地为读者提供便捷、高效的地方文献服务。数据驱动模式的尝试,利用信息技术进行数据分析,有望实现西北地方文献工作从"经验依赖"到"数据驱动"的转化。如对读者在馆中的足迹、网页点击行为、检索行为、浏览行为、下载行为、查阅信息、信息反馈等数据进行分析,通过大数据处理,有望帮助甘肃省图书馆西北地方文献工作对读者需求、检索行为、检索信息能力等作出更科学的预判,从而为目标读者提供更加符合需求的文献资源,实现西北地方文献工作从粗放向精准推进。

西北地方文献资源整合归根结底是一个协作共赢问题,而不是资源垄断、行业兼并,需要西北地方文献资源整合涉及各个文献收藏单位以及文献源单位、机构之间业务精准合作、利益有机协调、权利与义务关系明确、管理观念统一等。只有这样,才能形成一个互为补充、互为利用、互为推动的西北地方文献资源保障体系,才能为西北地区的"一带一路"经济建设和文化繁荣充分发挥作用作出应有的贡献。

【参考文献】

［1］ 易雪梅,李淑芬.西北地区地方志概述［J］.西北史地,1997(1):62-66,80.

［2］ 刘瑛.西北地方文献与西北区域经济［J］.档案,2000(4):38-40.

［3］ 刘瑛."西北地方文献资源数据库"建设概述［C］//第二届地方文献国际学术研讨会.北京:国家图书馆出版社,2009.

［4］ 冯国权.互联网思维下图书馆服务变革探讨［J］.图书馆情报工作,2015,59(2):25-30,16.

［5］ 刘瑛,张丽玲.甘肃省图书馆西北地方文献述略［M］.兰州:敦煌文艺出版社,2010.

西北地区图书馆地方文献资源建设探析

——以宁夏回族自治区图书馆为例

郭生山　　王钧梅

（宁夏回族自治区图书馆）

摘　要: 西北地区图书馆地方文献资源建设既有地方文献工作普遍的共性，又具有自身地域和民族等方面鲜明的个性，也面临着诸多问题的困扰，文章对此进行分析，并对地方文献资源建设进行梳理，有助于建设更为完备的馆藏资源。

关键词: 西北地区图书馆;地方文献;藏书建设

中图分类号: G253　　　**文献标志码:** A

地方文献是各图书馆馆藏资源中的精华部分，地方性和资料性并举，是区别不同图书馆馆藏价值的重要评估标准因素。西北地区图书馆具此共性的同时，因地域及自身历史发展的使然，又别具鲜明的地域特点与人文内涵，是资源建设考虑的重要因素。同时，地方图书馆在资源建设过程中也面临着自身的问题与困惑。综合考虑各方面内容，作出正确的把握，对资源建设的思路进行梳理，对于地方文献资源建设当有所裨益。

1　地方文献资源建设的个性特点

1.1　文献范围广泛

西北五省区最大的地域特色，首先就是此地在以往历史发展过程中朝代更迭且诸多政权层出不穷，留下了极为丰富的历史资源;其次，此区域是历史发展过程中各民族组成最多的地区，故不仅历史曾经存在的民族很多，现有民族也众多，因之民族文献十分广泛而丰富。这两个最大的特点,致使本地区图书馆地方文献资源的收藏范围不仅历史内容十分丰富,民族内容也极为宽泛,且跨涉类门较多。比如宁夏回族自治区图书馆(以下简称"宁夏图书馆")。地方文献的收藏范围,既要兼顾历史上的党项等各民族,又要收集当代回族伊斯兰教文献;既要顾及历史上诸如大夏、西夏、蒙元等时期文献,又要顾及当代各种研究成果。因此,资源建设涵盖了西夏文献、回族伊斯兰教文献、民国文献、1954—1958年甘肃部分文献(该时间段宁夏划归甘肃省管辖,为甘肃省银川专区)和当代文献等。历史与民族的多维度,使得西部地区图书馆的地方文献收藏范围门类和细目很多,需要在收藏时打开思路,尽量广泛地展开收藏。

1.2　文献存量匮乏

西北地区文献积存偏少,致使地方历史文献形不成序列,无法形成序贯有致的文献体系,文献的开发利用极为不便,这是资源建设过程中比较遗憾的方面。历史的复杂性与民族众多的史实结果,造成了这一地域历史发展的不稳定性。首先,社会历史的动荡,大量的文献资源毁于兵燹与社会文化变更,文献留存量极少,与其地域所蕴含的本来的历史丰富性严重不符;其次,历史上此地域社会发展不能保持长期稳定,致使社会文化发展无法累积式推进,文化的发展经常中断,总是处于频繁的起步状态,文化生产更是一直处于落后状态,历史上极少甚至没有文献生产,当地大量的历史内容并没有形成文字记录或印成书籍。宁夏的历史可以追溯到远古,但存世的文献十分稀少,古典文献只有极少量流传至今。即使民国文献,存有量也相当不足。比如《宁夏民国日报》,印行了20余年,且发行量每期有1500份,但至今本地只呈零星状态保存,无法全部收集。

1.3　当代文献生产量偏低

就地方文献资源总量而言,毫无疑问,当代文献的收藏占据着最大的比重。西北地区当代文献的生产,却呈不平均状况。陕西有出版社36家,可比拟于东中部省份,而其他四省区,甘肃有出版社13家,新疆有出版社15家;青海有出版社5家,宁夏有出版社5家。[1]就出版社数量而言,相对偏少。虽然不能以出版社多少来衡量文献的生产量,但大体可反映文献生产的情况,比如宁夏的5家出版社,年出版图书数量虽多,但本版图书数量不高,具有馆藏价值的本地文献类图书更是少之又少。这一特点,对于西北地区图书馆资源建设而言,有量轻之感。

2 地方文献资源建设中存在的困惑与问题

2.1 具体问题

（1）全与缺矛盾的问题。相对偏少的历史存量和当代生产量,使得西部地区图书馆的地方文献资源建设基本不加甄别,采取的是全面收集的大而全的策略。此举也造成了图书采集工作中某些环节的疏忽,无论是采购还是征集,都缺乏一个较为全面、迅捷的信息来源和明确、细致的分工,工作明细不够,笼统全收即可,在貌似完全的总体上,反而会造成有些较为珍贵的、发行量较小的出版物无法在第一时间采购。比如一些个人自费出版的图书,根本不进入发行渠道,作者在出版社留存的样本又由于呈缴本制度的贯彻不力致使图书馆无法获得这些图书,造成缺藏;一些内部发行的文献资料由于走访不及时或漏访,致使很多文献史料缺失严重。[2]在貌似无遗漏的全的举措下,却暗藏着缺的疏失之处。

（2）省(区)外文献的问题。大而全的措施,是否也可施之于外省(区)文献？如何将外省(区)文献中符合本馆地方文献收藏方针的那部分收入馆藏？这是采购过程中比较困惑的问题。尽管尽量搜求,但首先如何确定一个细化的目录,逐一核对收藏,确保无遗漏,是需要付出很多劳动的工作;其次,对于整部文献中一部分含有地方文献内容的文献,收藏策略往往不明确,到底是收还是不收？如何界定？内容占全书多少比例可归入地方文献？还是内容有关即可归入？外省(区)文献收了量又过大造成地方文献书库严重饱和,不收又疏失部分地方文献内容,如何措置？这些琐细的问题,都是资源建设过程中难以确定的,需要探讨研究;最后,大部头系列图书中的某一册是地方文献,但无法单册购买,此类文献该如何对待？整部文献与本馆馆藏方针不符不会采购,但又造成个别地方文献缺采缺藏,这也是让采购人员举棋不定的方面。

（3）内部加工的问题。地方文献的馆内业务加工也是一直没有理顺的问题,地方文献的著录是等同于普通文献还是体现其特色？具体字段如何规定地方文献内容？著录太繁杂又如何与国家联编中心的目录格式统一？这个问题,也一直处于摸索解决当中,无法定论。

2.2 图书馆是否承担地方版本图书馆的职责

购书经费的保证和呈缴本制度的适度执行,对于当代地方文献的收藏,基本实现了完整收藏的目的,图书馆某种程度上承担着地方版本图书馆的职责。宁夏回族自治区新闻出版局和文化厅尝试在宁夏图书馆合建宁夏版本图书馆,使得地方文献书库具有了另一种功能。图书馆具此功能,对于地方文献资源建设的经费申请、图书的版本保证等具有积极效果,是值得肯定的。但也给地方文献书库管理造成了分区的烦恼,即必须把地方版本的图书集中,把外省(区)版的图书析出另存,造成了同是地方文献却不能按照类目集中,给管理和检索造成了不便。

2.3 人员问题

地方文献是一种需要从内容着手进行深度管理的文献,对于馆员的要求很高。培养专门的地方文献管理人员,目前西北地区图书馆还重视不够。图书馆界对地方文献资源建设的基础理论研究也不够,成型的地方文献资源建设基础理论专门教材又很少,特别是缺乏采访技巧及管理方法等方面的系统性专业培训。甚至有很多图书馆没有开展过这方面的培训,造成了地方文献工作人员缺少专业理论知识和实际工作技能。由此,工作不能全面有序、深入持续地开展,直接影响了地方文献资源建设的质量和数量。[3]

2.4 省(区)馆与市县馆的业务衔接

地方文献资源建设工作,在省级馆早已作为业务建设的重要方面充分展开,只是细节各有不同。但在市县馆,则参差不齐。市县馆可分为全面开展、部分开展和没有开展三种情况,有的根本就无地方文献概念。省级图书馆囿于行政隶属关系,又无法直接对市县馆进行业务管理,只是简单的业务指导,还不足以带动市县馆工作的开展,在这种松散的业务关联中发挥作用有限。

2.5 网络资源的存取

对信息资源"贪得无厌"的收藏是图书馆馆藏建设所渴望的最高目标,对海量的网络资源任意存取却是所有图书馆可望而不可即的目标。对于西部地区图书馆而言,地方文献纸质资源积累的不足,可以由网络资源进行补充,但目前无法建立起有效的平台进行存取,使网络资源为我所用,这是最大的缺憾。同时,如何实现成型的数据库资源与纸质资源的合并,达到一次性检索到所有内容,是地方文献资源利用过程中迫切需要的,目前虽然在尝试,但还未完全推行开来,仍需继续努力。

3 西北地区地方文献收藏工作的思路

3.1 制定地方文献收藏策略

制定地方文献的馆藏发展方针,是各馆业务的重头戏。如历史文献、民族文献、省

(区)外版文献、关联文献、大部头文献等如何规定？地方版本图书馆的功能如何完成？书库如何管理？文献复本如何规定？工作人员的职责和员工的岗位变动等都需要制定具有指导性和前瞻性的详细的业务规程，并且长期执行，便于地方文献资源建设朝着稳实的路子推进。宁夏图书馆制定了《宁夏地区研究文献专藏管理条例》，对地方文献的收藏范围作了具体详细的规定，但随着情况的变化，还需要继续细化。

3.2 重视其他文献中的地方文献内容

对于外省（区）文献，在财力和管理条件许可的情况下，应尽量收藏，减少缺藏造成的损失。宁夏图书馆每年会安排资深专业人员对馆内的文献进行鉴别，特别是每年的大量赠书和赠刊，是将含有地方文献内容的文献进行深入细致地选择，后将其析出，归入地方文献，部分地保证了地方文献资源的收藏。对于正式的外省（区）版图书，则要求中标商根据我们设定的关键词对全年书目进行过滤，摘出符合地方文献范畴的书目，进行采购和补购，以保证正式文献的全面收藏。

3.3 划拨专门经费

保证经费的同时，还需根据地方文献的特点，合理安排经费的支出。地方文献的采购有着自身的特点，其一是比普通图书的复本要多，其二是许多自费图书不进入发行渠道。尽管有呈缴本制度，但其执行不力致使无法保证收全，且其呈缴本大多为单册，对于图书馆而言，复本量亦不够。对此，宁夏图书馆针对本地区年出版量有限的现状，每年辟出专门经费，通过招标法的单一来源招标方式，由宁夏人民出版社中标，保证供货。在签订中标合同的同时，额外与出版社签订供书协议，保证宁夏地区出版的所有图书，宁夏图书馆均能全部入藏，特别是自费出版的图书，出版社指示印刷厂，额外加印 5 册，作为宁夏图书馆的专供图书。

3.4 文献的开发与研究

地方文献的研究和开发，是图书馆业务研究中极易出成果的方面，各馆这方面都做得很顺，很有特点，是值得坚持的。宁夏图书馆出版了《宁夏地方文献联合目录》《馆藏地方文献导藏书目》(一)(二)，《宁夏隆德县志》等文献，取得了积极的成果。

西北地区由于历史上地域交叉、民族迁移与融合，省区之间有着广泛合作的基础，但目前图书馆之间还缺乏联系，没有合作成果，这是需要我们西北地区图书馆增强和改进的方面。

3.5 制定本地区的地方文献统一规划

省市县地方文献资源假设没有均衡发展,大量的地方文献资源散落在各处,不能收集起来,将错失资源壮大的机会。要解决这个矛盾,应该由省馆牵头,站在把握全省(区)特色文化的高度上,对全省(区)范围内的地方文献资源实现统筹建设,统一书目数据的编码结构、资料格式、组织标准、检索途径和方法,建立全省性的地方文献书目数据库,最终建立区域性地方文献网络共享与展示平台。[4]这项工作牵涉面广,需在省级馆带头的同时,市县图书馆自身要重视起来,从人员、资金等方面切实予以支持,呼应省级馆的倡议与计划,结束单兵作战的状态,协同工作才能有为。

3.6 资源的宣传与利用

就馆藏文献而言,地方文献是图书馆着意向读者推送的一类文献,它的利用程度会更深入更全面。但目前地方文献更多是在专业领域被人所熟知,还未扩及大众层面。很多读者根本不知道图书馆有此一部分馆藏,使得馆藏最好的文献利用度反而不高。因此,利用各种馆藏揭示渠道和方式,让地方文献被读者熟悉就有着积极的意义。同时,也可以借此由读者中获得地方文献的资源线索,达成互动,对于资源建设是很好的补充。宁夏图书馆在推广利用的过程中,就发展了几位读者,多年来为图书馆收集资料,提供书目,为馆藏建设出力颇多。同时,还可以邀请本地作者与读者见面,营造地方文献的沙龙,其宣传推广作用不可小觑。

【参考文献】

[1] 图书出版单位查询 [EB/OL].[2016-12-25].http://www.sapprft.gov.cn/zongshu/serviceSearchListbve.shtml?PublishmentSystemID=3966&PublishingName=&Type=Books.

[2] 刘伟华.集乡邦史料 展地域风情——黑龙江省图书馆地方文献信息资源建设分析[J].大学图书情报学刊,2013(9):85-88.

[3] 赵明,王敏.公共图书馆地方文献资源建设研究[J].图书馆学研究,2006(9):55-56,85.

[4] 段昌华.地方文献书目数据库建设中的问题探讨[J].图书馆,2015(3):109-111.

贺兰山文献整理及其价值研究①

张玉梅

（宁夏社会科学院）

摘　要：近年来，各地文化部门和科研机构一直都积极置身于关于贺兰山的学术研究中，但纵观学界，目前尚未出现有关贺兰山文献的专题性研究，相关贺兰山文献的重要价值有待开发。文章对贺兰山文献，包括诗词歌赋、著作文章、文艺作品及石刻碑碣等进行介绍，剖析其珍贵价值，为学界提供参考。

关键字：贺兰山文献；整理；价值研究

中图分类号：G253　　　**文献标志码：**A

地方文献作为人类社会珍贵的文化和知识遗产，是一个时期创造的历史知识的结晶，是记录、保存和传承人类文明成果的载体。它所涵盖的内容涉及社会生活发展的方方面面，它记录了地方历史发展的进程和变化，深刻反映了当时的社会生活现状，是凝聚人民智慧、民族融合、社会发展的历史见证。

1　整理背景

贺兰山是一座南北走向的自然山脉，它横亘在宁夏与内蒙古交界处，是我国西北一条重要的地理分界线，是游牧民族文化和草原文化的分界线。贺兰山巍峨雄伟，是我国外流区与内流区的分水岭，也是季风气候与非季风气候的分界线。贺兰山及其周围地区，是各族群交替控制、融合共生的大舞台，是农耕与游牧，中原与中西亚交流的重要通道。

---

① 本文系 2015 年宁夏回族自治重点区级课题"贺兰山志"的研究成果之一。

有人说：中国的各个大山中，没有一座像贺兰山那样几乎一直处于与战争有关的状态中，自中原地区进入信史时期后，贺兰山一带仍然是游牧民族的天堂。[1]各民族文化在不同历史时期相互摩擦、碰撞，让这座屹立于祖国西北部的山脉充满了神奇色彩，令不少文人墨客醉心其中，从而也留下了宝贵的文献资源。因此，整理贺兰山文献、研究其文献价值，并进一步开发利用这些文献，为地方经济文化服务，有着非常重要的意义。

2 贺兰山文献概况

贺兰山文献专指以贺兰山地域为范围，时间上从古到今，内容凡涉及贺兰山的记述，包括诗词歌赋、文献作品、文艺作品以及石刻碑碣等，不管其是何种记录方式及载体形式均归属于此范畴。

2.1 诗词歌赋

雄伟的贺兰山绵延八百里，是我国古代抵御外强入侵的天然屏障，边关将士保家卫国的豪情壮志，激励着无数革命战士前仆后继。从古至今留下了许多脍炙人口的文献资料，包括诗、词、赋、记、序、跋等。这些资料或是描述塞外贺兰山的壮美风光，又或是抒发作者流放塞外的悲凉心境。

唐朝边塞诗人岑参的《白雪歌送武判官归京》："北风卷地白草折，胡天八月即飞雪。轮台东门送君去，去时雪满天山路。山回路转不见君，雪上空留马行处。"诗人用丰富的想象，夸张的手法，急促的转换方式，把豪放乐观的情绪与边塞荒凉寒冷的景象交织在一起，显得气势不凡。唐代诗人王昌龄的《出塞》："秦时明月汉时关，万里长征人未还，但使龙城飞将在，不教胡马度阴山。"全诗气势雄浑，语言精美，从中可以看到诗人的忧国之心。唐代诗人韦蟾《送卢藩》诗有"贺兰山下果园成，塞北江南旧有名"，这美丽景观的形成与贺兰山丰富的森林资源和良好的涵养水源是息息相关的。唐代诗人卢汝弼诗有"朔风吹雪透刀瘢，饮马长城窟更寒。半夜火来知有敌，一时齐保贺兰山。"是一组写边庭夜警、卫戍将士奋起守土保国的小诗，讴歌将士们在极困难的自然条件下，团结一致、共同奋起对敌的英雄气概。南宋岳飞的《满江红》："怒发冲冠，凭栏处，潇潇雨歇。抬望眼，仰天长啸……驾长车踏破贺兰山缺……待从头，收拾旧山河，朝天阙。"充满了灼人的爱国热情和豪迈的英雄气概。面对祖国大好河山被外强侵占，诗人抒发了决心御侮杀敌、精忠报国、收复失地的豪情壮志。明代王逊的《喜见贺兰山》写的是诗人重返宁夏，"喜见贺兰山"的心情。明代潘元凯的《贺兰九歌》，是诗人已经谪戍宁夏三十多年，而且是"籍居营伍"

"从军行役"，将自己积郁于胸的悲愤之情发而为诗。明代朱秩炅的《古冢谣》中诗句"贺兰山下古冢稠"借"古冢谣"的形式，由李王墓生发开去，揭示了昔时王侯侵边掠地，极尽声色犬马之乐的历史，抒发了诗人的无穷感慨和人生如梦、纵酒享乐的消极思想。清代吴复安的《贺兰怀古》更是慨叹贺兰山虎踞龙盘，山势险峻，当割据争霸已经结束，各个民族的矛盾冲突已被尘封，诗人的感慨随之戛然而止。

历史上，贺兰山军事地位极为重要，是兵家必争之地，历代统治者都十分重视对贺兰山地区的管辖。贺兰山绵亘 250 公里，沿山有许多大大小小东西走向的山间缺口和沟谷。唐政府也视贺兰山为军事要地。"贺兰山下阵如云，羽檄交驰日夕闻"（王维《老将行》）；"半夜火来知有敌，一时齐保贺兰山"（卢汝弼《和李秀才边庭四时怨》），在一定程度上反映了贺兰山的重要地位。据《秦边记》载："口巨者三十九有奇，小者复一十有奇"；《嘉靖宁夏新志》载："其溪径可驰人者五十余处"；清《定远营记》载：贺兰山有"七十二之要隘"。《西夏地形图》中，标绘贺兰山有谷道 9 条，由南向北分别为后石门口、前石门口、横涧口、大象谷、大白羊谷、小白羊谷、信宿谷、罗保大陷谷、新山谷。

明代朱梅的《贺兰晴雪》描述了贺兰山夏日的"贺兰晴雪"。仲夏季节，贺兰山山巅常有洁白纯净的冰晶，娉娉婷婷坠落山头，景致颇为壮观，构成一幅独特罕见的"贺兰晴雪"图。清代蒋延禄的《贺兰古雪》、清代王以晋的《贺兰夏雪》等即属此例。

到了近代，伴随着改革开放的到来，贺兰山及其周边都发生了翻天覆地的变化。许多反映贺兰山精神的诗句也油然而生。"层楼非宏阔，明洁者数处。高杨势插天，细泉清流注。绵亘峰峦秀，丘壑有奇趣。左后关庙邻，笔架右前护。"是董必武同志 1963 年来宁夏视察时，题词赞誉滚钟口所留。宁夏著名诗人秦中吟从贺兰山的各个角度入手，谱写了关于贺兰山景色、关口等多篇朗朗上口的诗文，有《贺兰山岩画》《苏峪口》《贺兰山秋色》《砚石笔架峰》等。于右任的《出宁夏望贺兰山积雪》中"贺兰山下作中秋，山上雪飞已白头。"描述了贺兰山高峰在中秋时节已经白雪皑皑的景象。同时，歌颂"贺兰山精神"的多篇诗句也一直流传至今，有孙生玉的《观贺兰山战役演习》（该诗是 1970 年 7 月 21 日至 8 月 7 日兰州军区在贺兰山地区组织实施重大战役演习时所作）、《"八二六"阅兵》等，讴歌了军人伟大的气节。此外，由于贺兰山资源丰富，因而也诞生了许多赞美贺兰山资源的诗句，有赞美贺兰砚的，如董必武的《赞贺兰砚》、邓成龙的《赞贺兰砚》；有赞美煤业资源的，如秦中吟的《赞太西煤》、伏朝阳的《赞汝箕沟煤矿》；有赞美贺兰山岩画的，如孙一峰的《贺兰山摩崖刻岩画》、张岳永的《贺兰山岩画》等。

在相关贺兰山的文献资料中,不乏赋、记、序、跋等具有重要历史价值的文献记录。如曹璉的《朔方形胜赋》,对古朔方从地理地貌、诗文环境等进行了详细的介绍,是后人了解该时期宁夏的重要史实资料;明万历间文人娄奎写的《朔方风俗赋》从山、水、产、物、人等方面还原了万历年间宁夏的百态。储大文的《贺兰山口记》从贺兰山入手,介绍了贺兰山的位置、区域、辖设、关口等情况,是了解贺兰山历史的一手资料。由谭钟麟所著、选自《朔方道志》卷二十四《艺文志》公牍的《饬将贺兰山界遵照老案办理扎》中"为扎饬事光绪九年五月十四日,准阿拉善亲王多咨开查贺兰山蒙汉分界。敝旗昔年原有于口内六十里为界之名,而并无以响扎子山为界之案。"等语句,为位于贺兰山东麓的宁夏与西麓的内蒙古的地域分界提供了重要的史料依据。《宁夏旧八景诗序》中"郊之西北,苍苍茫茫,如藩屏,如堡障,盘踞数百里,时呈六花以告丰岁,是曰'贺兰晴雪'。此天以表里山河,限固疆圉者也。"用美妙的语句概括了"贺兰晴雪"的特征。由孟霖著、选自《嘉靖宁夏新志》卷一《宁夏总镇》的《赤木口关记》,介绍了贺兰山赤木关口重要的战略地位。由王越著、选自《明经世文编》卷六十九《王威宁文集》的《平贺兰山后报捷疏》一文记载了明弘治十一年(公元 1498 年)发生在贺兰山的一次战役,战争双方为明朝宁夏守军和阿拉善蒙古军队。

2.2 专著文章

在历史的长河中,贺兰山逐渐为后人留下了大量丰富的地方文献。在史书记载中,涉及贺兰山的相关词条非常之多。史书中,贺兰山在汉代被称为"卑移山",《汉书·地理志》记载:"廉(县),卑移山在西北。"汉代所设廉县,归属北地郡辖制,就在今天的暖泉一带。李吉甫所著的唐代地理总志《元和郡县图志》"贺兰山"条曰:"贺兰山,在(保静)县西九十三里,山有树木青白,望如驳马,北人呼驳为贺兰。",这是古文献第一次对贺兰山森林植被的直接记载,描述了贺兰山森林植被的繁茂。黄河以西贺兰山"东北抵河处,亦名乞伏山"[《元和郡县图志》(卷四)]。"乞伏山"是文献中关于贺兰山的另一个名称,当指贺兰山北端。"逶迤数里,亭榭台池并极其胜"的宫殿,更在贺兰山"大役民夫数万于山之东,离宫数十里,台阁十余丈。"这些文字都能够从侧面反映出西夏时期贺兰山为皇家林囿,且在皇室贵族的带头影响下,贺兰山上大兴土木之风盛行,到了明代"贺兰山上有颓寺百余所"等。民国时期,《贺兰山森林调查报告》是冯钟粒在 1940 年 9 月 20 日—11 月 6 日由宁夏建设厅林务局组织的对贺兰山全境(南起三关口,北至石嘴山)的森林植被调查的考察结果,发表在《建设丛刊》。该文第一次较详细地报道了贺兰山森林植被的垂直分布情况,将贺兰山垂直分异划分为高山界、森林界和平野界三个植被带。《宁夏资源志》中记载了中华人民共和国成立前贺兰山木材的砍伐情况：每年由俗称"山头"的伐木者向阿拉善旗政府纳税后，即可进山采伐；伐木季节，为避免山顶之积雪崩塌及树皮易于剥落，限于5月—9月之间。

近代专著中，孙生玉主编、2007年5月由宁夏人民出版社出版发行的《贺兰山志》，是宁夏回族自治区第一部山水志。全书将贺兰山地区的地貌、资源和民族特点与军事志的显著特色有机结合，融地域性和资料性为一体，着重记述了贺兰山的军事历史和现状。贺吉德著、2012年6月由宁夏人民出版社出版发行的《贺兰山岩画研究》是在前人的基础上，以大量新发现的岩画为补充，结合翔实的文史资料，运用多学科交叉的方法，对贺兰山岩画进行深入研究的一个最新的成果。该书用大量生动逼真的图录对宁夏贺兰山岩画进行了深入细致的分析研究，资料翔实，论证严谨，是目前中国岩画研究著述中一个值得借鉴的范例。宁夏贺兰山国家级自然保护区志编纂委员会编、2006年2月印行的《宁夏贺兰山国家级自然保护区志》回顾了贺兰山国家级自然保护区几代林务人的创业历程，展示了保护区在资源保护、改善自然环境及森林旅游等方面取得的重大成就，是宁夏贺兰山国家级自然保护区管理局精神文明建设的一项重要成果，也是反映宁夏自然保护区建设的一部珍贵的史料。

近代相关贺兰山的文章涉及了方方面面，有描述贺兰山自然风光的、有真实记录贺兰山的报告文学；还有介绍贺兰山蕴藏的矿产资源、动植物资源等。其中，最为常见的是描述有着独特文化的贺兰山岩画及贺兰山旅游的文章。近年来，随着贺兰山东麓葡萄酒文化的传播，记录贺兰山东麓葡萄酒长廊的文章也油然而生。

2.3 文艺作品

与贺兰山有关的文艺作品有小说、报告文学、散文、绘画、摄影、美术、戏剧等等，这些文艺作品，是贺兰山精神的另一种体现，是人类智慧的结晶。纪录片《贺兰山》站在"一带一路"的大背景下，将贺兰山作为一个地理标志和文化符号，通过现实故事回溯历史，透过历史勾连现实，梳理宁夏历史文化发展的脉络，展现宁夏的社会文化发展成果，弘扬"和平合作、开放包容、互学互鉴、互利互赢"的丝路精神。贺兰山的神话传说，是人们根据幻想中的贺兰山风土人情编造出来的故事，源于人们对大自然的敬畏和对美好生活的向往。贺兰山各山口、各景点，甚至贺兰山各区域的名称，都与神话传说有联系。贺兰山散文等，短小优美，生动有趣，是贺兰山文化传承的典范，具有很高的审美价值，在长期流传过程中，这些散文浇灌着各个时代，也灌溉了历代文人。贺兰山报告文学涵盖了游记、考察报告等各种题材,作者们通过文学艺术的形式,将贺兰山的方方面面真实地记录下来,从而产生一种吸引力和震撼力。贺兰山绘画摄影作品,是以贺兰山为素材,通过艺术家的创作,融入艺术家的灵感。这些作品,正是艺术家们对贺兰山敬畏、感恩和体悟的产物。在笔墨之中写生命之美、求自然之神韵,从而表达了作者心中的意境,凸显了贺兰山的风貌。回族画家马知遥的《马知遥油画作品集》中,收纳了栩栩如生的贺兰山油画;宁夏本土书画家赵忠创作的贺兰山系列国画作品,将作者贺兰山般厚重的人生积淀与作品紧密融合,让人从他的作品中读懂了贺兰山的人文情怀和生命体验。石观达的《石观达摄影集》是作者多年来对贺兰山的影像记录,活灵活现地展现了贺兰山的历史风貌;内蒙古摄影家赵登海的《走进贺兰山:赵登海摄影作品集》收纳了作者多幅反映贺兰山自然风光、贺兰山旅游文化、林业生态的专业资料。

2.4　石刻碑碣

石刻碑碣是人类创造精神的体现,是一种文明和传统的见证。题刻题记资料对研究贺兰山的发展、兴衰、历史沿革和贺兰山及其周边地区宗教文化的发展等都有着十分重要的参考价值。

贺兰山各山口大量的名胜古迹中以形诸文字的题刻也占了很大部分。这些刻字,很多是著名文学家撰写的各类文学作品。就其文体类型而言,有颂、铭、碑、记、赋、诗等;就其纪实性而言,主要是纪人物、纪事件、纪胜迹、纪游历;就其艺术性而言,主要体现叙事性、抒情性、议论性。诸如朱峰沟摩崖造像位于银川市西30余公里的贺兰山东麓马莲口内,造像在沟北侧一块巨大的石壁上。其雕刻手法纯熟,形象生动,不仅是贺兰山一处大型的石刻艺术,也是研究宁夏石刻艺术的重要实物资料。此外,拜寺口沟方塔塔心柱上的汉文墨书铭文:"特发心愿,重修砖塔一座,并盖佛殿,缠腰塑画佛像,至四月一日起立塔心柱,奉为后皇帝皇太万岁,重臣千秋,风顺雨调,万民乐业,法轮常转。今特奉圣旨……"为后人了解拜寺口方塔提供了重要的资料。清代宁夏道耆彬的《贺兰山界碑记》,为位于贺兰山东麓的宁夏与西麓的内蒙古的地域分界提供了重要的史料依据。清代僧人的《武当山建立狮子碑记》记述了位于石嘴山市的武当山在嘉庆十四年立碑的情况。1990年8月1日重立的《木仁高勒建了烈士陵园纪念碑》,是为寄托各族人民对中国人民解放军第十九兵团一九五师五八三团一营三连于1950年8月19日奉命进军贺兰山追剿郭栓子时解放军的伤亡战士而立。

3 搜集整理贺兰山相关文献的重要意义

3.1 为研究贺兰山及其周边地区历史提供资料保障

贺兰山悠久的历史与灿烂的文化从另一个侧面反映了其周边地区的历史发展脉络，贺兰山文献史料是研究、剖析的重要依据。近年来，有不少学者对贺兰山的地理、自然、文物、遗迹等都进行了深入研究，取得了丰硕的成果，加之随着近年来贺兰山旅游资源的深度开发，使人们对贺兰山的了解程度进一步加强。这类文献反映了该地区政治、经济、文化、军事、人物、艺术、风俗等自然和人文情况，也间接反映了本地区社会发展的全过程，蕴藏着丰富的知识、信息和民族文化风采。但通过各行业对贺兰山的研究也导致贺兰山文献资料出现涵盖范围广、文献保管分散等现象，造成搜集难度加大，从而对深入研究以贺兰山为导线的区域文化历史产生了诸多不便。更为遗憾的是从古至今，任何机构还没有对贺兰山文献进行系统的搜集、整理。因此将贺兰山文献进行系统的整理，不仅可为深入研究贺兰山历史文化提供最为全面的资料，同时也可为研究贺兰山周边地区的历史提供资料支撑。

3.2 有利于贺兰山史料的集成、保护和利用

贺兰山文献是一座文献资源宝库。从古至今，涌现出的众多脍炙人口的诗句和历史上人类在贺兰山活动中留下来的各种物件，如遗迹、遗址、出土文物等，这些不仅是珍贵的历史文化遗产，更能与文史资料相互参证。从差异中寻找历史的真实，弥补文献的不足，都是研究历史的重要文献资源。系统的整理贺兰山文献，并适时对搜集到的文献进行科学的分类、整理、保存、数字化处理，并建立"贺兰山文献专题库"，这种对文献集成的整理方式，不仅可以更好地保护历史文献不会随着历史发展而逐渐淹没，而且为文献使用者提供了便利。

3.3 促进旅游产业发展

贺兰山文献包含着巨大的信息量和知识量，融合了民族特色和地方特色，因而可以利用其独特的地方文献，不断开发文化旅游资源。同时，贺兰山文献具有重要的科研和利用价值，也为旅游产业开发提供了丰富的人文资源。目前，依托贺兰山相关文献，已开发了诸多旅游资源，由北向南主要形成了贺兰山地质风光运动板块、神秘西夏文化体验版块。西夏王陵、贺兰山岩画、古丝绸之路北道是宁夏最具价值的三大历史文化遗产，也是宁夏最具国际竞争力的文化资源，是宁夏旅游品牌国际化的重要砝码。[2]贺兰山东麓是国

内外公认的酿酒葡萄最佳生态区、中国最大的优质葡萄品种资源集聚区,在对贺兰山文献传承、保护的基础上,其文献整理还可有效地为现实研究服务,例如丝绸之路和宁夏新十景研究等,都需要从这些资料中寻找依据与借鉴性资料。

【参考文献】

［1］　安小霞. 贺兰山有许多美丽的传说和诗词［EB/OL］. ［2017-11-29］. www. nxnews. net/wh/whkd/201701/t20170120_4204753.html.

［2］　自治区人民政府关于加快全域旅游发展的意见［EB/OL］. ［2017-11-30］. www. nx. gov. cn/zwgk/zfxxgkml/smhg/201710/t20171026-535651.html.

浅谈中宁县图书馆枸杞文献特色资源库的建设

梁立国

（宁夏中卫市中宁县图书馆）

摘　要：地方特色资源建设是图书馆的竞争力和生命力之所在。中宁枸杞文献资料的收集整理及利用是中宁县图书馆特色资源建设的有机组成部分，亦是中宁县图书馆特色发展路径和内涵提升的重要彰显，同时也是服务科研、服务地方经济社会发展，乃至服务国家经济战略的重要载体和渠道。

关键字：中宁县图书馆；枸杞文献资料；特色资源库

中图分类号：G253　　**文献标志码**：A

枸杞文献反映了一个地区各个历史阶段政治、经济、历史、地理、科技、教育等各方面发展的概貌，它不仅是一个国家和地区的宝贵财富，也是地区文化传承的重要资源。[1]中宁县素有"中国枸杞之乡"之称。中宁县图书馆作为地方重要的信息服务中心，科学收集和整理有关中宁枸杞的相关文献，建设枸杞特色资源库，对于枸杞种植技术、发展县域经济等具有重要的理论价值和现实意义。

1　中宁县图书馆枸杞文献特色资源库建设背景及意义

一个地方的特色资源是指在一定范围内，如一个区域单独拥有与众不同、独具特色的人文社会和自然资源，包括资源本身、人的意识与认识及活动过程。其特点主要表现为稀缺和不可再生性、文化独特性、系统积累和传承性等。[2]特色资源的形态包括文本、图片、音频、视频、多媒体课件等，其种类包括书籍、期刊、报纸、论文、课件、字画、照片、讲座、手稿、地图、档案、传单、广告、标本、实验或观测数据等。因此，特色资源应该是一种体系化、系统化的理论到实践的价值存在。

图书馆不仅是文献信息的集散地,而且是一个拥有信息文化积淀的文化场所。这种积淀不仅体现为地方文化上的传统,更是地方经济发展的基础。丰富的馆藏资源是传统图书馆的价值所在,是图书馆服务读者的基础条件。[3]然而,我们正处于快速发展的数字化时代,图书馆的文献资源建设面临两大难题:一是大量购买商业化数字资源导致图书馆资源的"同质化"倾向;二是单个馆难以"足够"收集海量的原生资源,"选择"十分困难。中宁县图书馆构建枸杞文献特色资源库,一方面是为枸杞产业链的发展提供更为全面、实用的信息,提升中宁县枸杞的文化影响力;另一方面,科学收集整理和有效利用相关文献,使枸杞文献资源得到充分的挖掘、保护、传承、共享,对于打造中国枸杞信息中心,惠及地方政治决策、文化研究交流、经济发展有着重要的现实意义。

2 中宁县图书馆枸杞文献特色资源库建设优势与挑战

2.1 中宁县图书馆枸杞文献特色资源库建设优势

(1)自身优势。中宁县图书馆作为中宁县地区信息服务中心,在枸杞文献特色资源库建设项目中,各项工作均处于起步阶段。目前,收集到约216部专著、内部资料及地方文献,其中电子图书117余本,音视频85集,书画300多幅等。同时,当地有专业的种植基地,便于收集和拍摄视频资料。

(2)产品优势。枸杞是宁夏五宝之一,中宁枸杞已经有600多年的种植历史。中宁县所在的地区土壤碱性重,昼夜温差大,这样的自然条件适合枸杞的生长。这里的枸杞个大、色红、皮薄、甘甜,富含微量元素,品质超群。早在明朝,这里的枸杞就被列为贡品。虽然中宁枸杞被各地引进种植,但其他各地所产枸杞,无论是营养还是外观上,均与中宁枸杞有所区别。

(3)历史优势。①《山海经》之益树枸杞。《山海经·西山经》等篇对枸杞子有多处记载,这里指的就是宁夏等地及其毗邻地带种植的枸杞子。②"世界的枸杞在中国,中国的枸杞在宁夏,宁夏的枸杞在中宁。"中宁是世界枸杞的发源地和正宗原产地。从刘禹锡到陆游,从孙思邈到李时珍,从《神农本草经》《千金翼方》到《本草纲目》《中华药典》都有过文学描述或药理论述。《中华药典》明确规定:"药用枸杞子为宁夏中宁枸杞的干燥成熟果实"。枸杞入药首见《神农本草经》。③《朔方道志》载:"枸杞宁安堡产者最佳"(注:宁安堡即中宁县,明清时属中卫县);清代《银川小志》称:"枸杞,宁安堡产者极佳,红大肉厚,家家种植。";清代乾隆年间知县黄恩锡在《中卫县志》中写道:"宁安一带家种杞园,各省入药甘枸杞皆宁产也。""宁产"即今中宁县城宁安堡一带所产。清乾隆年间有"六月杞园树树红,宁安药果擅寰中"之说,描述了中宁枸杞的种植规模、市场占有率、品牌地位、高贵价格和比较效益。在明清民国时期,中宁枸杞曾占有全国市场。

2.2 中宁县图书馆枸杞文献特色资源库建设面临的挑战

中宁县图书馆在建设枸杞文献特色资源库阶段,面临的挑战主要有以下几个方面。

(1)如何界定中宁枸杞文献资料的边界和内容,以及如何对这些文献进行分类。为解决这个问题,以"中宁枸杞"为主题词进行文献资源收集,所有涉及中宁枸杞的资料均成为收集的对象;再以"中宁枸杞""宁夏枸杞"等为主题词进行收集和整理,并对收集的资料进行逐一筛选和剔除。

(2)技术、资金、人才等瓶颈。收集中宁枸杞文献资料需要投入大量的人力、物力和财力。目前,中宁县图书馆正处于发展阶段,经费短缺成为制约图书馆发展的瓶颈。为此,需要积极动员社会各方参与到枸杞文献特色资源库建设中,引入技术、资金及人才,同时与其他图书馆或机构通力协作进行联合建设。

3 中宁县图书馆枸杞特色资源库建设

中宁县图书馆枸杞文献特色资源库除了典藏宁夏全区已有的各种枸杞文献数据(包括书目、摘要、全文数据库)、视频资源以外,还需扩及全国各地图书馆、文史工作室、博物馆、枸杞种植区所藏的各种枸杞文献、视频资源,使之成为研究中国枸杞的人、事、时、地、物之重要资料库。

3.1 中宁县图书馆枸杞文献特色资源库建设内容与原则

中宁县图书馆枸杞文献特色资源库的内容主要包括三个方面。①农业种植特色,即以枸杞的种植技术、光照时间和枸杞自身条件需要的资料,或能体现农业发展特色的资源;②地方特色,即具有一定的地域和历史来源特色或与地方习俗、经济和文化发展密切相关的资源;③馆藏特色,即具有其他馆所不具备或只有少数馆具备的特色馆藏,或因散在各处而难以被利用的资源等。

中宁县图书馆枸杞文献特色资源库建设的原则为"人无我有,人有我优,人优我特,人特我专;找准优势,讲究品位,量力而行,求精求全,合作共建"。其中,特色资源收集的途径包括捐赠、采集、购买和加工等。

3.2 资源建设目标

除增加馆藏量外,图书馆特色资源建设亦势在必行。构建和打造中宁县图书馆特色资源建设平台,内容包括中宁枸杞特色资源建设、宁夏枸杞特色资源建设、中国枸杞特色资源库建设、农业经济特色资源建设及中宁县志特色资源建设等。其中,将中宁县图书馆打造成为中宁县图书馆特色资源建设四最:地方特色藏书最多、地方特色文化最全、中宁枸杞史料最全以及馆藏形式最丰富。

3.3 资源建设体系

中宁县图书馆枸杞文献特色资源库建设体系主要包括枸杞品种、枸杞百科、枸杞价值、枸杞故事以及枸杞论坛四大板块(详见下图)。

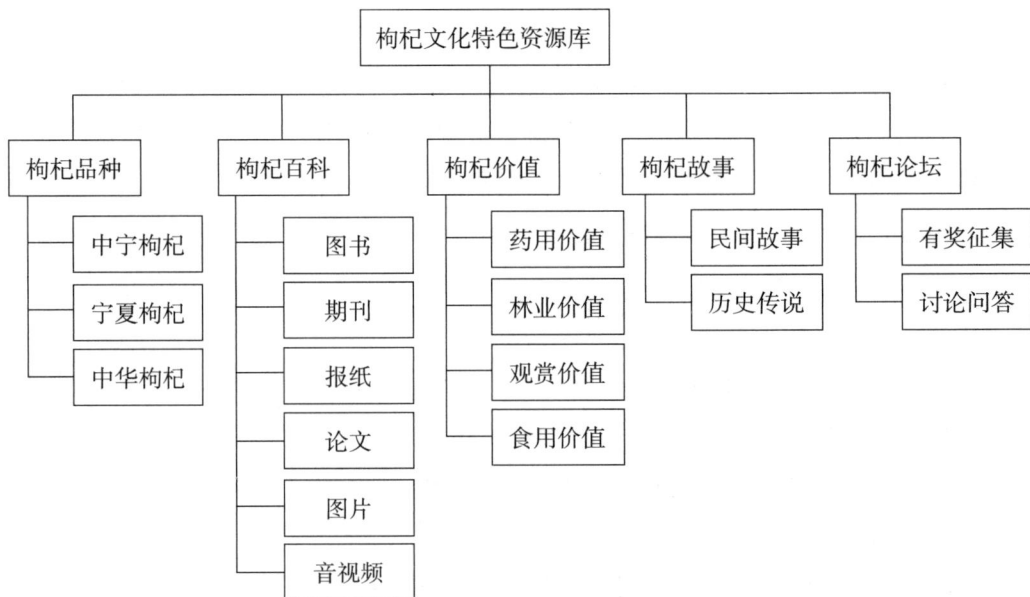

中宁县图书馆枸杞文献特色资源库建设体系图

4 中宁县图书馆枸杞文献特色资源库平台建设

中宁县图书馆枸杞文献特色资源库的建设定位于方便读者、准确高效利用网络信息。网络时代的信息资源呈现出广泛性、多样性、分散性和随机性特征,用户所需要的有效信息分散在海量杂乱的信息资源库中, 很多用户对网络资源分类和所在的路径不熟悉,导致信息资源的查准率等很难保证。数据库的建立能够在很大程度上解决此类问题,满足读者深层次的研究需求。同时,中宁县图书馆枸杞文献特色资源库平台的相关成果可为枸杞种植发展提供充足的信息资源保障。数据库以中宁枸杞资料为基础数据,文献收录较为全面系统,建成的数据库将收录图书、文档、期刊、图片、音频、视频、报纸等资料,满足广大读者、技术种植人员的需求,为种植人员提供学术参考,旨在全面提升中宁县图书馆在宁夏乃至中国图书馆界的地位,将中宁县图书馆打造成为研究中宁枸杞的最具影响力平台。

5 结语

中宁枸杞文献资料内容丰富,形式多样,收集整理过程中不但需要投入大量的人力、物力、财力和精力,且需要长时间的积累,是一个循序渐进的过程。中宁县图书馆枸杞文献特色资源库的建设,特别是以中宁枸杞为主题的特色资源建设其重要意义和价值在于:一是构建中宁枸杞特色和中宁枸杞文献学的理论研究体系,补充中宁枸杞种植技术和中宁枸杞文献学的学术空白;二是强化地方文献的文化展示功能,打造中宁枸杞特色品牌,深化地方图书馆服务社会文化建设的功能;三是揭示地方文献的意识引导作用,提升地方农业服务经济发展带动能力。同时,它也将是图书馆面向特定读者群和农业化、特色化的服务,是特色文献的服务方向,与中宁县图书馆的群体性服务形成互补,在不同层次上满足读者及枸杞种植者的不同需求,从而使中宁县图书馆的文献资源更有立体感和层次感。

【参考文献】

[1] 尹春兰.地方特色枸杞文献数据库建设的思考[J].办公室业务,2015(8):41-42.
[2] 唐莉萍.关于高校图书馆建设特色资源存在的问题及策略研究[J].医学信息,2009,22(6):874-876.

试论宁夏老照片的文献价值和历史意义

王晓华

（宁夏社会科学院）

摘　要: 宁夏老照片是珍贵的历史文献资料,能够补史之缺、正史之讹,可以帮助人们了解历史、认识过去,甚至可以为研究历史脉络、揭示历史真相独辟蹊径。文章通过分析宁夏老照片的收藏、搜集和使用现状,对宁夏历史影像资料的文献价值和历史意义进行深入梳理和论证,从而促进老照片文献资料的合理开发和利用,提高人们对老照片的文物保护意识。

关键词: 宁夏;老照片;价值

中图分类号: G253　　**文献标志码:** A

摄影术自 1839 年在法国诞生以来,历经近两个世纪的发展,已经彻底颠覆了传统历史文献资料的使用和存储方式。这项革命性的新技术,不亚于印刷术和造纸术,它使历史文献资料的存储媒介和展现方式由单纯的纸质文字变得更加丰富多彩,从此白纸黑字转为胶片底版,影像世界把历史瞬间定格,逝去的时光化为光与影留存后世。照片是摄影技术的最终产品,是现阶段传承文明、记录历史、再现经典、留住永恒的最好载体之一。照片资料清晰直观、一目了然、明确生动、栩栩如生,给人带来强烈的视觉冲击和感官刺激,使人们对照片所反映的时代内涵和历史背景有更直接的认识和了解,这种优势是许多传统文字资料档案文献所不可比拟的。所以,照片对于历史档案文献资料的重要价值和意义不言而喻。

宁夏作为西北边陲省份,摄影术的传播虽说较晚,但发展亦十分迅速,大量珍贵的历史照片被留存了下来。清末、民国甚至中华人民共和国成立早期的照片资料经过岁月的洗礼和沉淀，已经成为非常珍贵的历史文献资料，我们把这些历史影像资料称之为"老照片"。这些老照片，往往是历史时期某个历史事件、某个历史人物、某种历史场景、某种社会风物的直观而生动的记录，具有真实性、原创性、独特性和唯一性，是人们了解和研究某一地域历史情况、民风民情、社会发展等的重要历史文献，是人们研究历史、回顾历史、考证历史、认识历史的重要参考文献，具有非常重要的收藏和使用价值。

1 宁夏老照片的收藏和搜集

随着岁月的洗礼，历史时期宁夏的老照片能够保存下来的并不多，流传下来的已被作为重要文献资料大多收藏在各级档案馆、图书馆、文化馆和党史方志机构中，并得到较为妥善的保护和利用。但我们也要清楚地认识到，宁夏老照片的收藏保护还有很多工作要做，还有大量老照片流失在外，形势不容乐观，需要下大力气收藏和找回。这些流失的老照片，有的在国内外的官方机构和新闻机构中，有的还散失在民间，甚至港澳台地区。如宁夏解放前夕随马鸿逵离宁去台的宁籍官员和家属手中肯定有不少宁夏珍贵的老照片；民国时期的主要新闻媒体，如《大公报》《字林西报》等都刊登过不少宁夏的老照片；还有的则珍藏在重庆、南京等地的博物馆和档案馆中。这些照片亟待进行搜集、整理和保护。

仅美国著名记者斯诺于 1936 年在陕甘宁边区采访期间，就拍摄了 30 多卷胶卷的照片，其中有很多是在宁夏拍摄的，这些照片先后在美国的《密勒氏评论报》《星期六晚邮报》和英国的《每日先驱报》等国外媒体上发表。特别是 1937 年 2 月，美国《生活》画报第一次发表了斯诺拍摄的 75 张陕甘宁苏区照片，其中亦有宁夏的老照片。美国《生活》画报作为美国著名的新闻媒体，其办刊多年来刊登的 1000 万幅优秀摄影作品已通过谷歌网公开展示。[1]2008 年 11 月，美国时代华纳公司宣布，将把旗下媒体《生活》画报历年刊登的历史图片档案与谷歌公司合作，全部无偿通过网络与网民共享，任何人都可以查阅这一庞大的历史图片宝库(其中大部分图片属首次公开)，时代华纳公司仅保留图片的商业版权，图片仅供私人和学术界免费使用。这对宁夏老照片的收集整理无疑是个好消息，这个图片库不仅可以找到斯诺拍摄的有关宁夏的老照片，还可能找到其他时期宁夏的摄影作品。建议宁夏档案和史志部门予以重视，尽快与美方联系，使这批珍贵的宁夏老照片尽快回家。

2 收藏搜集宁夏老照片的历史价值和意义

2.1 可以补史之缺，纠史之讹，帮助我们重新认知历史，还历史以真实面目

以文字为主的历史文献资料汗牛充栋，数不胜数，是研究历史的重要载体，但这种文献资料都是由人来执笔，往往带有执笔者的个人喜好和主观臆断，难免对历史真实情况或隐晦、或扭曲、或误读，使后人在此基础上以讹传讹，错上加错，历史的真实性和完整性势必会受到一定程度的损害和破坏。

老照片作为一种特殊文献，人们很难把自己的主观意愿加于其中，它对历史的真实反映和准确定位都是一般文献无法替代的，具有很好的收藏价值、文物价值和使用价值。利用老照片甚至可以解历史之谜，补历史之憾。如埃德加·斯诺的著名照片《抗战之声》，照片上，一位英姿飒爽的年轻红军战士站在标着"中国人民红军抗日先锋军"11 个大字的红旗下，对着喷薄欲出的朝阳，昂首挺胸，吹着军号。这张照片就是斯诺在同心县豫旺堡南门外的堡墙上拍摄的，最早放在他写的《红星照耀中国》一书中，后来成了《西行漫记》（《红星照耀中国》中译本）再版书的封面。但这张照片中的红军小号手到底是何人？又有着什么鲜为人知的历史故事？后人却在历史典籍中寻找不到任何线索。中华人民共和国成立后，在革命历史博物馆、军事博物馆等场馆里，这幅照片被广泛使用，但是没有发现照片具体详细的说明。在一些老红军的回忆文章、地方史志和各类研究著作中也未见这位红军小号手的任何记载。直至多年后，照片中的小号手真实原型现身，才揭开了这段历史的真实面貌。红军小号手为开国少将谢立全，当时为红军一军团教导营总支书记。1972年斯诺病逝，《人民画报》为了纪念这位中国人民的老朋友，用四个整版的篇幅登载了毛泽东的唁电、斯诺的生平事迹及其拍摄的部分珍贵照片，《抗战之声》也在其中。当时谢立全正在北京出席海军军委扩大会议，在看到这幅照片后，他给妻子写了一封信："在京西宾馆买了 5 月份《人民画报》，那个吹《抗战之声》（的人）是我，这可以肯定。"为了避嫌，谢立全还叮嘱妻儿不要将这段历史告诉别人，直至他去世后，其子谢小林才将这段尘封数十年之久的往事予以公布，从而揭开了"红军小号手"的神秘面纱。由此可以看出，照片对于帮助当事人回忆历史真相、还原历史面貌有着很大的作用。它可以帮助我们重新认识一段人们所熟知的历史，恢复历史的真实面目，让一段随时光流逝而斑驳陆离的旧事浮现真容。

2.2 作为重要的文献资料,是人们了解历史、认识过去的重要媒介

党的十九大明确指出,要坚定道路自信、理论自信、制度自信、文化自信。但自信不是凭空来的,而是来源于历史、根植于传统。宁夏老照片作为历史文化文献资料的重要组成部分,可以用最直观、最准确的方式将历史呈现在人们面前。为了加强"四个自信"建设,宁夏各地正在兴起建设革命历史陈列馆、爱国主义教育基地、红色文化展览馆的热潮。走进这些展馆,首先映入人们眼帘的就是一幅幅珍贵的老照片,这充分说明老照片的确是人们了解历史、认识过去的重要媒介,这是文字等传统信息媒介所无法取代的。老照片作为革命历史陈列馆、爱国主义教育基地、红色文化展览馆等重要场馆的展示品,一方面显示出老照片的不可取代性,一方面也能显示出一些展馆的老照片还有许多不足,有的不够全面、不够详细,有的还存在张冠李戴、语焉不详等情况,需要加以改正和重视。

2.3 作为宁夏地区历史文化的集体记忆,是历史时期重要的见证和缩影

老照片作为一种记忆媒介,将历史文化与科学技术有机融合,通过图像这种特殊的记忆符号,使时空逆转、时间倒流,旧时风物、景物及故人故事生动活现,栩栩如生。每个国家和地区都有属于自己的独特历史记忆和文化,这些悠久的文化特性和文化记忆单纯靠文字记述,难免枯燥单调,直观印象不强,表达能力有限,老照片可以完美地和文字互相补充印证,将历史上那些精彩的瞬间和感人的时刻,用摄影刻画为永恒,成为一个地区历史演变和时代变迁的文化遗产和有力物证。

【参考文献】

[1] 郑石明.地市报新闻摄影:最一线的影像力量[N].中国摄影报,2009-03-06(001).

[2] 朝格图.马鸿逵囊括阿拉善、额济纳两旗[M]//阿拉善往事·银川:宁夏人民出版社,2007:13.

追踪研究参考文献线索，完善宁夏民国文献资源

宋玉军

（宁夏回族自治区图书馆）

摘　要：文章将20世纪90年代以来全国各地研究宁夏民国史的各类论文中引用的参考文献作为线索，追踪宁夏民国地方文献的利用情况，并通过论文作者对所引用资料的挖掘，从中梳理宁夏本地图书馆缺藏漏收的民国时期相关地方文献信息，达到完善民国时期宁夏地方文献资源建设的目的。

关键词：民国时期；宁夏地方文献；追踪研究

中图分类号：G253　　**文献标志码**：A

民国时期的宁夏地方文献全面系统地记录了当时宁夏社会的发展进程，客观地反映了这一历史时期的真实面目，文献内容涵盖了民国时期宁夏社会发展的各个方面，使这一历史时期的文献不仅有规模，而且具有很高的史学价值和文献价值，是研究宁夏近代史发展的重要宝库，更在中国近代史研究方面，起到了史料拓展的支撑作用。虽然民国时期的宁夏地方文献距今时间较近，但由于材料与生产工艺等多方面的原因，普遍毁损严重，加大了图书馆收集和保护的难度。本文以20世纪90年代全国各地研究宁夏民国史的各类论文中引用的参考文献为线索，对照关注那些在论文中引用频率高、阅览量大的宁夏民国地方文献，追踪宁夏民国地方文献的利用情况，并通过论文作者对所引用资料的挖掘，从中梳理宁夏本地图书馆缺藏漏收的民国时期相关地方文献信息，进一步完善民国时期宁夏地方文献资源建设。

1 研究民国时期宁夏社会论文的参考文献数据统计

1.1 论文引用类别比例

20世纪90年代以来,宁夏民国史学研究进入了一个新的发展阶段,从中国知网中统计出这期间在学术期刊上发表的论文57篇(不包含陕甘宁边区研究),其中政治类论文17篇、经济综合类论文21篇、文化教育类论文19篇。研究的内容几乎涉及宁夏近现代社会发展的方方面面,深刻反映了民国时期宁夏人民的社会生活现实。这些研究成果需要大量的文献资料来支撑,据不完全统计,57篇论文中共引用参考文献1207条,其中引用民国时期宁夏地方文献496条,著作209条、报刊217条、档案文献70条,占总引用参考文献的41.09%。具体细化分类如下:①政治类论文17篇,共引用参考文献265条,引用民国时期宁夏地方文献90条(其中著作30条、报刊42条、档案文献18条,均有重复引用,下同),占该类参考文献的33.96%;②经济发展类论文21篇,共引用参考文献630条,引用民国时期宁夏地方文献256条(其中著作106条、报刊119条、档案文献31条),占该类参考文献的40.63%;③文化教育类论文19篇,共引用参考文献312条,引用民国时期宁夏地方文献150条(其中著作72条、报刊57条、档案文献21条),占该类参考文献的48.07%。

1.2 论文引用率较高的著作

(1)民国时期宁夏方志类著作。

①宁夏省政府秘书处1942年编印的《十年来宁夏省政述要》,在57篇论文中有41篇在引用,引用率达71.92%;②马福祥、王之巨主修,1927年天津华泰印书馆铅印本《朔方道志》,有19篇论文引用,引用率达33.33%;③宁夏省政府1946年1月编印的《宁夏资源志》,9篇论文引用,引用率为15.78%。

(2)民国时期宁夏地方特色类著作。

①叶祖灏著,1947年由正论出版社出版的《宁夏纪要》,18篇论文引用,引用率31.57%;②傅作霖著,1935年由中正书局出版的《宁夏省考察记》,16篇论文引用,引用率28.07%;③范长江著,1937年4月由天津大公报馆出版的《中国的西北角》,15篇论文引用,引用率26.31%;④慕寿祺著,1936年由兰州俊华印书馆印刷的《甘宁青史略》,15篇论文引用,引用率26.31%。

（3）民国时期宁夏经济类著作。

1946 年宁夏省农林处编印的《宁夏省农政七年》，9 篇论文引用，引用率 15.78%。

（4）民国时期宁夏教育类著作。

1940 年宁夏省政府教育厅编印的《宁夏教育概况》，8 篇论文引用，引用率 14.03%。

1.3　论文引用率较高的报刊

①《新西北月刊》，16 篇论文引用，引用率 28.07%；②《开发西北》，13 篇论文引用，引用率 22.80%；③《西北通讯》《月华》，10 篇论文引用，引用率 17.54%。

1.4　论文引用率较低的著作和报刊

仅 5 篇论文引用过，且引用率为 8.77% 的著作和报刊有：①陈泽湉著，1934 年由中国殖边社出版的《宁夏省经济概要》；②1934 年由宁夏省政府秘书处编的《宁夏省政府公报》；③1936 年由宁夏建设厅编的《宁夏省水利专刊》；④1942 年由宁夏省政府秘书处编的《宁夏省十年统计年鉴》《新宁夏》《西北论衡》《伊光》《中国回教救国协会会刊》等。

1.5　论文引用率低于 5% 的主要著作和报刊

（1）著作类。

（民国）《固原县志》（民国）《豫旺县志》（民国）《盐池县志》（民国）《重修隆德县志》（民国）《化平县志》《宁夏省人文地理图志》《宁夏省难民垦荒调查概述》《宁夏省建设汇刊》《宁夏水利事业》《宁夏战时工业》《战时宁夏农林概况》《宁夏合作事业》《宁夏炼铁事业》《宁夏省荒地区域调查报告》《宁夏机械工业》《宁夏到何处去》《宁夏省政府教育行政报告》《抗战中的西北》《西北丛编》《西北》《西北地理》《察绥蒙民经济的解剖》《西北农业考察》《塞上行》《中国西北部之经济状况》《十年来之中国经济建设·宁夏省之经济建设》《边疆教育》《白话译解古兰天经》《国民政府年鉴·宁夏》《甘肃省西南部边区考察记》《西北建设论》《西北剪影》《中国国民党的边疆政策》《边疆教育概论》《边疆教育概况》《海关十年报告（1912—1921）》《回回》《中华年鉴》等。

（2）报刊类及档案资料。

《西北汇刊》《西北银行汇刊》《西北导报》《经济汇报》《经济研究》《新西北（甲刊）》《地理学报》《边疆通讯》《农科季刊》《高农期刊》《新青海》《建设周报》《建设》《民主与科学》《中国农民》《新亚细亚》《实业部月报》《农学月刊》《农业通讯》《边政公论》《国货研究月刊》《国际贸易情报》《经世战时特刊》《工业月刊》《西北畜牧》《中农月刊》《陇钟》《西北世纪》《殖边月刊》《圣教杂志》《震宗报月刊》《伊斯兰学生杂志》《突崛》《蒙藏半月刊》《宁夏

教育》《宁夏文教》《国教通讯》《国教指导月刊》《时事通讯》《文化建设月刊》《地方自治》《畜牧兽医月刊》《边事研究》《独立评论》《新青年》《甘肃贸易》《甘肃科学教育馆学报》《申报》《大公报》《宁夏民国日报》《甘肃民国日报》。档案资料主要是藏于中国第一、第二历史档案馆有关宁夏民国时期的档案,还有宁夏、甘肃、青海、新疆、内蒙古等省及地方档案馆的相关档案。

2 数据类比分析

2.1 广泛全面的文献信息资源保障

从以上统计数据 41.09% 的民国时期宁夏地方文献引用率中我们可以看出,若要客观、全面地做好宁夏民国史研究,就要有强大的民国时期宁夏地方文献资源作保障。

2.2 从数据中分析历史成因

从以上分析来看,文化教育类的民国时期宁夏地方文献的引用率最高,占到了 48.07%;经济发展类著作引用的最多,有 86 部;政治类的引用数据低于前两类。究其原因,一是民国时期的中央政府也十分重视西北开发,并经历了初步酝酿(1928—1931)、正式实施(1931—1937)、积极推进(1937—1945)三个阶段,但在抗战结束后,又再次陷入内战而导致西北开发基本停滞。[1]这一时期有众多的学者及学术研究团体对开发西北提出诸多真知灼见,主要在发展农业、工矿业、交通运输业、创办教育、加强民族团结等方面留下了很多著述。所以经济发展类和文化教育类存世的宁夏民国文献相对丰富,且大多都分藏在公共图书馆和高校图书馆。这些文献目录体系较完备,资料查找相对便捷。二是存世的民国时期宁夏地方文献中政治理论方面的著作和论文并不是太多,相关的政府公报、文件、政令等材料基本上都归口在档案馆。从另一个角度来说,政治经济文化教育本就相互关联,也没有必要进行严格区分,民国时期宁夏省政府所编写的《十年来宁夏省政述要》《宁夏资源志》《宁夏省政府教育行政报告》便可以明证。三是有关民国政府的政治体制、法律体系、军阀统治等方面的研究比较深入,已有较多成果,可以借鉴这些前期成果,因而此类文献引文偏少。

2.3 信息量大和重新整理出版文献成为引用热点

一方面,从上述引用率较高的文献来看,这些文献基本上都已重新整理出版,查找方便。另一方面,这些文献本身对民国时期宁夏的各种事务活动有详细记载,信息资料覆盖较全。以《十年来宁夏省政述要》为例,此书为马鸿逵任宁夏省主席后想修一部《宁夏省通志》,但因抗日战争爆发而中断。1942年重启这个项目,同时成立了宁夏省通志馆,由马鸿逵亲任馆长并制定了《宁夏省通志馆组织规程八条》,要求各单位对省志资料调查、采访给予方便,并聘请西北名儒张维做《宁夏省通志》总纂,后因张维不想按马鸿逵的意愿将志书修编成其光宗耀祖的家谱,只得假病告退,《宁夏省通志》为此流产。之后,宁夏省政府秘书处将原来积累的大量资料和省直机关1933—1942年以来各种事务资料、政治经过、施政功效、办理成绩详加整理,汇编成《十年来宁夏省政述要》,同时编印了《宁夏省十年统计年鉴》。这两部大型综合性资料集保存了1942年以前宁夏省一切政事之措施与各项事业决算之成果,分为总类、民政、财政、教育、建设、地政、保安、卫生、粮政、附录共十篇,约100余万字,分8册铅印出版,为后人研究宁夏民国史提供了有力帮助。[2]

3 整理宁夏民国文献,建设有效服务体系

3.1 立足本地,着眼全国

以论文所引用的参考文献为线索,来追踪民国时期宁夏所出版发行的著作、报刊、档案资料以及内容中记录着的宁夏相关的历史事件、风云人物、自然现象等民国时期出版物,这应是图书馆典藏宁夏民国文献资源建设的首选。具体做法:一是与全国各大图书馆加强馆际联系,相互提供馆藏中涉及对方的地方文献,可以是影印本、电子书,还可以用复本交换的方式来丰富馆藏;二是和全国相关图书馆合作,继续编辑补充《宁夏民国地方文献联合目录》;三是组织专题小组,利用论文引用的参考文献中民国刊物里有关对宁夏各方面的研究文章做成篇目索引,如《新西北》1944年第5期第9页上刊登了罗时宁著的《宁夏林业建设之动向》,此刊同年的第10、11期合刊上登载了晏惟予著《宁夏的地政》、李翰园著的《宁夏水利》、罗时宁和张坼著的《宁夏植棉之展望》;《边疆通讯》1945年第3期上刊登的马成浩著的《宁夏阿拉善旗之商业》;《农业通讯》在1947年第3期第20页上登载王战和李贻格著的《宁夏省之森林》、第12期上登载李贻格著的《宁夏历代屯垦考》;《西北论衡》1941年第9期刊登白云著的《宁夏的地政与农垦》等等。民国时期这类研究宁夏的文章相当多,发表在许多报刊上,因此将这些文章作成篇目索引,对读者查询服务会有极大的帮助。

3.2 处理好保护与利用的关系

一方面,做好现有民国宁夏地方文献的保护,运用照相复制、缩微复制、数字化制作等再生性保护手段保存文献内容,这样可以避免读者因借阅原件而造成对图书的二次损

害,真正体现图书馆流通致用的服务原则。另一方面,如前所述,既然重新整理出版的民国宁夏地方文献会有较高的利用率,那么,图书馆应顺借国家即将开始的民国时期文献普查契机,及早成立民国时期文献调查开发小组,与相关出版机构合作,组织专家对馆藏民国宁夏地方文献进行评估,对有学术研究价值、历史价值的文献进行编辑出版。完成上述工作,不仅给广大读者带来方便,更有利于珍贵文献原件的保护。

4 民国时期宁夏各类重要地方文献简介

4.1 方志类著作

(1)《朔方道志》,马福祥、王之臣撰修,1926 年由天津华泰印书馆铅印出版,这是民国时期宁夏首部省志,记载了从清乾隆四十五年(1780 年)到 1926 年 140 多年间的史实。该书的特点是资料较为丰富,为后人留下了清末民初这一大变革时期宁夏的政治、经济、军事、文化、民俗、人物等各方面的资料。

(2)《豫旺县志》,朱恩昭于 1925 年修成 6 卷抄本。据宁夏大学胡玉冰教授考证,"这部旧志是撮抄之作。编纂者直接把(民国)《朔方道志》中与同心县前身镇戎县有关的内容撮抄出来,参考《朔方道志》的体例,再杂以光绪《平远县志》的部分内容,汇集为一编,取名《豫旺县志》行世"。[3]

(3)《盐池县志》,陈步羸撰修,1949 年 8 月银川刻印本。1948 年夏国民党盐池县最后一任县长陈步瀛,闲暇之余亲自调查采访,抄摘史料,开始编写《盐池县志》,用时半年初稿完成,呈送给宁夏兵团司令卢仲良过目审核,经卢仲良建议他将志书中的"共匪"全部改为"共党"。[4]1949 年 7 月陈步瀛将书稿和《陈步瀛日记》(现已失传)交与其弟陈步汉在银川刻印。

(4)《重修隆德县志》,桑丹桂、陈国栋修纂,1936 年平凉文兴元书局石印本。该志主要反映了当时落后的社会经济状况和低下的人民生活水平。详细记载了地震的六种前兆,也称"震兆六端",通过动物的反应以及天气的变化来预测地震,时至今日也有一定的现实意义。此外,还收录了极为难得的"物价涨落表",颇有参考价值。

(5)《固原县志》(12 卷抄本),叶超纂,编纂始于 1941 年,完成于 1948 年,记载了固原民国时期的全部历史。此书对地理志十分重视,用一些现代科学知识来描述介绍固原的地理特征。书中的物产志、居民志、治权志及地理志有大量经济资料和细密的经济状况调查,比一般旧志更为详尽。

(6)民国《化平县志》,是现今宁夏泾源县仅有的一部旧县志,由该县回族绅士张逢泰主持纂修,成书于 1939 年,1940 年 5 月由平凉一心印书馆石印。此志除记载泾源历史沿革、地理建置外,还详尽地叙述了当地回族来源、宗教习俗、门宦、风土人情等状况,是研究宁夏回族历史文化的重要史书,具有其他史籍不能替代的重要价值,尤为难得。

(7)梅白逵编写,1946 年出版的《宁夏资源志》,对宁夏的各类资源作了叙述。如煤炭资源,当时宁夏煤炭占全国储量的 1%,是储量较丰富的省份,为 2320.7 万吨;再如对枸杞和甘草等特产的种植、产地、产量均有详细记载。

4.2 地方特色类著作

(1)《宁夏纪要》,叶祖灏著,南京正论出版社 1947 年 6 月出版,是叶祖灏 1938 年至 1940 年间在宁夏进行考察时的纪要。全书为 13 章,分为概论、地理的鸟瞰、民族和人口、社会的情态、物产的要目、农田和水利、工业和商业,财政和金融、教育和文化、政治和军事、人物志略、结论等,是一部珍贵的宁夏民国史资料。

(2)《宁夏省考察记》,傅作霖著,南京正中书局 1935 年 7 月出版,是作者于 1933 年亲自考察宁夏后编著的一本关于宁夏的著作。全书共分三编,约 10 万字,涉及当时宁夏的沿革、疆域、人口、经济、社会风俗、教育、交通、水利,并述及军事、政治、禁烟、宗教、建设等方面,为建省后第一部考察宁夏的专著,具有资料来源翔实、图文并茂、形象生动等特点,是研究 20 世纪 30 年代宁夏社会的价值很高、不可缺少的资料。

(3)《中国的西北角》,作者是著名记者范长江。从 1935 年 7 月起,范长江作为《大公报》旅行记者记录了沿途见闻,真实还原了中国工农红军长征的情况,用生动的文字真实叙述了当时中国西南、西北地区的时局状况。《大公报》于 1936 年 8 月集册出版,在中国通讯史上具有重要的里程碑意义。

(4)《宁夏到何处去》,秦晋著,1947 年成书,是介绍宁夏的新闻报道集。秦晋为《益世报》西北特派员,全书共四部分,正文前为序言,后有附录《马主席治宁十四年之检讨》和《马主席之家事与革命之经过》一文。

(5)《甘宁青史略》,慕寿祺著,1936 年由兰州俊华印书馆印制。该书分为正编 30 卷、副编 5 卷,共 40 册,达 100 多万字。从三皇起写到国民政府 1929 年建立宁夏省止,记载了 4000 多年有关甘宁青的政治、军事、经济、民族、宗教、文化、教育,乃至地理、地质、气象、物产、交通、民俗、方言等,堪称一部关于甘宁青的百科全书,为研究西北地方史的重要资料。

4.3　经济类著作

（1）《宁夏省经济概要》，陈泽桂著，1934 年由中国殖边社出版。全书以经济为着眼点，对宁夏的山川形势与气候、人口与土地、水利与物产、农业、矿产、农产、粮产、药材、湖盐、森林、畜牧、财赋、金融、工商业及交通等情况作了全面介绍。

（2）《宁夏省水利专刊》，曹尚经编，1936 年由宁夏省政府建设厅刊印。书前有多幅测绘施工照片，将宁夏全省三十余条渠的沿革、流域概况、灌溉亩数以及陡口支渠、岁修工程等进行综述，并对照其他省份的水利建设，得出结论，认为宁夏省渠河难以疏浚，是因为水中含泥过多。

（3）《宁夏水利事业》，1942 年出版。这是宁夏水利工程排水专号，对了解宁夏农田排水和城市地下水排水工程极具参考价值。书中详细记载了多个工程计划，如河西、河东排水工程计划，中卫县北沙沟整理计划，中卫唐家湖排水计划，宁夏城市水道工程计划，含缘由、资料、新沟线的选择、工程概要、排水量的估算、施工程序、工程预算等，附图表。

（4）《宁夏省难民垦荒调查概述》，1939 年由宁夏省政府地政局编印。主要记述了随着战区扩大，大量难民来到宁夏，由难民垦荒，增强抗战力量，为垦荒提供了充足的劳动力资源。

（5）《宁夏省建设汇刊》，1936 年 12 月由宁夏省建设厅第一科编印，内容有中央法规、本省法规、政令、公牍、工作概况、行政报告、统计、图表等。书中有中卫枸杞园、中宁枣林、灵武县农事试验场、农民插种稻田、十五路工兵团开辟青铜峡等插图资料。

（6）《宁夏合作事业》，1941 年由宁夏省政府建设厅合作科编印出版。该书对宁夏省政府建设厅1929、1930、1931 年度推行合作事业的概况进行了记述，按实际情况，从行政、组织、业务、教育计划等方面来编辑，并附有关合作事业的各项章程、规划、办法及各种通告等。

（7）《宁夏炼铁事业》，1942 年出版。全书从调查时期、试验时期、冶炼时期、今后计划等四个方面对宁夏的炼铁事业加以论述，并认为宁夏煤铁矿藏丰富，如果加强炼铁事业，不仅可以满足本省需求，还能供邻省发展工业之用。

4.4　教育类著作

《宁夏省教育概况》，1940 年 7 月由宁夏省政府教育厅编印出版。全书分教育行政、教育经费及高等、中等、初等、社会教育等九部分，记录宁夏省从 1929 年至 1940 年 7 月的教育概况。

4.5　地方报刊

《宁夏民国日报》，创刊于 1929 年 11 月，是中华人民共和国成立前宁夏发行时间最长的一种报纸。《宁夏民国日报》是马鸿宾任省主席时宁夏省政府、国民党宁夏省党部机关报，1942—1948 年改为国民党中宣部直辖报。创刊初期每日出版四开报一张，铅印。1944 年后改为对开两版，双面印刷，后因纸张质量差，难印双面，又改为两张单面印刷。报纸内容涵盖国际、国内、地方新闻，报上辟有各种专刊，如副刊有"贺兰山""卫生周刊""司法专刊"等。专刊只出了一段时间，便逐渐减少，绝大部分版面均登载国民党中央通讯社的电讯稿，缺乏地方特点。1949 年宁夏解放前几天才停刊。

【参考文献】

[1]　温艳.再论民国时期灾荒与国民政府开发西北[J].甘肃社会科学,2011(1):158–161.

[2]　吴晓红.民国宁夏各项文化事业发展述略[J].宁夏师范学院学报,2010(5):92–96.

[3]　胡玉冰.宁夏(民国)《豫旺县志》辨伪[J].北方民族大学学报(哲学社会科学版),2013(2):77–80.

[4]　编纂民国《盐池县志》的陈步瀛[EB/OL].[2016–07–02].http://liuguojun200008.blog.163.com/blog/static/11517454420120248122617/.

地方文献对区域文化软实力的印证意义

刘 瑛

（甘肃省图书馆）

摘 要：基于我国国情特点和现实形态的需求，区域软实力和区域文化软实力概念的衍生记载于各种形式的地方文献上，在此前提下梳理地方文献对区域文化软实力的印证意义似乎较为合理。笔者将地方文献对区域文化软实力的印证意义表述为"资源意义""功能意义——服务、传播与认同"，以期作为区域文化资源的地方文献来支撑区域文化软实力全面提升。

关键词：文化软实力；地方文献；印证意义

中图分类号：G259.27　　**文献标志码**：A

1 文化软实力

1.1 "文化软实力"国家层面溯源

胡锦涛总书记在中国文联第八次全国代表大会、中国作协第七次全国代表大会讲话中说："面对当今世界各种思想文化相互激荡的大潮，面对国家发展和人民生活改善对文化发展的要求，面对社会文化生活多样活跃的态势，如何找准我国文化发展的方位，创造民族文化的新辉煌，增强我国文化的国际竞争力，提升国家软实力，是摆在我们面前的一个重大现实课题。"[1]一年之后的 2007 年 10 月，"文化软实力"被正式写入党的十七大报告中。尽管报告并没有明确定义"文化软实力"，但其强调"文化软实力是综合国力的重要组成部分"。报告说"要坚持社会主义先进文化的前进方向，必须要兴起社会主义文化建设新高潮，必须要全面激发全民族文化创造活力，并在此基础上使文化软实力上升到更高的高度。"[2]把文化作为国家软实力，在宏观决策层面是前所未有的。2011 年 7 月 1 日，胡锦涛总书记在中国共产党成立 90 周年大会讲话中强调 "大力加强我国的文化软实力建设,形成与我国当前国际地位相统一的文化软实力。"[3]同年 10 月,党的十七届六中全会重申:"当今世界正处在大发展大变革大调整时期,世界多极化、经济全球化深入发展,科学技术日新月异,各种思想文化交流交融交锋更加频繁,文化在综合国力竞争中的地位和作用更加凸显,维护国家文化安全任务更加艰巨,增强国家文化软实力、中华文化国际影响力要求更加紧迫。"[4] 2012 年 11 月,党的十八大对是时的国家文化软实力资源或形态给予了明确定位,即"文化软实力显著增强"[5]。

2013 年 12 月,习近平总书记在中共中央政治局第十二次集体学习时强调"提高国家文化软实力,关系'两个一百年'奋斗目标和中华民族伟大复兴中国梦的实现。要弘扬社会主义先进文化,深化文化体制改革,推动社会主义文化大发展大繁荣,增强全民族文化创造活力,推动文化事业全面繁荣、文化产业快速发展,不断丰富人民精神世界、增强人民精神力量,不断增强文化整体实力和竞争力,朝着建设社会主义文化强国的目标不断前进。"[6] 2017 年 10 月,党的十九大报告中三次提到了"文化软实力",习近平总书记分别在报告的第一、四、七部分提到"主旋律更加响亮,正能量更加强劲,文化自信得到彰显,国家文化软实力和中华文化影响力大幅提升,全党全社会思想上的团结统一更加巩固""社会文明程度达到新的高度,国家文化软实力显著增强,中华文化影响更加广泛深入""推进国际传播能力建设,讲好中国故事,展现真实、立体、全面的中国,提高国家文化软实力"。[7]

1.2 "文化软实力"区域层面拓展

自 2007 年至今,十年间,一方面是文化软实力全盘接纳了软实力概念的所有内涵与外延,另一方面是"软实力""文化软实力"被引申到区域层面和社会事务层面探索并践行[8][9]。应运而生的是"区域软实力"和"区域文化软实力"以及"区域文化力",这等"区域"的概念似乎和地方文献也更合卯榫。

基于中国国情特点和现实形态的前提——中国的一个区域,可以是行政区划的,或省、或市、或县;也可以是历史、地理、经济、人文较为一统而约定俗成的,或西北、或西部,或北方。区域作为国家整体的组成部分,其文化构成与国家文化整体密不可分,中国地域辽阔,各区域因着资源、经济、文化存在诸多差异,发展形成不同的地域文化及人文精神。地域(区域)文化,无论言区域还是言国家,都是文化软实力的主体要素。从另一个角度而言,各区域文化软实力是国家文化软实力的有机组成和重要体现,它依托区域文化资源以无形和有形的态势形成合力,表白并话语着国家文化软实力的主流、方向和要求,提升并增强着国家文化软实力、国家综合实力及核心竞争力。其目标指向是作为一种途径或方式,为区域综合实力的提升给予至为健康、环保、可持续的保障维度与标志,同时,亦为区域发展的理论提供新的研究方向。

2 地方文献对区域文化软实力的印证

2.1 资源意义

地方文献和区域文化软实力且不说关系如何,但在各自的概念意义上有一点是共同的,即认知异议。张国祚教授很直白地表示,"虽然关于文化软实力的研究历史并不悠久,但事关文化软实力发展的相关工作早已有之"。[10]如同我们常说,虽然地方文献的概念衍生于20世纪40年代,但地方文献工作古已有之。人类最早的知识记录不仅以记述某一范围或某一区域的"天、地、人、事、物"为主要对象,而且无一不是记录身边的事物,可以说地方文献是人类社会所有文献的滥觞。人们最初无意识地对于地方知识记录进行整理保管即是一种地方文献工作。

地方文献在概念上虽然一直存有异议,但多是在著名图书馆家杜定友先生提出的"地方文献是指有关地方的一切资料,表现于各种记载形式"[11]理论观点上的引申与发展。虽然地方文献的概念多囿于图书馆抑或是公共图书馆界,但基本共识还是有的,即地域性,或者区域性是地方文献的本质特征。显然,地域性是地方文献中最显著的地方特色,它反映某一区域范围的地理位置、地形地貌、山川河流、气候灾异、建置沿革、物产资源、语言文字、风俗人情、名胜古迹、政治军事、经济生活、文化环境等方面的历史和现状。地域性是地理空间对一定范围的描述,小到自然村,大到国家,甚至整个地球。但地方文献的地域一般也只是相对于国家内部而言的,是国家领土所辖的某一部分,这与区域文化软实力中的前缀"区域"无疑是高度契合的。

区域文化软实力构成的主体要素当然是区域文化资源,或者说是地域文化资源,即区域文化资源是产生区域文化软实力所必须的基本条件。[12]区域文化资源是各区域经过长期发展积累沉淀下的精华,丰富且具有区域特色。区域文化或地域文化资源可能有不同的展示方式或途径,但地方文献肯定是其中之一。就区域文化资源整体意义而言,某种资源的增减会带动和影响其他一种或几种资源的增减,从而引发以某一种或几种资源为基础的某种软实力的增减。在这个意义上,地方文献是区域文化资源的重要载体,地方文献所承载的区域文化资源扮演着区域文化软实力得以支撑的资本角色。或者说地方文献所承载的区域文化资源同时兼具文化模式的示范效应,使区域文化在不同层面上交互融汇,反映区域或地方基本人文向心力与感召力。

2.2 功能意义

地方文献之于区域文化软实力,其功能的认定首先应该是作为实践参与者,通过服务与传播来实现,也唯有通过服务与传播才能展现其向心力与感召力。而且服务与传播常常是互融的过程,无论是服务还是传播都是地方文献本身所要解决的问题。服务是包括地方文献在内的各类型资源本体与受体永恒的话题,当然也是必要的手段、方法及判断其组织优劣的标准,同时也是满足服务受体需求的过程,其过程是多层次、集约化的,包括引导与合作。

其次,地方文献之于区域文化软实力一定也是传播者。从历史的角度而言,地方文献对区域文化软实力的传播作用,是通过其生产及消费等具体环节来实现的。地方文献的生产作为一项由编撰到制作的运行过程,循环往复地实现了它所承载的区域文化资源的物化储存。它的传播作为生产的延续过程,使其承载的区域文化资源内容的交流成为必然;它的消费作为生产和传播的必然结果,则提供了其所承载的区域文化资源从形式到内容的继承与创新。[13]以文献传播理论来解释至少应该具有整合、增值、积淀、分层、变迁等功能。地方文献所承载的区域文化资源,是由不尽相同的文化代表阐述传播着各自的文化特质,并对其各自的区域文化资源重新梳理、认识、界定及评估。

地方文献之于区域文化软实力的传播功能是文化的空间浸润和时间承续。区域文化软实力的构成无法脱离区域文化传播,而地方文献天赋异禀地具有其所承载的区域文化资源传播功能。这种区域文化资源传播过程,本身就是区域文化软实力的体现,反之又对区域文化软实力的形成具有非常重要的作用,一如我们在地方文献工作实践中所倡导的理念——文献的开发即文献的再建设。作为区域文化资源载体的地方文献在践行区域文化传播功能的过程中,必须着意的是,展示共性的同时要充分展示个性,即区域文化资源中那些最具有区域特色的文化资源,[14] 一如我们对地方文献常用的标榜语:"越是民族的越是世界的!"如此,也还可以对应地方文献研究权威骆伟教授所言"民族文献的特征在地域文献中往往是最鲜明的"。[15]

最后,地方文献之于区域文化软实力的文化认同意义。有学者认为"文化软实力"建构可以简要地表述为文化资源与文化认同的叠加。[16]地方文献之于区域文化软实力的文化认同意义,显然具有支撑作用,可以表述为特殊的功能性。说到地方文献的功用,除了文献传播理论所规范的定义之外,人们常常提到的不外是"存史""资政""教化""励志","存史"是基础,"资政""教化"和"励志"才是其价值的体现和升华。但无论怎样,都暗合着区域文化软实力构建中强烈的区域文化认同这一双向的由内及外、由外及内的功能态势。地方文献体现着渗透于各个层面和各个细节的认同,并始终贯穿于区域文化软实力的形成过程中。区域文化软实力的基础条件当然是区域文化资源,但文化认同也必须具有,这是区域文化资源的实质依托。

综上,笔者以为基于我国国情特点和现实形态的需求,区域软实力和区域文化软实力概念的衍生记载于各种形式的地方文献上。在这个前提下,将地方文献对区域文化软实力的印证意义表述为"资源意义""功能意义——服务、传播与认同",以期让作为区域文化资源的地方文献获得更为充分的研究与发展,从而支撑区域文化软实力全面提升。限于学力,恐有诸多不尽之处,详考细究,尚需俟诸异日。

【参考文献】

[1]　胡锦涛.在中国文联第八次全国代表大会中国作协第七次全国代表大会上的讲话［N］.人民日报,2006–11–11(001).

[2]　胡锦涛.十七大报告辅导读本[M].北京:人民出版社,2007:10

[3]　胡锦涛.在庆祝中国共产党成立 90 周年大会上的讲话[N].人民日报,2011–7–2(002).

[4]　中国共产党第十七届中央委员会第六次全体会议文件汇编[M].北京:人民出版社,2011:10.

[5]　胡锦涛.坚定不移沿着中国特色社会主义道路前进,为全面建成小康社会而奋斗[M].北京:人民出版社,2012:11.

[6]　习近平.建设社会主义文化强国 着力提高国家文化软实力[N].人民日报,2014–1–1(001).

[7]　习近平.决胜全面建成小康社会 夺取新时代中国特色社会主义伟大胜利［N］.人民日报,2017–10–28(001).

[8]　冯宪光."文化软实力"释义[J].山西大学学报(哲学社会科学版),2014(5):10–14.

[9]　沈昕,凌宏彬.提升区域文化软实力研究:概念、构成、路径[J].理论建设,2012(4):5–11.

[10]　张祚.文化软实力研究[J].中国高校社会科学,2015(1):42–45.

[11]　杜定友.地方文献的搜集整理与使用[M]//杜定友图书馆学论文选集.北京:书目文献出版社,1988:364–379.

[12]　赵学琳.区域文化软实力发展路径的整体构建［J］.河南师范大学学报（哲学社会科学版）,2009

（2）:28-30.

[13] 刘瑛,张丽玲.甘肃省图书馆西北地方文献述略[M].兰州:敦煌文艺出版社,2010:9.

[14] 卢宏,等.地方文献的功能:提升文化软实力的另一维度[J].图书馆论坛,2008(5):139-141.

[15] 骆伟.地方文献学概论[M].台北:澳门文献信息学会,2008.

[16] 杨琳,申楠.论跨文化传播活动中我国文化软实力的提升[J].西安交通大学学报(社会科学版),2012(1):6-11.

附录

西北五省(区)图书馆第十四次科学讨论会获奖名单

编号	姓　名	论文名称	工作单位	奖项
1	李习文 张玉梅	穿越时空的瞬间 ——宁夏历史影像文献概述	宁夏社会科学院	一等奖
2	徐　娜	公共图书馆少儿阅读推广路径研究 ——以宁夏回族自治区图书馆为例	宁夏回族自治区图书馆	一等奖
3	李梦竹	公共图书馆与学校开展教育合作的意义与途径	宁夏回族自治区图书馆	一等奖
4	郭生山 王钧梅	西北地区图书馆地方文献资源建设探析 ——以宁夏回族自治区图书馆为例	宁夏回族自治区图书馆	一等奖
5	闫东芳	少数民族地区图书馆开展真人图书活动的现状及分析	宁夏回族自治区图书馆	一等奖
6	畅　恒 王淑娟 段欢欢	《潜夫论》历代著录及版本略考	甘肃庆阳市镇原县图书馆	一等奖
7	曹文兰	新媒介环境下高校图书馆阅读推广策略 ——基于河西学院的数字化阅读推广经验暨调查数据	河西学院图书馆	一等奖
8	刘　瑛	地方文献对区域文化软实力的印证意义	甘肃省图书馆	一等奖
9	杨永霞	Portfolio 在图书馆特色资源管理中的应用	甘肃省图书馆	一等奖
10	周改珠	为农村留守儿童阅读撑起一片文化蓝天 ——甘肃省天水市麦积区图书馆开展留守儿童阅读服务的思考	甘肃天水市麦积区图书馆	一等奖
11	李　娜	基于情绪劳动的公共图书馆服务探析	甘肃省图书馆	一等奖
12	董　隽	馆藏发展政策研究 ——以甘肃省图书馆为例	甘肃省图书馆	一等奖
13	李继晓	青海省非物质文化遗产数字化建设研究	青海师范大学图书馆	一等奖
14	钟丽峰	浅谈南疆地区公共图书馆建设与发展	新疆维吾尔自治区图书馆	一等奖

编号	姓 名	论文名称	工作单位	奖项
15	陈宏宙 霍彩萍	西部县(区)级公共图书馆的发展与思考——以宝鸡市县(区)级公共图书馆第六次评估为例	陕西省图书馆 陕西省艺术职业学院	一等奖
16	冯 云	民族地区公共图书馆服务效能提升策略——以西藏自治区为例	西藏民族大学图书馆	一等奖
17	马丽娜	基于社会网络分析的图书馆营销论文合著分析	宁夏回族自治区图书馆	二等奖
18	刘 丹	浅谈绿色图书馆的实现策略	宁夏回族自治区图书馆	二等奖
19	刘学华	公共图书馆与家庭阅读推广	宁夏回族自治区图书馆	二等奖
20	邱 勇	浅析开放获取环境下宁夏回族自治区图书馆服务的挑战和机遇	宁夏回族自治区图书馆	二等奖
21	张 玥	现代图书馆战略规划、管理的研究与实践——对宁夏图书馆构筑文化自信体系的思考与探索	宁夏回族自治区图书馆	二等奖
22	王晓华	试论宁夏老照片的文献价值和历史意义	宁夏社会科学院	二等奖
23	欧建华	亲子阅读类型及其对幼儿阅读能力发展的影响	宁夏银川市图书馆	二等奖
24	孙艳玲	高职院校学生阅读现状及策略——以宁夏职业技术学院为例	宁夏职业技术学院 宁夏广播电视大学	二等奖
25	梁立国	浅谈中宁县图书馆枸杞文献特色资源库的建设	宁夏中卫市中宁县图书馆	二等奖
26	张敏娟	西北地区医学高校图书馆开展社会化服务实践探索——以宁夏医科大学图书馆为例	宁夏医科大学图书馆	二等奖
27	康 宁	图书馆家庭阅读推广研究	甘肃行政学院	二等奖
28	薛晰文	初探公共图书馆馆员职业素养提升的对策研究	甘肃省图书馆	二等奖
29	岳庆艳	甘肃省现存古旧地方志述论	甘肃省图书馆	二等奖
30	张晓霞	图书馆数字人文传播及服务对策研究	甘肃庆阳市图书馆	二等奖

编号	姓　名	论文名称	工作单位	奖项
31	田　倩	2012—2016年公共图书馆发表文献计量分析	甘肃庆阳市图书馆	二等奖
32	刘　蓉	甘肃陇南地方文献研究与区域文化软实力提升	甘肃陇南市武都区图书馆	二等奖
33	亢春梅	浅析公共图书馆如何推广家庭阅读——以甘肃省敦煌市图书馆为例	甘肃敦煌市图书馆	二等奖
34	李　丹	以人为本　以知为力——基层图书馆文化精准扶贫路径探析	甘肃酒泉市肃州区图书馆	二等奖
35	齐艳花	从图书馆业务数据看全民阅读成效——以甘肃省武威市凉州区图书馆为例	甘肃武威市凉州区图书馆	二等奖
36	王江东 吕文瑞	清代秦安杨于果《审岩全集》研读札记	甘肃省图书馆	二等奖
37	田　竞	简述《文溯阁四库全书目录》与《四库全书总目》题名著录次序差异	甘肃省图书馆	二等奖
38	张文军 陈一珀	西北地区现存旧书画常见病害及保护性修复	甘肃省图书馆 甘肃省工艺美术家协会	二等奖
39	张毅宏	从阅读推广的视角解析《中华人民共和国公共图书馆法》	甘肃省图书馆	二等奖
40	李秀东 朱　瑞	青海农牧区公共图书馆服务与创新的路径	中共青海省委党校图书馆	二等奖
41	蔡洪涛	浅谈西宁市图书馆多元文化服务的探索与创新	青海大学昆仑学院	二等奖
42	骆卫东	浅析现代图书馆空间的家具创新与设计	新疆维吾尔自治区图书馆	二等奖
43	吐尔逊阿依·依沙克	少数民族地区图书馆多元文化服务探析	新疆维吾尔自治区图书馆	二等奖
44	李　凌 张幸芝	基于硕博论文的医学生信息需求及学术信息素养研究——以西安交通大学外科学为例	西安交通大学图书馆	二等奖
45	王　芹 祁卓麟	基于专业课设置的中文图书建设效果分析	西北农林科技大学图书馆	二等奖
46	刘宛珍	"985"高校图书馆数字阅读服务的现状调研与分析	西北大学图书馆	二等奖

编号	姓名	论文名称	工作单位	奖项
47	陈楠 胡晓梅	全国省级公共图书馆政府信息公开服务的现状与建议 ——以陕西省图书馆为例	陕西省图书馆	二等奖
48	邱勇	虚拟现实技术在宁夏回族自治区图书馆的应用	宁夏回族自治区图书馆	三等奖
49	宋玉军	追踪研究参考文献线索,完善宁夏民国文献资源	宁夏回族自治区图书馆	三等奖
50	谭继	公共图书馆与家庭阅读推广	宁夏回族自治区图书馆	三等奖
51	张洁琼 张任跃	建立公共音乐图书馆的意义	西安音乐学院 宁夏回族自治区图书馆	三等奖
52	张玉梅	贺兰山文献整理及其价值研究	宁夏社会科学院	三等奖
53	周桂林	论图书馆公共智慧如何走进家庭阅读	宁夏吴忠市同心县图书馆	三等奖
54	梁立国	移动阅读服务体系在中宁县图书馆中的建设	宁夏中卫市中宁县图书馆	三等奖
55	许黎黎	新时代高校图书馆全民阅读推广的新期待与新作为 ——以宁夏高校图书馆为例	宁夏警官职业学院	三等奖
56	勉琳娜 苏亚平	数字阅读对未来图书馆塑造	宁夏回族自治区图书馆	三等奖
57	尹昱瑾	从第六次《省级(副省级)图书馆等级评估标准》谈甘肃省图书馆地方文献工作	甘肃省图书馆	三等奖
58	沙拉买提·依明艾山 杨小燕	深化图书馆多元文化服务,引领新时代文化繁荣	西北民族大学图书馆	三等奖
59	谌鹤玲	基层图书馆如何做好阅读推广	甘肃兰州市西固区图书馆	三等奖
60	达彩霞	浅谈微信公众平台在图书馆服务中的应用	甘肃兰州市西固区图书馆	三等奖

编号	姓　名	论文名称	工作单位	奖项
61	曹　蕾	西北地区图书馆阅读推广与服务效能建设的实践与启示 ——以甘肃省嘉峪关市图书馆阅读推广工作为例	甘肃嘉峪关市图书馆	三等奖
62	姚嘉迪	浅谈数字阅读对未来图书馆的塑造	甘肃天水市图书馆	三等奖
63	王　玲	西北民族文献开发利用之思考 ——以河西学院图书馆为例	河西学院图书馆	三等奖
64	罗　婕	试论地方文献研究与区域文化软实力提升	甘肃陇南市武都区图书馆	三等奖
65	王继红	浅谈公共图书馆未成年人读者服务工作创新	甘肃白银市图书馆	三等奖
66	王彩霞	浅议公共图书馆如何发挥社会主义核心价值观传播作用	甘肃酒泉市肃州区图书馆	三等奖
67	王　娟	西北地方文献资源整合浅谈	甘肃省图书馆	三等奖
68	熊　仙	公共文化服务体系下的家庭阅读推广 ——肃州区家庭阅读推广探析	甘肃酒泉市肃州区图书馆	三等奖
69	刘　玲	跨界融合中的图书馆服务创新	甘肃兰州城市学院图书馆	三等奖
70	王　瑛	基层公共图书馆文化精准扶贫现状和对策思考 ——以通渭县图书馆结对帮扶为例	甘肃定西市通渭县图书馆	三等奖
71	黄晓霞	西部公共图书馆与家庭阅读推广	甘肃白银市图书馆	三等奖
72	李军强	甘肃省图书馆助推精准扶贫案例研究 ——以宕昌县塔地山村、阳坡村为例	甘肃省图书馆	三等奖
73	程　晨	浅谈新时代图书馆职业道德建设	甘肃省图书馆	三等奖
74	张姝媛	浅谈公共图书馆如何提升公众信息素养	甘肃平凉市崆峒区图书馆	三等奖
75	郭　瑞	公共图书馆的阅读文化建设	甘肃省图书馆	三等奖
76	王喜梅	非物质文化遗产保护与文献资源管理的结合 ——以原生态"花儿"为例	青海省图书馆	三等奖

编号	姓　名	论文名称	工作单位	奖项
77	徐培德	"互联网+"时代文献资源整合与共享 ——以党校系统机构知识库为例	中共青海省委党校图书馆	三等奖
78	祁克军	众创时代图书馆物理空间再造	中共青海省委党校图书馆	三等奖
79	苗　慧	立足公共文化　弘扬人文关怀 ——浅谈公共图书馆阅读推广	新疆维吾尔自治区图书馆	三等奖
80	王曙光	数字化视角下提升新疆公共文化服务效能 ——新疆公共文化数字支撑平台建设论述	新疆维吾尔自治区图书馆	三等奖
81	李任斯茹	场域理论视域下社区图书馆场所价值浅析	中共西安市委党校图书馆	三等奖
82	饶俊丽	图书馆支持数字人文的理论与实践研究方向	西安科技大学图书馆	三等奖
83	闫　毅	高校图书馆文学经典阅读推广服务的思考 ——以西安财经学院为例	西安财经学院图书馆	三等奖
84	马　璇	孔子教育思想与图书馆阅读推广	陕西科技大学图书馆	三等奖
85	马　璇	图书馆阅读推广需"因材施教" ——以陕西科技大学图书馆为例	陕西科技大学图书馆	三等奖
86	吕　璐 雷崇鸽	高校图书馆座位优化管理 ——以西安电子科技大学图书馆为例	西安电子科技大学图书馆	三等奖